国际商务教学案例集

Case Studies in International Business Teaching

主　编　匡增杰
副主编　李　凌

上海交通大學出版社
SHANGHAI JIAO TONG UNIVERSITY PRESS

内容提要

本书是一部关于国际商务教学的案例集，涵盖了政策制度、战略决策、跨境电商、实务操作四个方面的多篇相关案例。全书从案例正文和案例使用说明两部分入手，为国际商务贸易等专业的师生提供一定的教学指导，可作为教学参考书使用。

图书在版编目(CIP)数据

国际商务教学案例集 / 匡增杰主编. — 上海 ：上海交通大学出版社，2025.2.

ISBN 978-7-313-29724-2

Ⅰ. ①国… Ⅱ. ①匡… Ⅲ. ①国际商务—教案(教育)—汇编—高等学校 Ⅳ. ①F740

中国国家版本馆 CIP 数据核字(2023)第 202301 号

国际商务教学案例集

GUOJI SHANGWU JIAOXUE ANLI JI

主　　编：匡增杰

出版发行：上海交通大学出版社　　地　　址：上海市番禺路 951 号

邮政编码：200030　　电　　话：021-64071208

印　　刷：上海新华印刷有限公司　　经　　销：全国新华书店

开　　本：787mm×1092mm　1/16　　印　　张：24.5

字　　数：489 千字

版　　次：2025 年 2 月第 1 版　　印　　次：2025 年 2 月第 1 次印刷

书　　号：ISBN 978-7-313-29724-2

定　　价：88.00 元

前言
Preface

加入世界贸易组织(WTO)以来,作为全球最大的发展中国家,中国经济不断深度融入世界经济,充分利用国内国际两个市场两种资源,推进高水平对外开放,我国对外贸易取得巨大成就。2022年,中国货物进出口规模首次突破40万亿元,连续6年保持世界第一货物贸易国地位;服务进出口总额近6万亿元,规模创历史新高,连续9年位居全球第二;中国数字贸易规模达到4.65万亿人民币,已成为全球最大的跨境电子商务零售(B2C)出口经济体。中国贸易大国地位进一步巩固,正在向贸易强国迈进,对世界经济发展发挥着越来越大的作用。中国经济的强势发展和频繁的对外贸易往来对既精通国际商务相关专业知识又擅长英语的商务人才需求越来越大,对商务人才质量也有了更高要求,培养优秀的高级国际商务人才成为新的挑战。

国际商务硕士(MIB)旨在培养能够适应经济全球化趋势和国家发展战略需要,通晓国际商务理论和知识,熟练掌握现代国际商务实践技能,有较强的跨文化交流能力和国际商务分析与决策能力,胜任政府部门、涉外企事业单位和社会组织从事国际商务运营与管理工作的复合型、应用型、创新型高级商务人才。其中,案例开发和案例教学一直是国际商务硕士教育的重要特色培养方式和教学改革质量提升的重要手段,也是教育部国际商务专业学科评估以及各项国际认证考察的重要指标,对于创新高层次国际商务人才培养体系、加强产教融合具有重要的意义。

上海海关学院工商管理与关务学院国际商务专业硕士学位授权点自批复之日起,就紧紧依托学校行业办学特色资源和优势,坚持探索走差异化、特色化发展道路,将案例教学作为提高人才培养质量的特色。为进一步促进案例教学工作,学院组织国际商务教研室专业教师开展案例研究,利用假期去企业和海关进行实地调研、搜集素材并进行编写。经过两年多的时间,这本教学案例集终于付梓出版,呈现给读者。本书所编写的案例新颖、实用,具有代表性,涉及的领域比较广泛,包括进出口贸易、跨境电子商务、跨国公司管理、海关管理、口岸管理等领域,既紧随国际商务硕士案例教学发展动态,又兼有海关业务特色。各个案例在案情详细介绍的基础上，均纳入案例使用说明，有助于教师在课堂教学过程中合理选用相关案例，培养学生的分析问题和解决问题的能力。

这本《国际商务教学案例集》是学院国际商务教研室专业教师集体智慧的结晶，具体参加案例编写人员的分工如下：案例 1 和案例 18 由王强博士撰写，案例 2 和案例 5 由姚海华副教授撰写，案例 7 和案例 8 由查贵勇副教授撰写，案例 3 和案例 4 由廖日卿博士撰写，案例 6 和案例 15 由吴烨副教授撰写，案例 10 和案例 11 由李慧然博士撰写，案例 9 和案例 12 由李凌博士撰写，案例 13 和案例 14 由刘叶博士撰写，案例 16 和案例 17 由匡增杰教授撰写。整本书由匡增杰教授担任主编、李凌博士担任副主编，并负责全书统稿。希望这本书的出版为国际商务硕士案例教学贡献一份力量。

在编写本书过程中，我们参考了国内外学者撰写的相关教材和文献资料。同时，上海交通大学出版社的有关编辑为本书的出版付出了辛勤劳动，在此一并表示诚挚的谢意！

由于编者水平有限且时间仓促，本书可能存在一些不足甚至错误之处，敬请各位读者批评指正，以便再版时修订完善。

编 者

2024 年

目 录

CONTENTS

政策制度篇

战略决策篇

跨境电商篇

实务操作篇

政策制度篇

案例 1

海南自贸港：海关监管制度创新助推服务贸易高质量发展

摘　要：本案例描述了海南全岛建设自由贸易港的重大历史背景下，海南自由贸易港服务贸易的发展现状以及海关创新监管制度在建设自由贸易港中的重要意义和主要优势，并介绍了当前海南自由贸易港服务贸易发展中的海关现行通关制度和监管制度的一些创新举措。立足于海关基本职能，针对当前海南自由贸易港服务贸易发展的实际情况，未来海关监管制度改革的重点领域应该是建立“项目备案＋电子底账/特殊政策＋后续监管”的海关监管模式。

关键词：自由贸易港；服务贸易；海关监管；制度创新

Abstract: This case depicts the development status of service trade in Hainan Free Trade Port as well as the significance and main advantages of customs innovation supervision system in the construction of it. It also introduces some innovative measures of current customs clearance and supervision system under the historical background of Hainan Free Trade Port construction. Based on the essential functions of customs, the key areas of future reform of customs supervision system should focus on “item filing ＋ electronic ledger/special policy ＋ follow-up supervision”, which is aimed at actual situation of service trade development in Hainan Free Trade Port.

Keywords: free trade port; service trade; customs supervision; system innovation

一、引　言

作为中国唯一的省级经济特区，海南经济特区以其规模优势和天然的区位优势走在自由贸易港建设的前列。2018 年 4 月 13 日，习近平总书记在海南建省办经济特区 30 周年大会上宣布海南全岛进行自由贸易港建设。为推动海南服务贸易的快速发展，海南在制度创新、提高贸易便利化方面进行了大量探索。2021 年中国国际服务贸易交易会的全球服务贸易峰会上，习近平主席的致辞中提出了未来服务业开放合作将成为推动发展的重要力量这一关键的指导思想，对海南自由贸易港建设下的服务贸易发展提出了更高的要求。我国面临经济的转型和升级，为了打造高水平、开放的服务贸易新高地，要加快对海南自由贸易港服务贸易自由、便利建设的进程，为国内经济的大循环提供更好的服务，发挥我国在服务贸易开放转型中所具有的示范作用、引领作用，积极迎接时代发展的挑战。

新海关作为国家进出境监督管理机构，在机构改革后队伍更大，力量更强，职能更多。在党中央、国务院把自由贸易港建设上升为国家战略并加快推进实施的大背景下，海关作为服务海南外贸发展的重要机构，如何把握机遇，立足海关职能，通过监管制度改革创新，以服务贸易为抓手，稳步推进海南自贸区（港）建设，服务国家“一带一路”重大战略，已显得十分重要和迫切。

二、相关背景

自 2016 年 2 月海南开展服务贸易创新发展试点以来，海南积极探索推进服务贸易自由化、便利化的政策措施，在扩大对外开放度方面卓有成效，有效促进了海南服务贸易发展。近几年，海南服务贸易规模总体呈现快速增长态势，2016—2019 年增长率分别达到19.34%、23.92%、16.84%、20.27%，但 2020 年出现了负增长，服务贸易总额减至 185.03 亿元，下降 15.76%。至 2021 年又迅速恢复了增长态势，服务贸易总额达到了287.79亿元，比上年增长 55.54%（见图 1）。

海南自由贸易试验区的战略定位为：发挥海南全岛试点的整体优势，紧紧围绕建设全面深化改革开验区、国家生态文明试验区、国际旅游消费中心和国家重大战略服务保障区，实行更加积极主动的开放战略，加快构建开放型经济新体制，推动形成全面开放新格局，把海南打造成为我国面向太平洋和印度洋的重要对外开放门户。

从海关层面看，海关作为国家直属机关，必须贯彻中央、地方政府自贸试验区工作的部署要求，加快转变职能，坚持先行先试，以“可复制、可推广”为目标，积极推动海关制度创新和各项改革举措落地生效。近年来，海口海关多措并举，在支持海南外贸发展方面取得了一定的成效，比如，帮助企业开通“越南—海口”“越南—三亚”等邮轮航线，助力开通“海口—厦门”“海口—虎门”内外贸同船运输集装箱航线以及“海口—菲律宾”“海口—柬埔寨”等海运

图 1　2016—2021 年海南服务贸易变动情况

数据来源：根据海南省 2016—2020 年国民经济和社会发展统计公报整理。

外贸航线。空运方面，2011 年 4 月，离岛免税在海南岛开始试点，但是早期发展相对缓慢，直到 2018 年，海南离岛免税销售额才突破首个 100 亿元。海口海关多次调整政策，鼓励购买，至 2021 年，海口海关共监管海南离岛免税购物金额 495 亿元，购物人数 672 万人次，购物件数 7 045 万件，人均购物金额 7 368 元。根据海关公布数据，2021 年海南省对外贸易总值 1 476.78亿元，比上年增长 57.7%。取得这样的成绩，海口海关对海南前期外贸发展的支持功不可没，面对新形势下海南构建自贸试验区的大好形势，海关如何把握前期优势，调整职能侧重点，跟上时代发展潮流，探索出支持自贸试验区发展的成功之路，是海口海关未来监管改革的方向和意义所在。

三、案例正文

《中共中央国务院关于支持海南全面深化改革开放的指导意见》（以下简称《指导意见》）明确要求："中央有关部门根据海南省建设自由贸易试验区、探索实行符合海南发展定位的自由贸易港政策需要，及时向海南省下放相关管理权限，给予充分的改革自主权。"海关要支持海南发展服务贸易就必须充分利用自贸区（港）建设契机，大胆突破原有监管模式的藩篱，加快探索研究和创新试点，逐步形成既符合海南经济发展特点，又适应当前服务贸易发展需求的"海南模式"。

（一）建设海南自由贸易区（港）中进行海关监管制度创新优势所在

1. 深化关检业务融合改革的强力保障

根据党中央关于《深化党和国家机构改革方案》“将国家质量监督总局检验检疫总局的出入境检验检疫管理职责和队伍划入海关总署”的决定，海关与检验检疫自此合并为新海关队伍。为服务海南自由贸易区（港）建设，新海关通过创新监管机制，深化关检业务融合改革。一方面是“单证精简”。积极落实《海关总署关于修改部分规章的决定》（海关总署令第238和240号），由职能部门统筹，集中清理作废文件和冗余单证，并于2018年6月1日全面取消通关单，降低企业的制度性交易成本，适应自由贸易区（港）高效快速报关的合理需求。另一方面是“流程再造”。简化报关报检流程，强化国际贸易“单一窗口”运用；实现“一次申报”“一次查验”“一次放行”，货物通关环节由6个变为3个；细化旅检、离岛免税“查检合一”实施方案，旅检监管由8个环节压缩为5个环节；联合实现共同登临运输工具检查，由3个环节变为2个环节；实现“一次辐射探测”；业务流程再造能确保作业流程统一、业务管理统一，实现1＋1＞2的效果，构建便捷的营商环境。

2. 完成压缩通关时效任务的重要抓手

党的十九大报告明确指出：“要进一步提高通关效率，货物通关时间再压缩三分之一。”为促进自由贸易区（港）内要素流通加速，新海关通过创新监管机制，完成压缩通关时效任务。一方面是“疏通脉络”。印发《关于进一步加强监管通关行邮业务运行日常监控的通知》，建立涵盖职能与现场2个层面的日常监控机制；在关区主页设立“通关周报”，每周公布上周实行放行进出口报关单清单，督促现场及时清查整改；制定“日清、周结、月通报”制度，对报关单流转情况进行常态化监控，每月通过《监管通关月报》对各业务现场通关情况进行通报，并通过建立通关监管业务微信群及时解决现场通关问题。另一方面是“打组合拳”。一是强化数据分析，综合运用海关作业及监督系统，及时掌握各通关作业环节实时状况，及时捕捉影响通关时效的异常数据，并要求限期处置。加大数据分析，全面查找制约通关效率的“痛点”，二是加强兄弟海关之间的联系配合，理顺口岸查验流程，推动离岛免税品适用直接转关模式，合力压缩货物通关时间；落实“三互”大通关建设，减少企业进出口物流时间和运营成本。

3. 提高服务水平高效便民的迫切需要

为促进海南自由贸易区（港）贸易便利化，新海关通过创新监管机制，提高服务水平实现高效便民。一方面是“春风化雨”。开展“龙腾”行动，重点审查出口到非洲、中东、拉美以及“一带一路”国家的产品，加强风险研判和布控联动协同，加大侵权企业惩处力度，并建立联络员制度，为企业维权提供便利，并构建形成海关边境保护和工商管理部门生产流通环节的立体保护网。另一方面是“雪中送碳”。将海关AEO(Authorized Economic Operator，经认证的经营者)认证结果信息统筹到国家企业信用信息公示系统，按照“诚信守法便利，失信违法惩戒”原则，取消高资信企业的准入门槛，无论规模大小；自2018年4月20日起，海关通过“单一窗口”平台，为申请注册备案的企业办理报关报检的双重资质审批业务，简化手续和层级，解决服务企业的“最后一公里”问题。

(二) 海南自贸区(港)服务贸易发展中的海关监管制度创新

1. 深化改革，打造优质便捷的通关环境，提升服务贸易便利化水平

推动海南国际贸易“单一窗口”顺利启动，推行企业主动披露制度，先后启动“自主申报、自行缴税”、汇总征税等税收征管模式改革，实现报关单修撤和进口货物电子放行无纸化。深化引入专业担保机构参与境外游艇海关税款总担保试点，推广实施国际服务外包业务进口货物保税监管模式，先后保障“越南—海口”“越南—三亚”等多条邮轮航线开航，支持海口、三亚两个国际机场先后开通国际新航线。机构改革后，原出入境检验检疫系统统一以海关名义对外开展工作，在通关作业“三个一”方面，统一通过“单一窗口”实现报关报检，对进出口货物全面实施一次查验，凭海关放行指令提离货物，实现一次放行。

2. 优化服务，提高服务贸易新效能

探索运用“互联网+”模式搭建海关行政审批网上办理平台，实现内部核批事项“目录式”管理，全面优化行政执法领域内部核批事项。推出行邮渠道“互联网+云缴税”试点，便于旅客通过微信、支付宝等方式实现税款“一键闪付”。落实优惠政策支持海南医疗健康等产业发展，出台《海关服务和支持海南对外开放海关政策指引》等一系列政策，实施支持外贸小微企业发展各项措施，取消全部进出口环节经营服务性收费，推动实施免除查验无问题外贸企业吊装移位仓储费用改革。

3. 发挥海关特殊监管区域政策优势，推动服务贸易产业优化升级

整合优化海关特殊监管区域布局，积极探索以“保税+”形式支持服务业态发展。综合运用海南离岛免税政策和海关特殊监管区域等优惠政策融合发展，不断放大离岛免税政策效应，形成免税品加工销售产业集群发展；充分运用保税等政策优势，支持大力发展以进境飞机维修为龙头的航空服务业；支持海口综合保税区跨境电商业务发展，探索网购保税进口和直购进口跨境模式落地；支持开展飞机融资租赁、航空保税维修等业务，打造海南新的服务贸易增长极。

4. 强化知识产权保护、企业诚信建设及AEO互认，增强企业国际竞争力

积极开展知识产权海关保护宣传，重点加大对民族品牌和科技创新类自主知识产权的

保护力度,及时提供法律指引与援助,提升企业知识产权保护意识和能力。推进企业信用管理体系建设,积极开展企业信用认证,引导服务业发展高级信用认证等级企业,享受通关便利。参与海南省公共信用信息服务平台建设。推动 AEO 制度实施和国际 AEO 互认工作安排,帮助企业在实现互认的国家和地区开展对外贸易时享受各国海关提供的通关便利措施,增强我国企业"走出去"的国际竞争力。

(三) 可以继续优化服务贸易海关监管机制的领域

1. 创新探索服务贸易海关监管体系

可以探索建立"项目备案+电子底账/特殊政策+后续监管"的海关监管模式。项目备案,即以国家和海南省重点扶持发展的服务产业为导向,实行项目独立备案制。该模式参考了日本战略特区以产业项目为载体的建设经验:该特区有着明确的重点产业定位,对于重点产业发展需要,日本通过"国家与地方协议会"进行协商,按照项目定制适用法规制度的"特例措施形势"以推动制度与政策突破原有限制。备案项目可以享受相应通关便利措施或保税、减免税优惠政策等。电子底账管理,即对已备案项目服务贸易项下的有形货物通关采用有别于传统货物的简化通关流程,实施电子底账管理。特殊政策,即对服务贸易项下的特殊物品采用特殊的监管模式创新。后续监管,即以有效监管为导向,借助电子底账对项目项下的有形货物进行后续风险分析、核查、稽查等后续监管措施。此外,对无形化服务贸易行为,需要探索运用大数据和风险分析等监管手段,强化安全准入管理,打击新型走私活动。

同时要持续深化各类通关改革,促进服务贸易通关便利化。在推广应用国际贸易"单一窗口"标准版的基础上,继续加载和优化新模块,形成并逐步建立链条完整的"单一窗口"体系,实现各部门数据、系统、流程的共享整合。

2. 针对重点领域海关监管服务的建议

根据《海关法》和《关税条例》的规定,海关仅针对有形货物实施征税和监管(除"电力"外)。单纯的服务贸易不属于海关征税监管范围,但随着服务贸易和货物贸易的融合发展,货物贸易"服务化"、服务贸易"实体化"的特点逐渐凸显。笔者认为在服务贸易领域,海关应重点监管和服务两方面:一是附带服务的有形商品,例如研发机构、会展、拍卖、快递、演艺等服务企业所需的试剂、仪器、展品、电子商务快件等物品;二是生产性服务贸易,例如物流业、金融租赁、检测维修等。

(1)附带服务的有形商品:一是旅游服务方面。《指导意见》指出要"促进国际旅游消费中心建设",关键是通过加快服务业市场全面开放,提供国际化产品和国际标准的服务。探索更加科学开放的离岛免税购物政策,可以与香港联手建设免税购物链,提升国际旅游消费中心的服务水平和管理能力。

二是跨境电商方面。以海口综保区和洋浦保税港区跨境电商综合示范区为载体，逐步拓展现有“两平台”(跨境电商线上综合服务平台和线下产业园区平台)功能，实现口岸管理部门与电商、支付、物流企业的联网对接；对跨境电商交易、物流等实行全电子数据备案、通关、核查、核销；探索打破传统保税货物与快件物品的监管隔阂，支持保税货物拆分后以快件方式便利高效进出境，满足碎片化国际采购模式运作。

三是医疗健康服务方面。全力支持海南博鳌乐城国际医疗旅游先行区建设，对先行区内从境外进口医疗设备、器械和药品等给予适当减免税，或者探索应用“互联网＋”“电子围网”等新技术对上述物品实施海关保税监管；对特殊类型的研发试剂、耗材创新监管模式，解决研发类业务没有大批量的商品介质、单耗、成品和边角废料等问题。同时，尽快把国家赋予博鳌乐城医疗旅游先行区的某些政策向全岛推开。

四是维修检测方面。在海关特殊监管区域内建立较为完善的“负面清单”和市场准入管理机制，推动维修业务经营范围向设计研发、检测维修、绿色再制造等高端产业拓展，支持加工企业开展航空、通讯设备、船舶零部件等保税检测、维修业务，助力国家战略项目和技术含量高、附加值高的产业拓展双向市场。

(2)生产性服务贸易：一是金融服务方面。对标新加坡商品交易所，建立大宗商品交易所，集成橡胶、农产品、碳排放等商品期货，支持期货仓单质押、保税货物抵押融资业务发展，主动与国际主要商品现货、期货市场的制度体系接轨，建立安全有效的配套监管服务制度；支持融资租赁业务发展，允许大型医疗检测设备先由融资租赁企业保税购入特殊监管区域内，再租赁给有需求的医疗、研究机构。

二是航运服务方面。虽然《指导意见》明确“不以转口贸易和加工制造为重点”，但仍需结合海南地理优势，支持洋浦航运中心或航运交易场所建设，探索更加开放的舱单管理模式，打造具有国际竞争力度的口岸通关环境；支持保税船供物料产业链发展，拓展海关特殊监管区域或保税监管场所的保税船供物料功能，在特殊区域或保税监管场所内通过简政放权突破对船供物料仓储、运营、供应业务的仓库专营准入限制，直接叠加保税船供物流仓储服务功能，同步推动保税船供物料在不同港口、不同区域间更高效顺畅地流转，辐射带动三亚游轮母港、船舶维修检测中心建设。

三是配合建立完善的服务贸易统计体系。首先，以“项目备案”监管制度为依托，探索建立以企业为单元的服务贸易海关统计体系；然后，规范企业申报，梳理与进出口货物粘连度高的服务贸易相关费用项目，如维修费、特许权使用费、网络传输方进口影片、融资租赁等商品项目，将其纳入必须单独申报项目内容，并计入海关统计范围；其次，要积极参与“数字海南”建设，配合建立政府部门信息共享和数据交换机制。

四是加大对服务贸易专业人才的培养。服务贸易监管对于海关而言依然是较新的业务，全面系统掌握服务贸易相关知识，特别是TTIP（跨大西洋贸易与投资伙伴关系）、TISA（服务贸易协定）等国际贸易方面新规则的海关专业人才较少，严重影响了海关对服务贸易的监管与服务。建议加强对领导干部和重点岗位人员的培训，同时，在人才引进和人才培养方面给予更多的倾斜。

四、结束语

总体来说，服务贸易创新发展对于促进自贸区发展意义重大。一是服务贸易成为我国参与新一轮全球化的重要动力。服务贸易对经济的拉动作用巨大。以服务贸易为重点的“二次开放”牵动影响全局。不仅牵动影响我国经济转型升级进程，还将影响新一轮全球自由贸易进程。二是经济转型对服务贸易的依赖性明显增强。无论制造业转型升级，还是服务业自身结构升级，都需要通过扩大服务贸易，引进国外服务业的先进技术、经验、人力资源等。三是服务贸易对于实施“一带一路”建设的重大作用。“一带一路”建设以基础设施为依托、以服务贸易为重点、以建立自由贸易区网络为目标，发展好服务贸易，落实我国“一带一路”建设意义重大。因此，为更好地促进服务贸易创新发展，海关应该积极推动进出口通关监管制度创新，为国家战略的实施贡献力量。

参考文献

[1] 蒋丽萍，马国华. 海南自由贸易港建设的模式选择与政策创新[J].现代营销，2022(1)：62－64.

[2] 林利忠. 关于优化国际服务贸易海关监管与服务的若干思考[J].海关政研，2016(9)：2－5.

[3] 王玉婷，袁永友. 海南自由贸易港建设背景下打造服务贸易新高地的探讨[J]. 对外经贸实务，2022(1)：16－21.

[4] 新华网. 受权发布：中共中央 国务院关于支持海南全面深化改革开放的指导意见[EB/OL].(2018－04－11)[2022－04－08]. https://baijiahao.baidu.com/s? id=1597724230762837895&wfr=spider&for=pc.

[5] 中国经济网. 海关总署：强化监管优化服务，促进外贸高质量发展[EB/OL].(2022－05－20)[2022－06－20]. http://www.ce.cn/cysc/zljd/gd/202205/20/t20220520_37601824.shtml.

[6] 中华人民共和国中央人民政府. 海南将加强跨境服务贸易监管和风险防控[EB/OL].(2021－07－27)[2022－04－08]. http://www.gov.cn/xinwen/2021-07/27/content_5627674.htm.

案例 1　使用说明

一、教学目的与用途

本案例是基于国际贸易政策与实务课程撰写的，也可供跨境电商海关监管和海关通关实务课程使用。本案例描述了服务贸易创新发展对于促进自由贸易港发展意义重大，而当前海南自由贸易港服务贸易发展已经具备良好的基础，而且海口海关已经采取了很多有效举措来促进自由贸易港的发展。而未来海关监管制度创新应立足海关职能，结合海南实际，以服务贸易为抓手，稳步推进海南自由贸易港建设。通过本案例的学习，学生可以了解自贸试验区或自由贸易港海关监管问题，能够了解服务贸易中海关如何发挥监管职能，同时可以启发性地让学生了解自贸区海关未来监管制度改革的重点领域布置等相关问题。

（一）适用课程

本案例主要适用于国际贸易政策与实务课程，也可供跨境电商海关监管和海关通关实务课程使用。

（二）适用对象

本案例难度适中，适用对象包括国际商务硕士研究生和跨境电商海关监管专业本科生。

（三）教学目标

1. 知识传授

通过本案例的教学，学生应掌握以下知识，并学会将相关理论运用到实践中。第一，掌握国际服务贸易的发展情况；第二，掌握服务贸易海关监管措施的类型；第三，了解服务贸易高速发展的原因；第四，了解新形势和服务贸易新规则下海关监管制度创新的着力点。

2. 能力训练

通过对近年来海南自由贸易港服务贸易发展概况和海关监管制度的现行举措介绍，分析未来海关服务贸易领域监管制度创新着力点，提升学生对自由贸易区（港）建设和国际服务贸易发展趋势的理解，以及对海关职能在推动服务贸易发展中发挥的作用，培养学生对自贸区海关监管制度创新未来发展方向的把握和判断的能力。

3.观念更新

本案例通过对自由贸易港发展服务贸易海关监管制度创新的介绍与深入分析，提升学生对新形势下服务贸易新规则、新问题的认知，结合海关自身职能，进一步加深学生对跨境贸易领域海关监管制度的理解。

二、启发性思考题

1.我国海南自由贸易区(港)服务贸易主要都有哪几类?各占多少比重?

2.当前海南自由贸易港为推动服务贸易发展都做了哪些制度创新?

3.根据国际主要贸易中心的经验，自由贸易港未来服务贸易发展还需要做哪些方面的制度创新?

4.离岸业务是自由贸易港建设的重要抓手，主要分类有哪些?如何通过制度创新促进离岸市场发展?

三、案例分析背景

(一)理论背景

1.《京都公约》关于贸易便利化的定义

根据世界海关组织(World Customs Organization，WCO)对于《京都公约》的定义，贸易便利化是指海关程序的简化和标准化。《京都公约》在《自由区》一章建议条款9中指出:"货物直接从国外进入自由区，如果从随附单证上已获信息，海关不应要求货物申报。"按照《京都公约》的建议，自由贸易区海关监管以贸易便利化为主旨。各国及地区根据自身情况和自贸区的功能，在具体的监管模式上有所不同。

2."一线放开""二线管住""区内自由"

"境内关外"口岸监管制度是符合国际标准的"一线放开""二线管住""区内自由"。充分的"一线放开"实现货物进出"一线"自由、便捷，国家贸易管制范围之外的货物、物品、技术进出"一线"实施不报关、不统计、关税及进出口环节税豁免政策，免于海关惯常监管。在自由贸易港区内实行"区内自由"，企业可以自由开展生产经营活动，区内的业务准入方面无须经过审核批准。货物、物品进出"二线"实行进出口申报管理，依靠国际贸易"单一窗口"实现安全高效管理。

3."一线放开"及有效监管是自由贸易港的核心竞争力

贸易便利化是各国自贸区竞争的核心制度。贸易便利化不是单纯的开放问题，而是要求在开放环境下实施便捷高效的监管服务。中国周边如新加坡、韩国等国家建立的自贸区均明确为“境内关外”性质的特殊区域，海关监管重点退至自贸区与国内市场的“二线”关口，且自贸区内区港合一。新加坡樟宜机场自由贸易区，货物到区后 4～6 小时内，货主即可凭舱单到货运站提货。韩国、阿联酋等亚洲国家的自贸区，一般 1 天就可提货。按照自贸试验区目前的“一线放开”状态，分拆集拼、国际中转、全球维修、离岸贸易等产业很难开展，制约了贸易转型升级，也制约了国际高标准自由贸易区(港)建设。

(二)制度背景

2018 年 4 月，习近平总书记在庆祝海南建省办经济特区 30 周年大会上的讲话中指出：“现代服务业是产业发展的趋势，符合海南发展实际，海南在这方面要发挥示范引领作用。要瞄准国际标准提高水平，下大气力调优结构，重点发展旅游、互联网、医疗健康、金融、会展等现代服务业，加快服务贸易创新发展，促进服务业优化升级，形成以服务型经济为主的产业结构。”2018 年 6 月国务院再次批复同意海南省开展为期 2 年的深化服务贸易创新发展试点。这是继自 2016 年 2 月以来，国务院第二次批复试点。试点以来，海南省服务贸易总体向好，服务进出口显著提速。海南省以服务贸易创新发展为主导建设自由贸易港的大趋势逐步凸显。

2020 年 6 月 1 日，《海南自由贸易港建设总体方案》正式发布，围绕贸易、投资、跨境资金流动的自由便利等 11 个方面提出了具体政策。2020 年 8 月 4 日，海南公布了中英文版《2020 海南自由贸易港投资指南》，该投资指南旨在结合《海南自由贸易港建设总体方案》，全方位展现海南自由贸易港的投资政策、投资机遇、投资区域、投资促进机构等投资要素，为意向在海南开展投资和经贸活动的全球投资者提供指引。2020 年 12 月 31 日，《海南自由贸易港外高投资准入特别管理措施(负面清单)》发布，负面清单在自由贸易特别区的基础上缩减为 27 条，减少了外资准入限制，2021 年 7 月 26 日，《海南自由贸易港跨境服务贸易特别管理措施(负面清单)》发布，针对 11 类行业明确了监管要求，划定出境外服务提供者不可从事的领域，与外资准入负面清单一起构成了对服务贸易四种模式的监管规定。海南自贸港建设扩大了服务贸易开放水平，为服务贸易发展提供了新机遇，在这一背景下如何打造服务贸易新高地不仅是高质量建设海南自由贸易港亟需突破的问题，还能为中国特色自由贸易港的建设提供先行实践经验。

四、理论研判依据

(一)知识点一：服务贸易海关监管措施

中国(海南)改革发展研究院在《尽快形成海南自由贸易港总体方案》的报告中指出：“以

服务贸易创新发展为主导，形成海南自贸港的鲜明特点和突出优势。服务贸易创新发展是海南的鲜明特点。这既是符合国家战略需求的方向，也是海南这个岛屿经济体实现跨越式发展的现实选择。海南完全有条件在服务业市场开放和服务贸易创新上推出重大举措，形成独特优势。”

（二）知识点二：制度创新的功能

在海南省建设自由贸易区（港）过程中，会产生许多政策与制度方面的创新，从多方面、多角度给海南国际服务贸易带来大量的发展机遇，有效支撑海南全面深化改革开放试验区和国际旅游消费中心的战略定位。特别是自贸区建设将会推进贸易的便利化和自由化，不断创新优化经济、金融、消费等领域政策，为海南与国际接轨、建设总部经济、构建大宗商品交易平台、建设国际航运中心等重点领域提供良好的政策环境，形成双赢双促。

国际贸易发展也为海南带来诸多挑战，特别是“一线放开、二线高效管理”的监管模式，对政府监管能力提出了更高的要求。而海关作为监管部门既要推动经济健康运行，充满活力，又需要构建有效的风险防范屏障，需要在制度上进行创新。

五、案例分析思路与要点

（一）案例分析思路

(1) 服务的无形化特征使得人们误认为服务贸易与海关无关。长期以来，海关监管和服务的重点都集中在货物贸易。虽然近年海关逐渐意识到服务贸易的重要性，并有开展相关的研究探索，但在实际监管中依然没有取得突破性进展。

(2) 服务贸易监管体系不健全。服务贸易和服务产业的开放性、动态性、多元性，与传统海关监管的单一性、稳定性的监管体系不相符。目前，海关总署、海南省在服务贸易发展方面仍处于“单点突破”阶段，没有形成顶层系统设计，未能建立多元化的支持服务贸易发展的指导思想和监管模式。

(3) 服务贸易海关监管配套法规有待完善。随着服务贸易不断发展，逐渐出现越来越多的新业态和新事物，有时传统的政策法规会出现空白区、不配套，甚至出现多个部门规定冲突的情况，都将严重掣肘海南自贸区建设过程中很多新产业、新功能的发展。

(4) 服务贸易统计制度需要改进。传统的海关统计仅限于对有形货物的统计。目前海南省服务贸易的统计是基于外汇管理局的数据，由商务部门完成。一方面海关对于服务贸易统计缺乏有效手段，特别是服务外包、软件开发、金融期货等新业态无法统计，很容易产生遗漏。另一方面，部分特许权使用费、加工工缴费与海关货物贸易可能存在重复统计的情况。要准确反映对外贸易全貌,需要统筹考虑货物贸易和服务贸易统计制度,才能为决策者全面掌握外贸总体情况提供参考。

(二)启发性思考题解答要点

启发性思考题1:我国海南自由贸易区(港)服务贸易主要都有哪几类?各占多少比重?

《海南省服务贸易创新发展试点工作方案》明确了重点发展的八大板块:旅游、教育、医疗健康、运输、文化体育娱乐、保险、服务外包、中医药。从行业结构来看,海南省服务贸易表现出传统服务贸易占比高,新兴服务贸易增速加快的特点。具体来看,2017年,服务贸易中发展较好的行业为旅游贸易、其他商业服务和运输贸易,三者合计占服务贸易进出口额87.67%。与此同时,新兴服务贸易进出口增速明显加快,特别是文化和娱乐服务增速158%、电信计算机和信息服务方面增速93.21%。服务贸易逆差大幅收窄,从2015年的4.17亿美元到2017年的1.03亿美元。

启发性思考题2:当前海南自由贸易港为推动服务贸易发展都做了哪些制度创新?

自由贸易港作为贸易和投资自由化与便利化的先行区,"软件"建设比"硬件"建设更为重要。自由贸易港的政策主线就是遵循世界贸易组织(WTO)的相关规则,建立高水平的自由贸易和贸易投资便利化机制。在贸易方面,积极采取无关税壁垒措施,对进出口货物进行较少的管制,最大限度地简化货物流通过程中的程序和手续,加速中转货物的流通并降低成本,不断提高贸易便利化水平,通过国际中转贸易、离岸贸易发展不断带动贸易量提升,从而也带动港口、物流、商务、仓储等相关产业发展。在投资方面,坚持实行备案制为主的外资管理新模式,全面实行"准入前国民待遇+负面清单"管理制度,建立和完善跨境投资管理制度、促进体系、配套服务体系,对于外资企业组织形式、经营活动等按照内外一致的原则,保护外商投资的合法权益,这将有助于带来新的投资机会,催生新产业、新业态、新商业模式,带动高附加值产业发展。

启发性思考题3:根据国际主要贸易中心的经验,自由贸易港未来服务贸易发展还需要做哪些方面的制度创新?

自由贸易港的建设不仅需要发展运输服务,同时也需要发展与贸易相关的多种服务,包括中介服务、金融保险服务、法律服务及商业服务。支持自由贸易港打造具有国际影响力的离岸研发中心、离岸创新中心,对标国际化、市场化、法制化的营商环境。自由贸易港的发展,需要保税区和市中心商业区的跨区全方位合作。以上海自贸区为例,2014年底上海自贸区大幅扩围,从远离市中心的保税区扩大到浦东市中心的陆家嘴,从保税区走到保税区外,自贸区的发展范围和空间进一步扩大。

启发性思考题4:离岸业务是自由贸易港建设的重要抓手,主要分类有哪些?如何通过制度创新促进离岸市场发展？

努力拓展离岸业务空间，逐步放开离岸金融业务。国际通行的自由贸易港具有贸易、投资和金融自由化的基本特征，自由贸易港的建设要努力拓展离岸业务空间，包括离岸生产、离岸贸易和离岸物流、离岸金融等。自由贸易港在开展离岸贸易的基础上，可以进一步开放高端服务业，发展离岸金融等相关业务。我国自贸区离岸金融业务总体发展缓慢，离岸金融市场尚未建立。因此，应当充分认识发展自贸区离岸金融市场的重要性，不断创新体制、机制，利用自由贸易区"先行先试"的特点，推动各项离岸金融业务发展，进而加快离岸金融中心建设，并以自贸区金融改革和金融市场的发展带动全国范围内汇率、利率和金融体系改革提速。探索建设自由贸易港，必须以高水平的金融领域开放度与之配套。人民币项目可兑换、利率市场化、人民币外汇管理、金融监管等必须逐步与国际水平对接，才能用国内外资金的便捷流动推动自由贸易港建设。通过自由贸易港建设，离岸金融（如融资租赁服务等）能够得到快速发展，可以更多地向外资外商开放，在自由贸易港内还可以推出保险、基金、信托产品，这些特色金融以自由贸易港为依托和载体，所发挥的作用将更加明显。

六、教学组织方式

案例授课班级人数不宜过多，应控制在20～30人，可以4～6人为一组，分成5个小组。教室的桌椅布局要让所有的课堂参与者围坐四周，以使其容易听到和看到同组成员为基本原则。教室中应具备电脑、投影仪、黑板、粉笔等设备。同时，为方便学生更好地参与案例课堂讨论，教师可以在课前提醒学生做好课前准备工作，例如，熟悉案例，了解海南自由贸易区服务贸易发展情况，理解服务贸易海关现行监管制度，掌握跨境贸易海关监管制度等相关知识。

（一）课时分配

案例回顾与概述（5分钟）：介绍案例背景，回顾案例内容，理清案例思路，明确案例主题。

提出问题与小组讨论（20分钟）：结合板书提出启发性思考题，分小组讨论并形成组内答案。

小组汇报与教师引导（50分钟）：针对每一道启发性思考题，选一个小组进行回答，其他小组补充。教师需结合板书和多媒体对学生引导，得出最终答案。

案例评价与总结（10分钟）：对知识点进行梳理，对案例教学过程进行评价，总结学习心得体会。

其他问题(5 分钟):教师回答学生的一些其他问题。

(二)板书设计

启发性思考题 1:中国海南自由贸易区(港)服务贸易主要都有哪几类各占多少比重?

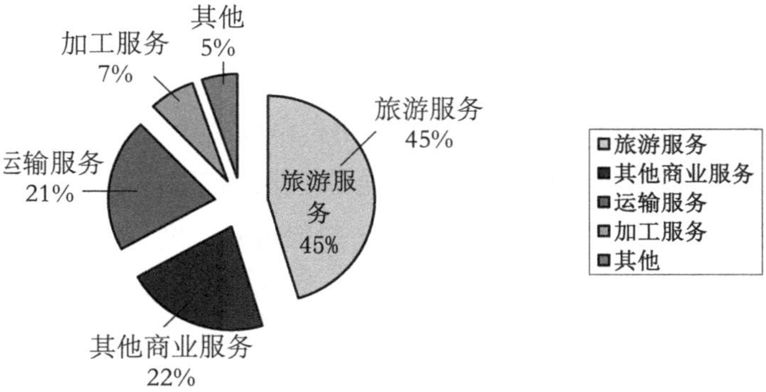

图 2　海南自由港主要服务贸易占比

启发性思考题 2:当前海南自由贸易港为推动服务贸易发展都做了哪些制度创新?

表 1　海南自由贸易港主要制度创新

主要制度	具体内容
贸易自由便利	"一线"放开;"二线"管住;岛内自由;推进服务贸易自由便利
投资自由便利	实施市场准入承诺即入制;创新完善投资自由制度;建立健全公平竞争制度;完善产权保护制度
跨境资金流动自由便利	构建多功能自由贸易账户体系;便利跨境贸易投资资金流动;扩大金融业对内对外开放;加快金融改革创新
人员进出自由便利	对外籍高层次人才投资创业、讲学交流、经贸活动方面提供出入境便利;建立健全人才服务管理制度;实施更加便利的出入境管理政策
运输往来自由便利	建立更加自由开放的航运制度;提升运输便利化和服务保障水平
数据安全有序流动	有序扩大通信资源和业务开放
构建现代产业体系	相关产业为旅游业、现代服务业、高新技术产业
税收制度	按照零关税、低税率、简税制、强法治、分阶段的原则,逐步建立相应税收制度
社会治理制度	深化政府机构改革;推动政府职能转变;打造共建共治共享的社会治理格局;创新生态文明体制机制

（续表）

主要制度	具体内容
法治制度	制定实施海南自由贸易港法;制定经济特区法规;建立多元化商事纠纷解决机制
风险防控制度	在贸易风险防控、投资风险防控、金融风险防控、网络安全和数据安全风险防控、公共卫生风险防控、生态风险防控等方面,制定实施有效措施

启发性思考题3:根据国际主要贸易中心的经验,海南自贸港未来服务贸易发展还需要做哪些方面的制度创新?

表2　国际主要贸易中心政策优惠措施

贸易中心	税收制度安排	金融投资自由化制度安排	商业注册设立便捷度安排
中国香港	企业税:16.5% 个人薪俸税:15%	外汇兑换自由,全面取消外汇管制;资金进出无限制,利息、股息等利润和其他收入可自由转移至境外	企业注册设立程序十分简便,注册程序一般为3步,所需天数3天,时间成本低;本土以及外资企业注册后监管一视同仁
新加坡	企业税:最高17% 个人薪俸税:最高20%	实行宽松、自由、开放的货币兑换和外汇管理制度,全面取消外汇管制	企业注册设立程序十分简便,所需天数3天,同时将监管、保护等法律高效结合。本土以及外资企业注册后监管一视同仁
东京	平均企业税:35.64% 平均个人薪俸税 50.84% 同时给予贴息支持和各种补助支持	对外投资原则上实行自由化	约15个工作日完成注册; 企业经营范围不限; 注册资金不限
迪拜	自贸区外国公司享受15年免除所得税 个人薪俸税:0	无外汇限制; 资金进出自由	自由区提供高效,动态便捷程序,设立一站式服务点,创业速度快捷

启发性思考题4:离岸业务是自由贸易港建设的重要抓手,主要分类有哪些?如何通过制度创新促进离岸市场发展?

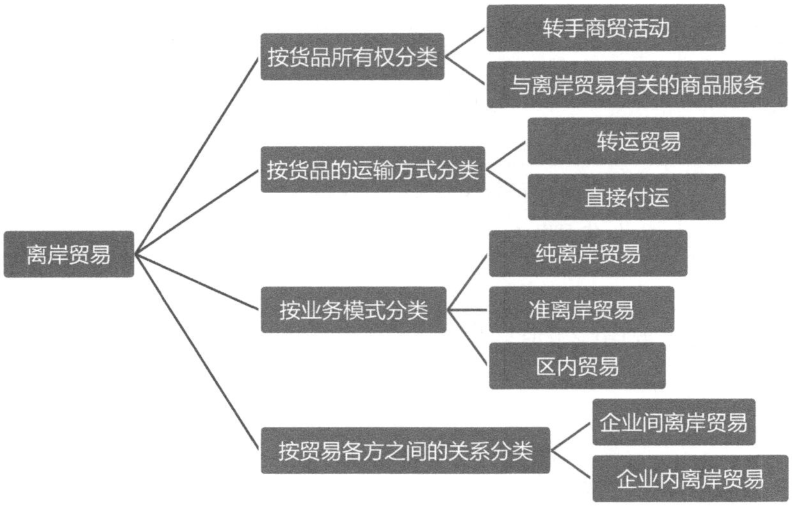

图 3　离岸贸易的主要分类

表 3　海关监管的主要实货物流方式

离岸交易方式		物流方式
纯离岸交易方式	三国三地模式	境外至境外，进出口商在不同国家或关税区
	两国三地模式	境外至境外，进出口商属于同一国或关税区
准离岸交易方式		境外至境内区外（或相反）
区内交易方式		境外运至海关特殊监管区，再转至境内区外（或相反），货物所有权在特殊监管区企业内有转移

（三）讨论方式

案例讨论应该按照典型的决策模型进行。模型包括：①定义问题；②分析案例具体情况；③形成备选方案；④选择决策标准；⑤分析并评估备选方案；⑥选择首选方案；⑦制订行动方案和实施计划。

大多数案例讨论的核心动力是组织中某个具体决策或问题的解决方案，因此，根据课时分配，案例讨论可以这样进行：在提出问题和小组讨论环节中，小组内根据 5 道启发性思考题进行讨论，并形成组内答案；在小组汇报与教师引导环节中，对每一道问题，教师从 5 组学生中选一组回答，其他小组补充，形成多种备选方案，教师根据决策标准引导学生分析评估方案，选出首选方案，并制定行动计划。

在案例讨论时，教师需鼓励学生形成良好的讨论习惯，如勇于提出不同意见，讨论前做好准备，讨论时积极发言，讨论后及时总结，避免盲目从众、提前背稿。

七、案例后续进展

《海南自由贸易港跨境服务贸易特别管理措施（负面清单）（2021 年版）》（以下简称《负面清单》）自 2021 年 8 月 26 日起施行，为了保障开放举措的安全实施，稳步推进海南自由贸易港建设，海南省致力于做好跨境服务贸易监管和风险防控工作。

在监管方面，对于清单外新提出的开放举措，海南省将安排省级相关行业主管部门制定管理办法，在商务部和有关行业主管部门的支持指导下，尽快制定出台相关管理制度。

在风险防控方面，海南省将进一步发挥服务贸易风险防控专项工作组的作用，坚持底线思维，切实防范服务贸易领域重大风险；做好统计监测工作，及时监测分析跨境服务贸易的运行情况，评估清单实施效果。

近年来，海南省采取一系列举措促进跨境服务贸易发展，跨境服务贸易呈现良好发展势头。服务贸易结构不断优化，市场关注度大幅提升，特色服务集聚发展效应明显，形成了可复制、可推广的经验。

八、其他教学支持材料

（一）计算机支持

由于本案例在有关课程中被当作讨论材料使用，需要向学生展示，所以在计算机中需要安装 PowerPoint（演示文稿）软件。

（二）网络支持

本案例中提到的海南自由贸易港服务贸易的发展数据及海关监管制度现状等案例，需要学生连接互联网，通过登录海南自由贸易港网站、海关总署网站了解服务贸易海关监管制度创新情况。

案例 2

海关特殊监管区域外的全球检测维修业务

摘　要：本案例以海关特殊监管区域外企业CS公司开展全球检测维修业务为切入点，通过对比苹果手机全球检测维修业务与传统检测维修业务的特点，从CS公司自身业务发展需要、CS公司对地方经济的辐射效应以及环保合规等多个维度，论证了发展苹果手机全球检测维修业务的积极意义。此外，案例从海关特殊监管区域内和海关特殊监管区域外企业适用全球检测维修政策的差异揭示了CS公司开展苹果手机全球检测维修业务在进口入境、税收优惠方面面临的政策瓶颈。本案例的剖析，为海关结合由实体加工贸易向价值链两端延伸拓展服务链的实际，在管理体制、促进机制、政策体系、监管模式等方面的完善提供了有益的探索。

关键词：海关特殊监管区域；全球检测维修；政策瓶颈；对策

Abstract: This case takes CS company's global inspection and maintenance business as the entry point, which is an enterprise outside the customs special supervision zone. By comparing the characteristics of the global inspection and maintenance business of iPhone with the traditional one, the positive significance of developing the global inspection and maintenance business of iPhone is demonstrated from dimensions such as CS company's own business development needs, CS company's radiation effect on the local economy and CS company's environmental protection compliance. Besides, this case reveals the policy bottleneck faced by CS company in terms of import, entry, and tax incentives in the process of conducting global inspection and maintenance business of iPhone from the difference in applicable global inspection and maintenance policies between enterprises within and outside the customs special supervision zone. The analysis of this case provides a beneficial exploration for the perfection of the management system, promotion mechanism, policy system, and supervision mode of the customs in combination with the reality of extending and expanding the service chain from the physical processing trade to both ends of the value chain.

Keywords: customs special supervision zone; global inspection and maintenance; policy bottleneck; policy suggestions

一、引 言

近年来，伴随着我国产业结构的调整与加工贸易转型升级，生产性服务业不断发展，制造行业的进出口企业对外检测、维修、再制造等业务方面的需求不断增加。国家针对保税区、出口加工区等海关特殊监管区内的企业开展类似业务出台了相关政策予以专项扶持，旨在推动加工贸易由传统的保税加工向保税服务延伸。然而，我国加工贸易的发展不仅仅局限在保税区等海关特殊监管区域，特殊监管区外的企业对我国加工贸易的繁荣同样起到了积极的作用。那么，海关特殊监管区域外的企业能否开展跨国检测维修业务？其面临的瓶颈是什么？在政策层面需要哪些突破呢？[①]

二、相关背景

CS 科技（上海）有限公司（以下简称“CS 科技”）于 2004 年由中国台湾知名品牌商 HS 电脑股份有限公司（以下简称“HS 电脑”）在浦东康桥工业区投资设立。CS 科技于 2006 年中投产，主要从事笔记本电脑、手机等便携式电子信息产品的生产，是全球五大笔记本电脑生产企业之一。从海关业务流向的角度来看，CS 科技主营的信息技术产品通过进料加工、成品出口的方式开展，属于典型的海关特殊监管区域的加工贸易企业，目前是上海关区最大的加工贸易企业，占据上海海关加工贸易业务量的一半以上。

伴随着苹果在全球市场的盛行，CS 科技不断拓展了大量的手机维修业务，该公司维修

① CS 科技是国内首个在海关特殊监管区域外开展全球检测维修业务的企业，其全球检测维修业务的开展，为海关特殊监管区域外开展此类业务提供了可推广可复制的宝贵经验，本案例基于 2012 年的时点开展了剖析。相关的政策至今尚未完全突破，截至目前依然具有重要的分析价值。

的手机来自世界各地，其涉及的手机产品型号多、数量大，与此同时维修的工期紧，如果按照传统的检验检疫流程，涉及的维修手机从入境申报到检验检疫环节将耗费大量的时间，大大影响了维修客户对手机的使用效率。此外，由于检测维修涉及的手机属于二手产品，对此类业务到底是要限制还是要扶持，各界争议颇多。

传统检测维修一般是指因设备老化或出现故障后，经过对机械的拆修、零部件的更换，以及维护保养，使之恢复功能的业务处理过程。我们认为，先进制造业检测维修业务是一种适应时代变迁的产业形态，其范畴包括了由信息技术、生物技术、材料技术等所代表的高新技术制造业（第一类型制造业）和用先进技术改造的传统制造业（第二类型制造业）。先进制造业检测维修业务本质上是制造产业升级和向售后维修价值链高端提升的过程，这种检测维修服务是一种高科技含量的修复术，也是一种产业化的修复，维修后的产品无论是性能还是质量方面都不亚于原先的新品。我国是世界典型的制造业大国，在传统加工制造业基础上利用国际资源发展先进制造业检测维修业务，有助于我国在全球价值链中地位的攀升。本案例通过对上海海关辖区内 CS 科技（上海）有限公司的深入调研，围绕海关特殊监管区域外企业开展全球检测维修业务的现实可行性和所需的政策着力点开展综合分析，并从海关监管的配套政策出发探讨若干建议。

三、CS 科技全球检测维修业务现状

CS 科技业务体量巨大，具有发展全球检测维修业务的市场基础。CS 科技的客户多为世界 500 强企业，产品销往世界各地，其中手机业务主要与美国知名手机品牌“苹果”公司进行合作。该公司 2020 年实现产值 1200 多亿元人民币，出口额 127.4 亿美元，名列“2020 年中国出口百强企业”第 7 位。

CS 科技全球检测维修业务开展之下，将使得其他各类维修成本大幅下降：第一是降低人力成本，原本 HS 电脑集团每个维修中心都需要聘请专门的管理和技术人员进行管控，检测维修业务集中后可进行集中管理，大大地降低企业的人力成本；第二是减少维修设备的重置成本，原本 HS 电脑集团每个维修中心都需针对维修的产品购买专门的设备，如果把 HS 电脑旗下所有的手机检测维修业务都集中到 CS 科技之下，可以将原本多套设备集中为一套，大大降低固定维修设备的支出；第三是有利于库存管理，针对手机维修的材料集中管控在上海康桥工业园区，通过设立保税仓库可以对维修材料集中进行统一有效控制，既优化了集团内部维修材料的库存管理，也能够降低呆滞料件的发生机率。

全球检测维修业务可以帮助 CS 科技挽留客户，增加 CS 科技的营业收入。在当前严峻

的外贸形势下，CS 科技的业务量不降反增，最主要的原因在于其与美国的“苹果”公司开展了大量业务合作。按照双方约定，“苹果”的产品出厂后 15 个月内，不管何种原因，CS 科技都要承诺提供产品维修的服务。同时为了挽留住其他客户，扩大生产规模，CS 科技承诺对所有自行制造的产品进行维修和更换，CS 科技的维修中心成立后会把 HS 电脑集团下所有维修营业收入集中于 CS 科技进行统一管控，这种做法有助于 CS 积极开展集团内服务业务，并导入苹果手机、苹果平板电脑及其他笔记本电脑主板维修业务。通过这种集中的业务模式，全球检测维修业务拟实现 50%以上的增幅。

表 1　CS 科技 2012—2015 年预计维修数量与营收

年度	产量(条)	维修数量(万台)	营收(亿美元)
2012	6	362	3
2013	8	760	8
2014	11	1 080	12
2015	14	1 410	17

资料来源：笔者于 2012 年协同上海海关南汇办事处对该企业开展实际调研，此处数据基于当时对 CS 科技访谈时相关工作人员的预测值整理。

四、CS 科技发展海关特殊监管区域外全球检测维修业务的可行性

(一) 基于促进区域经济发展的可行性分析

维修业务的开展是促进制造业与现代服务业发展的有效途径。在内外环境发生深刻变化的今天，各地长期以加工贸易为主导的制造业结构并没有产生实质性的转变，尤其是在手机、笔记本电脑等领域，传统的加工贸易更是占据着绝对统治地位，提高产品生产附加值，大力发展产品的售后维修服务迫在眉睫。以代工为主的传统加工贸易只能在“微笑曲线”的底部赚取微薄的利润。以手机为例，据研究机构 Asymco 的调查显示，2012 年第一季度，苹果部门的收益占整个手机行业总利润的 73%，三星占 26%，仅这两家公司就夺得了手机行业利润的 99%，其他为数众多的厂商只能去拼抢剩下的 1%。在一个产业成熟化、市场饱和的情况下想要有所突破，就必须要不断往售后与服务这种附加价值高的区块移动和定位。

上海的地理位置优势及便利的海关通关操作使物流通关时间大幅度缩减，提高了维修

时效。CS 科技所属的 HS 电脑集团在国内分别在重庆、苏州等地设有分厂，且均具有较大的规模。借助上海亚太城市群的地理中心位置，在上海成立维修中心，集团内产品均送至上海维修，不仅能够提高企业的服务质量和响应速度，避免再做无谓的转关运输至重庆、苏州等地返厂维修，更能有效促进上海国际贸易中心的建设，吸引跨国公司资源配置向我国倾斜，进而推动上海城市经济的转型。

CS 的入驻能有效提升地方税收和促进地方就业。维修中心成立后，跨国公司集团内全球的维修业务将集中于上海一地，其所带来的利润和税收将集中于国内成立的维修公司统一管控，同时随着维修业务的扩张，更能积极拉动就业人口，促进社会稳定和谐。CS 科技全球检测维修业务一旦开展，三年后该业务会实现关税收益 1.07 亿元，增值税收益 9.25 亿元，提供就业岗位 6 300 余个。

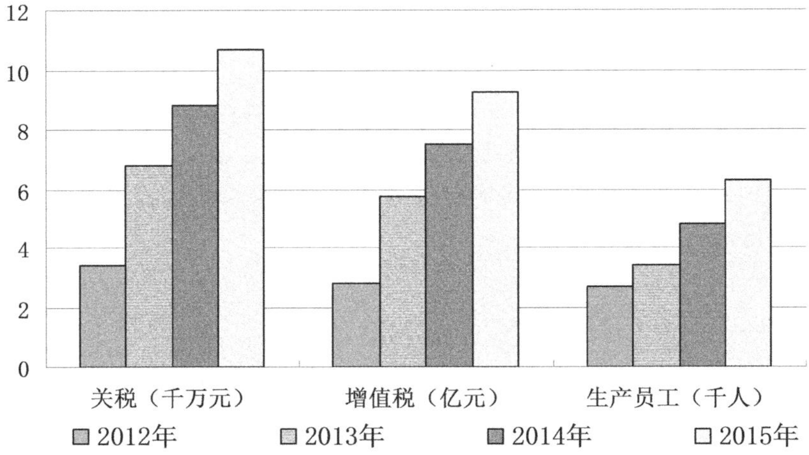

图 1　CS 科技维修业务对税收和就业的影响

资料来源：笔者于 2012 年协同上海海关南汇办事处对该企业开展实际调研，此处数据基于当时对 CS 科技访谈时相关工作人员的预测值整理。

（二）基于环境标准的可行性分析

建立规模化、集约化的全球维修中心可对维修废料进行有效的控制和处理。CS 科技将在维修过程中所产生的废料出口给国际废料商，通过海关监管其维修废料的种类和数量并予以出口。此种处理方式的优点在于不会对国内的环境有所影响，但缺点在于不利于发展循环经济。

对于电子废弃物，目前有一种新的发展趋势更应关注，一些发达国家开始重新审视自身资源战略，比如日本在应对国际金融危机中提出“城市矿山”的资源观，不仅颁布法令禁止电子废弃物出口，还想办法从其他国家进口。据统计，日本现有的废旧电子电器产品中，仅稀土就能提取 30 万吨。根据《国务院关于加快培育和发展战略性新兴产业的决定》《节能环保产业发展规划》等一系列文件的精神，对于资源短缺的中国，若将维修过程中所产生的电子废料进行资源化利用，不仅能培育新的经济增长点，促进我国循环经济尽快形成较大规模，更可以大大减少对环境的污染，为建设资源节约型环境友好型社会添砖加瓦。所以，寻找国内具有资质的下游废料处理企业，发展循环经济，可能是 CS 科技下一步发展全球检测维修业务过程中需要考虑的一个问题。

从业务的分布来看，CS 科技全球维修中心的成立可以有效减少各维修站点星罗棋布分散于各地的状况，提高维修产业集中度并产生规模效益，通过引进大规模的维修产线，不仅提高维修效率，更能有效减少水电等不必要的能源浪费。

（三）基于现有政策的可行性分析

依照“全国能借鉴、上海能推广、浦东能突破”的改革试点选择标准，浦东新区作为国家综合配套改革试验区着力于转变经济运行方式、优化产业结构。2011 年，浦东新区商务委、海关、出入境检验检疫局经过评审，对符合条件的上海贝尔股份有限公司、诺基亚西门子通信（上海）有限公司、柯达电子（上海）有限公司三家企业开展入境检测维修业务试点。由于各方严格把关、监管到位，特别是顺应了浦东一些从事加工贸易的企业向价值链两头延伸并转型升级的发展需求，试点工作进展顺利、运作良好。根据浦东综改推进要求，维修试点应适时稳步扩大企业范围，浦东商务委、浦东出入境检验检疫局、上海海关驻南汇办事处经过调研和协商，于 2012 年下半年对入境检测维修业务进一步扩大试点范围，其主要内容有以下几点。

第一，CS 科技（上海）有限公司、上海 ABB（工程）有限公司两家企业可开始进行入境检测维修业务的试点。试点采用保税监管方式进行，具体审批和核销流程参照加工贸易有关政策法规进行管理。检验检疫采取“试点准入、一次报审、电子核销、流程监管”的模式，对试点企业的入境维修全过程实施严密监管。进口申报仅限在上海海关驻南汇办事处办理。企业应接受海关的监管模式，初期由第三方保税仓库对维修货物和更换零件进行登记和管理。

第二，保税维修物品的范围仅限于试点企业集团内部生产和维修的产品。涉及委托生产和维修的产品应首先取得委托方合法授权与维修合同，第三方维修业务暂不纳入试点范围。

第三，用于维修的新料件或零配件需按一般贸易方式进行征税管理。替换下来的报废料件、维修产生的边角料、剩余料件、副产品等，如不复运出口的，可由监管部门认可的具有环保资质的单位，严格按照海关和检验检疫部门的监管要求进行处理和销毁。试点维修业务不得对当地环境产生污染。

第四，试点企业应严格遵守监管部门关于入境维修业务的管理规定，必须做到内部管理规范。如实记录待维修保税货物、已维修成品、报废料件、不良品的出入库情况和数量，以及维修过程情况。维修过程需主动配合监管部门的核查要求，按要求有序开展。

五、CS 科技试行全球检测维修业务的障碍因素分析

随着国际市场对产品售后服务的日益重视，海外市场的产品售后服务问题对于企业的产品国际竞争力有着重要的影响。由于在发达国家开展售后维修面临着维修成本高、维修人员缺乏等不利因素，因此，对我国而言，若能利用我国的劳动力资源发展适应全球市场的检测维修业务，对于加速加工贸易转型升级具有重要的意义。通过对 CS 科技情况的分析，我们发现在推动海关特殊监管区域外企业发展全球检测维修业务的过程中，存在着两大突出的障碍因素。

（一）全球检测维修业务面临进口便利问题

根据商务部和海关总署颁布的《加工贸易禁止类商品目录》，旧机电产品的进口属于我国禁止进口的商品类别。但是，海关特殊监管区域内的企业具有开展加工和发展保税业务的优先权限，可以突破该商品类目。所以，国内开展包括船舶维修在内的全球检测维修业务都集中在保税区、保税港区等海关特殊监管区域内展开，针对海关特殊监管区域外的企业发展跨国检测维修业务在进口限制方面尚无政策松动。在业务实践中，除了商务部和海关的《加工贸易禁止类商品目录》，进出口检验检疫部门在管理特殊监管区域之外的企业开展入境检测维修业务过程中还没有出台具有针对性的规定，一般的做法是直接套用进口旧机电管理办法进行操作。由于全球检测维修业务通常属于先进制造业的延伸，具有相对较高的技术要求，简单套用旧机电管理办法执行，就会人为地造成区外企业入境维修业务的门槛，很可能导致很多具有发展此类业务的企业在发展初期就望而却步。

（二）全球检测维修业务无法真正享受保税优惠政策

正是由于检测维修业务在进口环节面临的限制性障碍，出现了大量维修物品通过各种方式变相进入国内非保税区维修的情况。常见的变相方式有两种，第一种是以“修理物品

(1300)”加工贸易方式报关进口，返回到中国工厂维修后再复出口；第二种以“进料成品退换(4600)”加工贸易方式报关进口，返回到中国工厂维修后再复出口。像 CS 科技这样的大型跨国企业，由于全球检测维修业务针对的是其集团内部其他企业的产成品，而不是其自产产品，所以多数维修品是不允许以“修理物品(1300)”加工贸易方式进口报关的；第二种方式一般适合出口产品批量退运的情况，也不适用于针对像 CS 科技这样由其集团内其他企业出口产品的售后维修。这就带来了一个很大的问题，尽管利用种种地方“先行先试”的便利政策，通过打擦边球的形式允许 CS 科技这样的大企业可以优先发展入境检测维修业务，但按照加工贸易企业现有的税收政策，依旧不能享受其进口料件的减免税优惠。同时，上述情况也会造成许多安全、卫生、环保等隐患，还会产生监管不到位甚至无法监管的风险。

六、结束语

本案例以上海海关辖区范围内发展全球检测维修业务的典型企业 CS 科技为例，旨在梳理全球检测维修业务“先行先试”过程中的监管政策。海关作为国家主要的进出境监督管理机构之一，如何适应和引领开放型经济新常态，发挥好管理职能促进新型贸易业态发展，是当前开放新格局下面临的时代新使命。如何结合由实体加工贸易向价值链两端延伸拓展服务链的实际，在管理体制、促进机制、政策体系、监管模式等方面进行有益的探索，是本案例关注的重点。

参考文献

[1] “关务通 · 加贸系列”编委会.加工贸易实务操作与技巧[M].北京：中国海关出版社，2013.
[2] “关务通 · 加贸系列”编委会.加工贸易及保税监管政策实务[M].北京：中国海关出版社，2014.
[3] “关务通 · 加贸系列”编委会.加工贸易疑难解惑 280 例[M].北京：中国海关出版社，2013.
[4] “关务通 · 加贸系列”编委会.加工贸易典型案例启示录[M].北京：中国海关出版社，2014.
[5] 吕伟红，胡东升，李莎.加工贸易—中国海关事务通[M].北京：中国海关出版社，2022.
[6] 中国海关保税实务大全编写组.中国海关保税实务大全[M].2 版.北京：中国海关出版社，2020.

案例2　使用说明

一、教学目的与用途

本案例为学生提供了加工贸易典型企业从纯实物代工向新型服务业态转型升级的实例，并分析了其向全球价值链两端延伸拓展发展服务业态的可行性以及现有的海关监管政策。我们希望通过分析真实加工贸易企业转型升级的案例，提高学生了解海关业务、熟悉企业实操以及把握海关政策动向的能力。

（一）适用课程

本案例适用于国际商务课、海关特殊监管区域专题等课程。

（二）适用对象

本案例难度适中，使用对象包括国际商务、税收学专业研究生和海关管理高年级本科生。

（三）教学目标

1. 知识传授

通过本案例的教学，学生应掌握以下知识，并学会将相关理论知识应用到实践中。第一，全球检测维修业务的开展和繁荣植根于经济全球化的深化，中国企业开展全球检测维修业务，不仅仅在海关特殊监管区域内开展，在海关特殊监管特殊监管区域外开展也是广大加工贸易企业在经济高质量发展过程中的自发要求。学生应当对海关特殊监管区域内外加工贸易攀升全球价值链的趋同性有理性认识。第二，通过分析CS科技开展全球检测维修业务面临的机遇与现实政策，对这一大类业务的通关实操有所掌握。第三，我国加工贸易企业开展的全球检测维修业务，首先是从海关特殊监管区域中的加工贸易企业开始的，学生通过搜集海关特殊监管区域内加工贸易企业开展全球检测维修业务面临的各种政策，应当学会培养捕捉海关特殊监管区域外企业移植海关特殊监管区域内企业的相关政策的评判能力。第四，学生通过对检测维修业务在海关特殊监管区域内外政策动向的了解，面对新业务开拓时，应当从企业视角学会向海关或其他政府监管提出政策建议方面有所思考。

2. 能力训练

通过本案例的学习，学生能够增强对海关特殊监管区域外开展全球检测维修业务的政策分析能力，培养面对新型业务、政策真空时能从现有政策中捕捉突破点的思维，从而加强与政府公共决策部门进行沟通的业务能力。

3. 观念更新

学习本案例后，学生能够对海关面对新型业务发展时"政企"沟通的情况有所了解；对海关传统业务流程无法覆盖的新型业务如何从企业的视角和海关共同完成监管模式的创新有一定的认识；从海关端对于海关人才应当具备的业务素养有一个立体的认知。

二、启发性思考题

1. 海关特殊监管区域外的企业能否开展跨国检测维修业务？

2. 当前在海关特殊监管区域外开展全球检测维修业务面临怎样的瓶颈？

3. 若在海关特殊监管区域外开展全球检测维修业务，在政策层面需要有哪些突破？

三、案例分析背景

（一）制度背景

近年来，我国把第一产业、第二产业和第三产业的协调发展作为经济结构优化的着力点，把服务贸易领域作为进一步扩大经济开放、拓展经济增长空间的重要突破口，形成了点面结合、内外统筹的政策指导意见体系。2015 年 1 月国务院就服务贸易专门出台了《国务院关于加快发展服务贸易的若干意见》（国发〔2015〕8 号），提出了到 2020 年我国要实现服务进出口额超过 1 万亿美元的目标，同时要求服务贸易的结构要不断优化、布局要不断平衡、在贸易总额中的占比要不断提升，在此基础上还明确了五项政策措施和五方面的保障体系作为扶持服务贸易发展的配套。在服务贸易国际合作方面，在 1994 年 WTO《服务贸易总协定》这一框架的基础上，我国与韩国、澳大利亚签订的《中韩自由贸易协定》《中澳自由贸易协定》以及与"一带一路"沿线国家的双边或多边协议中，都把服务贸易列为我国实现对外合作扩大开放的重要内容。国内相关省份及部分地级市也都就辖区内服务贸易发展的规划出台了实施意见或细则，比如江苏省出台了《江苏省人民政府关于加快发展服务贸易的实施意见》（苏政发〔2015〕104 号）等，国务院就各地开展服务贸易创新专门做了《国务院关于同意开展服务贸易创新发展试点的批复》（国函〔2016〕40 号）。从政策的导向来说，发展服务贸易已经被明确是当前中国经济转型和贸易结构升级过程中的一个重要方向。

2019 年，国务院颁布了《关于促进综合保税区高水平开放高质量发展的若干意见》(以下简称《意见》)，该《意见》明确提出，允许综合保税区内企业开展高技术、高附加值、符合环保要求的保税检测和全球维修业务。保税检测和全球维修业务的落地，将有利于延伸我国的产业链条，加速我国在全球价值链上检测维修中心地位的确立。海关在货物贸易中扶持由货物贸易延伸拓展的新型服务业态，也是未来海关服务国家经济高质量发展的一个主要趋势。

(二)行业背景

伴随着移动互联网、大数据和云计算等新技术的发展和跨境电子商务、远程服务等贸易新型业态的出现，服务贸易在全球贸易中所占的比重越来越大，世界贸易的重心出现了逐渐向服务业和服务贸易倾斜的发展趋势，服务贸易成为影响各主要经济体经济增长的重要力量。同时，服务贸易的发展水平也成为衡量一个国家或地区经济竞争力的一个关键指标。

中国经济随着产业结构调整与贸易结构升级，服务贸易的地位也日益突出。2015 年中国货物贸易出口金额和进口金额分别为 2.28 万亿美元和 1.68 万亿美元，与 2014 年同期相比分别下降了 2.8%和 14.1%；2015 年中国货物贸易进出口总额为 3.96 万亿美元，比 2014 年同比下降了 8%。与货物贸易进出口普遍下降形成反差的是，2015 年中国服务贸易的出口额和进口额分别为 4 248.1 亿美元和 2 881.9 亿美元，与 2014 年相比分别增长了 18.6%和 9.2%，服务进出口总额为 7 130 亿美元，比 2014 年增长了 14.6%。在服务贸易的一些细分领域，2015 年我国电信、计算机和信息、专业管理和咨询等高附加值服务出口规模进一步扩大，服务出口结构继续优化。在这种服务贸易日益繁荣的大背景下，无论是国际还是国内，对于服务贸易在分类方法和数据统计上都提出了新的要求。

伴随着国务院《关于促进综合保税区高水平开放高质量发展若干意见》(国发〔2019〕3 号)的颁布，综保区发展成为具有全球影响力与竞争力的“五大中心”正式提出。其中“检测维修中心”作为“五大中心”之一，近年来全球检测维修业务的发展不断加速，呈现了爆发式的增长态势。据相关统计，全球检测维修业务中，仅全球大飞机维修的业务规模 2021 年就高达 4 997.48 亿元人民币。专业机构的预测 2021—2027 年该业务的复合增长率将高达 5.24%，到 2027 年将达到 6 787.54 亿元人民币。

2020 年，海关总署等三部委联合发布《关于支持综合保税区内企业开展维修业务的公告》，进一步为企业开展全球维修检测业务提供了细化的政策依据。以无锡高新区综保区为例，该综保区通过当地海关全方位政策引导，已有 10 家高技术新企业开展电子产品和集成电路产业备件方面的全球检测维修业务，其中，来德福特检测科技公司主要为希捷、联想、大华等企业提供电子产品的全球检测维修及再制造服务，2021 年检测维修数量高达到 120 万台，检测货值达到 8 亿元左右。捷普电子（无锡）公司自 2019 年获商务部发文批准在综保区开展无线通信基站和云计算与存储设备全球保税维修业务，2021 年全球维修货值高达到 6 亿元左右。还有阿斯麦、应用材料、东电、科尔泰、宜科、盛隆等一批半导体配套厂商为 SK 海力士、华虹、海辰等企业提供检测、维修、维护等服务，使得当地综保区全球检测维修业务规模快速增长，成为促进地方经济快速发展的生力军。

四、理论研判依据

（一）知识点一：何为海关特殊监管区域？

海关特殊监管区域是经国务院批准，设立在中华人民共和国境内，以保税为基本功能，针对货物实施视同“境内关外”进出口税收政策，由海关实行封闭监管的区域。

为适应我国不同时期对外开放和经济发展的需要，国务院先后批准设立了保税区、出口加工区、保税物流园区、跨境工业区、保税港区、综合保税区等六种海关特殊监管区域类型。不同的特殊监管区域产生的背景不同，直接决定了不同区域在功能定位和政策设计上存在一定差异。从最初的保税区到保税港区和综合保税区，特殊监管区域的功能和政策在不断规范和完善。在区域功能方面，目前，除保税物流园区外，其他特殊监管区域都具备保税加工和保税物流功能。在税收政策方面，特殊监管区域与区外之间已形成一定的政策落差，实行以“免税、退税、保税”为主要内容的政策。

目前国家的深化改革与扩大开放对海关特殊监管区域的发展提出了更高要求。为加快海关特殊监管区域整合优化，《国务院办公厅关于印发加快海关特殊监管区域整合优化方案的通知》（国办发〔2015〕66 号）要求，逐步将现有的出口加工区、保税物流园区、跨境工业区、保税港区及符合条件的保税区整合为综合保税区，针对新设立的海关特殊监管区域统一命名为综合保税区，并在此基础上进一步整合功能、政策和管理。

因此，在目前整合之后的海关特殊监管区域中，数量最多的是综合保税区。所谓的综合保税区，是指设立在内陆地区的具有保税港区功能的海关特殊监管区域，由海关参照有关规定对综合保税区进行管理，执行保税港区的税收和外汇政策，集保税区、出口加工区、保税物流区、港口的功能于一身，可以发展国际中转、配送、采购、转口贸易和出口加工等业务。海关对综合保税区实行封闭管理，境外货物进入保税区，实行保税管理；境内其他地区货物进入保税区，视同出境；同时，外经贸、外汇管理部门也对保税区实行相对优惠的政策。企业在综合保税区开展口岸作业业务，海关在园区内查验货物后，可在海港或空港等口岸开展转关出口，无需再开箱查验。

（二）知识点二：何为检测维修？

《意见》明确提出“允许综合保税区内企业开展高技术、高附加值、符合环保要求的保税检测和全球维修业务。支持第三方检验检测认证机构在综合保税区开展进出口检验认证服务”。

检测维修是企业生产制造链条的重要环节。目前在检测维修中常见的保税检测指的是企业以保税方式将需要检验、检测的货物从境外运入区域内进行检验、检测后复运出境。当生产企业的目标市场对于其产品的性能提出准入要求，该产品要落地销售，必然需要具备专业检验检测认证能力的权威机构出具符合要求的检测报告。随着全球产业分工的不断细化，产品的检验检测有可能外包到专业检测公司，比如样品检测、成品上市之前的性能认定等。在综合保税区内的检验检测企业，可以依托综合保税区一线入区保税、二线入区退税的优势，根据市场需求开展保税检测业务，广泛承接来自世界各地的检测认证订单，开拓多元化市场，深度融入国际产业链、价值链、供应链。与此同时，海关也必将依法依规支持第三方检验检测认证机构在综合保税区开展进出口检验认证服务。

针对维修业务，我国涉及到这类业务审批的几个部委历来都保持着一种审慎的态度，在维修业务审批过程中始终秉持着“高技术含量、高附加值、环境风险可控”的原则，通常都以企业个案审批的方式同意相关维修项目的准入。2014 年底，中国（上海）自由贸易试验区率先推出了“境内外维修”的海关监管创新制度，经海关总署批准后，自贸试验区内的企业可以就高附加值、高技术、无污染、来自境内外的待修理货物进行维修。2015 年，海关总署发布第 59 号公告，允许在全国海关特殊监管区域内全面开展保税维修业务，并将内销产品返区维修适用商品范围由区内企业自产，扩大为包含本集团内其他境内企业生产及在境内销售的产品。

（三）知识点三：何为全球维修业务？

全球维修业务，是指企业将存在部件损坏、功能失效、质量缺陷等问题的货物或运输工具从境外运入境内进行检测、维修后复运出境的业务。作为工业 4.0 时代的战略性产业，全球维修不仅可以让生产企业在维修、再制造业务的基础上积累大量产品性能、质量等数据信息，更快发现产品的优缺点，以便进行工艺、设计上的改进，从而带动产品制造水平的提升，增强产品竞争力，还可让本国的制造业实现从传统的加工贸易向高技术、高附加值的制造服务贸易延伸，是检验一个国家或地区先进制造及其配套高端服务业的一项重要竞争力指标。

2020 年 5 月，商务部、生态环境部、海关总署发布第 16 号公告，就在综合保税区内开展高端产品全球维修进行了详细规定，将允许维修的产品制定详细目录，要求各地监管部门联合制定监管方案。公告的实操性强，为实践作业提供了便利。目前，我国特殊区域内的维修业务主要集中在航空、船舶、电子产品、机电产品等领域，其中上海的航空、船舶发动机、机电产品维修，天津及厦门的航空领域维修，珠海的航空维修，苏州的机电产品维修，在综合保税区等特殊区域发展较好，已形成配套发展、产业链完整的维修产业。

综合保税区的全球维修是以保税方式将存在部件损坏、功能失效、质量缺陷等问题的货物，从境外或境内区外运入综合保税区内进行检测、维修，使原产品（件）局部受损功能恢复或原有功能升级后复运返回来源地的生产活动。根据2020年商务部、生态环境部、海关总署第16号公告附件《维修产品目录（第一批）》，航空航天、船舶、轨道交通、工程机械、数控机床、通讯设备、精密电子等55类产品属于我国目前允许开展全球维修的范围。如果某类待维修的产品不在该目录内，原则上不属于全球维修的对象。但是，如果属于“高技术、高附加值、低污染”的产业，商务部门有可能还会采用个案审批的方式进行逐级审批。

五、案例分析思路及要点

（一）案例分析思路

本案例以CS科技有限公司作为海关特殊监管区域以外的企业试图开展全球检测维修业务为切入点，首先介绍了苹果手机全球检测维修业务的特点，通过与传统检测维修业务的对比，突出了全球检测维修业务“高附加值、高技术、无污染”的产业高端性。紧接着，本案例从CS科技有限公司自身业务发展、对于地方区域经济的正向辐射拉动作用以及环保合规等多个维度，论证了发展苹果手机全球检测维修业务的积极意义。但是，CS科技有限公司所在的上海浦东对其业务扶持政策仅是浦东当地的试点政策，有限期结束之后在全国或者上海市整体层面的政策难以再支持该公司苹果手机全球检测维修业务的开展。最后，案例从海关特殊监管区域内和海关特殊监管区域外企业适用全球检测维修政策的差异揭示了CS公司开展苹果手机全球检测维修业务所面临的瓶颈。通过这个具体企业办理海关业务过程中的障碍，当面临新型贸易业态时，为海关应当如何更好地服务企业发展、企业应当如何充分梳理现有政策突破政策约束等方面提供了思考。

（二）启发性思考题解答要点

启发性思考题1：海关特殊监管区域外的企业能否开展跨国检测维修业务？

此题综合性较强，需要利用到海关特殊监管区域、检测维修业务、全球检测维修业务等知识点。本案例实际上是一个海关业务的实操问题，考查学生对海关具体业务的熟悉程度，不仅要熟悉海关通关业务流程，更要了解海关保税监管中的前沿动态。在现有的海关政策中，针对检测维修业务和全球检测维修的较多，但是，往往容易使人忽略这些业务或者政策文件适用的范围。本案例一个很重要的分析视角就是要把全球检测维修业务从海关特殊监管区域内和海关特殊监管区域外进行区分，现有海关政策普遍侧重于海关特殊监管区内的全球检测维修业务，而对于海关特殊监管区域以外的企业则不具有适用性。这在很大程度上体现了我们国家在对外经济开放过程中，以点带面、由局部到整体的改革思路。此外，全球检测维修业务先在海关特殊监管区域内放开，从政府监管的角度来看，我们需要一个卡扣围网的封闭管理环节，这样对于环保、对于安全的考量成分更多，海关特殊监管区域外的企业在苹果手机全球检测维修业务开展上的瓶颈，很大程度上体现了我们国家在经济发展到一定高度后对“洋垃圾”入境的审慎态度。

启发性思考题2：当前在海关特殊监管区域外开展全球检测维修业务面临怎样的瓶颈？

讲到海关特殊监管区域，或者提到加工贸易企业的时候，很多同学可能首先会想到免税。实际上，在我国主动降低关税成为趋势的情况下，我国目前对我们的贸易伙伴征收的关税已经很低，平均关税税率在7%—8%左右，所以免税已经不是最主要的问题，贸易通关便利反而更占主导。伴随着我国海关特殊监管区域的转型整合，海关特殊监管区域内的企业在发展保税业务尤其是在全球检测维修业务的发展上面临更为优先的机遇。CS科技有限公司开展苹果手机检测维修业务，二手苹果手机的入境是其中最核心的问题。二手苹果手机到底是属于旧机电产品，还是属于先进制造业中的高端产品，这是最大的争议点，还尚无政策界定，导致了本案例中CS科技有限公司在业务开展过程中遭遇了瓶颈。

启发性思考题3：若在海关特殊监管区域外开展全球检测维修业务，在政策层面需要有哪些突破？

通过CS科技这样的典型企业在发展全球检测维修业务中先行先试经验的分析，我们认为在全球检测维修业务的进一步推进中，有以下几方面值得引起重视。

(1) 通过减免税的形式扶持和发展先进制造业的全球检测维修业务。先进制造业的全球检测维修业务的发展，是我国产业结构调整和加工贸易转型升级的一个缩影。中国加工贸易的繁荣，其核心的推动力在于我国从20世纪90年代开始通过设立保税区、出口加工区、保税物流园区、保税港区、综合保税区等不同的特殊监管区域为贸易的发展搭建了一个优惠的政策平台。以税收减免占主导的优惠政策促使我国加工贸易的份额长期以来一直占据我国进出口总额的半壁江山。近年来，随着劳动力成本提升和环境因素的制约，中国加工贸易在转型升级中正面临着第二个发展阶段。这一阶段的发展，基本呈现了从纯加工制造向生产服务业转变的端倪。在这样一个转折时期，能否通过税收优惠形式，推动加工贸易向以全球检测服务为代表的生产服务业跨越，应当是相关扶持政策的一个着力点。比如，以CS科技为例，对其进口料件进行免税。这样的税收优惠无疑将扩展企业的利润空间，在外贸出口不景气的情况下，对于企业是相当具有吸引力的。

(2) 通过监管模式的创新确保全球检测维修业务步入规范化运作。从 CS 科技目前面临的障碍因素中不难发现，进口限制是发展此类检测维修业务最大的困难。实际上，对于一个企业来说，它在一段时间内的主营业务或者说主打产品是相对固定的，这样其进料也是相对稳定的。在目前检验检疫针对进口旧机电产品这种分类相对粗浅的情况下，借鉴加工贸易的备案程序，通过对维修企业产品的风险分析，对其进口废旧产品进行事先核准，未经核准的产品类目不得开展维修业务。同时，对于进口废旧物品入境之后是通过第三方监管还是企业通过“传统两仓”进行监管，商务部、海关总署和进出口检验检疫局三家可以联合把一整套程序和规范通过出台《海关特殊监管区域以外企业入境检测维修业务检验监督管理办法》的形式固定下来，既解除了区外企业发展入境检测维修业务的进口障碍，同时也便于加强区外企业入境检测维修业务的宏观管理。

(3) 通过移植特殊监管区优惠政策引导企业发展全球检测维修业务。发展先进制造业全球检测维修业务，是上海“转型驱动、创新发展”的一个重要产业支撑点。但对于这样一个新生产业，其需要的政策配套是全方位的。它综合地涉及海关、商检、税务、外汇管理等多部门的政策协调。目前对于保税区、出口加工区等海关特殊监管区域内的企业开展入境检测维修业务在税收优惠政策、进出口检验检疫都已初步出台了相关扶持政策。相对而言，区外企业要发展入境检测维修业务，目前还只是处于一个暂无政策配套但部分地区开始“先行先试”的特殊发展状况。从加工贸易转型升级和海关特殊监管区域整合的角度来看，区外企业开展入境检测维修业务亟需移植区内企业的相关优惠政策。比如，能否把 CS 科技的案例进一步推广到所有的 AA 类企业甚至是 A 类企业？对于资信好的企业应当给与予区内企业同等的税收优惠和自由度，并在此基础上需要更为细化的监管措施。这既是企业自身拉升价值链提高产业能级的需要，同时也是海关特殊监管区域存量整合的一个重要方面。

六、教学组织方式

案例授课班级人数不宜过多，应该控制在 20 至 30 人，可以 5 人左右分成一个小组。从教室布局来讲，为了让所有同学参与讨论，教室的桌椅可以围成一圈，缩小空间的距离感，使同学们之间的讨论更加深入。教室中应具备电脑、投影仪、黑板、粉笔等设备。同时，为方便学生更好地参与课堂案例讨论，教师必须在课前提醒同学们做好课前准备工作，例如提醒每个学生都带上自己的笔记本电脑，课前搜集好与本案例有关的海关政策文件等。

(一)课时分配

案例回顾与概述(5 分钟)：介绍案例背景，回顾案例内容，理清案例思路，明确案例主题。

提出问题与小组讨论(20分钟):结合板书提出启发性思考题,分小组讨论并形成组内答案。

小组汇报与教师引导(50分钟):针对每一道启发性思考题,选一个小组进行回答,其他小组补充。教师需借助多媒体对学生引导,得出最终答案。

案例评价与总结(10分钟):对知识点进行梳理,对案例教学过程进行评价,总结学习心得体会。

其他问题(5分钟):教师回答学生的其他问题。

(二)板书设计

启发性思考题1:海关特殊监管区域外的企业能否开展跨国检测维修业务(何为海关特殊监管区域)?

启发性思考1及解答要点如图2所示。

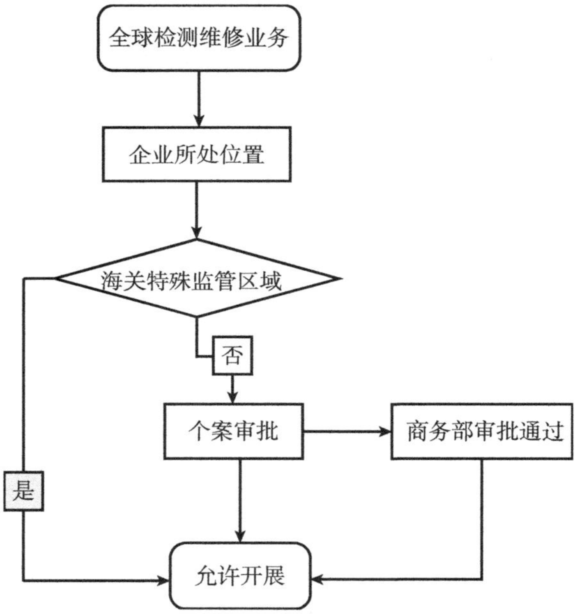

图2　启发性思考题1及解答要点

启发性思考题2:当前在海关特殊监管区域外开展全球检测维修业务面临怎样的瓶颈(何为检测维修)?启发性思考题2及解答要点如图3所示。

图3　启发性思考题2及解答要点

启发性思考题3:若在海关特殊监管区域外开展全球检测维修业务,在政策层面需要有哪些突破(何为全球维修业务)?

启发性思考题3及解答要点如图4所示。

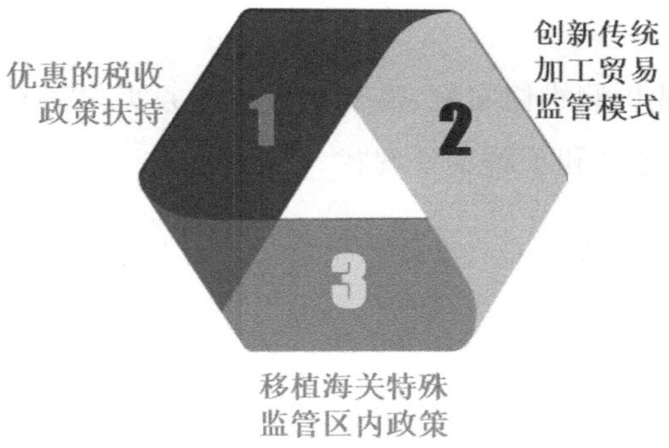

图4　启发性思考题4及解答要点

(三)讨论方式

案例讨论应该大致按照典型案例学习的模式进行。主要包括:①定义问题;②分析案例具体情况;③梳理海关政策;④分析企业个体现状与政策的冲突;⑤分析并评估企业的可选方案;⑥制订行动方案或实施计划。

大多数案例讨论的核心推动力是组织中某个具体决策或问题的解决方案,因此,根据课时分配,案例讨论可以这样进行:在提出问题和小组讨论环节中,小组内对3道启发性思考题进行讨论，并形成组内答案；在小组汇报与教师引导环节中，对每一道问题，教师从5组学生中选一组回答，其他小组补充，形成多种备选方案，教师根据决策标准引导学生分析评估备选方案，选出首选方案，并制定行动计划。

在案例讨论时，教师需鼓励学生形成良好的讨论习惯，如勇于提出不同意见、讨论前做好准备、讨论时积极发言、讨论后及时总结，避免盲目从众、提前背稿。

七、案例后续进展

考虑到与全球检测维修业务相关的政策更新频率较高，鼓励同学们课后进一步追踪最新的政策进展。若追踪到后续新进展，可作为课程平时成绩的加分项。

八、其他教学支持材料

（一）计算机支持

由于本案例在有关课程中被当作讨论材料使用，需要向学生展示，所以在计算机中需要安装 PowerPoint 软件。

（二）网络支持

本案例提到区外企业检测维修案例，需要学生在关务实验室连接关务内网，通过登录加工贸易手账册核销系统，体会和了解实务现状。

案例 3

八所口岸：升级改造助推海南自由贸易港建设

摘　要：在海南自由贸易港的建设背景下，八所口岸外贸在对越边贸的基础上稳定增长，对口岸的基础设施和管理系统提出了更高要求。本案例在阐明口岸的含义、八所口岸地位和作用的基础上，分析了八所口岸升级改造项目提出的理由与过程，项目建设内容及规模，剖析了八所口岸升级改造的必要性和具体方案，并探讨了升级改造的效益。

关键词：八所口岸；升级；改造；海南自由贸易港

Abstract: Under the background of the construction of the Hainan Free Trade Port, the foreign trade of the Basuo Port of entry has grown steadily on the basis of border trade with Vietnam, which puts forward higher requirements for the infrastructure and management system of the ports. On the basis of clarifying the meaning of port of entry, the status and role of Basuo Port of entry, this case dissects the reasons and processes put forward by the Basuo Port of entry upgrading and reconstruction project, the construction content and scale of the projects, dissects the necessity and specific plan of the upgrading and reconstruction of the Basuo Port of entry, and discusses the benefits of the upgrading and reconstruction.

Keywords: Basuo Port of entry; upgrading; reconstruction; Hainan Free Trade Port

一、引　言

八所口岸位于海南岛西南部的海南省东方市，西濒北部湾，与越南隔海相望，依托于八所港，是我国西南沿海的主要海运口岸。八所口岸开展对越边贸条件十分优越，原以对越边贸为主要业务，在海南自贸港和西部陆海新通道建设的重大历史机遇下，八所口岸为适应“建设国际一流开放口岸和‘二线口岸’”的高层次要求，在八所港升级改造的基础上，对口岸基础设施、监管设施和信息管理设施进行升级改造，在口岸业务向高层次发展的同时守卫好口岸安全，大力发展临港先进制造业、现代服务业；实现“一体两翼”港产城融合发展，成为海南自贸港建设的重要窗口，也成为国际供应链上的重要节点。

二、相关背景

（一）口岸

“口岸”(port of entry)是指经国家批准对外开放，供人员、货物、交通工具和国际包裹邮件出入国(关)境的港口、机场、边境铁(公)路车站、通道、可与境外开展直达运输的内陆铁(公)路车站等及各类监管机构的总称，是一个跨行业、跨部门，多层次、多环节、多功能、分工协作的有机综合体，是国家对外开放的门户。口岸中设有跨境流动监管机构，配备有可供人员、货物及交通工具办理跨境流动手续并接受监管机构检查的设施设备，以防止偷渡、走私、贩卖枪支和毒品，防止危害农作物的病虫害及危害人民身体健康的传染性疾病传入传出。

口岸依托于交通运输枢纽设置，交通运输功能是口岸的基本功能。水路运输的口岸依托于港口(port)，但是不同于港口，港口是水路运输口岸的实体依托，口岸工作在港口的物理地址开展。

2021 年 9 月 17 日，海关总署印发了《国家“十四五”口岸发展规划》，提出“到 2025 年，基本建成口岸布局合理、设施设备先进、建设集约高效、运行安全便利、服务完备优质、管理规范协调、危机应对快速有效、口岸经济协调发展的中国特色国际一流现代化口岸。到 2035 年，建成与基本实现社会主义现代化相适应的现代化口岸，高质量完成平安口岸、效能口岸、智慧口岸、法治口岸、绿色口岸‘五型口岸建设’”，强调“突出抓好重点枢纽口岸示范工程、以补短板为主的口岸设施升级改造工程、口岸智慧创新工程、口岸国际合作工程等四项重点工程”，提到“巩固沿海地区口岸在构建新发展格局中的主力军地位”，并着重提出支持海南自贸港建设。这对于八所口岸服务高层次发展，为海南扩大与岛外人员和经贸往来提供保障提出了更高的要求。

（二）自由贸易港

自由贸易港是指依托港口，设在国家与地区国境内关境外的，允许境外货物、资金自由进出的区域，在这里对进出港区的全部或大部分货物免征关税，并且准许开展货物自由储存、展览、拆散、改装、重新包装、整理、加工和制造等业务活动。

2021 年 10 月 20 日，海关总署印发了《海南自由贸易港口岸布局方案》(以下简称《方案》)。《方案》中明确了海南自贸港一线口岸和二线口岸的功能定位，提出了海南自贸港的口岸布局，在国务院批准设立的 8 个对外开放口岸(一线口岸)以外，批准设立 10 个“二线口岸”，八所口岸区域同时下设两个口岸，即八所港开放口岸(“一线口岸”)和八所港“二线口岸”。

三、八所口岸升级改造原因

海南自由贸易港封关运作是国家的重大战略布局。八所港开放口岸和八所港“二线口岸”是国家口岸体系和海南自由贸易港的重要组成部分，依托于八所港承担着海南自由贸易港封关运作各项业务，必须按照国家相关规范进行口岸升级改造。

(一) 港口发展现状

八所港建于 1941 年，位于海南岛西岸中部墩头湾的西南角，处于泛北部湾中心地带，距越南海防港 154 海里，距洋浦港 60 海里，距海口港 141 海里，距三亚港 108 海里，在交通运输部公布的《全国沿海港口布局规划》中属于西南沿海地区港口群，占据西南交通要道。八所港与国内沿海港口以及全球 20 多个国家和地区通航，主要货种为煤炭、石油及制品、矿建材料、化学肥料及农药、化工原料及制品等，目前拥有三个装卸区共 11 个泊位，年通过能力达 1 828 万吨。

2020 年 9 月，八所港开通了至洋浦国际集装箱码头的集装箱支线班轮，2021 年 6 月又成功开通集装箱外贸航线，形成了“洋浦至八所到三亚”每周一个班轮的固定航线，也进一步完善了八所港港口服务功能。2021 年，东方市内外贸航线超过 20 条，港口货物吞吐量 1 651 万吨，同比增长 10%；其中八所港货物吞吐量 1 231 万吨，占比 74.5%。

随着《西部陆海新通道总体规划》的出炉和《海南自由贸易港建设总体方案》的公布，八所港有了新使命，也迎来新机遇。根据八所港务局的预测，2025 年、2035 年八所港吞吐量将分别达到 2 106 万吨和 5 200 万吨，加上东方市临港产业园正快速发展，不断增大的货物吞吐量要求港口效率提升，给八所口岸原有的货物处理、查验等设备带来了巨大压力。八所港虽然近年来对现有设施设备不断进行升级改造，但目前总体设备设施老旧，自动化程度不高。新规划的 2 万吨级石化码头年通过能力为 175 万吨，2023 年 9 月开工，2024 年 12 月建成并投入使用，其他的扩建泊位、新建港区等提升港口能力的工作也在持续开展。

八所港由老港区、新港区，渔港区三个港区组成。目前设施设备老旧急需升级改造涉及的第一装卸区为散杂货作业区，位于老港区，包含八所港开放口岸和“二线口岸”；第二装卸区为危险化学品作业区，位于新港区，两个作业区年通过能力共为 1 727 万吨。

（二）口岸发展现状

八所口岸 1957 年成为国务院批准设立的首批国家一线对外开放口岸之一，1993 年获得对越边贸许可，1996 年获得对越南边贸优惠政策（即边境小额贸易政策），2010 年获批为海南唯一的国家进境水果指定口岸。八所与越南最近港口距离仅 150 海里，出入港船只八成以上为越南籍，边民往来便利，跨海航运便捷畅通，运输成本较低。八所及其所在的东方市开展对越边贸比广西东兴、云南瑞丽等边贸口岸具有地缘优势。

八所口岸边贸的发展定位是进口越南及东盟国家的红木、水果、海产品、橡胶、矿石等资源性产品，出口国内小商品、机电、纺织、日化产品等，利用越南及东盟各国资源性物资来料加工为主，适度承接“9＋2”加工贸易转移，建成“双向物流集散地”，与党的十八大报告中提出的“创新开放模式，促进沿海内陆沿边开放优势互补”“加快实施自由贸易区战略，推动同周边国家互联互通”，以及海南省建设面向东南亚的航运枢纽、物流中心和出口加工基地的发展战略高度契合。

四、八所口岸升级改造内容

八所口岸应按照海南自由贸易港封关运作对于八所“一线口岸”和“二线口岸”的要求，根据《国家口岸查验基础设施建设标准》和《中华人民共和国海关监管区管理暂行办法及相关规范》，按照 II 级水运口岸进行升级改造，改造口岸管理单位业务用房，完善信息系统，配齐海关、海事、边检等单位所需设备。

（一）货物查验基础设施升级改造

八所开放口岸目前的主要货物有尿素、石油化工原料等；八所“二线口岸”目前的主要货物有煤炭、铁矿石、尿素、甲醇、石油化工原料等，现场均没有查验设施设备。货物查验基础设施升级改造的要点包括：

(1) 查验场地设置。设置满足海关查验作业要求的场地，配备相应查验工具，根据需要配备 H986 等大型查验设备或货检 CT 机，配套设置必要的储存区、暂存区、技术整改区等，在铁路通道重点建设铁路货运查验设备及系统。

(2) 监管仓设置。海关对监管货物实行分类管理，监管仓内按海关分类实行分区管理。

(3) 监管场地封闭及卡口设置。监管场地应当具有独立的封闭区域，设立隔离围网(墙)，并在通道设有出入卡口，卡口控制系统与海关联网，以满足封闭管理、卫生检疫、人员查缉监管、货车甩挂、货车倒装、分段运输等安全需求和防疫要求。

(4) 石油、甲醇等化学品的查验。开放口岸和“二线口岸”采用管道直接传送，可采用仪表直接在厂区监管。

(二) 旅客查验基础设施升级改造

八所港旅客查验基础设施应包括申报区、识别和拦截区、查验区、处置区等，形成出入境旅客海关和边检集中作业场地，满足海关监管信息化设备和相关技术等需要，实现“无感通关”。旅客查验基础设施升级改造的要点包括：

(1) 申报区。出岛旅客在申报区向海关办理行李物品申报手续。申报区应设置在旅检大厅内安检区前，包括申报台、填卡台、自助申报设备，配备主动放弃箱、音视频采集及监管业务必需的设施、设备。

(2) 识别和拦截区。在识别和拦截区设置红色通道(申报通道)、绿色通道(无申报通道)和工作人员通道，在进入通道的卡口处设置公告栏或电子显示屏提醒旅客按照海关规定选择通道，将安检电子信息与海关共享。配置旅检智能查验台、自助申报终端等便捷通关设备和CT机、人体X光机、毫米波等非侵入式查验设备，以及人脸识别、身份识别等设施设备。在客车通道重点建设顶照式车辆查验及底盘扫描等系统。

(3) 查验区。划分为候检区和人工开箱查验区，设置在验台。远期考虑设置自动分拣系统，将海关布控的行李物品自动传输至海关查验区。

(4) 处置区。区内设执法调查室、征税室、暂不予放行物品存放仓库等业务用房，以及相关设备。

(三) 升级改造的重点：信息系统

八所口岸信息系统升级改造应遵循标准化、开放性、信息共享、网络安全、管理安全、数据安全、可靠性、可扩充性、安全可控的原则，根据海关、海关缉私、海事、边检等口岸管理部门的监管业务需求和技术总体要求建设信息系统。

1. 信息化系统总体要求

口岸信息化系统应充分考虑集成口岸管理各部门信息系统，开放互联，建成统一的基础信息服务平台，保证系统的一致性和稳定性。应充分考虑到各监管单位、职能部门的业务需要，充分保证数据的共享和功能互操作，同时还要具备良好的可维护性和扩展性。

2. 信息化系统的具体组成

(1) 海关监管信息化系统。目前八所港区已有的口岸查验场地为八所港码头内划定外贸监管堆场和各口岸监管部门的业务技术用房。为了确保智能精准监管，应整合八所口岸监管部门的相关功能，建设“一站式”联检服务中心，实现海关、海事、边检等口岸监管部门的集中监管与“一站式”服务，满足海关对进出口货物监管要求，实现新建监管仓库等货物查验基础设施周界围网及报警、海关监管智能卡口、海关视频监控、海关专用网络及安全接入、无线 WiFi 覆盖、报关大厅及排队叫号显示、科技抗疫等功能。

在此基础上，通过全景视频监控及展示系统实现船舶靠离港动态、装卸动态、堆场动态、卡口动态、物流全过程等的可视化监管及展示，与单兵作业系统、风险分析预警系统、数据处理展示系统、内外贸监管系统、口岸运营管理系统、消毒喷淋管理系统、核辐射探测设施管理系统配合搭建智慧海关管理系统。

(2) 海关缉私信息化系统。目前海关缉私部门在八所口岸没有缉私执法业务用房，应根据海南自贸港封关要求设置，同时建设配套的海关缉私信息化系统和设备设施。应配备对进出口岸的人员、货物、物品、交通运输工具相关物流信息进行无感采集及比对分析的海关缉私信息化系统，并与边检、公安及其他相关部门系统建立数据共享端口，实现系统资源汇聚互通共享。

(3) 海事监管设备及系统。按照相关法规规范和标准要求，结合八所港区驻地海事监管部门业务管理和业务监管自身实际和将来通关运作需求，八所口岸海事监管部门相关信息化建设内容包括：进出口岸船舶异常智能检测预警系统、数据共享平台、海事口岸信息化系统设备、海事一站式登轮检查执法信息系统、手持红外不明化学物质光谱仪、水上无人机、船舶尾气排放监测系统及设备。

(4) 边检信息化系统。八所港边检站执行的是依法对出入境船舶及船员、登离轮人员及其携带、载运的行李物品、货物等实施检查、监督的行政管理活动。根据八所口岸边检部门的要求，新建边检信息化系统的软硬件设备与信息化配套设施应包括：边检数据中心和边检智慧口岸监管系统。

八所口岸信息化系统组成具体如表 1 所示。

表 1　八所口岸信息化系统组成及说明

序号	系统名称	类型	功能简述
1	周界围网及报警系统	货检配套硬件设施	口岸周界视频监控，防入侵、防攀爬、防抛物等
2	海关监管智能卡口系统		海关智能云卡口配置，包含箱号识别、电子车牌、IC 卡识别、二维码识别、电子地磅、光学车牌识别、卡口控制等系统
3	海关视频监控系统		监管区域无死角监控，存储达到 3 个月
4	海关专用网络及安全接入系统		业务网、办公网、视频网、互联网、口岸局域网以及信息网络设备部分等
5	无线 WiFi 覆盖		现场查验、移动单兵等无线联网要求
6	海关专用机房及相关配套设备设施		按照监管要求，口岸需要配备海关专用机房，达到 C 类机房标准
7	口岸综合布线		针对口岸视频监控、智能卡口、查验设施、办公网络等综合布线
8	语音接入及配套设施		海关和企业电话及配套设施
9	报关大厅及排队叫号显示系统		报关大厅取号、排队叫号、LED 显示、呼叫评价等设施
10	科技抗疫		能够对各类口岸场景下的登临检疫、异常情况确认等进行远程确认处理，减少关员的人力投入，提升关员的工作效率和工作环境，降低关员被隔离的频次
11	海关会议系统		与上级海关对接，实现远程视频会议
12	查验设备		查验 X 光机、查验地磅
13	海关其他配套		门禁管理、人员通道、行政通道等
14	口岸其他配套系统		公共广播、无线对讲
15	口岸一体化信息平台	货检配套软件系统	口岸业务运行管理覆盖口岸日常运行的各个方面，包括协同办公管理、值排班管理、信息发布、业务综合查询与分析、门户网站管理等
16	一体化云卡口系统		现场数据采集系统、对接总关云卡口、物流平台以及海关总署金关二期等相关业务系统

（续表）

序号	系统名称	类型	功能简述
17	智慧海关管理系统		全景监控展示系统（船舶动态、装卸动态、堆场动态、卡口动态、物流全过程等），单兵作业系统，风险分析预警系统，数据处理展示系统，内外贸监管系统
18	口岸经营管理系统		园区物流企业管理、车辆管理、仓储管理、物业管理、收费管理、车辆调度管理、提货预约管理等功能
19	消毒喷淋管理系统		通道式自动喷淋消毒系统，通过光学传感系统对通过通道的车辆进行感应，并智能化启动动力系统对进入通道内的车辆及集装箱进行喷雾消毒
20	核辐射探测设施管理系统		通道式车辆放射性自动监测系统进行车辆检测时，可自动发出辐射超限报警，并完成对检测数据的储存
21	检验检疫系统		焚烧炉、熏蒸系统、热处理系统、实验室设备等
22	口岸监管区车辆	海关缉私	缉私专用车辆
23	海关缉私反走私智能信息采集系统		缉私反走私智能信息采集配套系统
24	海关缉私数据共享平台		构建海关缉私数据共享平台可以实现跨网域的海关缉私数据汇聚共享
25	海事监管系统及设施	海事	海事一站式登轮检查执法信息系统手持红外不明化学物质光谱仪 水上无人机 船舶尾气排放监测系统及设备船用燃油含硫量快速检测设备办公设备设施
26	边检中心机房	边检	边检中心机房及网络安全设施
27	边检智慧口岸监管系统		边检智慧口岸监管系统及配套设施
28	码头边检信息化设施运维		码头边检信息化设施运维

五、八所口岸升级改造特点

八所口岸升级改造按照《海南自由贸易港建设总体方案》中的规划，为保障自由贸易港制度有效实施、加强口岸风险防控，建设高标准开放口岸和“二线口岸”基础设施、监管设施，并通过信息化系统建设和新技术装备投入，使得口岸监管部门可以借助信息化系统对八所港区进出货物、人员、运输工具等实施全过程全时段智能精准跟踪与监管。

（一）高标准

八所口岸的升级改造按照《海南自由贸易港口岸查验基础设施设备建设指导意见》《海南自由贸易港口岸布局方案》《国家口岸查验基础设施建设标准》要求，坚持以长远眼光谋划，高起点规划、高标准建设、高水平监管，科学安排，分步实施，提升口岸整体效能。对外开放口岸和“二线口岸”查验基础设施与港口、码头主体工程统一规划、统一建设，结合“一线”“二线”查验监管需要优化完善，体现勤俭节约、集约共享原则。同时，口岸信息化与基础设施同步规划、同步建设，综合运用新一代信息技术打造智慧口岸，全面提升口岸综合服务和综合治理水平，实现服务海南自由贸易港建设需要。

（二）集约共享

八所对外开放口岸和“二线口岸”建设要充分依托现有设施和场所条件，结合具体监管模式、口岸类型和业务特点，积极推进信息共享、场所共享、设施共享、设备共享，避免公共资源浪费。

（三）创新监管

遵循国务院关于“放管服”改革要求，进一步革新监管理念，创新监管模式，着重发挥科技引领支撑作用，发挥诚信体系建设作用，不断加强口岸风险管控。

（四）协同推进

按照《海南自由贸易港建设总体方案》和《海南自由贸易港口岸布局方案》的设计和安排，结合口岸基础能力和优化口岸营商环境建设，提升通关便利化水平，坚持封关运作的软硬件建设统筹规划，协同推进对外开放口岸和“二线口岸”建设。

六、八所口岸升级改造效益与启示

对口岸进行从基础设施到信息化系统的升级改造是八所口岸勇于担当，锐意进取，确保口岸高水平对外开放、高效率开放运行管理、高质量口岸安全防控等各项工作任务落地生效，全方位提升口岸运行质量和效益的体现，发挥了口岸对推动当地经济发展至关重要的作用，为海南自由贸易港未来的封关运作和高质量发展提供了有力的支撑和保障，极大促进了所在区域的社会和经济发展。

（一）多维联合防控，保卫口岸安全

2021 年 8 月 13 日，海关总署等九个部门发布《关于建立健全口岸安全联合防控工作制度的指导意见》，提出“口岸是对外开放的门户和国家安全的重要屏障，口岸安全是国家安全的重要组成部分”“落实总体国家安全观，增强忧患意识，坚持底线思维，统筹发展和安全，完善口岸安全联合防控机制，协同形成整体合力，增强口岸突发公共事件应急能力，进一步提升口岸治理水平，在保障口岸安全的前提下推进贸易自由化和通关便利化，进一步筑牢严密坚实的国门安全防线，更好地服务国家发展大局”。

根据这些要求和海南自由贸易港封关运作解决口岸的监管风险和安全隐患的需要，在口岸升级改造、口岸安全风险整体防控能力提升的基础上保证自由和开放，八所口岸将海关、边检、海事局、公安边防支队等查验单位，八所港、中海油、华能电厂等企业，政府相关部门、口岸通关的相关企业和个人纳入到联合防控的“朋友圈”，跨部门信息数据共享，开展合作。同时，八所口岸越发重视设施设备优化建设对业务的支撑，重视各业务系统数据的完整度、物联网数据与信息网数据的融合情况，重视数据的分析、诊断和治理。在此基础上，能够实现的口岸安全联合防控效益包括：

强化境外疫情风险监测预警。在口岸信息化系统的基础上建立了境外疫情研判评估工作小组，健全了疫情风险监测、评估、预警、应急处置的工作机制，强化对越南、泰国等东南亚国家的疫情监测，关注相关国家的疫情发展态势及防控政策，进行疫情分析，提前做好研判和预警工作。

加强境内疫情收集。强化与省卫生健康委的信息沟通机制，及时跟踪获取国内疫情信息，为做好出境检疫工作提供支持。

严格入境人员检疫。海关要对所有出入境人员严格实施检疫措施。

加强出入境交通工具检疫。海关要对来自高风险国家的交通工具严格实施检疫，按布控指令要求实施指定地点登临检疫；对有申报异常的交通工具实施重点排查；对出入境交通工具和旅检现场可能受污染的环境和物品实施卫生处理进行监督指导，严防污染扩散。

强化人员培训工作。安排卫生检疫关员跟班，提升入境人员采样技能、采样规范以及个人防护等技能，增加实战经验，通过实战提升关员采样水平、强化疫情防控能力。

拓展多维防控，逐步实现传统与非传统安全风险全覆盖。一方面是实现防控对象全覆

盖，以当前进出境人员、交通工具为主，逐步拓展至进出口货物、进出境物品；另一方面是实现防控范围全覆盖，从以疫情防控为代表的口岸公共卫生安全，逐步拓展至"洋垃圾"、濒危野生物种、违反其他禁限管制、侵权、国门生物安全、进出口食品商品安全等领域。

（二）完善基础设施，展示国门形象

口岸基础设施的完善能通过新的国门面貌更好地向外界展示海南形象，改善投资经商企业、游客等对海南自由贸易港的印象，带来更多的商业机遇，吸引外商落户，优化营商环境。

（三）完成封关运作目标，确保放开和管住

统筹软硬件监管设施建设，加快推进口岸基础、监管设施和信息化系统规划建设，是高质量完成封关运作目标任务、加快推动"一线放开""二线管住"目标尽快取得突破性成效的基础。

（四）发展口岸经济，推动高质量发展

八所口岸升级改造具有明显的经济效益，可有效增加与建筑工程、货物运输、储存、通关、海事等相关行业的就业岗位，有利于增加居民收入和生活幸福感；通过港口规模的扩大和口岸处理能力的提升，吸引货源和航线设置，集中各类要素资源，直接提高货物贸易和服务贸易总量，促进消费回流，增加增值税、关税、所得税等税收，增加地方政府财政收入，推动口岸经济由"通道经济"向"产业经济"转型，促进口岸经济高质量发展。

七、结束语

推进海南自由贸易港建设是一项复杂的系统工程，八所作为海南的重要口岸，以高标准加快推进其升级改造，建设智慧监管平台，保卫口岸安全，推动全岛岸线闭合管控，是确保2023年具备封关硬件条件的前提之一。此外，八所口岸的升级改造将进一步改善八所口岸所在的东方市以及海南省的投资环境，为海南自由贸易港的封关运作起到巨大的推动作用，积极带动工业和商贸物流业的发展，具有显著的经济效益和社会效益。

参考文献

[1] Andrew G. The Role of the Private Sector in Border Management Reform[M]. Border Management Modernization. Washington, D.C.: The World Bank, 2011: 157 - 174.

[2] Gerarad M. Collaborative Border Management: A New Approach to an Old Problem[J]. Economic Premise, 2012(04). https://openknowledge.worldbank.org/handle/10986/10044 License: CC BY 3.0 IGO.

[3] 林青.电子口岸实务[M].2版.北京:中国海关出版社,2014.

[4] 翁宗勇.口岸管理简明教程[M].广州:中山大学出版社,1995.

[5] 真虹.港口管理[M].2版.北京:人民交通出版社,2009.

[6] 朱振.中国口岸开放的政治经济学分析[M].北京:中国经济出版社,2016.

案例3　使用说明

一、教学目的与用途

本案例专为国际商务专业课程教学而撰写。我们希望通过反映口岸运营实践的八所口岸的真实案例，为学生提供深入理解口岸在国际经贸中的地位和作用，口岸运营的基本条件和改造的效益，并帮助学生对八所口岸运营的分析能力迁移到其他口岸的运营实践分析和对国际经济贸易的理解中。

(一)适用课程

本案例主要适用于国际商务类课程，也适用于工商管理、物流管理类课程。

(二)适用对象

本案例使用对象包括国际商务，以及高年级国际商务专业本科生。

(三)教学目标

1. 知识传授

通过本案例的教学，学生应掌握以下知识，并学会将相关理论应用到实践中。第一，口岸是一个跨行业、跨部门、多层次、多环节、多功能、分工协作的有机综合体，是国家对外开放的门户。学生应全面理解口岸的含义，能够从口岸的基本功能、口岸的内涵及特征分析八所口岸升级改造的必要性。第二，理解八所口岸的定位。第三，认识八所口岸的升级改造在海南自由贸易港建设中的重要作用。

2. 能力训练

通过本案例的学习，学生能够增强对八所口岸升级改造总体方案及需要达到的目的、特点的分析能力。

3. 观念更新

在学习本案例后，学生应能够对口岸的概念、作用、功能等方面有所了解，对八所口岸升级改造所带来的效益及其重要意义有深刻的认识，并拓展到对其他口岸的理解和认识。

二、启发性思考题

1. 八所口岸依托的八所港在我国港口中处于什么样的位置？八所港为八所口岸的发展打下了什么样的基础？

2. 八所口岸升级改造是否要考虑港口业务的变化？

3. 八所口岸升级改造的时机和依据有哪些？

4. 为了让八所口岸能够满足《海南自由贸易港口岸布局方案》的要求和《国家“十四五”口岸发展规划》的建设要求，八所口岸应从那些方面进行升级改造的规划？

三、案例分析背景

（一）制度背景

加快推动全岛封关运作是现阶段推动海南自由贸易港建设的重要任务。目前，海南正在海关总署统一部署下，坚持“管得住才能放得开”的原则，聚焦贸易自由化便利化，围绕“在实现有效监管的前提下，建设全岛封关运作的海关监管特殊区域”，稳步推进软硬件准备工作。

硬件方面，海南坚持高标准建设开放口岸和“二线口岸”基础设施，做好口岸建设项目立项，满足海关监管设施设备需求。2021 年以来，海南先后完成美兰机场二期扩建、三亚港扩大开放及新海港客运枢纽项目规划，海口空港综保区、三亚市保税物流中心（B 型）通过验收，口岸基础设施建设上新台阶。另一方面，海南积极推动自由贸易港智慧监管平台等一批海关重点项目建设，为全岛封关运作后海关实施智慧监管提供基础保障。

软件方面，海南积极开展自由贸易港海关监管制度体系研究，突出制度集成创新，提前谋划与高水平自由贸易港相适应的海关监管模式，目前已逐步建立“零关税”商品监管制度，进一步完善离岛免税正面监管、风险防控、打击走私、综合治理的立体防控体系，为全岛封关运作后的海关监管奠定了基础。另一方面，海南通过实施自贸港早期安排政策，积极开展海关监管压力测试，推动洋浦保税港区率先实施“一线”放开、“二线”管住进出口管理制度并逐步扩大试点范围，为全岛封关运作积累海关监管经验。

下一步，海南将围绕 2025 年启动封关运作的要求，重点聚焦口岸建设、制度建设、信息化建设、风险防控、监管资源调配等，稳妥谋划做好准备工作，实现“管得住、放得开、效率高、成本低”的目标。

（二）行业背景

2021 年是海南自由贸易港建设的第一个完整自然年。推动海南自贸港“一线”放开、

“二线”管住进出口管理制度试点扩大，“零关税”交通工具及游艇正面清单、“零关税”生产自用设备负面清单等政策落地实施并持续发挥作用，推动了海南外贸的强劲发展。据海关统计，2021年海南货物贸易进出口总值1 476.8亿元，比2020年增长57.7%，增速较全国快36.3个百分点，居全国第三位，与2019年相比，全省外贸进出口增长了63%。

2021年，八所口岸进出口67.4亿元，比上年同期(下同)增加35.2%；货运量573.2万吨，增加27.5%，进出口货值、货运量均超上年全年总量，位居洋浦港口岸之后，稳居海南货运量第二大海港口岸。2021年八所口岸进口整体通关时间6.97小时，出口整体通关时间0.53小时，通关时间位列海南口岸前列。货量的增加对于口岸的升级改造也提出相应的要求。

四、理论研判依据

(一)知识点一：口岸的含义，口岸≠港口

港口是在海、河、湖泊、水库等岸边设有码头，便于船舶安全进出和停泊、旅客上下和货物装卸的运输枢纽。有的多式联运港口也是铁路、公路、航空运输的枢纽，兼有其他运输方式的基础设施设备和水陆联运设备以及条件。港口是水陆交通的集结点和枢纽处，是物资的集散地，也是船舶停泊、装卸货物、上下旅客、补充给养的场所。

口岸原来的含义是指在国家批准的地方进行对外通商、国际交流、人员进出等业务，并有相关管理机构进行管理和检查的场所，一开始往往设于沿海港口和边境。但现在，口岸已不仅仅是经济贸易往来(即通商)的商埠，还在政治、外交、科技、文化、旅游和移民等方面开展往来；口岸也已不仅仅依托于设在沿海的港口，随着陆、空交通运输的发展，对外贸易的货物、进出境人员及其行李物品、邮件包裹等，可以通过公路、铁路和航空运输直达。因此，在开展国际联运、国际航空邮包邮件交换业务以及其他有外贸、边贸的地方，国家也设置了口岸。简单地说，口岸是由国家指定对外往来的门户，是国际货物运输的枢纽。从某种程度上说，它是一种特殊的国际物流结点。

(二)知识点二：港口是口岸的实体依托

从不同角度而言，口岸可以是由国家指定的对外往来的门户，可以是国际货物运输的枢纽，更是国际物流的结点。交通运输功能是口岸的首要功能，在水路运输为主要运输方式的口岸，货物和运输工具的进出都以船舶为主，口岸的所有业务都是基于水路运输港口所带来的货物、旅客及对外交往来进行的，首先要有港口作为实体的依托才能开展业务。港口首先应具备功能性的条件，而口岸除了功能之外，更多地具有法律许可和政治因素的含义，同时也应满足经济、贸易、政治、外交、科技、文化、旅游和移民等方面的往来要求。值得注意的是，口岸的设施是指卡口、口岸管理部门的办公楼等；设备包括口岸管理部门进行必要的检查所需要的检查设备等。口岸并非简单地表现为一座大门形态的建筑，实际应为一块具有一定面积的区域。

（三）知识点三：口岸规划要紧跟国家层面发展规划

2021 年 9 月 17 日，海关总署印发了《国家“十四五”口岸发展规划》。规划中提出“到 2025 年，基本建成口岸布局合理、设施设备先进、建设集约高效、运行安全便利、服务完备优质、管理规范协调、危机应对快速有效、口岸经济协调发展的中国特色国际一流现代化口岸”“突出抓好重点枢纽口岸示范工程、以补短板为主的口岸设施升级改造工程、口岸智慧创新工程、口岸国际合作工程等四项重点工程”“巩固沿海地区口岸在构建新发展格局中的主力军地位”，八所港在规划中归属于海运口岸布局中的西南沿海区域—区域性口岸，主要服务于西部地区开发，为海南扩大与岛外人员和经贸往来提供保障。

2021 年 10 月 20 日，海关总署印发了《海关总署关于印发〈海南自由贸易港口岸布局方案〉的通知》。其中明确了海南自贸港一线口岸和二线口岸的功能定位，同时提出了海南自贸港的口岸布局，在国务院批准设立的 8 个对外开放口岸（一线口岸）以外，批准设立 10 个“二线口岸”，在该布局中，八所港区域既有八所港开放口岸，同时也设立八所港“二线口岸”。海南自贸港封关运作是国家口岸的重大布局，是国家口岸发展的重要组成部分，是势在必行的。八所港开放口岸和八所港“二线口岸”承担着海南自贸港封关运作各项业务，应按照国家相关规范在限定期限内完成口岸升级改造。

（四）知识点四：口岸规划、建设、升级改造还应考虑当地具体情况

八所口岸于 1957 年就成为国务院批准设立的首批国家一线对外开放口岸之一，1993 年八所港口岸获得对越边贸许可；1996 年获得对越南边贸优惠政策；2010 年获批为国家进境水果指定口岸，成为国家第八家获批也是海南唯一获批的进境水果指定口岸。国际航线上与东盟 10 国中的菲律宾、马来西亚、印度尼西亚、泰国、越南、缅甸、新加坡均有通航，国内航线主要有北海、华南、港澳三大航线，与大连、天津、秦皇岛、青岛、宁波、上海、广州等 30 个重要港口通航，年综合设计通过吞吐能力达 1 700 万吨。八所港与越南最近港口距离仅 150 海里，出入港船只八成以上为越南籍，边民往来便利、跨海航运便捷畅通，运输成本较低。

因此，八所港的升级改造还要考虑到边贸的实际情况和主要货种为散货和件杂货的要求，在查验场地的布置上要与其他以集装箱为主要货种的口岸区分开。此外，还要考虑到今后八所港的集装箱业务发展，为这些不同货种的储存、搬运、查验等业务规划好区域，准备好设施设备和场地。

五、案例分析思路及要点

(一)案例分析思路

本案例首先解释了口岸和自由贸易港的含义,并在阐明八所口岸地位和作用的基础上,分析了八所口岸升级改造项目提出的理由与过程,项目建设内容及规模,从港口和口岸的发展现状两个方面剖析了八所口岸升级改造的原因和必要性,介绍了货物查验基础设施、旅客查验基础设施、信息系统的升级改造具体落实方案,总结了八所口岸升级改造的高标准、集约共享、创新监管、协同推进四大特点,探讨了升级改造的效益,对口岸升级改造及其效益进行了展望和总结。案例分析思路见图1。

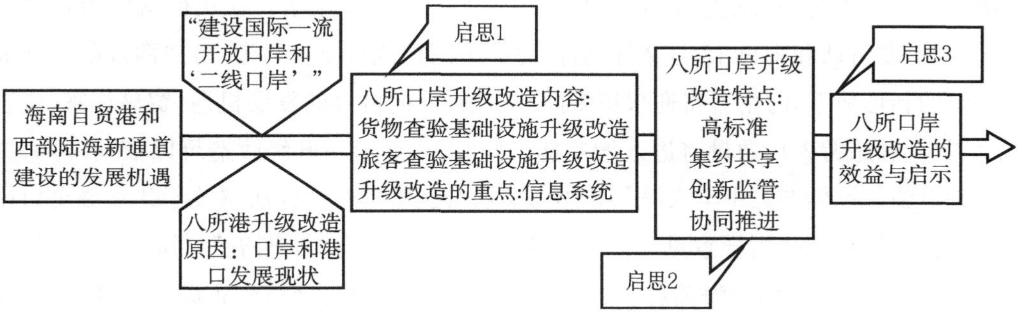

图1　案例分析思路

(二)启发性思考题解答要点

启发性思考题1:八所口岸依托的八所港在我国港口中处于什么样的位置?八所港为八所口岸的发展打下了什么样的基础?

八所港位于海南东方市境内,地处海南西部工业走廊,濒临北部湾,与全国沿海各港以及全球二十多个国家和地区通航贸易往来,区位优势明显。港口与粤海铁路海南西环线和环岛高速公路毗连,东方市境内拥有海上勘探直升飞机专用机场,南距三亚凤凰机场仅160多公里,海陆空交通十分便利;口岸服务机构齐全,腹地工业资源丰富,工业产业项目聚集,是环北部湾经济圈主要的贸易港口。但是,当前八所港仅定性为地区性重要港口,未进入国家级重点港口行列,无法开展围填海工作、无法新建码头、无法扩充发展业务链,企业发展空间直接受限,与自贸港建设发展目标相悖。

启发性思考题2:八所口岸升级改造是否要考虑港口业务的变化?

根据编制中的《海南省港口布局规划》所示,八所港是海南省地区性重要港口,八所港规划的主要功能有以下几个:一是承担各类散货、件杂货及危险品货物的运输,服务西部工业走廊、临港工业物流园区以及南海资源开发及后勤保障体系；二是省内集装箱水水联运体系的重要枢纽之一，为洋浦港和海口港提供集装箱喂给、分发服务；三是为未来规划开展的外贸滚装运输以及邮轮修造基地服务。因此，八所港紧抓自贸港建设发展机遇，与国家战略和西部陆海空新通道规划挂钩，才有机会对现有港口进行升级改造，进一步扩张或新建码头，加快推进八所港升级改造，以满足集装箱、客滚轮、邮轮等业务发展的需求，临港工业才有更大的发展空间。口岸查验机构要适应港口业务的发展，对进出境人员、货物、物品、交通运输工具实施查验监管，与其相匹配的口岸查验设施、口岸管理机构办公设施等也需要相应进行升级改造。

启发性思考题 3：八所口岸升级改造的时机和依据有哪些？

本题需要学生对相关政府文件、领导人讲话具有一定的了解。在贯彻落实习近平总书记“4·13”重要讲话和中央 12 号文件精神，建设中国特色自由贸易港，打造西部陆海新通道重要枢纽的新形势下，海南省将迎来更多面向东盟、面向世界的发展机遇，贸易往来、资金往来、来岛就业和旅游人口数量将进入增速期。同时，八所口岸升级改造可以依据《国家口岸查验基础设施建设标准》《中华人民共和国海关监管区管理暂行办法》《关于建立健全口岸安全联合防控工作制度的指导意见》《海关总署关于印发〈国家“十四五”口岸发展规划〉的通知》(署岸发〔2021〕91 号)、《海关总署关于印发〈海南自由贸易港口岸布局方案〉的通知》(署岸发字〔2021〕37 号)、《海南自由贸易港建设总体方案》《全省口岸工作联席(扩大)会议材料汇编》《海南省口岸办公室关于印发〈海南自由贸易港口岸查验基础设施设备建设指导意见〉的通知》(琼口岸〔2021〕19 号)、《海南省口岸办公室关于印发〈海南自由贸易港全岛封关运作口岸建设工作方案〉的通知》(琼口岸〔2021〕21 号)、《港口建设项目预可行性研究报告和工程可行性研究报告编制办法》(交规划发〔2009〕712 号)。

启发性思考题 4：为了让八所口岸能够满足《海南自由贸易港口岸布局方案》的要求和《国家“十四五”口岸发展规划》的建设要求，八所口岸应从哪些方面进行升级改造的规划？

本题需要运用口岸监管机构检查设施的相关知识。首先是货检查验设施，其次是旅检查验设施，最后是办公场所基础设施，均需要根据《国家口岸查验基础设施建设标准》和《中华人民共和国海关监管区管理暂行办法》进行升级改造，在此基础上形成口岸安全联合防控。

六、教学组织方式

案例授课班级人数不宜过多，应该控制在 30 人左右，可以 4 至 6 人为一组，分成 5 个小组。教室的桌椅布局要让所有的课堂参与者围坐四周，以使其容易听到和看到同组成员为基本原则。教室中应具备电脑、投影仪、黑板、粉笔等设备。同时，为方便学生更好地参与课堂案例讨论，教师可以在课前提醒学生做好课前准备工作。

（一）课时分配

案例回顾与概述（5 分钟）：介绍案例背景，回顾案例内容，理清案例思路，明确案例主题。

提出问题与小组讨论（20 分钟）：结合板书提出启发性思考题，分小组讨论并形成组内答案。

小组汇报与教师引导（50 分钟）：针对每道启发性思考题，选一个小组进行回答，其他小组补充。教师需结合板书和多媒体对学生引导，得出最终答案。

案例评价与总结（10 分钟）：对知识点进行梳理，对案例教学过程进行评价，总结学习心得体会。

其他问题（5 分钟）：教师回答学生的一些其他问题。

（二）板书设计

启发性思考题 1：八所口岸依托的八所港在我国港口中处于什么样的位置？八所港为八所口岸的发展打下了什么样的基础？

八所港：国家一类开放口岸，由老港区、新港区和渔港区三个港区组成。三大业务版本：港口装卸、港口物流、港口管理服务总。

截至 2018 年，八所港的国际航线已与美国、日本、韩国、朝鲜、菲律宾、马来西亚、印度尼西亚、泰国、越南、缅甸、新加坡、澳大利亚、法国、德国、丹麦、意大利等 22 个国家和地区通航贸易。

图 2　全国沿海港口布局图

启发性思考题 2：八所口岸升级改造是否要考虑港口业务的变化？

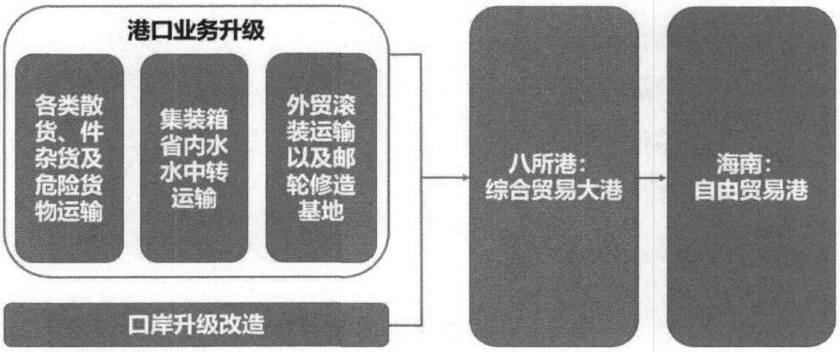

图 3　八所口岸升级改造与港口业务变化的关系

启发性思考题 3:八所口岸升级改造的时机和依据有哪些?

表 2　八所口岸升级改造的依据

编号	名　　称
1	习近平总书记“4・13”重要讲话
2	中央 12 号文件
3	《国家口岸查验基础设施建设标准》
4	《中华人民共和国海关监管区管理暂行办法》
5	《关于建立健全口岸安全联合防控工作制度的指导意见》
6	《海关总署关于印发〈国家“十四五”口岸发展规划〉的通知》(署岸发〔2021〕91 号)
7	《海关总署关于印发〈海南自由贸易港口岸布局方案〉的通知》(署岸发字〔2021〕37 号)
8	《海南自由贸易港建设总体方案》
9	《全省口岸工作联席(扩大)会议材料汇编》
10	《海南省口岸办公室关于印发〈海南自由贸易港口岸查验基础设施设备建设指导意见〉的通知》(琼口岸〔2021〕19 号)
11	《海南省口岸办公室关于印发〈海南自由贸易港全岛封关运作口岸建设工作方案〉的通知》(琼口岸〔2021〕21 号)
12	《港口建设项目预可行性研究报告和工程可行性研究报告编制办法》(交规划发〔2009〕712 号)

启发性思考题 4:为了让八所口岸能够满足《海南自由贸易港口岸布局方案》的要求和《国家“十四五”口岸发展规划》的建设要求,八所口岸应从哪些方面进行升级改造的规划?

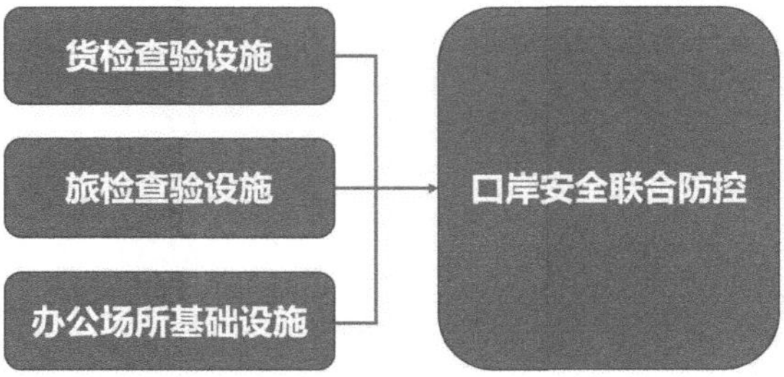

图 4　八所口岸升级改造规划

（三）讨论方式

案例讨论应该大致按照典型的决策模型进行。模型包括：①定义问题；②分析案例具体情况；③形成备选方案；④选择决策标准；⑤分析并评估备选方案；⑥选择首选方案；⑦制订行动方案和实施计划。大多数案例讨论的核心推动力是组织中某个具体决策或问题的解决方案，因此，根据课时分配，案例讨论可以这样进行：在提出问题和小组讨论环节中，小组内根据4道启发性思考题进行讨论，并形成组内答案；在小组汇报与教师引导环节中，对每一道问题，教师从5组学生中选一组回答，其他小组补充，形成多种备选方案，教师根据决策标准引导学生分析评估备选方案，选出首选方案，并制订行动计划。

在案例讨论时，教师需鼓励学生形成良好的讨论习惯，如勇于提出不同意见、讨论前做好准备、讨论时及早发言、讨论后及时总结，避免盲目从众、提前背稿。

七、案例后续进展

八所口岸的升级改造要考虑风险的控制问题，在技术方案、工程方案、融资方案和社会评价论证的初步风险分析的基础上，进一步分析识别在建设和运营中潜在的主要风险因素，如技术风险、建设投资风险等，判别风险程度，并提出规避风险的对策。

八、其他教学支持材料

（一）计算机支持

由于本案例在有关课程中被当作讨论材料使用，需要向学生展示，所以在计算机中需要安装PowerPoint软件。

（二）网络支持

本案例中涉及的企业需要学生连接互联网，通过登录海南省东方市口岸办网站、相关社交媒体网站以及下载相关手机应用程序、关注海南当地口岸办微信公众号进行了解和体会。

案例 4

深圳口岸通关便利化：聚货四海，通达八方

摘　要：建设高效、有序、便利的口岸通关环境，是构建对外开放新格局的前提条件，有利于实现经济全球化和贸易自由化。随着国际贸易便利化成为促进国际贸易发展的新举措，口岸通关便利化受到广泛关注。本案例分析了深圳口岸的独特地位和鲜明特点，研究了包括基础设施、运行协作等方面在内的深圳口岸通关便利化的落实方式。

关键词：深圳口岸；通关；便利化

Abstract: Building an efficient, orderly and convenient customs clearance environment at ports of entry is a prerequisite for building a new pattern of opening up and is conducive to economic globalization and trade liberalization. As international trade facilitation has become a new measure to promote the development of international trade, customs clearance facilitation in port of entry has received extensive attention. This case analyzes the unique position and distinctive characteristics of Shenzhen port of entry, and studies the implementation methods of customs clearance facilitation at Shenzhen port of entry, including infrastructure, operational cooperation, etc.

Keywords: Shenzhen port of entry; customs clearance; facilitation

一、引　言

深圳口岸是国家对外往来的重要门户，随着深圳经济特区发展数量从少到多，规模从小到大，类型从单一到复合，硬件设施不断提升，通关环境不断优化，通关效率不断提高，创造

了世界口岸建设和通关改革的“深圳奇迹”。近年来，深圳口岸不断加大口岸通关改革力度，推进口岸建设，优化口岸营商环境，打造国际化现代化一流口岸，为深圳“双区”建设做出了重要贡献。

二、相关背景

（一）相关定义

1. 口岸

口岸包含了经国家批准对外开放，供人员、货物、交通工具和国际包裹邮件出入国（关）境的港口、机场、边境铁（公）路车站、通道、可与境外开展直达运输的内陆铁（公）路车站等及各类监管机构，是一个跨行业、跨部门、多层次、多环节、多功能、分工协作的有机综合体，是一国对外开放的门户。口岸管理涉及海关、边检、海事等机构，关系到国家安全及经济贸易的发展。口岸积极转变工作职能、优化管理方法途径，才能真正提升口岸管理工作效度，体现和发挥在保障贸易安全和促进通关便利化两个方面的作用。

2. 通关便利化

通关便利化是指通过对通关程序的简化、适用法律和规定的协调、基础设施的标准化和改善，为外贸经济创造协调、透明、可预见的环境。口岸通关便利化的手段既包括基础设施方面，又包括查验放行、单证流转、货物流通等管理和运行方面。

（二）深圳口岸分布

深圳目前拥有口岸 15 个，其中公路口岸 6 个，分别是：罗湖、文锦渡、皇岗、沙头角、深圳湾、福田口岸；铁路口岸 1 个，即广深港高速铁路西九龙站口岸；水路口岸 7 个，分别是盐田港、大亚湾、梅沙、蛇口、赤湾、妈湾、大铲湾；航空口岸 1 个，即深圳空港（宝安国际机场），海陆空铁口岸一应俱全，各司其职。

三、深圳口岸特点

（一）“三多三大”

深圳是中国拥有口岸数量最多、出入境人员最多、车流量最大的城市，口岸具有“三多三大”的典型特点。“三多”即口岸类型多、数量多、查验模式和交通接驳方式多；“三大”一是通关流量大，年均 2.5 亿人次，车辆 1 500 万辆次，集装箱 2 600 万标箱，货运量 8.5 亿吨；二是社会影响大，处于深港两地人流、物流往来的必经之路，位置特殊，广受关注；三是安全管控压力大，人口密集、场地与物业体量大。

（二）与时俱进

深圳口岸的设立和变化不断地与时俱进。1979 年 1 月 20 日，文锦渡口岸成为国家对外开放口岸，正式与香港直通货运汽车，拉开了深圳口岸新一轮建设与改革的序幕。1985 年 6 月14 日，罗湖口岸改扩建工程竣工启用；1986 年，深圳市政府购回罗湖口岸联检楼并向出入境人员免费开放，极大促进了内地经香港与国际的交流往来。

1993 年至 1997 年，深圳口岸对标国际，从 11 个方面出台 20 项措施进行综合配套改革，破解了政出多门、重复监管等诸多难题：深圳边检完成了职业化改革，启用全国第一套涉外计算机查验系统，旅客通关实现从人工查验到电子验放，从排队候检到自助通关；深圳海关持续优化监管流程，实施分级分类、风险管理；深圳海事建立“一水一监”的港监管理体制，结束了深圳水域安全监督工作多头管理的局面；原深圳检验检疫局实现动植物检疫、卫生检疫、商品检验机构“三检合一”；查验单位实施“收支两条线”财务管理体制，统一对外公布收费项目和标准，为营造和谐的口岸营商环境打下了基础。

此后，深圳口岸迅速找准定位，实现跨越式发展：皇岗口岸最早实现 24 小时通关；深圳湾口岸首创“一地两检”模式；广深港高铁西九龙站口岸接入全国高铁动脉，连通内地 58 个城市，开通后 6 个月内通关量突破千万；东西部港区“双港齐飞”，211 条国际集装箱航线通往 100 多个国家和地区的 300 多个港口，集装箱吞吐量位列全球第四；宝安机场国际旅客吞吐量年均增长率超过 25％，智慧空港全球领先。

2019 年，党中央、国务院做出建设粤港澳大湾区和中国特色社会主义先行示范区的重大战略部署，深圳口岸在前所未有的发展机遇下全力服务国家战略，助推“双区”建设，致力于提高通关效率，抓突破性系统性改革；保障法治化改革，打造国际一流口岸营商环境；建设智慧口岸新场景，构建安全防控体系；加强口岸合作，打造深港口岸经济带和粤港澳大湾区口岸经济圈；增强口岸要道枢纽功能，带动国内外要素大规模高频次交流互动。2021 年，深圳口岸出入境旅客 93.8 万人次（入境 39.8 万人次，出境 54 万人次），累计出入境跨境司机 545.3 万人次，货车出入境 544.97 万辆次。

四、深圳口岸通关便利化的落实方式

随着全球一体化进程的不断加快和我国对外开放水平的进一步提高，口岸通关便利化助力经济社会发展的作用将更加凸显。深圳口岸在新时期不但继续发挥着与世界互联沟通的窗口作用，而且成为深港两地在口岸通关便利专业服务等领域深度合作的重要示范区，粤港澳大湾区发展战略以及深圳建设中国特色社会主义先行示范区的重要实践阵地。

（一）基础设施全面优化

2019年6月，皇岗口岸重建工程动工，2025年完工后，新口岸定位为纯旅检口岸，释放土地用于深港科技创新合作区深方区域开发，规划引入多条轨道交通线，将打造成为辐射大湾区的超级口岸和综合交通枢纽。2020年8月26日，莲塘口岸正式开通货检通道，成为深圳市第七座跨境陆路口岸，同时也是粤港澳大湾区背景下深港间首个建成的大型互联互通基础设施，承担香港与深圳东部、惠州以及粤东、赣南、闽南之间的跨界货运并兼顾客运。

针对文锦渡和沙头角两个陆路口岸碍于地理限制很难再有扩建的空间，现有交通也不够便利的问题，深圳通过新建位于文锦渡和沙头角之间的莲塘/香园围口岸并配合新建道路来优化现有布局。2020年，莲塘/香园围口岸成为了深圳与香港之间的第7个陆路口岸，东部过境高速公路配合口岸开放。该公路是实现深港过境交通“东进东出，西进西出”规划目标的三条过境疏港通道之一、深圳干线路网规划“七横十三纵”中高速公路网的重要组成部分，加强了深港两地的跨界交通，缓解了深港两地的交通拥堵，深港陆路跨境货运形成“东进东出、西进西出”格局，莲塘/香园围口岸成为“东进东出”大通道，深港跨境交通重新分流，形成更加合理的布局。

目前，罗湖、沙头角口岸也在重建加速推进；规划中的前海、梅沙、南澳口岸，将构建起更加多元、完善的口岸版图。随着经济贸易等交往的增加，口岸的车流客流显著超过最初设计能力的情况时有发生，给口岸的运作带来较大的压力，应根据实际情况和长期需求不断进行调整和优化。

（二）全面改善拥堵问题

口岸作为指定对外来往的门户，具有交通、政治、经济、社会多方面的功能，其中最基本的运输功能承担人与物的多方交互，还涉及跨境旅客和物品的流动，运输工具的停靠、货物的装卸及仓储运输流程，拥堵是口岸的“瘟疫”。深圳口岸主要从以下几方面改善拥堵问题。

1. 优化查验原则,加快人员通关

(1) 优化查验原则。深圳海关在改革开放初期采取“人人过筛,件件开包”细查细验的方式,面对“国门”打开后人如潮涌、货如轮转的新现象,为方便旅客合法进出,以深圳罗湖等口岸作为试点,对旅检监管制度进行了多次重大改革,游客出境基本放行,以风险管理为依据有重点地进行查验,使旅客顺畅穿行。改革开放四十余年来,共查验出入境人员 42 亿余人次、查验出入境交通运输工具 3.6 亿余辆次。

(2) 加快手续办理速度,完善应急拥堵处理机制。边境口岸往往因为出入境手续办理速度过慢而产生拥堵。深圳口岸设置了实时监控系统,发现即将发生拥堵,口岸部门及时调整工作人员,增加车道并且启动应急计划,用信号引导车辆驶向等候区或绕行道路。同时,将大数据与网络应用结合,网络预警系统在高峰时段会打开一个应急口岸设施来缓解主路及口岸的拥堵。拥堵解决方案更加侧重改进边境口岸的运作模式和创新,不再局限于无限增设口岸来缓解一时压力。例如,沙头角口岸海关以业务现场实时监控全覆盖来作为应急处理机制的基础。

2. 优化停车场管理

口岸的官方停车场能部分解决交通管理问题。深圳口岸积极利用停车场,将其作为一种缓冲区:等候驶入口岸的卡车从队尾开始进入停车场以疏散道路交通。深圳口岸还可将停车场当作等候区域,供卡车在等待其海关手续办结之前使用,或是对已经办结出境手续的卡车使用,如果司机还不想离开他们所停的口岸区或停车区,可借用口岸作为安全并且通常是免费的过夜停车场。2018 年,港珠澳大桥珠海口岸停车场智慧停车系统启用,三个独立的停车场和多项新技术替代传统技术,对货物通关便利起到了支撑作用。

3. 优化车辆排队管理

口岸中的车辆排队通常是由于“先进先出”的模式造成的,这种模式看起来公平,实则不必要地延误了交通,使所有通关车辆都等待较长时间,并使通过风险管理预先锁定目标的方法不能充分落实,口岸管理人员无法对风险对象进行差别管理。

因此,深圳口岸由管理人员进行快速预判是否将需要重点检查的运输工具转移至专门的重点监管区进行检查,以使交通流保持合理的速度,提高后续排队车辆的通关效率,避免因堵车问题导致口岸竞争力下降。

(三) 设计设置全面改造

1. 优化口岸交通布局

中国香港及中国澳门与中国内地之间的一部分口岸由于历史、政治、经济、使用便捷性等原因往往设在人口密集的城区，周边道路网络相对成熟稳定，交通负荷较大，口岸内外交通衔接困难。传统口岸在交通网络布局等方面的考虑不够周全，容易引起交通混乱，深圳的福田等口岸就有严重的拥堵问题。

口岸内外交通之间的衔接直接影响口岸交通运行状况及整体交通环境，需协同考虑口岸布局、口岸主通道与外部道路的关系，既要有利于口岸合理布局、功能发挥，又要有利于与外部道路合理衔接，减少对已有交通设施的冲击。同时，应按照各种交通流线的特点和疏导要求进行组织，分类分流，互不干扰，提升效率。

我国口岸在传统上被设计成岛形布局，综合行政楼加旅检楼在中间，不同方向的交通车道分设在两侧，长途汽车车道及旅检大厅较远，配有通关处理区域及设施的货运车辆车道在前，加上最外一圈的货运车辆的快速车道，深圳于 20 世纪 90 年代之前建成的口岸均如此。近年来，深圳口岸对基础设施布置进行了改造，新口岸的布局以纵向长形为主，甚至出现了圆形设计，在有限的口岸用地中打造垂直叠加的出入境和立体综合交通枢纽地上地下一体型口岸。

例如，新建的莲塘口岸货检区设置于一层，旅检区设置于二层高架平台，二者在竖向上分离，通过对外部交通进行梳理和调整，以多个匝道桥与人/车行桥连接周边环境，改善其所处地段外部交通疏导能力。新皇岗口岸重构出入境大厅层、过境与非过境车辆层，以立体化的道路实现接驳交通与出入境车辆分离，口岸出入境大厅和客车查验场地实行分层立体布置，地上四层，地下三层，建筑高度达 45 米，并采取南北向的旅客通关方向，深港双方现场办公室设置在口岸东西两翼，并设置二层步道与北侧的口岸综合大楼进行接驳。地下一层为轨道换乘，一层为非过境交通层，二层为车辆过境交通层，三层为旅客入境大厅层，四层为旅客出境大厅层，更好地接驳深港轨道交通、缩短步行距离，贯彻“以人为本”的口岸设计理念，实现“快速到达，内部贯通”，通过交通需求预测分析与大量数据分析，科学制定不同类型车位数量，预留“合作查验、一次放行”的可能性，设计通关路径，预计可承载高峰日通关量 30 万人次。

2. 改造口岸基础设施

口岸所需的通关、查验等基础设施对加速进出境运输和经济活动，促进口岸建设和布局变化演变起着巨大的重要作用。但口岸常处于城市核心区，给口岸基础设施设计和改造都带来了难度。城市核心区土地资源稀缺、建成度高、规划拓展和发挥空间有限，如何将有限的口岸区域土地资源最大化利用、发挥应有的功能并预留发展弹性至关重要。深圳口岸基础设施改造遵循了以下原则：

（1）紧凑布局，高效用地。口岸合理紧凑布局，高效利用城市用地，尽量采用立体空间解决功能区布置及其联系问题。同时，预测口岸未来发展趋势，适当预留部分功能区拓展空间（如公共汽车、旅游巴士接驳区等）。

（2）主体优先，合理布置。在口岸规划用地有限的条件下，尽可能保障口岸规划主体功能的实现。将口岸主要功能区与规划用地相互结合，合理布置，优先保障主体建筑、主要进出通道及重要功能区（如主通道上查验设施、海关重点查验设施等）的用地，其次考虑其他抽检等辅助功能性用地。

- 卡口建设：专用卡口不利于口岸各监管部门之间共同使用，深圳口岸逐步将卡口结合使用，使得不同部门的执法人员既能分别执法，也能信息互通，把车辆引导到二次检查区。这不仅保留了各个监管部门的自主性，也避免了车道堵塞。
- 海关查验台：改革开放初期，边界检查站露天设在过境道路边，雨天时深圳海关只能冒雨打开行李物品进行查验。如今查验台设在有顶棚的初次检查区内，如果发现瞒骗情况，旅客、车辆及货物将被带到另外的专门设施内。这样的设计既符合执法要求，也极大地促进了通关效率的提升。
- 危险品及超宽车辆的专用设施：危险品及超宽车辆因为其自身的特殊性而需要在指定口岸通过配备专门查验设备的口岸设施跨境，原则上所有设在重要国际走廊上的口岸都需要这类设施，设有专用车道，或者通道的尺寸能使超宽车辆通过而不影响其他交通运输。深圳口岸的普遍做法是这类车辆进入设施后若需要查验，就将其引导到一个独立的安全区域，按照布控进行查验并尽快通行放关，以保证货物、车辆和口岸安全。
- 开发管理新模式：目前，深港双方就联检大楼设计方案框架、建设标准、建设主体、建设费用、司法管辖等问题达成共识，并确定在新皇岗口岸共同研究实施“合作查验、一次放行”等查验模式，沙头角口岸重建明确综合开发的规划理念、国企投资的推进模式及采取“一地两检”通关模式等方向，并与香港保安局建立联系机制。此外，深圳口岸还在加快深港跨境直升机业务模式开发，参与建构广深港半小时经济圈，蛇口游轮母港跨境直升机起降点已完成对外开放前准备工作，蛇口邮轮母港口岸试点国际旅客中转业务也在落实中，助推蛇口邮轮母港成为国内唯一具备国际中转功能的水上客运口岸。

（3）智慧口岸，智慧通关。2020 年以来，深圳口岸开始推进“智慧口岸”总体规划编制，2021 年，完成了“智慧口岸”一期可行性研究报告和初步设计编制，推动了口岸相关领域信息共享和服务整合，通过科技赋能提升口岸管理水平。持续推进口岸信息化项目实施，完善莲塘口岸“一站式”信息平台正常运行保障机制，在深圳湾口岸试点 5G 全场景应用，“i 口岸”

正式上线。同时，建立了口岸应急指挥中心，建成应急指挥、值班值守、视频会议、监控巡检集成系统，增强口岸重大公共事件应对能力。今后还将高标准规划口岸信息化建设，加强顶层设计和整体规划，完成智慧口岸一期初步设计，组织实施智慧口岸一期项目，打造智慧口岸标杆，启动智慧通关研究，打造智慧通关＋平台，推动口岸数据融合，推进口岸治理“一网通管、一网通办、一网协同”。

（四）运行管理全面精细化

口岸运行管理是口岸能够正常运转的关键，涉及到口岸管理各部门之间的协作，口岸管理部门与物流公司和进出境报关企业的协作，以及各类管理方法和程序。口岸管理部门在运行管理实践中不断发现问题、改进措施，带动口岸运行设计的改进，反过来促进运行管理的顺畅。

1. 落实国家政策，服务城市发展

2014 年，国务院发布通知，探索性地提出了口岸通关“信息互换、监管互认、执法互助”的陆运口岸大通关模式改革构想，深圳口岸落实实施后取得了良好成效。

(1) 实现了数据的互联互通和有效监管。现代化电子口岸平台迅速发展，监管部门的进出口货物申报信息、放行信息、视频监控实现信息共享交互，数据接口有效开放，有效联通，共享清单，加大了监管便利化力度，实现了对逃漏检行为的有效防范与打击，口岸信息化水平大幅度提高。

(2) 加强了信息化应用和智能监管。过去，人工发放/干预查验指令模式的应用存在问题，对此深圳口岸加强信息化和智能化监管，更新监管模式，通过开发车检场“三互”业务平台，实现与海关系统的对接及数据交换，从而实现申报、监管、放行速度的快速提升，加强了执法监管力度。

(3) 提高了贸易便利化水平。及时通知车辆，加快查验指令下发速度，实施“联合查验、一次放行”的方法能够全面加快物流速度，节约资金，有效降低通关成本，便于企业与口岸管理部门快速完成通关协作，提升贸易便利化水平。

近年来，深圳口岸积极推动深港口岸经济带建设，主动对接香港北部都会区“双城三圈”战略布局，充分发挥口岸的前沿阵地作用，推动深港口岸经济带成为“一国两制”条件下制度集成创新和规则对接的示范地。同时，巩固口岸管养体制改革成果，编制管养经费、绩效考核等系列制度，研究制订国际一流口岸管理服务标准体系，开展新一轮口岸资产清查盘点，口岸管养服务品质明显提升。组织《深圳经济特区陆路口岸和特区管理线检查站物业管理规定》修订，加快《深圳经济特区港口管理条例》立法工作，强化口岸依法行政。

2. 部门协作，优化口岸体制机制

口岸多部门各司其职，互相协作，但鉴于口岸活动主体的复杂性和进出境行为的重要性，口岸部门职能较为零散，通关机制较为复杂。为进行职能优化改革，自2018年4月20日起，出入境检验检疫系统并入海关后，旅检监管、通关作业申报查验放行统一通过“单一窗口”，完善“一次查验”，实现“一口对外、一次办理”，并完成业务单证及印章的统一替换。在旅客检验监管方面，旅客进出境原有的8个环节优化为5个环节。深圳着眼于充分发挥“口岸城市”的特殊优势，推动口岸领域综合改革，先行探索更加高效的口岸管理体制机制和更加便利的口岸通关模式。结合前海合作区、河套深港科技创新区等重大平台建设，推动深港口岸通关合作和资源共享，推行“合作查验、一次放行”等新型查验模式，提升口岸助推大湾区发展的服务能级。推进口岸营商环境改革，出台29条新举措，与海关联合牵头组织实施，取得明显成效。

3. 查缺补漏，持续提升口岸通关环境

2021年，深圳口岸开展了“补短板、强弱项、优功能、治乱象”专项整治行动，梳理形成专项行动清单。首先，推进陆路口岸功能完善及安全隐患整治一期工程项目，结合口岸管养维护年度计划实施116项整治项目，逐步实现口岸绿化、卫生、照明、安保、导视系统等各方面的综合治理提升。其次，做好陆路货运口岸分流工作，推动皇岗口岸货运分流至莲塘口岸和深圳湾口岸。再次，推动深圳陆路和海港口岸免除吊装费改革，顺利完成海港口岸海关查验配套服务费公开招投标工作。最后，加快补齐口岸安全短板，加强口岸风险隐患动态监管，定期开展演练和培训，强化口岸安全治理。

按照国务院、海关总署关于优化口岸营商环境的部署要求，深圳市持续打造市场化、法治化、国际化口岸营商环境，最大程度激发市场主体活力和综合竞争力。2022年2月，深圳市正式发布《2022年进一步优化深圳口岸营商环境若干措施》，围绕创新监管方式、强化科技赋能、规范口岸收费、高效利企便民4个方面，制定了32项任务措施，并提出“政策宣讲”和“问题清零”两个抓手，将政策红利转化成企业红利，切实提高企业通关获得感。一方面，深圳口岸办会同市优化口岸营商环境工作组各成员单位，建立政府部门宣传联动机制，通过举办线上宣讲会的形式，指导企业用好、用足口岸便利化政策。另一方面，建立口岸营商环境“问题清零”机制，面向跨境贸易企业和行业协会收集问题，构建各单位各司其职、通力协作、整体高效的工作格局，提高企业反馈问题尤其是跨部门跨领域重大疑难问题的解决效率和质量，形成问题发现、解决、反馈、评估的闭环式工作机制。今后，深圳口岸还将持续落实营商环境创新试点城市建设和国家部委进一步深化跨境贸易便利化改革优化口岸营商环境的部署和要求，持续提升通关效率，降低企业成本，充分发挥“双节点”价值，积极融入新发展格局，推动国内国际两个市场人财物循环流动更加自由便利。

五、结束语

深圳口岸面对新形势下的机遇和挑战，探索创新，积极进取，不断开创口岸通关便利化发展的新局面。今后更将充分发挥口岸在服务构建新发展格局中的作用，全面破除制约口岸发展的体制机制障碍，以更高层次、更高目标谋划推进深圳口岸综合改革，为全国口岸高质量发展树立标杆。

参考文献

[1] 王强，李耕耘，顾珩.中国口岸管理工作实务指南[M]. 北京：中国人民公安大学出版社，2012.

[2] 朱振. 中国口岸开放的政治经济学分析[M]. 北京：中国经济出版社，2016.

[3] World Customs Organization Inter-Agency Forum on Coordinated Border Management. Background Paper：To Facilitate The Discussion On Coordinated Border Management[Z/OL]. (2009-06-29). https://ifcba.org/sites/default/files/ctd_files/backgroundpaper.pdf.

[4] Gerarad M. Collaborative Border Management：A New Approach To An Old Problem[J/OL]. Economic Premise.2012(04). https://openknowledge.worldbank.org/handle/10986/10044 License：CC BY 3.0 IGO.

[5] 深圳市人民政府办公厅. 2022 年进一步优化深圳口岸营商环境若干措施[EB/OL]. (2022-03-07)[2022-06-28]. http://www.sz.gov.cn/gkmlpt/content/9/9605/post_9605710.html#20044.

案例 4　使用说明

一、教学目的与用途

本案例专为国际商务专业课程教学而撰写。我们希望通过分析深圳口岸围绕全面深化口岸改革创新，促进口岸通关便利化，打造与大湾区定位相匹配的国际化高标准标杆口岸的真实案例，使学生深入理解口岸在国际经贸中的重要地位，通关便利化对口岸建设的关键作用，并帮助学生对口岸通关便利化的分析能力迁移到其他口岸的运营实践分析和对国际经济贸易的理解中。

(一)适用课程

本案例主要适用于国际商务类课程，也适用于工商管理、物流管理类课程。

(二)适用对象

本案例使用对象为国际商务专业本科生。

(三)教学目标

1. 知识传授

通过本案例的教学，学生应掌握以下知识，并学会将相关理论应用到实践中。第一，口岸管理涉及海关、边检、海事等机构，关系到国家安全及经济贸易的发展。口岸积极转变工作职能、优化管理方法途径，才能真正提升口岸管理工作效度，体现和发挥在保障贸易安全和促进通关便利化两个方面的作用。学生应全面理解口岸的含义。第二，了解深圳口岸的分布。第三，在了解口岸分布的基础上，理解深圳口岸的定位以及通关便利化的必要性。

2. 能力训练

通过本案例的学习，学生能够增强对深圳口岸及其他口岸特点、各口岸通关便利化必要程度及不同的落实方式的分析能力。

3. 观念更新

在学习本案例后，学生应能够对口岸的概念和发展历程有所了解，对口岸的作用和在国家及地区所扮演的角色有一定的理解，对口岸通关便利化的重要性、落实方式有深刻的认识。

二、启发性思考题

1. 深圳有哪些客运口岸和货运口岸？服务时间如何？

2. 在新形势下，深圳口岸有哪些新使命和任务？

3. 深圳口岸通关便利化领域有哪些创新改变？

三、案例分析背景

（一）制度背景

深圳口岸不仅是深圳市的口岸，更是国家的口岸。四十多年来，深圳口岸为国家口岸事业的改革发展提供了诸多宝贵经验，同时为维护香港的繁荣稳定、推动深圳经济特区建设和国家改革开放事业做出了重大的历史贡献。

2021 年 9 月 16 日，《国家“十四五”口岸发展规划》正式公布。深圳口岸更能利用毗邻香港的地域优势立足于连通内地与香港，放眼于连通世界，为口岸带来巨大的客流、物流，带来先进经验理念，同时形成独特的发展优势。这就需要深圳口岸基于一流的公路、铁路、海港、空港口岸，加大通关便利化改革和优化力度，利用规模庞大的深港跨境基础设施，形成全方位开放的规模优势，为深港两地的经贸互动、人员往来提供坚实的基础，为口岸乃至城市、区域和国家整体能级的提升创造良好的条件。

（二）行业背景

深圳口岸由于得天独厚的地理位置，不仅为深港之间的人员交流互动提供服务，也为城市、地区和国家之间的经贸往来提供重要支撑。深圳口岸的建设和管理水平，直接反映了深圳的城市国际化、现代化水平，更体现了我国的治理能力。多年来，深圳口岸在香港和内地居民及全球游客往来、国际经贸文化交流等方面提供高效便利、文明和谐的通关服务，显著增强了两地居民的幸福感、获得感、安全感、认同感。

四、理论研判依据

（一）知识点一：深圳口岸的特点

深圳口岸为国际贸易货物提供了便利的通关条件，是全球供应链的重要一环。与国内其他城市的口岸相比，深圳口岸具有明显的“三多三大”特征：

口岸类型多。公路、海港、空港、铁路口岸一应俱全。总体而言，深圳已经形成海、陆、空、铁全方位对外开放的口岸格局。

口岸数量多。目前深圳已经有15个口岸，随着莲塘口岸的开通，前海等新口岸的规划建设，口岸总数还将继续增长。深圳的口岸数量之多，在国内同类城市中高居榜首。

口岸查验模式和交通接驳方式多。既有传统的“两地两检”口岸，也有全国首创的“一地两检”口岸；既有通过汽车、轮船、飞机、高铁等各种交通工具连接的口岸，也有以人行通道对接的深港口岸。

通关流量大。2022年全年，经深圳口岸出入境人员445.7万人次，日均1.2万人次，同比减少42.6%；出入境车辆216.89万辆次，日均0.95万辆次，同比减少59.48%；深圳海港口岸集装箱吞吐量3 003.6万标准箱，当年累计同比上涨4.41%；进出口货物21 052万吨，当年累计同比上涨0.96%。深圳机场空港口岸出入境旅客15.3万人次，当年累计同比减少65.2%，国际空运货物71.2万吨，当年累计同比上涨19.4%。深圳口岸通关流量在国内位居首位和前列，地位和作用举足轻重，彰显出深圳对广东和国内经济的带动作用，而口岸在其中发挥的作用可谓至关重要。

社会影响大。深圳口岸扼守深港两地人流、物流往来的必经之路，位置特殊，广受关注。

安全管控压力大。深圳和香港均具有城市人口密集、各类场地与物业体量大的特点，人员和货物通关流量大，口岸面临的各类传统安全和非传统安全风险也更大。

（二）知识点二：通关便利化的重要性

通关便利化是贸易便利化的主要内容，也是我国优化外贸营商环境的重点。中国坚持扩大对外开放，重点要解决“两个化”的问题，一个是贸易自由化，另一个是通关便利化。进一步降低进出口环节费用、提高通关效率，是缩短通关时间、减轻企业负担的重要举措。通关便利化带来的经济效应可以大大促进双边贸易的效率和效益。目前，中国的贸易便利化水平低于一些发达国家，很大程度上是由于通关环节的障碍造成的，因此提高通关便利化也是近年来我国的施策重点，并出台了一系列的政策措施来提高通关的效率，如2019年我国出台了《关于加快提升通关便利化水平的通知》，共提出10条具体措施。近年来，我国外贸进出口保持了高速增长，但是外贸发展仍面临诸多不确定、不稳定因素，要想保持这样的发展势头，还需要进一步推进贸易便利化，尤其是通关便利化。针对国际形势和环境变化，要在做好疫情防控的同时，口岸应统筹推进通关便利化，保持外贸进出口稳定增长。

（三）知识点三：深圳口岸的优势

从粤港澳大湾区整体格局来看，深圳口岸的发展更具有独特优势。

第一，毗邻香港的地域优势。口岸对外开放、连通世界。深圳口岸特别是公路和铁路口岸，主要连通内地与香港，通过香港连通世界。香港与内地的紧密联系与交流往来，不仅带来了口岸巨大的客流、物流,带来了香港和世界的先进经验理念,同时形成了深圳口岸的发展独特的地域优势。

第二,全方位开放的规模优势。深圳的 15 个对外开放口岸类型多样,不仅有分布在深港边界一线的公路、铁路口岸,还有一流的海港和空港运营商提供优质的国际化码头、机场服务。规模庞大的深港跨境基础设施,为深港两地的经贸互动、人员往来提供了坚实的基础,为口岸整体能级的提升创造了良好的条件。

(四)知识点四:深圳口岸发展的机遇

深圳口岸具有先行先试的政策优势。2019 年 2 月 18 日,《粤港澳大湾区发展规划纲要》正式发布实施;8 月 18 日,《中共中央、国务院关于支持深圳建设中国特色社会主义先行示范区的意见》正式公布。

站在新一轮重要发展的节点,作为中国改革开放最前沿的大口岸管理服务机构,深圳市人民政府牢牢把握历史机遇,全力落实《粤港澳大湾区发展规划纲要》,及深圳建设中国特色社会主义先行示范区战略发展要求,探索口岸运行机制、体制、模式等方面的创新路径,拓展大湾区建设背景下的深圳口岸工作新思路,酝酿变革寻求突破,致力用“更高起点、更高层次、更高目标”构筑深圳“一体化、大口岸”格局。力争建设成为全国口岸的“先行示范区”,为国家口岸事业的发展树立标杆,提供可复制、可推广的经验,助力深圳成为竞争力、创新力、影响力卓著的全球标杆城市。

五、案例分析思路及要点

(一)案例分析思路

本案例首先解释了口岸的相关定义,介绍了深圳口岸的分布,并在分析深圳口岸“三多三大”和与时俱进特点的基础上,剖析了深圳口岸通关便利化基础设施全面优化、全面改善拥堵问题、设计设置全面改造、运行管理全面精细化的落实方式,对深圳口岸通关便利化改革及其效益进行了展望和总结(见图 1)。

(二)启发性思考题解答要点

启发性思考题 1:深圳有哪些客运口岸和货运口岸?服务时间如何?

深圳目前拥有口岸 15 个,其中公路口岸 6 个,分别是:罗湖、文锦渡、皇岗、沙头角、深圳湾、福田口岸;铁路口岸 1 个,即广深港高速铁路西九龙站口岸;水路口岸 7 个,分别是盐田港、大亚湾、梅沙、蛇口、赤湾、妈湾、大铲湾;航空口岸 1 个,即深圳空港(宝安国际机场)。

启发性思考题 2:在新形势下,深圳口岸有哪些新使命和新任务?

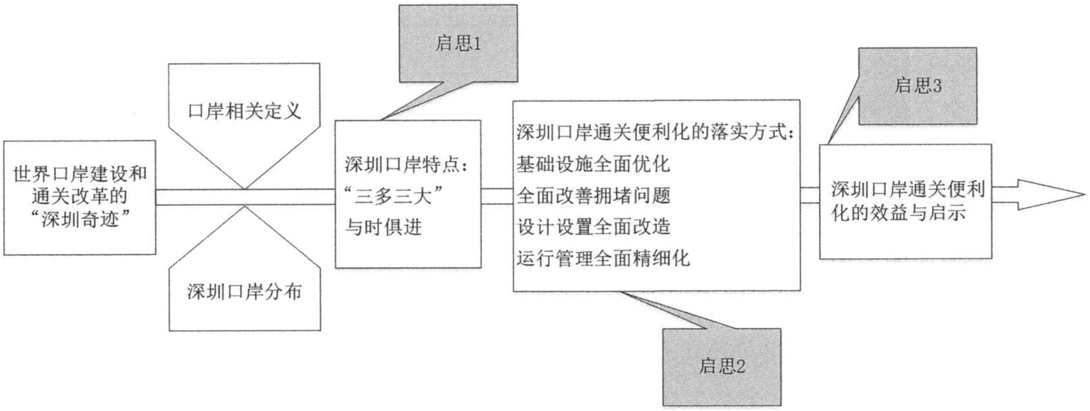

图1　案例分析思路

习近平总书记多次强调必须坚持全方位对外开放,增强畅通国内大循环和联通国内国际双循环的功能,在"内外贸""出入境"方面探索更加灵活的政策体系、更加科学的管理体制。深圳既有直通国际的海空港口岸,又有连接香港的陆、铁口岸,在推动"两个循环"格局形成方面,具有独特的优势。深港口岸必须通过口岸更高水平的对外开放,创造更加高效便捷的通关条件,促进内循环带动外循环,使两个循环的结合更加紧密,运转更加顺畅,能级进一步增强,为粤港澳大湾区人员、货物等各类生产要素流动提供更加优质的通关服务保障。

启发性思考题3:深圳口岸通关便利化领域有哪些创新改变?

通过机制体制的优化,促进口岸高质量发展。充分挖掘深圳作为口岸城市的区位优势和规模优势,以通关效率提高为关键抓突破性系统性改革,以法治化改革为保障打造国际一流口岸营商环境,以口岸合作为内容打造港深口岸经济带和粤港澳大湾区口岸经济圈,以口岸要道枢纽功能增强为牵引带动国内外要素大规模高频次交流互动。通过体制机制、法治规范、通关监管、管理模式、服务标准、信息化建设等方面的系统性改革,提升深圳口岸服务助推大湾区发展的驱动能级,为全国口岸高质量发展提供先行样板。

近年来,深圳口岸不断按照习近平总书记的要求,推动三地经济运行的规则衔接、机制对接,推动深港口岸规则对接,探索更加便利的口岸通关模式。加快粤港澳大湾区城际铁路建设,促进人员、货物等各类要素高效便捷流动,提升市场一体化水平。深港在共同推进皇岗口岸重建、深圳湾口岸24小时通关、前海口岸规划等重大项目建设和加强跨境基础设施硬连通的同时,还要通过规则对接和磨合,在口岸通关信息共享、监管互认、执法互助等方面建立高效、可持续的合作机制。围绕口岸通关效率提升,深圳口岸正在以特定人群、特殊区域为突破口,积极探索"一国两制"条件下最大限度便利的深港口岸新型通关模式。

六、教学组织方式

案例授课班级人数不宜过多，应该控制在 30 人左右，可以 4 至 6 人为一组，分成 5 个小组。教室的桌椅布局要让所有的课堂参与者围坐四周，以使其容易听到和看到同组成员为基本原则。教室中应配备电脑、投影仪、黑板、粉笔等设备。同时，为方便学生更好地参与课堂案例讨论，教师可以在课前提醒学生做好课前准备工作。

（一）课时分配

案例回顾与概述（5 分钟）：介绍案例背景，回顾案例内容，理清案例思路，明确案例主题。

提出问题与小组讨论（20 分钟）：结合板书提出启发性思考题，分小组讨论并形成组内答案。

小组汇报与教师引导（50 分钟）：针对每道启发性思考题，选一个小组进行回答，其他小组补充。教师需结合板书和多媒体对学生引导，得出最终答案。

案例评价与总结（10 分钟）：对知识点进行梳理，对案例教学过程进行评价，总结学习心得体会。

其他问题（5 分钟）：教师回答学生的一些其他问题。

（二）板书设计

启发性思考题 1：深圳有哪些客运口岸和货运口岸？服务时间如何？

莲塘口岸	（货检）7:00-22:00	皇岗口岸	（货检）00:00-24:00
广深港高铁 西九龙站口岸	暂停服务	文锦渡口岸	（货检）7:00-次日凌晨03:00
福田口岸	暂停服务	深圳湾口岸	（旅检）10:00-18:00 （货检）00:00-24:00
罗湖口岸	暂停服务	沙头角口岸	（货检）7:00-22:00

图 2　深圳客运口岸

盐田港口岸	全天候	妈湾口岸	全天候
大亚湾口岸	码头业主自用	深圳空港(机场)口岸	航空客运：全天(福永客运码头：08:00-21:00)
蛇口口岸	蛇口港区（货运）：全天候。 太子湾邮轮母港：07:00-22:30	大铲湾港口岸	全天候
赤湾口岸	全天候		

图 3　深圳货运口岸

启发性思考题 2：在新形势下，深圳口岸有哪些新使命和新任务？

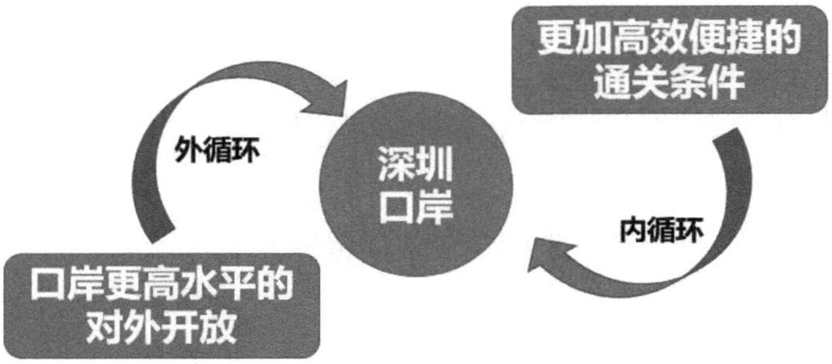

图 4　深圳口岸的新使命和新任务

启发性思考题 3：深圳口岸通关便利化领域有哪些创新改变？

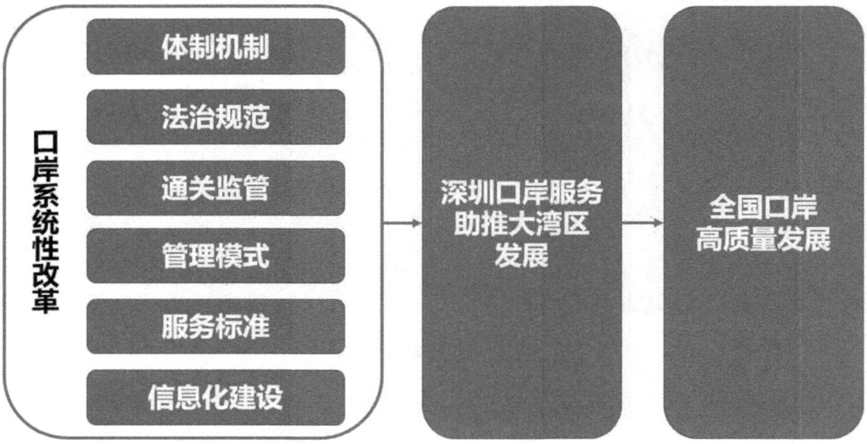

图 5　深圳口岸通关便利化领域的创新改变

（三）讨论方式

案例讨论法是一种用学生集体讨论的方式进行培训与开发的方法，并不仅仅是为了解决问题，而是侧重于提高受训人员分析判断及问题解决能力。在对特定案例进行分析与辩论的过程中，学生会集思广益，共享集体的经验与建议。这样不仅有助于学生将案例内容与未来工作联系起来，建立起系统的思考模式，而且还能学到管理方面的新知识和新经验。案例讨论可以训练他们的决策能力，帮助他们掌握如何在紧急状况下处理事件的方法。为了提高案例讨论法的效果，教师应该做好以下工作：首先，发放案例给学生阅读，让学生事先熟悉案例内容，仔细研读案例，促使他们像当事人一样去思考和解决问题；其次，通过了解学生就业方向等信息，确定教学目标；最后，针对目标另外收集或选用具有客观性与实用性的资料作为教学辅助。案例讨论可按以下步骤开展：发生什么问题→问题产生的缘由→如何解决问题→今后采取什么对策。因此，根据课时分配，案例讨论可以这样进行：在提出问题和小组讨论环节中，小组内根据3道启发性思考题进行讨论，并形成组内答案；在小组汇报与教师引导环节中，对每一道问题，教师从5组学生中选一组回答，其他小组补充，形成多种备选方案，教师根据决策标准引导学生分析评估备选方案，选出首选方案，并制订行动计划。

在案例讨论时，教师需鼓励学生形成良好的讨论习惯，如勇于提出不同意见、讨论前做好准备、讨论时积极发言、讨论后及时总结，避免盲目从众、提前背稿。

七、案例后续进展

深圳口岸不断吸取先进经验，创新监管方式，提升口岸通关时效。措施包括以下几方面。

优化进出口货物通关模式。进一步推广“提前申报”“两步申报”通关模式。完善通关配套系统，指导企业灵活叠加运用“两段准入”“汇总征税”等便利化通关模式。

扩大“船边直提”“抵港直装”业务试点范围。在“互联网＋海关”一体化网上办事服务平台上线直装直提模块，实现“船边直提”“抵港直装”业务在线办理。结合海运通关、物流模式改革，进一步提高“船边直提”“抵港直装”业务量。

加强海外仓信息共享，完善海外仓相关业务办理指南。探索建立海外仓信息共享系统，鼓励海外仓企业对接跨境电商线上综合服务平台，匹配供需信息。完善海外仓备案等相关业务办理指南，推进海外仓备案业务在线办理。

推进涉检业务“主动披露”制度和容错机制实施。对进出口食品、化妆品等商品试行涉检业务“主动披露”制度和容错机制，并逐步扩大适用范围。

推动出口退税备案单证数字化，强化数据信息共享，加快出口退税流程。依托深圳国际贸易“单一窗口”，搭建出口退税备案单证电子化系统，实现企业备案单证的共享协同。加快出口退税流程，2022 年底前税务部门办理正常出口退税的平均时间压缩至 5 个工作日以内。

推进第三方商品检验结果采信。加强深港技术交流和实验室认可协作，推动内地检测机构成为香港机电工程署认可核证团体。对从香港进口的部分法检商品，试行采信香港地区符合条件的检验鉴定机构的检验结果。

深化“组合港”通关便利化改革。创新海关监管模式，加强跨关区协同监管，以海关舱单数据“一单到底”的监管理念，优化水路转关业务模式，推动启动更多“组合港”试点。

开设 CCC（China Compulsory Certification，中国强制性产品认证））免办证书便捷通道。制定企业准入标准，为符合条件的企业开设 CCC 免办证书便捷通道。制定并执行 CCC 免办产品管理要求，及时追溯 CCC 免办产品流向。建立闭环监管机制，加强事中事后监管。

开展深港无缝清关服务。依托深圳国际贸易“单一窗口”，对接市场化第三方平台，推动深港无缝清关，向进出口企业提供报关单、公路舱单、进出口捆绑、进出口清关等单证“一次录入、两地申报”服务。

推动国际贸易“单一窗口”联合登临检查业务在深圳试点推广。建立口岸查验单位间的信息共享机制，推进执法互助和监管互认。

试点建设通关服务中心。整合通关业务办理窗口，对需现场办理的通关业务实施“一站式”办理。

八、其他教学支持材料

（一）计算机支持

由于本案例在有关课程中被当作讨论材料使用，需要向学生展示，所以在计算机中需要安装 PowerPoint 软件。

（二）网络支持

本案例中涉及企业需要学生连接互联网，通过登录深圳口岸办网站、相关社交媒体网站以及下载相关手机应用程序、关注深圳口岸办微信公众号进行了解和体会。

案例 5

“由点到面”的人民币渐进式国际化

摘　要：全球贸易格局的调整为人民币国际化创造了良好的外部环境。特别是近年来一轮又一轮的区域贸易协定谈判和双边贸易谈判为人民币走向更广阔的国际舞台提供了契机。人民币国际化问题，是近阶段中国深层次融入全球经济的一个重要问题。本案例系统梳理了人民国际化的一系列渐进式推进政策，排摸了人民币国际化的实际成效，也揭示了人民币跨境使用中的瓶颈。自贸试验区作为推动国际国内双循环的政策抓手，通过自贸试验区在金融改革中的系列制度创新，大大增加了人民币跨境使用的场景，特别是离岸人民币市场的发展，增强了非居民的人民币使用粘性，有效促进了人民币的渐进式国际化进程。

关键词：人民币；渐进式；国际化；离岸业务

Abstract: The adjustment of the global trade pattern has created a good external environment for the internationalization of the RMB. In particular, rounds of regional trade agreements and bilateral trade negotiations in recent years have provided a chance for the RMB to enter a broader international stage. The internationalization of the RMB is an important issue for China's deep integration into the global economy. In this case, a series of progressive promotion policies for the internationalization of RMB are systematically reviewed, the actual results of the internationalization of RMB are investigated, and the bottlenecks in the cross-border use of RMB have been revealed. Pilot Free Trade Zones, as a policy starting point to promote both international and domestic circulation, have greatly increased the cross-border use of RMB through a series of institutional innovations in the financial reforms, especially the development of offshore RMB market, which has strengthened the stickiness of non-residents' use of RMB and effectively promoted the progressive internationalization process of the RMB.

Keywords：RMB；progressive mode；internationalization；offshore business

一、引　言

自 2009 年我国政府在双边贸易中推出了以人民币计价结算的一系列政策以来，人民币国际化取得了长足的发展。近年来，人民币跨境结算、人民币海外投资、人民币国际储备等与人民币国际化相关的改革内容在不同的部委文件中都被重点提及，人民币国际化的步伐得到了提速。然而，目前人民币在全球外汇储备中的占比与中国经济体量在全球的排行依然很不匹配，人民币真正的国际化道路依然任重而道远。那么人民币国际化的现状趋势到底如何？在推动人民币国际化的进程中为什么要重点发展离岸人民币业务？离岸人民币市场的发展为什么要在自贸试验区中寻求突破呢？

二、相关背景

过去二十年来，世界贸易格局正在发生悄然调整，开始呈现出一些不同于以往的新特征。首先，新兴市场经济体在全球贸易中的作用和影响不断提升，进出口份额与欧美发达经济体势均力敌。随着全球价值链分工的日益深化，发展中国家对发达经济体的中间品贸易迅速增长。作为世界上最大的发展中国家，中国自 2009 年超过德国成为世界第一大货物贸易出口国以来，截至 2024 年，已经持续了十六个年头，中国贸易大国的地位为全世界所公认。其次，从贸易规则的演变趋势来看，多边贸易谈判正在逐渐被区域贸易协定和双边自贸协定所取代。《区域全面经济伙伴关系协定》(RCEP)、《全面与进步跨太平洋伙伴关系协定》(CPTPP)、《北美自由贸易协定》(NAFTA)、《中国—东盟自贸协定》(ACFTA)等区域自贸协定对全球经贸的影响越来越大。另外，由于贸易拓扑结构的变化，引发了全球领域的贸易摩擦此消彼长、接连不断，尤其是贸易壁垒从传统的关税壁垒向技术性贸易壁垒、环境壁垒等更加隐晦的形式转变，导致近年来中国企业所遭受的贸易摩擦日益增多。

全球贸易格局的变迁对国际货币格局产生了重要的影响。在贸易交往过程中，贸易计价结算货币的选择直接关系到进出口商微观贸易利得的大小。从宏观上说，像中国这样持有几万亿美元外汇储备的大国，汇率波动、储备货币的选择都直接关系到国家储备资产的净值。从过去的国际经验来看，国际贸易格局的变迁一般都会导致惯用贸易计价结算货币被新的货币所替代，这些货币所涉及的国家在金融领域的摩擦也会加大，经过特定事件的发酵，又会引起国际储备货币的替代，进而导致国际货币格局的调整。

中国作为目前世界上最大的发展中国家，应当这么说，新一轮全球贸易格局调整为人民币的国际化创造了良好的外部环境。尤其是近年来一轮又一轮的区域性贸易协定谈判和双边贸易谈判，实际上为人民币走向更广阔的国际舞台提供了契机。人民币的国际化问题，是近阶段中国深层次融入全球经济的一个重要问题。因此，系统梳理人民币国际化的相关政策，排摸人民币国际化的现实成效，有助于有效应对人民币跨境结算使用中的阻碍因素。从金融运行的实践来看，境外非居民选择使用人民币的动机，跟他们交易成本与收益的权衡取舍、金融机构在人民币跨境业务开拓中的现实瓶颈、甚至与人民币跨境支付清算的基础设施等有着密切的关联。有针对性地找准这些制约因素并且有针对性地解决，是切实扩展人民币跨境使用范围的有力推手，对于加速人民币国际化的进程具有重要的现实意义。

此外，在中国经济向高质量发展迈进的道路上，如何成功利用国际和国内两个市场的资源、有效把握国际国内双循环的政策红利，是中国目前从世界贸易大国迈向贸易强国的重要驱动力。自贸试验区作为推动国际国内双循环的政策抓手，深入考察自贸试验区在金融改革中的系列制度创新，深入剖析自贸试验区内可以增加人民币跨境使用的场景，在推进人民币国际化过程中可以增强非居民的人民币使用黏性，让境外非居民使用与持有人民币资产成为资产配置的一种习惯。

三、推进人民币跨境结算的政策举措

2009 年 7 月，首批跨境贸易采用人民币结算的试点企业累计有 365 家，作为跨境贸易人民币结算业务的配套举措，国家税务总局、海关总署又陆续出台了人民币跨境结算出口退免税以及与海关通关便利相关的系列文件，作为配套政策进一步规范与扶持人民币跨境贸易结算业务。

2010 年 6 月，人民币跨境结算试点工作开展一年之后，中国人民银行、财政部、商务部、国税总局、海关总署和银监会六部委下发《关于扩大跨境贸易人民币结算试点有关问题的通知》，扩大了使用人民币开展跨境贸易结算交易的试点范围，试点的扩大主要体现在：第一，把上海、深圳、广州、东莞和珠海首批试点的 365 家企业扩大到上海市和广东省所有具备进出口经营权限的企业；第二，把试点地区从上海、深圳、广州、东莞和珠海五个城市扩大到全国20个省份；第三，境外结算市场的范围从东盟国家、港澳地区扩大到全球；第四，试点业务从经常项目下的货物结算扩展到了经常项目下的所有结算业务。

继2010年《关于扩大跨境贸易人民币结算试点有关问题的通知》之后，2011年六部委又下发《关于扩大跨境贸易人民币结算地区的通知》，第二次扩大试点区域，人民币跨境结算在全国范围内全面推行。

从具体的结算操作来讲，在人民币跨境贸易结算试点中，进口层面的人民币跨境交易结算和出口层面的人民币跨境交易结算具有不对称性。也就是说，试点企业的所有进口都能采用人民币支付结算，但出口业务的人民币跨境结算仅在部分企业的出口业务中推行，这在很大程度上造成了人民币结算过程中的回流障碍，使得人民币跨境结算呈现进口与出口不平衡的特征。所以，2012年六部委又下发《关于出口货物贸易人民币结算企业管理有关问题的通知》，规定具有进出口资质的企业出口业务结算中也都可以用人民币结算。

作为人民币实际结算的配套政策，为了防止企业通过经常账户伪报进出口造成人民币的非正常流动，六部委于2012年6月下发使用人民币结算的重点出口库企业名录，加强对人民币跨境结算业务的监督管理。海关总署在统计口径上作了完善，2013年1月开始，在出口总额、进口总额、进出口总额和贸易差额等统计指标中增加了用人民币发布的统计字段。

四、促进人民币跨境直接投资的政策举措

在直接投资项下使用人民币结算的政策，大致也经过了一个渐进式的过程。

第一步，在个别省份开展跨境直接投资的人民币结算业务试点。为加强新疆地区与中亚国家的经贸联系，2010年10月，经国务院批准，新疆维族尔自治区颁布了《新疆跨境直接投资人民币结算试点暂行办法》，该办法的颁布，标志着我国在跨境直接投资领域可以使用人民币结算的试点工作正式开启。

第二步，对外直接投资使用人民币结算的业务在全国范围内实行。2010年10月，中国人民银行下发《关于境内银行业金融机构境外项目人民币贷款的指导意见》，针对国内商业银行对境外投资项目能否发放人民币贷款提出了指导性意见。2011年1月，人民银行又出台《境外直接投资人民币结算试点管理办法》，明确中国境内法人企业可以用人民币向境外开展直接投资，境内银行也可以向境内企业在境外的子公司或者投资项目提供人民币贷款。

第三步，开放境外投资者来华直接投资的人民币结算使用。2011年10月，央行出台了《外商直接投资人民币结算业务管理办法》，商务部下发了《关于跨境人民币直接投资有关问

题的通知》,明确境外投资人可以使用人民币到中国进行直接投资。至此,境内企业可以采用人民币对外直接投资,境外企业也可以采用人民币来华直接投资,在直接投资领域人民币的双向回流机制基本得到确立。

2020年12月,中国人民银行会同国家发展改革委、商务部、国家外汇管理局、国资委和银保监会紧密围绕实体经济发展需要,联合下发了《关于进一步优化跨境人民币政策支持稳外贸稳外资的通知》(银发〔2020〕330号),要求进一步完善人民币跨境投融资和交易结算的制度保障,充分体现人民币跨境结算业务助力实体经济、推动贸易投融资的便利化,提出了一整套便利化措施。主要体现在以下四个方面:第一,进一步简化跨境人民币业务的结算流程。通过构建使用人民币结算的重点进出口库企业监管名录,在对外承包工程等领域试点跨境人民币业务的结算便利,支持结算单证的电子化审核,优化企业尤其是跨国公司集团内部的人民币跨境结算首付。第二,持续优化人民币跨境投融资的管理。为了促进外商投资企业在境内的再投资便利,六部委对资本和金融项目下的部分子目的人民币收付的限制性条件进行了放松,同时取消了原来针对对外商直接投资企业的专门账户的监管要求,完善了境内企业在人外的人民币存贷管理。第三,引导更高水准的人民币贸易投资结算便利。为了支持新型贸易业态的人民币跨境结算,在全国层面试点更高水准的贸易投资便利化,对人民币相关业务的办理和审核进行了及时调整。第四,简化了经常项目下人民币跨境结算的个人业务。除了企业对公业务,在经常项目下开展的人民币私人跨境结算业务也进行了简化,尤其是大陆私人账户与港澳同名账户之间汇款的便利性得到了显著提高。

五、促进人民币国际使用的跨境合作

2008年美国次债危机之后,我国陆续与贸易伙伴签订双边互换协议。最早的货币互换签约国是韩国,从2008年12月首次签约之后又经过了多次展期,截至2020年10月,互换规模高达4 000亿元人民币。[①] 2020年末,我国已与40个国家或地区的中央银行分别签署了人民币双边互换协议。[②] 除了韩国之外,中国人民银行还与马来西亚、新加坡、蒙古签署了续签协议,并经国务院批准,与香港金融管理局也续签了协议。2013年以后,我国央行还与欧洲央行、加拿大、瑞士等发达经济体分别签署了金额高达3 500亿元人民币、2 000亿元人民币和1 500亿元人民币的双边互换协议,有效地提升了跨境结算中的人民币流动性,促进了人民币资产交易、资产管理等领域的业务发展,推动了人民币与货币互换协议国当地货币

① 参见 http://www.pbc.gov.cn/goutongjiaoliu/113456/113469/4114028/index.html。
② 参见 http://www.ce.cn/xwzx/gnsz/gdxw/202307/01/t20230701_38613164.shtml。

的自由可兑换进程，为扩大人民币的国际范围发挥了积极的作用。

在“一带一路”的倡议下，以我国为主的多个“一带一路”合作伙伴和中资企业发起成立了两个多边开发性金融机构，分别是亚洲基础设施投资银行（Asian Infrastructure Investment Bank，简称亚投行，AIIB）和金砖国家新开发银行（New Development Bank，简称金砖银行，NDB）。亚投行自成立以来，为共建“一带一路”沿线国家和地区提供了多方面的投融资支持，在跨国多边开发金融体系中发挥的作用越来越重要。2017 年，会同世界银行等 6 家国际金融机构，亚投行与我国政府签署了《关于加强“一带一路”倡议下相关领域合作的谅解备忘录》，试图加速推进“一带一路”共建国在项目对接、信息交换、投融资等多方面的工作进程。金砖国家新开发银行致力于通过基础设施的投资与建设撬动经济增长，为深化区域经济融合提供了强有力的资金支持，发挥了积极的作用。

目前，我国财政部已与亚投行和金砖银行等机构合作设立了多边开发融资合作中心（Multilateral Cooperation Center for Development Finance，简称 MCDF）作为“一带一路”倡议下基础设施开发融资的多边合作协调机制。我国目前已高度重视这一多边开发性金融机构的合作平台，在推动“一带一路”高质量建设的进程中，已通过设立人民币基金的方式，不断扩大人民币在“丝路”沿线国家中的使用；通过完善人民币与“一带一路”合作伙伴本币清算的双边安排，进而推动了清算支付工程的建设，最大程度地降低国际不确定因素对“一带一路”项目的干扰与影响。通过“一带一路”倡议，有效地促进了我国与沿线国家的人民币跨境结算平台、人民币跨境兑换平台等一系列基础设施方面的建设，为进一步推动人民币国际化提供了基础设施的支撑与保障。

六、增强人民币境内境外市场联系的政策安排

（一）丰富在岸市场的外债参与主体和管理渠道

2017 年年初，中国人民银行下发《关于全口径跨境融资宏观审慎管理有关事宜的通知》（银发〔2017〕9 号）。该通知的出台，意味着国内金融机构与企业在发行外债方面的渠道得到了整合，从管理政策顶层设计上来说，针对国内机构的管理进行了有机统一，整合之后对外债和国内债券的管理实现了一体化。

就业务操作的具体内容来说，人民银行会根据金融机构或者企业项目的净资产来授权跨境融资的最大额度，在这个额度范围之内，境内的金融机构或企业可以选择在境内融资，也可以在离岸金融市场上融资；融资的货币可以是人民币，也可以是美元，企业到底选择哪

一种货币进行融资，一个重要的因素取决于人民币市场或者美元市场的利率高低。当人民币离岸市场上的利率比境内市场人民币利率低时候，企业会选择在离岸市场上融资；当境内市场的利率相对较低时，企业会选择在境内融资。但人民银行会把企业在两个市场的融资规模总额统一纳入到人民银行的外债口径实行集中管理，从而有效地增强了人民币境内市场与人民币离岸市场之间的联动。

2017年2月，外汇局又发布了《关于银行间债券市场境外机构投资者外汇风险管理有关问题的通知》。该通知放松了境外机构投资者在境内银行同业债券市场上从事人民币外汇衍生交易的管制。只要是在境内具有资质的金融机构，均可向境外机构投资者开放人民币外汇衍生业务，从而达到对冲境外机构外汇风险的目的。在我国近年来有序推进资本与金融账户渐进开放的过程中，一方面我们在不断降低人民币在岸市场的进入门槛、放松参与主体的实际需求限制，另一方面还在不断丰富市场参与主体的类型，把更多的境外主体也引入到了人民币在岸市场之中。

把境外机构投资者引入到人民币在岸市场，对于我们当前的金融改革具有多重重要意义。第一，境外机构投资者跟境内投资者相比，往往具有丰富的市场参与经验，他们的加入能够给在岸人民币市场注入先进的金融理念，也可能直接带来适合境内市场的交易工具，通过在岸市场参与主体的学习、模仿与改良，从而逐步缩小两个市场之间的差距。第二，通过吸引境外机构投资者参与人民币在岸市场，可以扩大人民币在岸的成交量，通过提高市场的活跃度和交易的深度与广度，不断降低人民币债券的交易成本，优化人民币跨境业务在外汇市场上的风险规避能力。第三，境外机构投资者参与人民币在岸市场交易，往往也具有一定的现实交易需求，看好中国经济形势，通过境外投资者参与在岸市场持有在岸人民币资产，是促进人民币在境外使用以及向境内市场回流的有效手段。

（二）灵活调整人民币离岸市场的存款准备金率

存款准备金制度通常是一个国家的中央银行调控货币信贷规模的常规手段。在开放条件下，如何有效调控离岸市场和在岸市场的资金规模，是一个带有技术性和艺术性的工作。2014年12月，中国人民银行把境外金融机构在境内金融机构的银行存款准备金率暂定为零，但把这部分的存款也纳入了需要交纳存款准备金的调控范围。

2016年1月，中国人民银行正式下发《关于境外人民币业务参加行在境内代理行存放执行正常存款准备金率的通知》，这个通知规范了境内外人民币业务都要执行统一的银行存款准备金率，也就是说，国内银行在分支机构吸收的境外人民币存款，一律按国内人民币存款提取存款准备金，这在很大程度上跟当初适度从紧的货币政策有着直接的关联。

2018 年 5 月,国内流动性相对从宽,中国人民银行再次下发《关于进一步完善跨境资金流动管理支持金融市场开放有关事宜的通知》,主要的目的是为离岸市场上人民币相关业务提供流动性支持。根据该通知的要求,香港和澳门地区的机构或企业在人民银行珠海中心支行以及深圳中心支行的人民币存款一律不提取存款准备金。另外,境外具有开展人民业务的银行可以根据国家政策,开展银行同业拆借、债券回购、跨境账户人民币融资等多种业务。

根据中国人民银行离岸人民币存款准备金率调整的轨迹,可以看到我们的监管层在推进人民币国际化的过程中,通过蓄意建立人民币风险防控体系,在有效缓解与应对人民币离岸市场对境内市场在监管套利方面做出的卓绝努力,某种程度上也体现出我国的监管层对人民币离岸市场开展的相机抉择、主动调控的政策意图。

七、自贸试验区金融领域的改革创新

2008 年美国次贷危机之后,全球经贸格局出现了一系列重大变化,贸易保护主义思潮在世界范围内愈演愈烈。首先,美国相继对中国、欧盟、巴西、土耳其等世界多个国家和地区挑起贸易争端,使得全球贸易壁垒显著提高;其次,美国通过阻挠 WTO 上诉机构的法官遴选工作,导致 WTO 争端解决机制陷入瘫痪,全球多边贸易体制的权威性受到严重考验;最后,美国通过修订北美自由贸易协定,加入“毒丸条款”,限制其成员国同“非市场经济国家”开展自由贸易协定谈判,对我国选择自由贸易协定伙伴国构成干扰。美国政府的一系列单边主义和贸易保护主义行为,对全球贸易的稳定运行构成了严重的威胁。

为抵御潜在的外部威胁,我国近年来立足周边友好邻邦,通过“一带一路”倡议加速推进自由贸易区(FTA)战略,对标国际高标准的贸易规则;对内,通过在国内开放前沿城市设立自由贸易试验区(FTZ),试图通过高质量的开放引领国内经济发展,激发国内金融制度创新,促进产业转型升级,从而实现以开放倒逼国内改革进程的目的。

在我国自贸试验区的建设推进过程中,以高水平的贸易引领扩大金融开放与推动金融创新是自贸试验区政策创新体系的重要内容。中国自贸试验区金融制度改革创新的主要成果,具体包括改革外汇管理体制、推进利率市场化、扩大人民币跨境使用、降低市场准入门槛、扶持离岸金融业务、建设金融交易平台、鼓励发展航运金融和融资租赁等多个方面。

自贸试验区金融制度改革,在宏观审慎与风险控制这个大前提下不断推进细分领域的金融创新,在加强跨境融资风险控制的同时持续提高金融服务能力。具体体现在:第一,以合理放宽市场准入限制为原则,不断降低外资金融机构进入境内市场的门槛,并提供能够与全球高标准的经贸规则相接轨的制度保障和金融服务;第二,从外汇管理改革、利率市场化推进和构建离岸金融业务体系等多个维度全方位扎实推进人民币的国际化进程;第三,从国际大宗商品、航运金融、融资租赁、保险等具体金融细分领域入手,通过搭建交易平台、创造新型金融交易产品,在先行先试探索金融开放与改革的基础上,不断增加金融投资产品与金融交易服务的供给,从而助力推动当前我国新一轮高水平的对外开放。可以这么说,自贸试验区内一系列金融制度的创新,是当前我国深化金融体制改革的缩影,其本质就是逐步推进中国金融领域的全球化。

八、结束语

人民币国际化问题是近年来国际经济领域的一个热门话题。尤其是 2008 年全球金融危机之后,中国政府渐进推行人民币国际化货币的步伐不断加快,人民币国际化问题为社会各界所关注。东亚很多国家在 20 世纪 80 年代实行激进式货币开放,由于国内金融基础设施薄弱,在 1998 年金融危机中带来了巨大的灾难。中国是一个具有十四亿多人口的大国,“规模超过现有发达国家人口的总和,艰巨性和复杂性前所未有,发展途径和推进方式也必然具有自己的特点。我们始终从国情出发想问题、作决策、办事情,既不好高骛远,也不因循守旧,保持历史耐心,坚持稳中求进、循序渐进、持续推进”。金融改革,货币开放,把过去四十年的经济改革成果放在了一个机遇与风险并存的风口浪尖,谨慎、稳健是我国政府改革的一贯作风,不发生系统性风险是我们的底线。根据国际市场上主要货币的国际化经验,人民币国际化将经历一个漫长的过程。立足中国国情,人民币将遵循渐进式货币国际化的轨迹不断走向世界。

参考文献

[1] 曹玉瑾,于晓莉. 主要货币国际化的历史经验[J].经济研究参考,2014(9):43-59.

[2] 陈卫东,赵雪情.人民币国际化发展路径研究:基于十年发展的思考[J]. 国际经济评论,2020(4):28-37.

[3] 刘玮. 国内政治与货币国际化:美元、日元和德国马克国际化的微观基础[J].世界经济与政治,2014(9):129-155.

[4] 朱隽,艾明,徐昕,赵岳,王灿. 新形势下的人民币国际化与国际货币体系改革[M].北京:中国金融出版社,2021.

[5] 2021 年人民币国际化报告[R/OL],2021(2021-09-19)[2022-06-18]. https://www.gov.cn/xinwen/2021-09/19/5638362/files/652d7b67eb94463f925be3985fcdb860.pdf.

案例5　使用说明

一、教学目的与用途

本案例为学生提供了中国从局部到整体、由点到面的人民币国际化实例，并分析了货币国际化过程中人民币离岸市场以及自贸试验区在推动人民币离岸业务方面的突破举措。我们希望通过分析一个具体的货币国际化进程的实例，提高学生了解开放金融实操、准确判断人民币下一步国际化方向趋势的能力。

（一）适用课程

本案例适用于国际商务课、国际金融理论与实务等课程。

（二）适用对象

本案例难度适中，使用对象包括国际商务、税收学专业研究生以及国际商务、海关管理等专业的高年级本科生。

（三）教学目标

1. 知识传授

通过本案例的教学，学生应掌握以下知识，并学会将相关理论知识应用到实践中。第一，对货币国际化的基本理论能有一个深刻的理解和认识。一国的货币若要成为国际货币，至少需要具备计价货币、交易媒介和价值贮藏等多个功能。第二，熟悉中国在人民币国际化方面的政策举措，对当前人民币跨境结算业务、人民币跨境直接投资业务、中国与其他国家或地区央行的合作动向都能有所把握。第三，通过业务案例的讲解，让学生认识到人民币国际化离不开港澳市场的联动，目前促进人民币国际化在人民币境内外回流机制方面存在着很大的提升空间。实现离岸市场与在岸市场之间的有效联动，是推动人民币国际化进行的关键。第四，通过业务案例的讲解，我们可以看到近年来自贸试验区在新型贸易业态培育、跨境人民币使用等方面取得了重要的改革成果，要让学生深刻地理解人民币国际化需要借助自贸试验区由点到面地有序推进。

2. 能力训练

通过本案例的学习，使学生增强人民币国际化发展趋势的判断能力，掌握与人民币交易相关的各项实务操作，并且学会在开放金融条件下合理规避外汇风险，从而提高学生灵活运用人民币开展国际业务的综合能力。

3. 观念更新

在学习本案例后，学生能够对当前人民币国际化的趋势有一个清晰的认识；对全球市场金融资产配置中以人民币计价的金融资产的地位有所认知；对自贸试验区促进人民币离岸业务的瓶颈和突破口也有一个全面的认识。

二、启发性思考题

1. 目前人民币国际化面临怎样的发展趋势?

2. 推动人民币国际化为何要发展离岸人民币业务?

3. 自贸试验区在推动人民币离岸业务方面有哪些突破?

三、案例分析背景

（一）制度背景

从当前人民币跨境业务的政策来看，主要包括人民币跨境贸易结算和人民币跨境直接投资两大块。我们国家在推进人民币跨境贸易结算的具体操作层面，采用的是由点到面的渐进式推广策略。人民币跨境贸易结算的试点工作始于 2009 年 4 月，当初的国务院 56 次常务会议考虑到上海的开放性和广东的贸易地位，拟率先在上海、深圳、广州、东莞和珠海开展试点工作，并把境外结算市场的范围限定在东盟国家和港澳地区。2009 年 7 月，《跨境贸易人民币结算试点管理办法》及其《实施细则》由中国人民银行、财政部、商务部、税务总局、海关总署和银监会联合发布，跨境贸易人民币结算正式开始试点。

2020 年 5 月，中国人民银行联合国家外汇管理局修订发布了《境外机构投资者境内证券期货投资资金管理规定》（中国人民银行　国家外汇管理局公告〔2020〕第 2 号）。同年 9 月，又会同证监会下发了《合格境外机构投资者和人民币合格境外机构投资者境内证券期货投资管理办法》（证监会　中国人民银行　国家外汇管理局令第 176 号），对合格境外机构投资者与人民币合格境外机构投资者的相关制度与配套规则进行了整合，在准入条件上进一步放宽，在投资范围方面有所扩大，并对托管人管理等方面做了制度优化。

作为促进资本市场进一步开放的具体抓手，2020 年 6 月，中国人民银行联合香港金融管理局和澳门金融管理局联合发布了《关于在粤港澳大湾区开展“跨境理财通”业务试点的联合公告》,引起了社会各界的广泛关注与高度评价。2021 年 2 月,会同证监会、银保监会、国家外汇管理局,中国人民银行和香港金融管理局、香港证监会以及澳门金融管理局共同签署了《关于在粤港澳大湾区开展“跨境理财通”业务试点的谅解备忘录》,对粤港澳大湾区试点“跨境理财通”业务在监管协调机制上做了顶层设计。2021 年 9 月,粤港澳三地同时发布《粤港澳大湾区“跨境理财通”业务试点实施细则》,正式启动“跨境理财通”业务试点。“跨境理财通”业务试点是党中央、国务院建设粤港澳大湾区战略部署的重要建设内容之一,对于推进粤港澳大湾区金融市场的互联互通、提升我国资本市场的双向开放水平以及对于提高人民币的跨境循环流动都具有重要的意义。

(二)行业背景

人民币国际化问题是近年来国际经济领域的一个热门话题。尤其是 2008 年全球金融危机之后,中国政府渐进推行人民币国际化货币的步伐不断加快,人民币国际化问题为社会各界所关注。但是,目前在讨论人民币国际化问题时,一种观点认为扩大人民币的贸易结算货币范围就是人民币国际化,另一种观点认为人民币逐步取代美元并充当国际储备货币就是人民币国际化,还有观点认为把上海打造成为国际金融中心视为人民币国际化的具体体现。

从世界主要货币的国际化规律可以预见,人民币国际化也要大致经历结算货币、投资货币和储备货币这三个阶段。在今后很长一段时期,人民币将借助中国的贸易竞争优势保持国际结算货币的地位,在《区域全面经济伙伴关系协定》(RCEP)等自贸协定的助力下,将逐步成长为国际主要的结算货币。经过这个阶段之后,人民币才有可能逐步取代目前外汇市场上的其他币种成为各国中央银行的主要外汇储备资产。

根据国际市场上主要货币的国际化经验,人民币国际化将经历一个漫长的过程。那么何时才能实现人民币国际化呢?根据中国人民大学国际货币研究所通过创建人民币国际化指数分析之后认为,人民币要真正成为国际主要货币,需要 20 年到 30 年的时间。第一个 10 年主要运用于进出口贸易,行使结算货币职能,实现人民币周边化使用;第二个 10 年将运用在国际金融交易中,发挥支付货币职能,实现人民币亚洲区域化使用;第三个 10 年则是作为各国主要的储备货币而存在,实现人民币全球化使用。

四、理论研判依据

(一)知识点一:人民币国际化的现状

统计数据显示,2020 年,货物贸易人民币结算的规模为 4.79 万亿元,较上年增长

12.7%，占当年人民币跨境贸易结算总额的比例为70.8%；相对应地，2020年服务贸易人民币结算规模为1.98万亿元，较上年增长10.6%，占当年人民币跨境贸易结算总额的29.3%。从变化趋势来看，近五年来服务贸易跨境人民币结算的年均增长速度为14.82%，高出人民币跨境贸易结算年平均增速8.1个百分点。

2020年以来，传统国际贸易面临沉重的打击，但同时也激发了我国跨境电商这一新型贸易方式的活力与潜力。根据海关总署统计，2020年通过全国海关跨境电子商务管理平台核验放行的进出口清单高达24.5亿票，同比增幅为63.3%。2020年全年跨境电商进出口总额高达1.69万亿元，同比增长31.1%。第三方跨境支付平台的逐渐成熟，促使成千上万家传统的进出口企业触网上线，实现了提质增效。

大量实体企业出现了短期内财务资金紧张的问题。在这种背景下，发行债券成为企业应对疫情、补充运作资金和解决存量债务还本付息的主要手段。2020年，我国债券市场累计发行各类债券57.3万亿元，同比增长26.5%。其中，离岸市场共发行人民币债券374只，总发行金额2 065.2亿元，发行数量比2019年增加89只，发行金额同比增长15%。[①] 尽管离岸人民币债券实现有序增长，但增幅仅为国内债券发行增速的一半强。以熊猫债券为例，2020年中国债券市场上共发行了熊猫债券43只，其发行规模累计586.50亿元，发行规模同比小幅有所回落，回落幅度为2%。[②]

与人民币跨境交易结算增长相匹配，人民币衍生品市场也开始呈现交易品种更趋丰富、交易主体不断拓展、交易活跃度不断提升的特点。2020年，银行同业间人民币利率衍生品的成交规模达19.9万亿元，同比增长率为6.8%。其中，利率互换名义本金额为19.4万亿元，同比增长6.8%；互换交易金额创历史新高。从互换利率的角度来看，截至2020年末，一年期FR007互换利率的收盘均价为2.47%，五年期FR007互换利率的收盘均价为2.83%，互换利率较往年均有所下降。

根据国际货币基金组织（IMF）2022年3月31日发布的“官方外汇储备货币构成（COFER）”数据，2021年第四季度人民币在全球外汇储备中的占比再度上升，续刷2016年第四季度报告该数据以来的新高，人民币在全球外汇储备占比升至2.79%。应当说，人民币在全球外汇储备中份额的提升，代表了人民币资产在金融安全性、开放性和便利性方面的潜力与吸引力。

（二）知识点二：人民币国际化、人民币交易与人民币离岸市场

从概念上讲，人民币交易中心、人民币离岸金融中心与人民币国际化是一组相互联系、

① 参见周博，“2020年度境外人民币市场综述”，《中国货币市场》2021年第1期，第89页。

② 参见新世纪评级主权评级研究部，《制度建设不断完善推动熊猫债券市场稳步发展》，https://www.sohu.com/a/451271053_120055288。

相辅相成而又具有差别的概念。简单来讲，人民币交易中心是全球人民币集中交易的场所，它可以集聚外汇市场上所有的人民币及其衍生产品，其集聚的人民币资金规模比人民币离岸中心的人民币资金规模要大得多。人民币金融离岸中心，是中国大陆关境之外进行人民币业务交易的集散场所，它在全球可能会有很多个。打个比方，人民币交易中心好比某一产品的制造商，人民币离岸金融中心好比该产品的批发商，特定产品的商家往往可能会有很多，而制造商只有一个。所以，人民币交易中心好比是统领各个人民币离岸金融中心的核心。在人民币国际化的推进过程中，培育和构建人民币离岸金融中心与人民币交易中心只是阶段性目标，而不是最终目的。相反，人民币离岸金融中心和人民币交易中心的确立，是为了让人民币国际化取得进展，最终目的是为了让人民币能够在全球范围内被广泛接受和使用。可以这么说，人民币离岸金融中心的建设是为了让人民币被国际社会所接受的中间步骤，而人民币交易中心的建设是人民币离岸金融中心正常运转的前提与保障。

需要说明的是，人民币离岸金融中心的培育是在资本项目未完全开放的情况下让国际社会普遍接受人民币而采取的策略。这在某种程度上是一种带有艺术性的政策选择，人民币的流动需要在资本项目的逐渐开放中稳态进行，若有外在冲击或者两者稍微不协调，那么人民币离岸金融中心的发展和运作将会受到制约。目前，香港人民币离岸市场的“瓶颈”就是在这种情况下产生的。所以说，在资本管制并未完全消除的前提下，为资本流动打开方便之门不仅需要发展人民币离岸市场，还要建设专门的人民币交易中心，在资本和金融项目不开放、利率没有完全市场化和人民币汇率稳定的基础上，才能真正确保境外离岸人民币市场具有足够的人民币存量可供人民币境内外的循环回流。从这个意义来讲，人民币交易中心的能级比人民币离岸金融中心要高得多。

（三）知识点三：自贸区改革助推人民币离岸业务发展

自贸试验区的一个重要功能是深化金融领域的改革。主要体现在两个方面：一是通过自贸区内的利率与汇率市场化改革，促进资本管制进一步放松，进而推动人民币的市场化体系建设；二是通过自贸区人民币离岸业务的培育孵化，加速人民币国际化进程。基于自贸区的金融功能和政策优势，2013 年中国（上海）自贸试验区成立以来，有关建设人民币交易中心的选址问题开始由香港、新加坡和伦敦开始转向自贸区这一特殊的区域，这意味着人民币国际化推动的一个重要策源将是自贸试验区，通过自贸试验区金融制度改革创新的先行先试，深化人民币国际化的建设进程。自贸试验区金融制度创新促进人民币国际化进程的改革逻辑，可以从两方面理解。

第一，以人民币市场化体系构建为抓手可以力促人民币国际化。人民币市场化体系的建设，可以分两个维度，一是扩展利率市场化和汇率可自由浮动的空间，二是继续扩大资本与金融账户的开放程度。人民币最深层次的国际化，要求一国国内货币运行所需要的金融市场非常完善，金融市场上的利率可以充分地反映价格信息。除此以外，在开放的经济条件下，人民币国际化要求有效灵活的市场化汇率政策来对冲境外投资机构的投资扰动，从而确保中国货币政策执行过程中的独立自主性。从扩大资本与金融账户的开放情况来看，目前自贸试验区内的企业出现融资需求时，主要还是通过国内银行来满足。今后自贸试验区内企业的融资，可以考虑根据自贸试验区内的分账核算单元，根据目前人民银行的监管要求，只要企业能够提供真实完整的境外信贷簿记资料，到底是在境内融资还是境外融资，应当给企业自主选择的权限，从而促进境外投资机构参与我们境内项目的建设，有效促进人民币跨境使用的规模。

第二，以发展人民币离岸业务为抓手能够深入推进人民币国际化。人民币国际化的本质是国家经济交易中人民币能自由跨境交易。但是，人民币跨境交易需要建立一定规模的人民币跨境持续流入流出的循环回流机制。通俗地讲，就是境外的交易方愿意接受人民币或者持有存量人民币，这意味着离岸市场对于人民币国际化非常重要。人民币交易中心的选址当初在中国香港、新加坡和英国伦敦都考虑过，但人民币跨境贸易结算的试点率先于2009年7月在中国香港试点的原因，就在于2003年内地居民往返香港的“自由行”开通以后中国香港积淀了一定规模的人民币存款，境外人民币市场在当初的香港市场初步形成。离岸人民币存款的规模与人民币跨境结算的规模存在显著的正相关关系。所以，通过增加人民币跨境资金的使用范围可以拓宽金融机构的服务空间，通过金融产品与服务的“引进来”与“走出去”可以增加人民币境内外的循环回流从而拓宽金融机构经营的区域空间，最终促进人民币国际化的进程。

五、案例分析思路及要点

(一)案例分析思路

人民币国际化问题，是近阶段中国深层次融入全球经济的一个重要问题。本案例从相对中观的视角，系统梳理了人民币国际化的一系列渐进式政策举措，排摸了人民币具体业务国际化的实际成效，同时也揭示了人民币跨境使用中的瓶颈，并且通过自贸试验区这一平台，对下一步人民币国际化的深入推进进行了细化分析。案例最后认为，自贸试验区作为推动国际国内双循环的政策抓手，通过自贸试验区在金融改革中的系列制度创新，可以增加人民币跨境使用的场景，特别是在发展离岸人民币市场方面，通过发展人民币离岸业务，能够增强非居民在人民币使用习惯上的黏性，从而有效地促进人民币的渐进式国际化进程。

(二)启发性思考题解答要点

启发性思考题1:目前人民币国际化面临怎么样的发展趋势?

此题是一道综合性较强的描述性统计实务题,需要熟悉人民币国际化的现状,同时也要能够针对人民币国际化相关的具体业务开展描述性统计。从涵盖的指标维度来说,人民币国际化的维度比较丰富,包括货物贸易、服务贸易以及借助跨境电商等第三方平台交易的人民币跨境结算规模,也包括外商直接投资、人民币证券市场、人民币衍生品交易等人民币跨境金融交易,同时也包括一系列宏观统计指标,比如境外机构和个人的人民币资产构成情况、人民币作为全球支付货币的排名、人民币全球外汇储备规模等。人民币国际化是一个综合的维度,切忌盲人摸象,过于单一地进行解释。另外,人民币国际化是一个人民币流出与流入同时进行的过程,在分析人民币国际化相关指标趋势时既要看人民币的流出,也要关注人民币的流入,对于流出和流入静差额的经济内涵也要能够学会捕捉其对货币国际化的政策内涵。比如,在对比近年来外商直接投资人民币结算规模和对外直接投资人民币结算规模时可以发现,外商直接投资人民币结算规模的涨幅远远快于对外直接投资人民币结算规模的涨幅,这种规模的显著差异揭示了在人民币国际化过程中,人民币对内流入和对外流出具有不对称性,流出少而流入多的现象预示着人民币国际化的进程将会比较缓慢。

启发性思考题2:推动人民币国际化为何要发展离岸人民币业务?

众所周知,我们当前的货币国际化是在资本和金融项目还没有完全开放的经济背景下推进的。按照麦金农等学者设计的经济自由化的顺序,一国货币的国际化之前首先应该实现该国货币的充分自由兑换以及资本和金融项目的完全开放。从目前国际上几个主要的可兑换货币的成长经验来看,英国、美国、欧盟以及日本都是先推进资本与金融项目的充分开放,之后才力促他们的货币实现自由兑换。所以,英镑、美元、欧元和日元都是在他们国家资本与金融项目开放之后才实现的国际化。我们国家由于汲取了很多东亚新兴市场经济体过早开放资本与金融账户的失败教训,考虑到金融风险的可控性,至今还未全面开放资本与金融项目,那么在资本与金融项目没有完全放开的条件下,推动人民币国际化成了政府决策层面的一个极大挑战。

一个国家的货币国际化深深植根于该国的资本与金融项目开放。当前我们在资本与金融项目不完全开放的情况下力推人民币国际化,好比电工带电作业,资本项目开放的风险性及其可控性始终是推进人民币国际化过程中所必须考虑的问题。从资本与金融项目开放的角度来讲,人民币国际化的路径设计可以有两种方案:一种是直接允许人民币跨境自由流动,另一种是引导人民币与其他国家的货币实现相互自由兑换。沿着这两条路径,在现实政策操作层面,可以有很多种开放顺序组合。就拿第一种方案来说,直接允许人民币跨境自由流动，这实际上只要国家一个行政命令就能完成，但国际社会能不能接受人民币就是一个重大的问题，如果境外机构都不愿意接受人民币资产，那这种粗暴的开放将面临重大的金融风险，直接影响到国家的经济安全。与第一种方案相比，第二种方案相对比较稳健，它所主张的国际化程度与境外机构对人民币的认同程度同步进行，金融风险相对较为可控。

如果短期内我们撇开资本与金融项目开放与不开放这个宏大的问题，只要在宏观的经济风险和金融风险可控的前提下，货币可以跨境流动，这在本质上已经在推动人民币国际化了，同时也同步推动了资本与金融项目的渐进式开放，符合我国金融体制改革的大势。从这个意义出发，以货币高度流动性为特征的离岸人民币市场的孵化与培育就成为促进人民币渐进式国际化的重要环节，它比通过行政命令的方式直接允许人民币跨境自由流动要温和得多。

启发性思考题 3：自贸试验区在推动人民币离岸业务方面有哪些突破？

党的二十大报告提出：“实施自由贸易试验区提升战略，扩大面向全球的高标准自由贸易区网络。”同时，党的二十大报告还提出：“有序推进人民币国际化。深度参与全球产业分工和合作，维护多元稳定的国际经济格局和经贸关系。”从实际的做法来看，上海自贸试验区成立以来推行的一系列改革政策，比如，贸易双方采取人民币进行计价和结算、吸引离岸人民币的回流、开放资本与金融项下的部分账户与放松外汇管制等做法，都把人民币国际化深入到了一个新高度。可以这么说，自贸试验区的金融改革在某种程度上是基于投资、贸易与行政管理三大改革内容、同时又是围绕人民币国际化而展开的一系列政策创新。上海自贸试验区通过着力培育新型贸易业态，扩大金融、航运和教育等服务行业的开放，在不断推进贸易高质量发展的同时，也提升了跨境人民币结算的份额，扩大了人民币国际化流通的规模。此外，自贸区内众多的金融机构和跨国企业伴随着服务业态的提升，对人民币离岸业务的发展也提出了新的要求，从而逐步有效地搭建了离岸人民币的回流机制，夯实了人民币国际化的根基。

六、教学组织方式

案例授课班级人数不宜过多，应该控制在 20 至 30 人，可以 5 人左右分成一个小组。从教室布局来讲，为了让所有同学参与讨论，教室的桌椅可以围成一圈，这样同学们之间的讨论可以更加深入，可以缩小空间的距离感。教室中应具备电脑、投影仪、黑板、粉笔等设备。同时，为方便学生更好地参与课堂案例讨论，教师必须在课前提醒同学们做好课前准备工作，例如提醒每个学生都带上自己的笔记本电脑，课前搜集好与本案例有关的海关政策文件等。

(一)课时分配

案例回顾与概述(5 分钟):介绍案例背景,回顾案例内容,理清案例思路,明确案例主题。

提出问题与小组讨论(20 分钟):结合板书提出启发性思考题,分小组讨论并形成组内答案。

小组汇报与教师引导(50 分钟):针对每一道启发性思考题,选一个小组进行回答,其他小组补充。教师需借助多媒体对学生引导,得出最终答案。

案例评价与总结(10 分钟):对知识点进行梳理,对案例教学过程进行评价,总结学习心得体会。

其他问题(5 分钟):教师回答学生的一些其他问题。

(二)板书设计

启发性思考题 1:目前人民币国际化面临怎么样的发展趋势(知识点:人民币国际化的现状)?

启发性思考 1 及解答要点如图 1 所示。

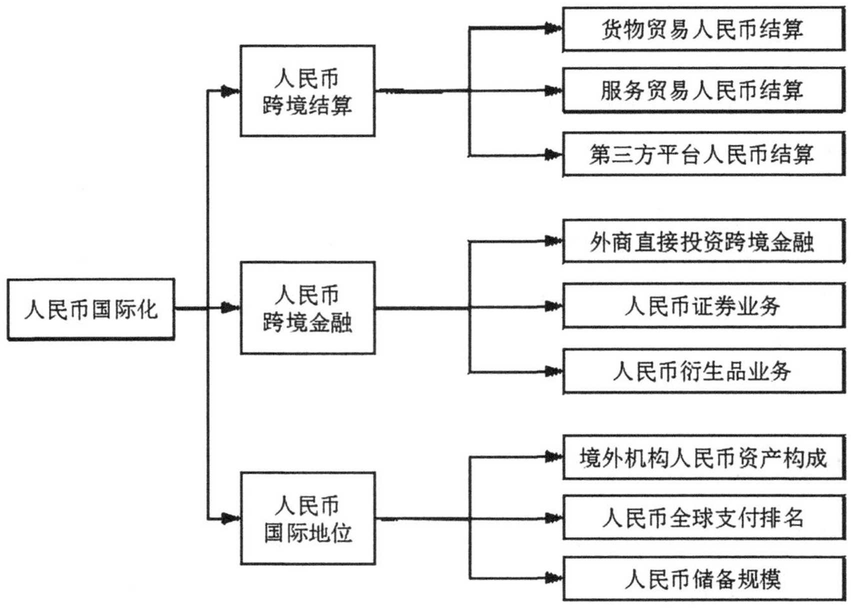

图 1　启发性思考题 1 及解答要点

启发性思考题 2:推动人民币国际化为何要发展离岸人民币业务(人民币国际化、人民币交易与人民币离岸市场)?

启发性思考题 2 及解答要点如图 2 所示。

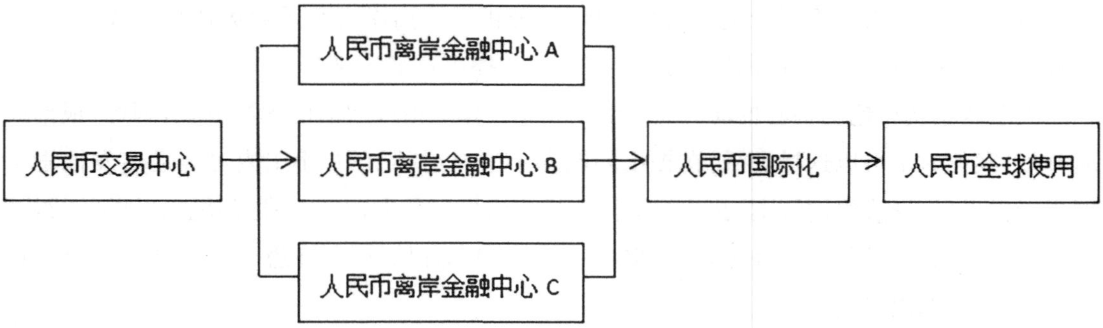

图 2 启发性思考题 2 及解答要点

启发性思考题 3:自贸试验区在推动人民币离岸业务方面有哪些突破(自贸区改革助推人民币离岸业务发展)?

启发性思考题 3 及解答要点如图 3 所示。

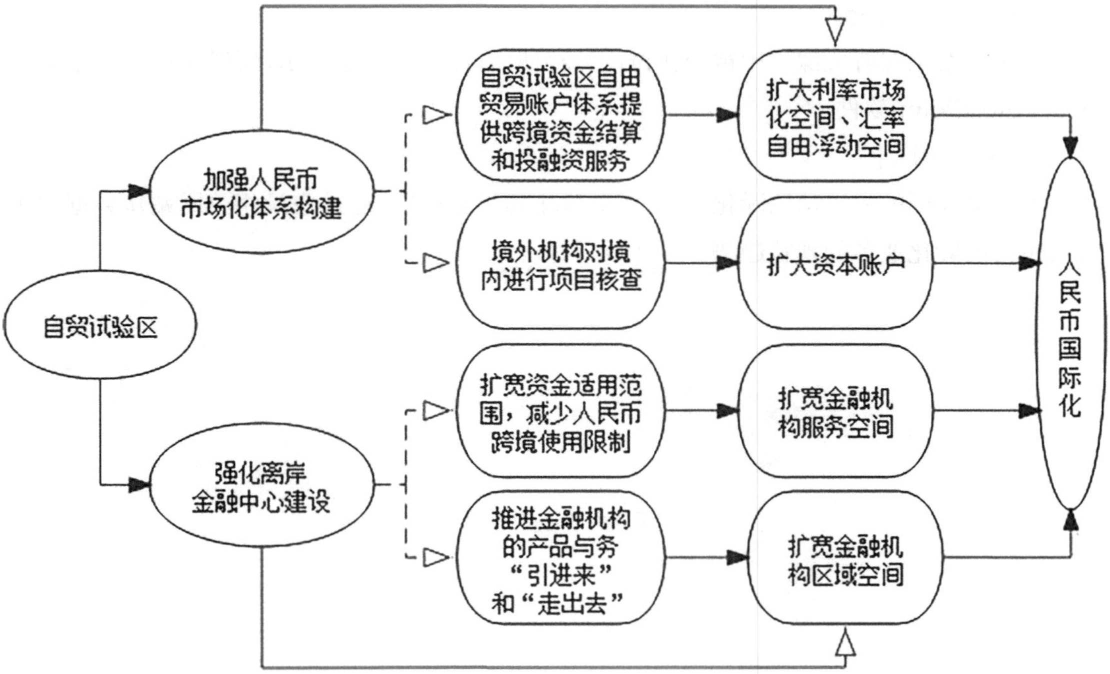

图 3 启发性思考题 3 及解答要点

（三）讨论方式

案例讨论应该大致按照典型案例学习的模式进行。主要包括：①定义问题；②分析案例具体情况；③梳理人民币国际化的政策举措；④分析企业离岸人民币业务现状与政策瓶颈；⑤分析自贸区对推动人民币离岸业务的突破点；⑥提出政策建议。

大多数案例讨论的核心推动力是组织中某个具体决策或问题的解决方案，因此，根据课时分配，案例讨论可以这样进行：在提出问题和小组讨论环节中，小组内对 3 道启发性思考题进行讨论，并形成组内答案；在小组汇报与教师引导环节中，对每一道问题，教师从 5 组学生中选一组回答，其他小组补充，形成多种选方案，教师根据启发性思考题引导学生分析评估对策建议，选出最优方案。

在案例讨论时，教师需鼓励学生形成良好的讨论习惯，如勇于提出不同意见、讨论前做好准备、讨论积极发言、讨论后及时总结，避免盲目从众、提前背稿。

七、其他教学支持材料

（一）计算机支持

由于本案例在有关课程中被当作讨论材料使用，需要向学生展示，所以在计算机中需要安装 PowerPoint 软件。

（二）网络支持

本案例提到的人民币国际化案例，需要学生连接互联网，通过登录相关网站从数据中了解人民币国际化业务的现状趋势。

战略决策篇

案例 6

阿里的互联网生态王国布局

摘　要：本案例介绍了跨境电商生态系统的典型代表——阿里巴巴集团。阿里巴巴集团面对风云变幻的互联网市场的竞争态势，逐步优化企业战略。“淘系”生态体系最终占领跨境电商市场格局的半壁江山，而其所搭建的生态系统绝非偶然更绝非易事，这与阿里数年来一次又一次的组织架构调整、战略创新紧密相关。

关键词：跨境电商平台；阿里巴巴；战略调整；生态系统

Abstract: This case introduces Alibaba Group, a typical representative of the cross-border e-commerce ecosystem. Facing the changing competitive situation in the Internet market, Alibaba Group has gradually optimized its corporate strategy. The "Tao system" ecosystem eventually occupies half of the cross-border e-commerce market, and the ecosystem built by it is neither accidental nor easy, which is closely related to Alibaba's organizational structure adjustment and strategic innovation over the years.

Key words: cross-border e-commerce platform; Alibaba; strategic adjustment; ecosystem

一、引　言

2015 年的一次采访中，阿里巴巴负责人谈到阿里生态圈的重要战略布局时提出阿里希望能在制造商、品牌商与消费者之间搭建一座“桥梁”，不仅仅是达成一桩桩生意，这个“桥梁”还可以影响消费者的消费倾向、影响消费者的意愿、逐渐改变大部分人群的消费方式，只有阿里的物流系统、支付系统等各个系统相辅相成，才能实现有效的生态圈建设。

如蚂蚁金服旗下的“支付宝”，支付宝包含了余额宝、芝麻信用、出行交通等多个业务，可以利用互联网精确地计算出每个人的信用指数，不同的信用行为会产生不同的信用指数，让财富与信用划上等号，一切透明、平等、开放，可以用来理财、出行，缴纳生活开支。“支付宝”不仅可以帮助品牌商和制造商追踪消费者行为，实现跨平台联动，同时也在改变大家的支付方式。

互联网的顶级竞争，其实就是生态圈的竞争。在阿里提出要建立生态圈后，众多互联网巨头也紧随其后建立起自己的生态圈。

二、相关背景

阿里巴巴集团由马云和“十八罗汉”于 1999 年创立，经过 20 多年的发展，已经从一家电子商务公司发展成包含金融科技、智慧物流、云计算、文化娱乐等消费场景的平台，服务于各类消费者和中小企业。阿里以“让天下没有难做的生意”为宗旨，推动市场强劲增长和数字化、智能化进程。

三、构建业务重组

（一）业务调整

2011 年 6 月，阿里根据网站功能将淘宝一分为三，一是淘宝网，其定位是“购物是一种生活”的购物平台，主营 C2C（Customer-to-Customer，个人对个人）业务；二是天猫商城，其定位是“购物的品质和标准”，主营 B2C 业务；三是一淘网，其定位是“开放式购物搜索和消费者返利平台”，主要是专注于购物搜索引擎的功能。

2012 年 7 月，阿里整合淘宝系与 B2B（Business-to-Business，企业对企业）业务来调整组织架构，将买卖双方联系起来，将原有的淘宝、一淘、天猫、聚划算、阿里巴巴 B2B 以及阿里云 6 大子公司，调整为 7 大事业群：淘宝、阿里云、一淘、天猫、聚划算、阿里国际业务、阿里小企业业务，事业群包含了消费者、渠道商、制造商、电商服务提供商四部分，并组成 CBBS（消费者、渠道商、制造商、电子商务服务提供商）市场，使得各事业部可以更好结合，集团更便于扁平化管理，也就是说使得集团管理系统与阿里各业务结合在一起。

2013 年 1 月，阿里将现有业务架构和组织进行调整，由原来的 7 大事业群调整为 25 个事业部，调整目的有四：一是希望解决“七大事业群”调整后出现的内部业务联动不紧凑的问题；二是突出天猫、O2O（Online To Offline，线上到线下）等发展态势明朗的业务；三是提拔年轻领导，避免派系倾轧、腐败，防止资源和权利过多集中到事业群的可能性；四是为集团整体上市（IPO）获得更高的估值铺路。

25个事业部再次深化了管理结构，一方面可以更好地适应和强化集团以面对未来出现的机会和挑战，同时各系统可以更灵活地协同创新。对掌权者来说，管理效率和管理幅度得以大幅提高，资源整合成效更高，跨部门障碍可以更好解决；而对员工来说，面临的则是一个极其动荡的公司：权利的回收与拆分，工作职责的转变与再度划分，睹始知终，信息的不统一与不完全也容易导致内部员工难以配合、派系斗争亦或是无所作为。这场大变革的最终结果还与阿里上下能否齐心紧密关联。

（二）2015年“大中台，小前台”战略

近几年来，“中台战略”这个词随着阿里、腾讯、百度、京东几大巨头频繁的中台组织架构调整而广为人知。阿里于2015年率先提出“大中台，小前台”战略。中台是指一种共性能力组织，能够支持多个前台业务发展的中间件，在“大中台战略”下，中台包含支付、商品、营销、搜索、用户、交易等多个中心，阿里旗下的25个业务单元：淘宝、天猫、聚划算等前端业务均不再独立存在，而是通过大中台将前端业务中共同的业务沉淀下来，从而与后端阿里云技术平台相链接。

中台战略的调整在于将业务目前平台的模式改为联合中台模式以应对多项业务。一方面可以使各前端业务清楚地知道中台可以提供什么样的能力，同时前端业务也可以更快地理解、选择和使用中台的能力。另一方面前端业务可以在中台的基础能力上结合自身的业务特性，更快地找到解决方案，并且新业务利用中台战略提出新需求也会促进平台进一步的创新。

图1　阿里中台战略图示

从 2021 年回溯，阿里的中台战略实施后，闲鱼、菜鸟、阿里云、盒马、天猫精灵、淘菜菜等一系列业务都得以迈入高速发展时期。大中台战略这个战略调整是极为重要的。经过了多年发展，最为显著的就是极大提高了阿里生态整体的服务效率，中台底层支撑逻辑使得几乎整个 B 系（面向企业客户）的产品服务模式大大增益，最终让整个 B 系的服务营收翻番，极强地证明了数字赋能的效益，与 2021 年的数字商业板块相呼应。

（三）阿里创新设立两大数字商业板块

2021 年 12 月，阿里巴巴将战略调整的重点放在升级“多元化治理”体系，内部新设“中国数字商业”和“海外数字商业”两大板块。

在国内外环境发生显著变化的整体情况下，此次调整无疑非常贴合我国内外双循环的发展格局。与此同时，相当一部分海外国家和地区电商渗透率远低于国内，这样的现状也使跨境电商成为不少人眼中的新蓝海。

“中国数字商业”板块由戴珊负责，分管大淘宝（包括淘宝、天猫、阿里妈妈）、B2C（Business-to-Customer，企业对个人）零售事业群、淘菜菜、淘特和 1688 等业务。“海外数字商业”板块由蒋凡负责，分管全球速卖通（Ali Express）和国际贸易（ICBU）两个海外业务，以及 Lazada（来赞达）等面向海外市场的多家子公司。

显然，此次架构调整力度之大，是继 2015 年的“大中台”以来，阿里巴巴组织架构的又一次重要调整，也是“淘系”与“B 系”的首次打通，2015 年的大中台战略实施之后，阿里系的服务、供应链、品牌、营销和渠道管理等环节都基本实现数字赋能，为此次畅通数字商业板块整合 B 端和 C 端，提供了很好的基础。

四、阿里大生态系统

（一）阿里的“商业帝国”发展

阿里巴巴从 1999 年杭州湖畔花园的 B2B 创业起步，历经战略迭代与生态裂变，逐步构建起覆盖电商、金融、物流、云计算等多领域的全球“商业帝国”，其核心业务演变如下（见表 1）：

图 2　阿里生态图示

表 1　阿里巴巴业务演化分析

创立时间	阿里业务创立时间	阿里部分重点业务简介
平台起步期(1999—2008) 在 Web 1.0 向 Web 2.0 的发展过程中，阿里通过模仿与探索，夯实国内电商市场，成为国内电商发展的领头羊。		
1999 年	马云成立阿里	
	推出首个业务板块：阿里巴巴国际站	1)阿里巴巴国际站 服务几千家企业，付费买家复合率超过 100%。主要是为会员采买家提供进出口的清关、物流等供应链服务。如今是全球最大数字化贸易出口平台。
1999—2000 年	阿里巴巴从软银、高盛、美国富达投资等机构融资 2 500 万美元	
2003 年 5 月	阿里成立淘宝网	2)淘宝 (1)作为重视选择多样性、价格和便利性的中国消费者首选的在线购物平台。 (2)通过大数据分析向消费者展示数以百万计的产品和服务信息，为消费者提供多样化的产品和服务。 (3)平台上的商家主要是个体户和小企业。

（续表）

创立时间	阿里业务创立时间	阿里部分重点业务简介
2004 年 12 月	淘宝成立发布在线支付系统——支付宝	3)支付宝 (1)向个人或企业提供方便快捷、安全可靠、在线的移动支付和首款服务。 (2)为借用阿里生态板块与其他第三方平台的交易提供中国境内的安全支付服务。 (3)支付宝是阿里生态中营收额最大的淘宝和天猫平台的主要结算方式。
2005 年	阿里巴巴集团与美国雅虎建立战略合作伙伴关系	
2006 年	阿里巴巴集团战略投资口碑网	
2007 年	11 月，阿里巴巴集团成立网络广告平台——阿里妈妈	4)阿里妈妈 (1)阿里妈妈是为提供 PC(个人电脑)和移动营销服务的供应商提供的在线营销技术平台。 (2)阿里妈妈为商家提供适用于第三方网站的营销服务从而将营销推广效果推广至阿里系以外的平台和用户。
2008 年	6 月，口碑网与中国雅虎合并，成立雅虎口碑 9 月，阿里妈妈与淘宝合并	
平台打造期(2009—2015) 抓住移动互联网的发展风口，布局国内外电商市场，打造电商平台。由海内外零售、批发电商平台与营销平台构成，形成核心电商业务，构建电商生态发展模式。		

（续表）

创立时间	阿里业务创立时间	阿里部分重点业务简介
2009年	8月，口碑网注入淘宝	使淘宝成为一站式电子商务服务提供商
	9月，成立阿里云计算	5)阿里云计算 (1)2009年9月创立，是具有高度可扩展性的云计算与数据管理平台。 (2)阿里云为整个阿里生态帝国提供全套云计算服务。
	3月，阿里巴巴1688上线	6)阿里巴巴1688 (1)1688对应阿里巴巴国际站，专注于为国内商家服务B2B业务。 (2)1688专注于批发和采购业务。 (3)2013年9月，单日在线总交易量突破41.9亿，创造B2B行业全球交易记录，成为继淘宝、天猫之后的第三大在线交易平台，由信息交流平台转型。在线交易服务平台。 (4)目前，1688涵盖原材料、工业品、纺织服装、家居用品、小物件等16大行业，提供从原材料采购—生产加工—现货批发等一系列供应服务。
2010年	3月，聚划算成立	7)聚划算 主要通过限时促销，满足众多消费者的需求，以优惠的价格提供优质产品。
	4月，全球速卖通成立	8)全球速卖通 (1)它是面向全球消费者的零售市场平台，其遇到的消费者大部分分布在西班牙、法国、英国、俄罗斯、美国和巴西。 (2)世界各地的消费者可以通过速卖通以批发价直接从中国制造商和经销商那里购买各种产品。
2011年6月	阿里将淘宝网分拆为三个独立的公司	9)天猫 天猫成立于2008年4月，旨在为消费者提供优质购物体验，购买顶级品牌产品。许多国际和中国本土品牌和零售商都选择在天猫开店。
2012年	7月，阿里进行“7个事业群”的业务重组	

（续表）

创立时间	阿里业务创立时间	阿里部分重点业务简介
2013—2014年		10)蚂蚁金服 (1)2014年建立的小微金融服务集团,业务包括支付宝、余额宝、网上商户银行等。 (2)主要为小微企业和普通消费者提供服务。
2013年5月	“菜鸟网络科技有限公司”由阿里巴巴、银泰、复星、富春、顺丰、三联、一达集团及相关金融机构正式成立	11)菜鸟网络 菜鸟网络致力于满足中国在线和移动商务行业当前和未来的物流需求。 菜鸟网络运营的物流数据平台,利用物流合作伙伴的生产能力,实现商家与消费者之间的大规模交易。 此外,菜鸟网络利用数据洞察和技术来提高整个物流价值链的效率。
2015年	阿里于2015年创立盒马鲜生,2016年开出首店	12)盒马鲜生 阿里推出的第一家典型的新零售企业。 2019年6月,入选“2019福布斯中国最具创新力企业榜”。
平台拓展期(2016—今) 加强对专营海外品牌电商的战略投资与并购,形成海内外知名发展品牌的国内买场,以满足广大用户对美好生活的追求。实施并购战略,试图做大做强。		
2019年9月	考拉海购于2015年上线 后于2019年9月被阿里收购	13)考拉海购 考拉海购是提供“会员制”的跨境进口业务,主要有官方直采和全球直购两种模式。 平台品类包括母婴、美妆、家居生活、服装、数码家电等众多品类。
2018年4月	2018年4月,阿里联合蚂蚁金服全资收购饿了么	14)饿了么 饿了么是阿里新零售战略的重要一环,其核心在于拓展本地生活服务新标准。

（二）阿里的新板块

1.“中国数字商业”板块

阿里新组建的中国数字商业板块,包含大淘宝(淘宝、天猫、阿里妈妈),B2C零售,淘菜菜，淘特和国内贸易(CBU)等一层组织。

新板块成立后，将淘宝与天猫合并，“在用户域，成立用户运营及发展中心；在商家域，成立产业运营及发展中心，该中心将融合淘宝、天猫各自的行业运营；在平台域，成立平台策略和运营中心”。淘宝以中小商家和多元化长尾供给为主，天猫以服务大品牌商家为主，此次新设的三大中心，意味着阿里电商最核心的淘宝和天猫两大业务在后台实现全面融合，大淘宝形成统一的平台机制。

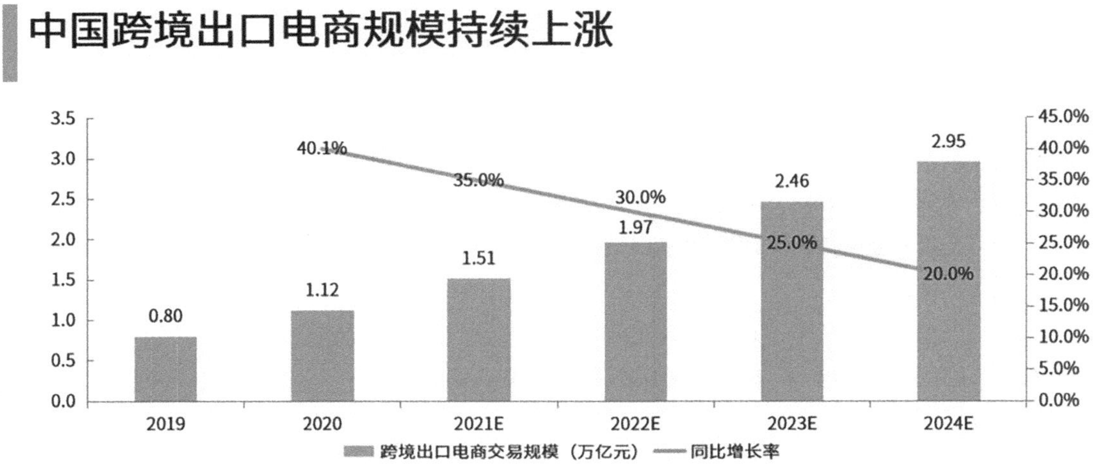

图 3　2019—2024 中国跨境出口电商交易规模及同比增长率及预期

数据来源：艾媒咨询。

2.“海外数字商业”板块

阿里公布的 2022 财年第三季度(2021 年 12 月底)的数据显示，Q3(第三季度)总收入达到 2 425.8 亿元，同比增长 10%；由于遭遇商誉减值等非经常因素，调整后归母净利润额有 446.24 亿元，同比下滑 24.6%。

但让人眼前一亮的是，阿里的国际业务仍有高达 164.49 亿元的收入，同比增长 18%。国际贸易表现优异，主要得益于 Lazada 和 Trendyol 当季订单年增长率高达 50%左右，带动整体订单量年增长率。为快速扩大贸易奠定基础，外贸比重保持在 25%左右。

当下处于国内外双循环战略思潮，出口电商交易规模逐年增长，阿里寻求海外业务的延伸拓展将会带来极大的增量效果。蒋凡曾全程参与淘宝业务的发展，具有老到的经验，既能够运用淘宝成功的经验，又能跳脱出国内电商经验，找到本土化的生存之道。

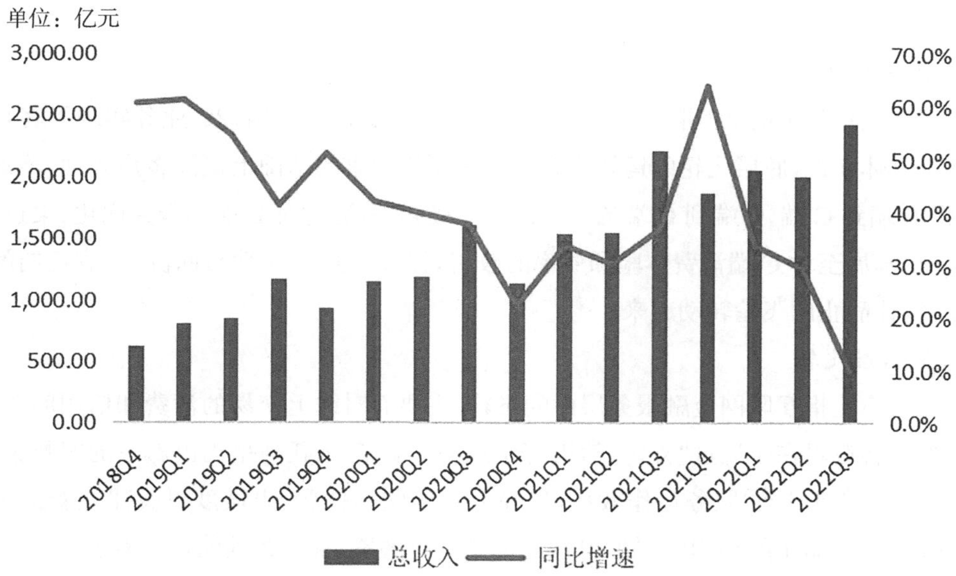

图 4　阿里财报

数据来源：wind、36 氪。

五、阿里生态系统的搭建

（一）什么是生态圈

阿里的生态圈搭建，非一日之功，而在于长久之计。要理解阿里的生态圈，首先我们要了解“企业生态圈”的概念，它是指希望通过并购、联盟、开放等形式横向扩张，纵向深化形成循环贸易竞争体系，以低边际效应来推动电商企业的发展。

可以说生态圈建立是在原有业务持续存在的基础上发展出的关联业务，两者相辅相成，协同增长，互相支持，目前阿里及其关联公司业务覆盖国内外电子商务、文化娱乐、企业服务、金融、物流等数十个领域。

（二）生态圈的运转模式

企业往往存在多类业务，各业务之间也如齿轮一般是相互带动的，一开始从静止到转动可能需要花费比较大的力气和比较长的时间，但每一圈的努力都不会白费，一旦转动起来，齿轮就会转得越来越快，对阿里来说，淘宝、支付宝、菜鸟裹裹、阿里云、“双十一”都是阿里的飞轮，阿里大生态的内核逻辑可以用这样的飞轮模型来解释，将阿里的飞轮效应分为五个层面。

1. 第一层飞轮

底层飞轮指阿里的2C业务，包括C2C的淘宝和B2C的天猫，2C业务实现了客户的原始积累。具体来说，底层飞轮的运转逻辑在于在原始积累的基础上提高客户黏性，增加客户流量，将B端到C端，C端到C端的服务链条连接起来，通过对B端的服务优化、渠道拓宽、内容引流，延展至对C端消费体验和效率的改善，提高客户的黏性与回流，形成正向的循环增长路径，让静止的飞轮转动起来。

2. 第二层飞轮

第二层飞轮指互联网金融服务层面的飞轮，主要面对线上交易的消费和信用问题，第二层飞轮的运转逻辑在于通过“支付、信用、金融服务”赋能，依托阿里巴巴旗下的蚂蚁金服、支付宝等业务改善B端的服务运作效率，提高客户的购物体验、忠诚度以及建立新的客户资源，最终改善C端的消费信用问题，其次还能延展出融资、投资等其他业务需求。

3. 第三层飞轮

第三层飞轮指物流服务层面的飞轮，物流作为买卖双方的沟通桥梁，零售购物效率已经提高，可以吸引更多的买家。第三层飞轮的运转逻辑在于依托菜鸟网络与四通八达的物流平台，实现线上线下的深度融合，为B端搭建强大的线下物流支持网络，同时对C端也增强消费体验，再次增强了客户的黏性与忠诚度。

4. 第四层飞轮

第四层飞轮指科技层面的飞轮，其运转逻辑在于借助“大数据、人工智能、智能硬件”的技术赋能优化基础设施，主要依托阿里云计算为整个阿里生态提供智能技术支持，阿里云计算的技术集成本质是由各个平台的需求驱动，如淘宝、天猫为了吸引客户需要大量的购物数据等，第四层飞轮对前三层飞轮的运作效率都有明显的增长效应。以天猫“双十一”为例，2021年“双十一”成交额高达5 403亿元，平均每秒就有62.5万笔订单，只有阿里云这样强大的技术支持才能处理如此庞大的交易数量。

5. 第五层飞轮

第五层飞轮物联网生态层面的飞轮，运转逻辑在于构成“软硬件科技＋基础技术”的万物互联，主要依托于阿里的IOT平台，突破线上线下的时空限制，将虚拟世界和物理现实世界全面链接，是阿里飞轮的终极飞轮，是互联网时代的终极形态，阿里在2018年3月宣布全面进军物联网。

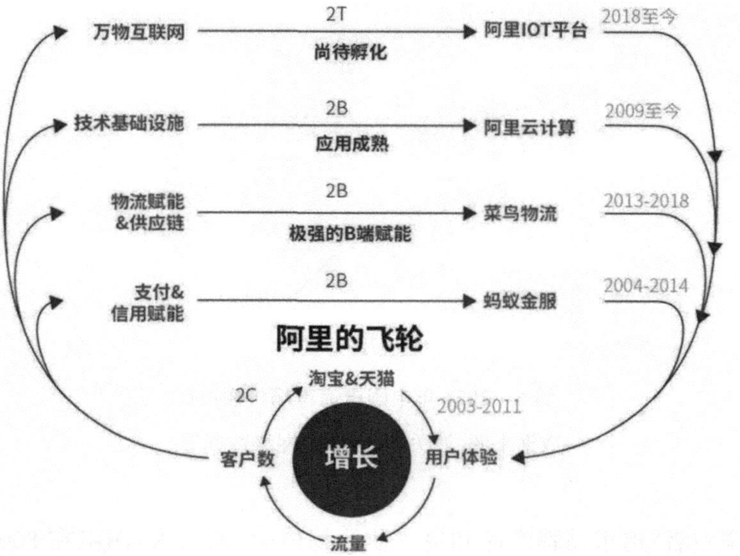

图 5　阿里飞轮模型图示

六、天猫(天猫国际)例证

(一) 淘宝与天猫

“天猫”自身拥有庞大的客户群体，稳定的平台网站，完备的支付体系和诚信的安全体系，有现成的流量和知名度，物流渠道也借助阿里生态比较完善，但也因商家入驻过多形成进入壁垒，使得早期进入者占据较大优势，同时平台功能的缺陷使得商家几乎无法掌控核心数据。

根据底层飞轮的 2C 业务模式，天猫和淘宝共同在同一个平台运作，可以说天猫的成功离不开淘宝，一直到 2015 年，淘系还占据整个国内电商市场 75%的份额，2018 年，淘系的市场占比退到 70%。这在整个世界电商史上，都是罕见的：强大如亚马逊在美国的市场份额也不过 4 成而已，淘系的电商平台市场份额虽逐年下降，2021 年淘系占比已退到 53%，但不可否认，淘宝在 C2C 领域的领先地位暂时还无人能够撼动，仍占据半壁江山。

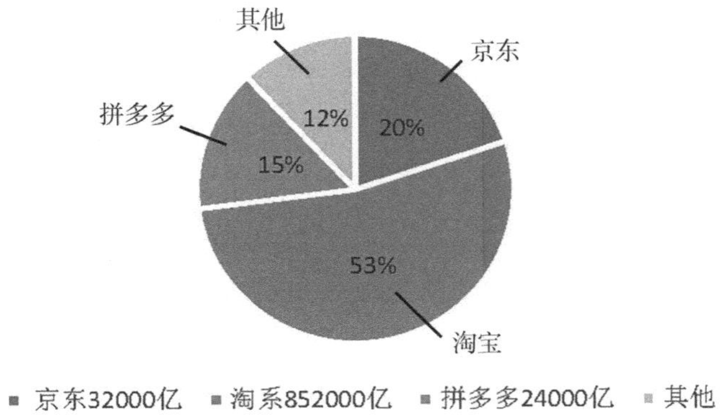

图 6 2021 年中国电商市场份额占比

数据来源：海关统计数据、网络数据等。

为了迎合消费者“追求品牌产品和更优质购物体验”的需求，淘宝在 2008 年推出天猫。2011 年，淘宝一分为三，天猫业务自此独立，天猫直接运用淘宝现成的购物群体、平台服务、支付体系、诚信安全体系，得以实现火速发展，天猫现在已是中国最大的实体 B2C 电商平台。如果说淘宝的 B 端主要是个人和小企业，那天猫的 B 端则是国内外的品牌和零售商。

（二）飞轮效应

天猫 2C 飞轮的形成与巩固是基于质量、品牌、渠道的三者叠加，天猫基于淘宝的自带流量得以在电商市场中稳稳扎根，但基础的流量只是一时举措，只有流量的持续变现才有飞轮的持续运转，以天猫的进一步举措进行消费升级。

一方面，从 C 端客户角度看，天猫通过阿里云的数据分析客户需求，提供更优质便捷的客户体验和服务来满足客户新的需求；另一方面，天猫从 B 端供应商入手进行产品创新、品牌建设、消费者资产管理以及渠道管理四个方面的创新。

1. C 端消费升级驱动

主要体现在三个方面，一是天猫进行产品品类升级与增加来应对消费者的需求变化，达到客户回流与黏性增加的效果；其次，天猫将渠道拓展至同类平台、海外地区以增加新的客户；最后，天猫还投入提升消费者的购物体验，对支付、物流等服务支持可以大大提高客户体验。

2. B 端和天猫平台业务创新驱动

随着大家收入的提高，对于海外商品的需求也越来越大。进口超市已经不能满足广大消费者的需求，阿里自然不会放过这块大肥肉。

中国已成为全球最大进口电商消费国，阿里的定位由淘便宜向淘品质转变，天猫商城自建立之初便定位于满足消费者的需求——享受质优的商品和服务，在海外引入大量品牌。

天猫对品牌有着严格审核选择标准，使消费者对天猫国际的品牌认知度较强，使得天猫国际有着比较优质的流量和较高的转化率，同时天猫也会定期给出专属活动资源，利用一系列市场、媒体和数字化营销手段进行品牌建设，多重投入带来的就是增强消费者的品牌意识，增强客流，吸引客户回流量。

最典型的就是天猫"双十一"购物狂欢节，"双十一"是阿里的影响力飞轮，阿里在 2009 年正式推出"双十一"购物活动，如图 7 与 8 可见，2009 年是"双十一"上线第一年，2009 年之后，不论是"双十一"当日成交额还是淘宝全年成交额都成倍增长，一路高歌，2021 年就由十年前的 5 000 万元跨越到了 5 403 亿元的交易额，这些数据不仅证明了阿里拥有强大的基础设施和生态系统规模，也证明了阿里通过品牌建设巩固 2C 底层飞轮的成功和阿里生态系统的成功。

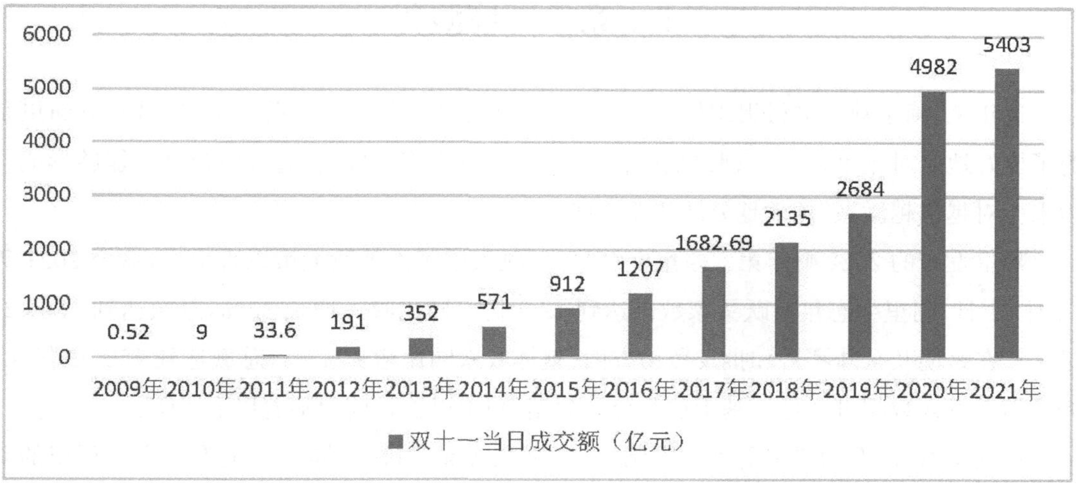

图 7　"双十一"当日成交额(亿元)

数据来源：天猫公开数据。

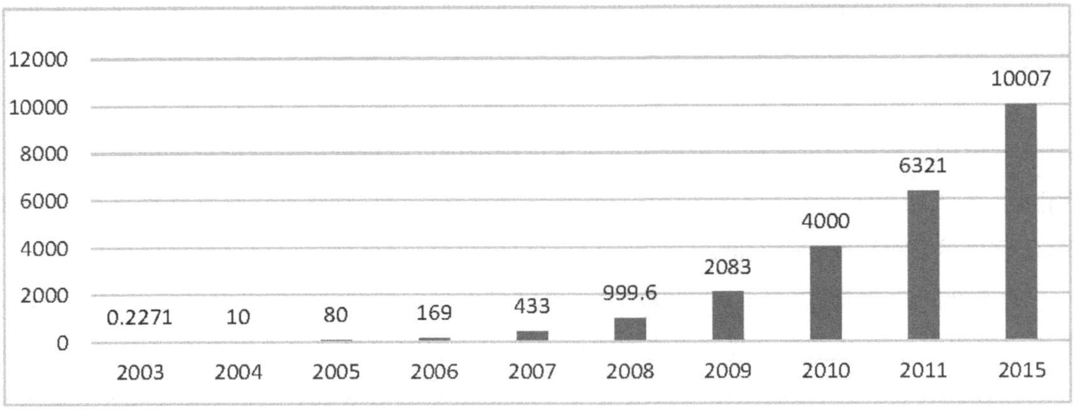

图 8　淘宝 2003—2015 年销售额(亿元)

数据来源:天猫公开数据。

七、竞争环境演化

近年来,阿里数次进行组织架构调整,一方面是为了完善生态系统布局,另一方面更是为了更好地应对竞争,阿里原来的组织结构有着各自为阵的特点,通过整合之后能够形成合力来应对越来越激烈、越来越分散的竞争状态。

阿里发布的 2022 财年第三季度业绩显示,收入增速为美股上市以来最慢,截至 2021 年 12 月 31 日,阿里生态年活跃买家数已达到 12.8 亿。同比收入增长 33%,总额达到1 268.27 亿元。在跨境及全球零售和批发贸易方面,整体收入同比增长 34%,总额达到 150.92 亿元,海外消费者人数超过 3 亿。基于这些统计数据,阿里巴巴目前面临着以下风险:

短期来看,消费的增量受到了限制,全球供应链面对挑战,同时中国零售商业环境的瞬息变化,新的监管政策下,平台也需要做一些相应的调整。长期来看,平台面临几个挑战:一方面是消费者需求的变化;另一方面,中国电商的基础设施变得非常成熟,有非常完善的生态体系,今天新的平台都有机会进入电商领域,竞争更加激烈,此外,阿里还面临着与京东、拼多多的三足鼎立之压。

八、结束语

国内竞争日渐激烈,阿里业内领先的地位与市场占有量一直面临众多平台的冲击。而阿里已在国内市场搏杀多年，目前的市场占有率很难再轻易出现大幅度提升，业务增量出现放缓态势，当务之急自然是守好地盘，稳住发展态势即可，内需依旧是阿里巴巴的业务核心，其很大程度上等同于戴珊负责的中国数字商业板块，这是针对当前面临的新环境所必须要做出的一些新的调整和变化。反之，自己的核心优势也会逐渐被取缔，悄然淹没于时代的潮流之中。

当然，时代瞬息万变，几年前谈及中国电商，人们津津乐道的只有阿里和京东，阿里开启了线上购物的新时代，以遥遥领先之势抢先占领市场，笼络了一批又一批的消费者，而京东紧随其后，推出专业物流服务，两者的发展更是推进了国内电商的发展，而后几年，又出现了拼多多扶摇直上，至此三足鼎立的局面形成。资本的世界暗潮涌动，市场格局是一次又一次的瓦解与重建，一切都还没有定数，未来的市场格局谁又能说得准呢？

参考文献

[1] IT 桔子.2015 年 BAT 三巨头盘点之阿里帝国[EB/OL].（2016-02-04）. https://www.huxiu.com/article/138868.html.

[2] 马述忠，柴宇曦，濮方清，等. 跨境电子商务案例[M]. 杭州：浙江大学出版社，2018.

[3] 孙喜保. 阿里巴巴再度重组，意欲何为[N]. 工人日报，2013-01-23(006).

[4] 网经社电子商务研究中心. 阿里巴巴的五大“飞轮”[EB/OL].（2019-02-21）.https://www.sohu.com/a/296227258_100020617.

[5] 系统演化战 SES. 阿里战略演化的三大逻辑，揭示智能生态跃迁的典型范式，为数字化转型划定样板[EB/OL].（2021-10-16）.https://xueqiu.com/5795061794/2003079060.

[6] 中国基金报. 揭秘阿里“生产关系”大调整：新设两大商业板块，以多元化治理构建“敏捷组织”[EB/OL].（2021-12-06）. https://finance.eastmoney.com/a/202112062204359371.html.

案例 6　使用说明

一、教学目的与用途

本案例是为“跨境电子商务”课程撰写的，也可供《战略管理》课程使用。本案例介绍了阿里巴巴作为跨境电商的巨头，在这个云谲波诡的市场上，通过一次又一次的创新性的战略调整，逐步搭建阿里生态圈的过程，其中的几大革新值得我们深入了解。通过本案例的学习，学生可以了解到电商巨头们常常提到的“生态圈”的定义、运转模式、战略布局等。

（一）适用课程

本案例适用于“跨境电子商务”课程。

（二）适用对象

本案例难度适中，适用对象包括研究生和高年级本科生。

（三）教学目标

1. 知识传授

通过本案例的教学，学生应掌握以下知识，并学会将相关理论运用到实践中。

第一，通过学习阿里的几次重要业务调整，分析掌握其底层逻辑和战略利弊。

第二，通过分析阿里的生态系统，掌握未来电商市场的发展态势和重要思想。

第三，学生通过学习阿里的飞轮效应，了解其运转模式，并举一反三。

第四，通过学习阿里的业务调整和展露布局的内容，了解电商企业运营过程中的重点内容。

2. 能力训练

通过本案例的学习，学生能够增强对跨境电商平台发展趋势的判断能力，掌握并提升电商战略布局的理解和分析能力，提升学生对电商市场风起云涌的感知能力。

二、启发性思考题

1. 阿里的“中台战略”和最新的“多元化升级”的战略调整业务重组的目的有何不同？

2. 阿里有能力构建生态圈需要具备什么条件?

3. 在阿里的飞轮模型中,各个飞轮的作用有什么?

4. 大数据对电商提升核心竞争力的影响如何?

5. B2B 电商的运营优势有哪些?

三、案例分析背景

(一)制度背景

近年来,人民币价值和劳动力成本持续上升,加之 2008 年全球金融危机的影响,传统外贸行业受到较大影响,因此放缓了其贸易增速,而跨境电子商务凭借其高效率、低成本、全球化等优点呈现良好的发展势头。2020 年 12 月在北京发布《中国电子商务知识产权发展研究报告(2020 年)》,表明互联网将继续支持跨境电子商务。商业一直是振兴中国对外贸易的关键因素。据统计,跨境电商交易总额在 2022 年达到 20.5 万亿元。跨境电子商务已成为我国进出口贸易的重要组成部分,跨境电子商务的快速扩张成为我国实施"互联网+"战略的重要推动力。

近年来,我国高度重视跨境电子商务创新建设,将其视为未来经济增长的新动力和深度开放的新渠道,2013 年 8 月,全国首批跨境电子商务试点城市获批,2014 年 7 月,海关总署下发文件,在政策层面承认跨境电子商务,首先在杭州开展"边境电子商务+服务贸易"试点。在对外开放和内部改革规划中,对推动互联网转型升级、传统产业升级和流程再造发挥了重大作用。2019 年 1 月 1 日开始,《电子商务法》等相关政策陆续出台,规范了我国跨境电子商务市场,促进了跨境电子商务行业健康运行。

(二)行业背景

电子商务在全球数字经济中的持续增长对全球许多国家的商业运营产生了重大影响,电子商务主要分为 B2B、B2C 和 C2C 三类交易项目。其中,B2B 电子商务是最引人注目的商业方式,交易双方通过互联网完成大量的商业活动,大大减少了交易所需的时间、金钱和精力。买家和中小企业有相对合理的参与经济活动的机会。B2B 电子商务的基本模式有两种,一种是企业之间的直接电子商务,主要是制造业直接采购适销对路的物资,通过网络使商品在线上销售;另一个第三方是 B2B 电子商务平台,买卖双方在这个平台上进行交易。最受欢迎的第三方 B2B 电子商务平台包括 EC21、阿里巴巴、世界工厂等。环球市场集团(Global Market Group)的定位是 M2B(Manufacturers-to-Business)商业模式,是 B2B 模式的更具体分类。

四、理论研判依据

（一）知识点一：生态系统

1. 互联网生态系统

互联网生态系统是指互联网中的圈子，系统围绕着消费者，让消费者的消费行为形成一个闭环。

在互联网生态系统中，消费者的消费行为可以被企业记录下来，消费者来自哪里、搜索了什么词、浏览了什么产品、购买了什么产品、给了什么评价等等。这些数据的积累使互联网生态系统变大。数据为企业精准营销提供了依据和条件。

内容、社区、电商是生态系统的三大核心要素。互联网生态圈是用互联网来完善企业的生态。企业内所有跟互联网有关的元素都属于互联网生态圈。

2. 企业生态系统

企业生态系统是指企业与企业生态环境形成的相互作用、相互影响的系统。某个区域中，没有一个企业组织能够长期单独生存，它们如同生物一样为了存在必须直接或间接地依赖别的企业或组织，形成经济共同体。在共同体中，对每一个个体，周围的其他个体组织加上社会经济环境就是它的外部环境，个体组织与外部环境通过交换形成一个相互作用、相互依赖、共同发展的整体。

3. 平台型电子商务生态系统

随着电子商务的飞速发展，企业生态理论的应用越来越广泛，电子商务生态系统这一概念随之产生。所谓“平台型电子商务生态系统”，即不受地理位置制约，关系密切的多个企业组织，以互联网为媒介进行优势互补和资源共享，形成一个有机的生态系统。

（二）知识点二：跨境电商平台类型

1. 按所经营的行业及产品范围分类

(1)垂直类电商平台。这类平台专注于特定行业，主要有两个特点：构建以行业为主体的专业服务平台，对特定行业进行广泛研究；利润和未来趋势。

(2)综合类电商平台。此类平台的产品覆盖行业广泛，传统 B2B 网站资源丰富，如阿里巴巴、慧聪、环球资源等。

2. 按平台的功能和性质分类

(1)第三方跨境电商平台模式。该模式提供了一个集成的销售平台，不参与物流支付等，它通过收取佣金来获利。既然是跨境，那么平台的买家端是本地外贸公司，卖家端则是外国消费者，中间平台提供信息流、资金流和物流服务。交易价值作为收入。此类平台包括速卖通和敦煌网。

(2)自建跨境电商平台模式。此类企业将内外贸企业作为供应商相结合，即平台直接向外贸企业进货，从源头进货，再通过自建 B2C 平台将产品销往国外。这是一种盈利模式。电子平台是独立卖家。此类平台常见的包括兰亭集势和大龙网。

(3)外贸电商代运营服务商模式。这种模式是电商代运营服务商不参与任何交易过程，仅提供各种服务，帮助外贸企业搭建独立电商平台或网站，提供全方位的电子商务解决方案。

(三)知识点三：多元化经营

企业多元化战略的定义是企业在两种或两种以上的产品或领域进行经营和发展的战略，而不是企业的具体经营。这一战略有利于扩大现有的业务类型和范围。当今社会，专业化管理无法与社会发展和时代需求挂钩，多元化经营战略的重要性日益凸显。

多元化的具体表现如下：一是便于产生协同效应，扩大企业的核心业务，增加不同业务之间的互补性，促进协同；二是使公司能够开拓新兴市场，实现产业化转型升级，获得更高的利润率；第三，可以使企业分散经营风险，避免某些威胁集团整体安全的行业危机。如今，我国电子商务市场快速增长，相关产业的增长为各项贸易战略的实施提供了保障。阿里巴巴现已发展成为一个多元化的电子商务企业。

(四)知识点四：协同电子商务

“协同电子商务”是电子商务中不同要素的协调，使系统在有组织的全局中能够正常运行。因此，它应具有完整性、开放性和集成性的特点。

协同电子商务一般具有以下优点：一是降低企业产品成本，提高企业盈利水平；二是转变企业组织管理模式，增加企业活力；三是改善客户关系，提升企业形象；四是提高抗风险能力，创造竞争优势。

(五)知识点五：飞轮效应

飞轮效应的本质是为商业交易系统建立起最重要的业务运行驱动和增强循环贿赂，使其在基本逻辑上每走一步就增强业务，增长循环继续形成并平稳运行。这个基本逻辑可以理解为商业模式设计中最基本、最原始的增长逻辑，这个增量循环有五个维度：初始驱动力、关键因果链、增强循环贿赂、调整循环贿赂、滞后效应。这种飞轮效应几乎是所有互联网企业快速增长无边界扩张的第一通用原理。

(六)知识点六：网络效应

网络效应的简单点在于，产品对用户的价值取决于使用该产品的用户数量。用户越多，产品的价值就越高，从而形成了一个价值和流量的精密循环，随着流量的指数级增长和系统价值的稳步上升，互联网商业系统将不断向广阔生态的层次过渡，发展出无穷无尽的商业模式、价值效用和工作结构。在工业化时代，规模效应和网络效应一样，是互联网业务的重要组成部分。

五、案例分析思路及要点

（一）案例分析思路

阿里巴巴在当下的竞争环境以及经济和政策的大背景下，结合其阿里生态的优势特点，仍保持着电商市场中的巨头地位。通过学习阿里的几次重要业务调整，分析掌握其底层逻辑和战略利弊。通过学习阿里的业务调整和展露布局的内容，了解电商企业运营过程中的重点内容。通过分析阿里的生态系统，掌握未来电商市场的发展态势和重要思想，尤其是对电商生态的概念有所了解。通过学习阿里的飞轮效应，要了解其运转模式，并举一反三。

（二）启发性思考题解答要点

启发性思考题1：阿里的“中台战略”和最新的“多元化升级”的战略调整业务重组的目的有何不同？

中台战略的调整在于将业务目前平台的模式改为联合中台模式以应对多项业务。阿里的中台战略是逐步形成的，最早期是单一业务系统阶段，然后调整为分布式业务系统，然后实现单一平台化，最后才演变为垂直事业部与业务中台化相辅相成。中台战略一方面使得各业务清晰中台的效益，同时前台业务也可以更快地了解、选择和使用中台能力，另一方面前台业务可以在中台的基础能力上结合自身的业务特性更快地找到解决方案，同时新业务利用中台战略提出新需求也会促进平台进一步地创新。

而两大新板块的设立，是在应对复杂的国际环境、激烈的市场竞争和全新的监管环境的状况下，建立新的发展目标：进一步强化国内市场优势以及希望在海外市场寻求突破。

启发性思考题2：阿里有能力构建生态圈需要具备什么条件？

生态是由各个业务组成，要具备这样的业务才能构建生态圈，其中最重要的是要具有足够多的活跃用户，以及其数据中心能够支撑这样的用户数据，并要有足够强的盈利能力，飞轮的运转不是一蹴而就的，而是层层递进的。

启发性思考题3：在阿里的飞轮模型中，各个飞轮的作用有什么？

底层飞轮实现了客户的原始积累，第二层联网金融服务层面飞轮应对了消费者最在意的线上交易的消费和信用问题，第三层物流层面飞轮实现了线上线下的深度融合，第四层科技层面飞轮运用阿里云计算为整个阿里帝国提供智能技术支持，第五层物联网生态层面的飞轮希望将线上线下全面链接，每一层飞轮都循环作用于之前的飞轮，最终达到效益倍增的效果。

启发性思考题 4：大数据对电商提升核心竞争力的影响如何？

大数据对企业起着很重要的作用，可以帮助企业建立差异化的竞争优势，据统计，72% 的企业选择大数据进行客户行为分析，大数据的有效使用可以用于产品创新、预测风险、管理供应链以及消费者的业务服务等。

启发性思考题 5：B2B 电商的运营优势有哪些？

B2B 是指企业与企业之间开展交易活动的商业模式，企业的产品服务及内部网通过 B2B 网站、客户端与消费者相联系。

(1) B2B 有利于稳定企业成本与收益，B2B 交易量大且订单稳定，所以 B2B 跨境电商企业可以获得稳定面充足的资本对产品的质量和销售的效果进行运营管理，同时在未来，传统企业转型跨境电商是一大趋势，必然是以 B2B 为主导，即跨境贸易与本地化电商相结合。

(2) B2B 可以避免由伪劣商品等产品质量不佳带来的不利影响。B2B 模式在遭遇假货上具有优势。B2C 电商交易时中的个体，交易商品常会出现伪劣产品，且维权困难就容易放弃维权，但如果是 B2B 交易，买方也是企业本身，具备一定的辨别经验和维权手段，同时，对最终消费者而言，企业的保证也让消费者更加信任商品质量。

六、教学组织方式

班上学生人数不宜过多，4 至 6 人为一组，可分成 5 组。布置教室桌椅的基本原则是让所有班级参与者围坐在一起，以便他们可以轻松地听到和看到他们的小组成员。教室应配备电脑、投影仪、黑板、粉笔等设备。同时，为方便学生更好地参与案例课堂讨论，教师可在课前提醒学生做好课前准备。

(一)课时分配

案例回顾与概述(5 分钟)：介绍案例背景内容，明确案例的分析思路，明确案例的主要内容与核心。

提出问题并分组讨论(20 分钟)：以板书的形式提出启发性的思考问题，分组讨论，以小组为单位给出答案。

小组报告和教师指导(50 分钟)：对于每个启发性思考问题，选择小组回答，其他小组补充。教师应引导学生通过板书和多媒体获得最终答案。

案例评估与总结(10 分钟)：对知识点进行排序，评估案例学习过程，总结学习经验。

其他问题(5 分钟):教师回答学生的一些其他问题。

(二)板书设计

启发性思考题 1:阿里的“中台战略”和最新的“多元化升级”的战略调整业务重组的目的有何不同?

图 9　启发性思考题 1 板书设计

启发性思考题 2:阿里有能力构建生态圈需要具备什么条件?

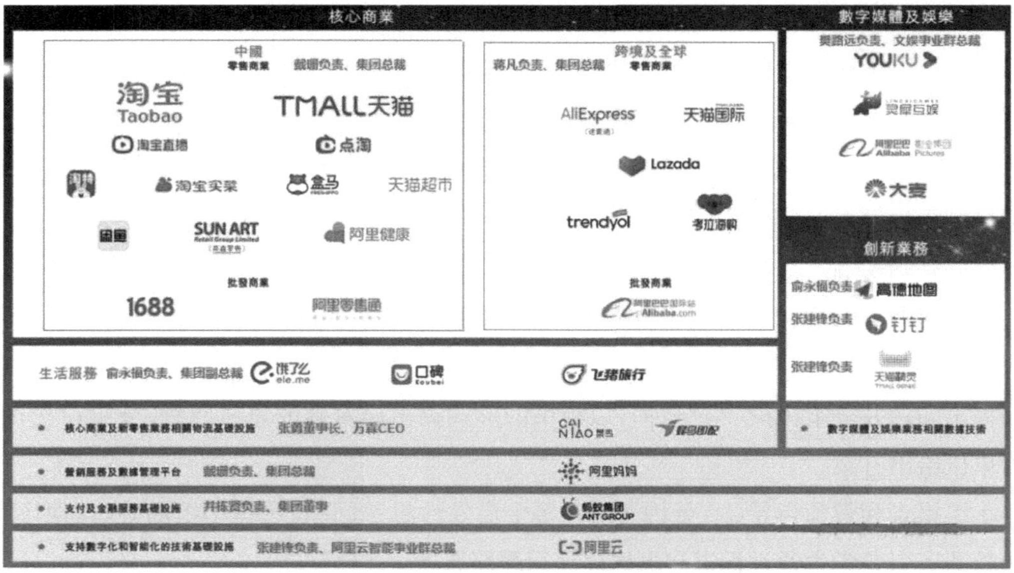

图 10　启发性思考题 2 板书设计

启发性思考题 3：在阿里的飞轮模型中，各个飞轮的作用有什么？

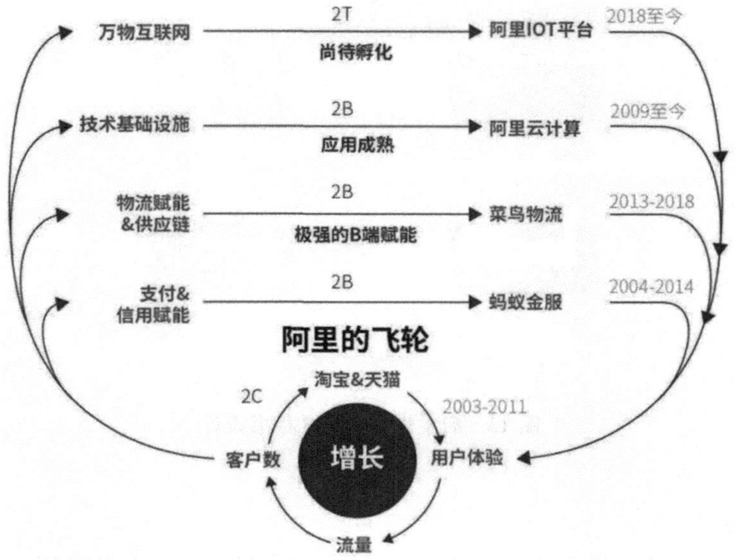

图 11　启发性思考题 3 板书设计

启发性思考题 4：大数据对电商提升核心竞争力的影响如何？

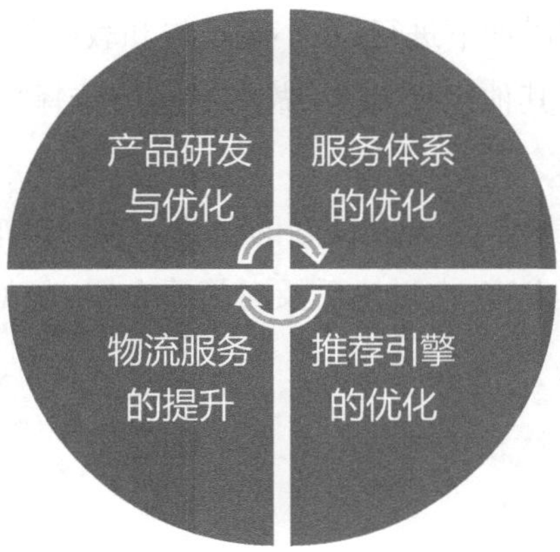

图 12　启发性思考题 4 板书设计

启发性思考题 5：B2B 电商的运营优势有哪些？

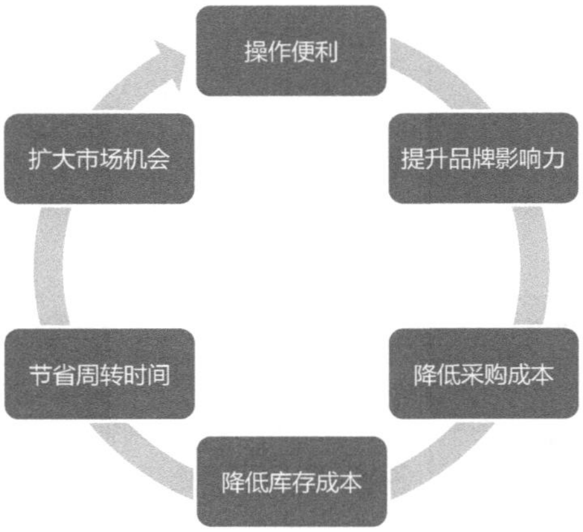

图 13　启发性思考题 5 板书设计

(三)讨论方式

案例讨论应该大致按照典型的决策模型进行。模型包括:①定义问题;②分析案例具体情况;③形成备选方案;④选择决策标准;⑤分析并评估备选方案;⑥选择首选方案;⑦制订行动方案和实施计划。

在大多数情况下,讨论背后的主要驱动力是解决组织中的特定决定或问题。因此,根据上课时间的分类,案例讨论可以如下进行:在小组报告和教师指导环节,针对每个问题,教师从 5 组学生中选出一组回答,其他组做补充,做出不同的选择。分析和评估选项,选择首选选项,并制订行动计划。

在讨论案例时,教师要鼓励学生养成良好的讨论习惯,比如勇于提出不同的想法,在讨论前做好准备,在讨论中积极发言,在讨论后及时简要介绍,避免盲目跟风。

七、其他教学支持材料

(一)计算机支持

在教学过程中需要向学生展示和提供一些电子文档,所以在计算机中需要安装 PowerPoint 和 PDF 等软件。

(二)网络支持

本案例中提到跨境电子商务案例,需要学生连接互联网,通过登录电商网站、跨境电商平台和相关社交网站体会和了解实务现状。

案例 7

阿里巴巴：组织结构转型助力高质量发展案例

摘　要：作为国内外电商巨头，阿里巴巴集团的组织结构经历多次转型。从 1999 年到 2012 年的七大事业群，再到 2013 年 25 个事业部，2015 年更是提出“小前台，大中台”组织结构理论，已从传统的事业群（部）制转变为平台型组织结构，以适应数字经济时代的要求，也体现结构适应产品、结构适应需求、结构紧跟战略、精干高效与追求实效等原则，并通过使能和赋能提升企业内部各部门以及企业之间的整体生态效益。当前，阿里巴巴正在探索和推进新一轮转型，即从“大中台战略”到“多元化治理”体系转变，旨在通过探索更多的新型治理方式，用生产关系的先进性驱动先进生产力的释放，用组织创新去驱动业务创新。阿里巴巴一系列组织转型战略对其他企业实施组织结构转型具有重要启示意义。

关键词：阿里巴巴；组织结构转型；多元化治理体系；原则；效益

Abstract: As a domestic and foreign e-commerce giant, the organizational structure of Alibaba Group has undergone a series of transformations. From 1999 to 2012, it had seven business groups, and then 25 business units from 2013, and “small front desk, big middle desk” organizational structure theory in 2015, Alibaba has implanted three major transformations, and has changed from the traditional business group (department) system into a platform organizational structure, in order to adapt to the requirements of the digital economy era, ①It also reflects the principles of strulture adapting to products, structure adapting to demand, structure keeping up with strategy, excellence in efficiency and the pursuit of actual results, and improve the internal departments and enterprises by enabling and giving ability. ②At present, Alibaba is exploring and promoting a new round of transformation, aiming to explore more new governance ways to use the advanced nature of production relations to drive advancod produtivity and use organizational innovation to drive business innovatien. ③A series of organizational transformation strategies of Alibaba have important implications for other enterprises to implement organizational structure transformation.

Keywords: Alibaba; Organizational Structure Transformation; Diversified Management System; Principle; Benefits

一、引　言

企业组织结构选择受到企业经营战略、市场竞争态势、市场需求变化和科技进步等因素影响，但同时又对企业经营战略的实施和经营业绩产生巨大的影响。阿里巴巴集团作为中国电商巨头，也是全球市值最高的科技公司之一，爆发式增长可谓人尽皆知；但鲜为人知的是，阿里巴巴快速增长的秘诀其实在于发展战略和组织结构的持续转型，特别是根据自身业务发展状况调整组织结构，以紧跟各阶段的发展趋势。其中，阿里巴巴最重要的变革是通过多轮转型而完成；当前，随着多业务引擎驱动未来增长新格局的形成，阿里巴巴集团正在探索“多元化治理”的全新组织结构。

二、相关背景

（一）企业组织结构

公司组织结构是指为实现企业经营目标而确定内部职权、职责、控制及协调关系的一种形式，不但涉及企业内部人员间的相互关系，还涉及企业内部的决策系统，旨在通过提升管理效率和充分利用企业资源而获取最大经济效益。

（二）企业组织结构确定的基本原则

1. *核心原则*

结构紧跟战略原则；适应技术与产品要求原则；适应职能与专业要求原则；适应地区和环境要求原则。

2. 拓展原则

有效控制与沟通原则；精干高效原则；全球化与本地化平衡原则；文化适应性原则；讲究实效的原则。

（三）事业部制结构

事业部制结构是指依据企业所经营的事业，按照不同的产品区域、客户群进行划分，在企业内部设立多个事业群，各个事业部在企业的经营管理上有其特殊的自主权，在财务上进行独立核算，但是要受到公司总部把控。

事业部制结构的最大优点：在保证总部集中管控的前提下，将经营管理权限适度下放到各分散作业的独立性的经营组织里面，使分权得到很好的平衡。

（四）平台经济

1. 平台经济的内涵

平台经济是利用互联网、物联网、大数据、移动通信等现代信息技术，围绕集聚资源、便利交易、提升效率，构建平台产业生态，推动商品生产、流通及配套服务高效融合、创新发展的新型经济形态，是流通与产业在互联网、大数据背景下深入融合的范例。

2. 平台经济的体现

近年来，随着电子商务和数字经济的迅速发展，在钢铁、化工、工业消费品等领域都产生了一批有代表性的平台经济企业，以流通创新促进了商产融合，降低了产业成本，提升了产业效率，培育了新动能。

3. 平台经济的典型案例——工业互联网平台

工业互联网平台是新一代网络 IT 与制造业深度融合的产物，是工业实现数字化、网络化、智能化发展的重要基础设施，通过人、机、物的全面互联，全要素、全产业链、全价值链的全面链接，推动形成全新的工业生产制造和服务体系，成为工业经济转型升级的关键依托。

在具体实践中，这种价值创造方式表现为服务化延伸（比如机器即服务、制造即服务）、个性化定制、网络化协同（比如协同设计、协同制造、供应链协同）等多种实现模式；即工业互联网平台企业除获取传统制造企业的硬件收入外，还可获取软件升级和数据聚合创造的生态收入。即工业互联网企业盈利模式＝硬件收入＋生态收入（软件升级收入＋数据聚合收入），且生态收入比重高于硬件收入。

特别需要注意，该平台还具有极强的外溢性和协同性——当平台生态系统中积累足够多的利益相关方，并实现优质资源能力的充分交易和共享，平台生态系统也将实现“1＋1＞

2”的正反馈，创造更高的价值增值，凸显外溢和协同效应。

因此，企业不应仅将视角停留在企业内部以及同行业的竞争者那里，还必须拥有全局观，积极寻求资源能力互补的外部合作方，实现“集团作战、共创价值”。

对于企业管理者，则需要从企业战略思维上升到生态模式思维的高度，通过对利益相关者进行“赋能”和“使能”，达到提高生态系统整体竞争力的目标。具体而言，是需要企业管理者在生态系统竞争层面，重新探讨价值创造逻辑、价值衡量标准和价值分配方式(表 1)。

表 1　平台生态系统价值链创新模式

	企业战略思维模式	生态系统价值链模式
价值创造逻辑	股东利益最大化	生态系统价值创造最大化前提下的企业价值最大化
价值衡量标准	企业自身收入、利润	用户、利益相关者的数量与紧密度；生态系统的整体收入、利润
价值分配方式	与利益相关方争夺产业链上的利润	按照各主体贡献的资源和能力分配价值

(五) 平台型组织结构

1. 平台型组织结构的内涵

平台型组织结构是在平台经济快速发展的背景下，现代企业组织为顺应市场、技术、人才的新趋势而形成的新型组织形态，会依据不同的市场环境形成不同的子类型，在组织结构和内部治理机制上形成较大的差异。

作为新型组织运营方式的典型代表，平台型组织结构能满足企业快速创新以适应市场环境、迅速扩大业务规模的增长需求。

2. 平台型组织结构的特征

通常，平台型组织结构具有“大量自主小前端、大规模支撑平台、多元生态体系、自下而上的内部创业精神”等典型特点，而以“大平台＋小前端＋富生态＋共治理”为原型建立起的平台型组织，作为一种新型组织形态，能最大程度适应快速变化的商业环境，在快速创新的同时实现快速发展。

3. 平台型组织结构的类型

根据实验成本和预期价值的高低组合，平台型组织结构大致可分为三种类型：

第一，实验成本低且预期价值高的环境中适用的实验型。

第二，实验成本高且预期价值高的环境中适用的混合型。

第三，实验成本低且预期价值不高的环境中适用的孵化型。

三、阿里巴巴组织结构转型过程分析

1999 年，阿里巴巴开启 B2B 业务，打造“中国供应商”电子商务平台。2003 年成立淘宝，同年内部孵化支付宝。2004 年，支付宝从淘宝中独立出来。2005 年，阿里巴巴收购雅虎中国，从“18 罗汉”创业到形成 B2B 子公司阿里巴巴、B2C/C2C 子公司淘宝、支付宝和搜索子公司雅虎中国四大业务，阿里巴巴成为当时中国市值最高的互联网公司。

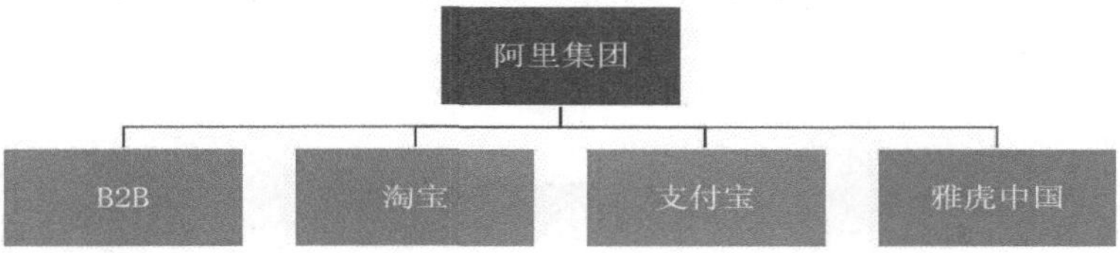

图 1　阿里巴巴四大子公司结构图

(一) 第一轮转型(2007—2015 年前)：将事业部垂直划分

随着集团业务持续壮大，阿里巴巴管理层意识到应按专业事业部来调整组织结构，以使管理人员更加贴近一线业务，快速响应客户的独特需求并做出决策。

具体而言，此次转型主要通过两个阶段来完成。

1. 第一阶段(2007—2012 年)：四大子公司划分为七大事业群

该阶段，阿里巴巴将淘宝划分为四大事业群：C2C 业务(淘宝)、搜索引擎(一淘)、B2C 业务(天猫)、销售和数字化营销平台(聚划算)；将 B2B 电子商务平台阿里巴巴拆分为阿里国际业务和阿里小企业业务两大事业群；鉴于云计算平台业务的特殊性，仍将阿里云作为独立事业群运作。

七大事业群均有独立领导班子，拥有全权决策权，负责相关业务发展。

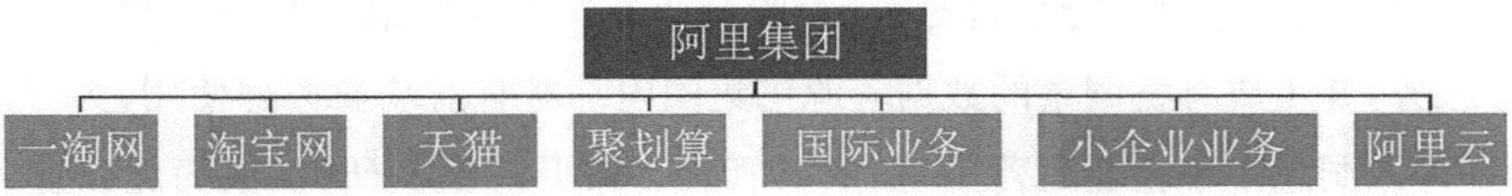

图 2　阿里巴巴七大事业群结构图

2. 第二阶段(2013—2015 年):七大事业群拆分为 25 个事业部

该阶段,阿里巴巴将七大事业群拆分为 25 个事业部,各事业部独立自主运营、自行负责业务发展,以提升决策效率,更好地满足客户需求并应对市场变化。

(二) 第二轮转型(2015—2021 年):实施"大中台战略"

该阶段,阿里巴巴集团将 25 个垂直事业部整合到同一模块化平台上,打造平台型组织结构,以便所有业务线都能从广阔的组织生态系统中挖掘价值,充分发挥内部协同效益,打造核心竞争优势。具体运作方式如下:

1. 在平台前端

电商、金融服务、云计算及其他业务线等各个事业群依据各自职能独立运营,快速应对市场变化,即"小前台"。

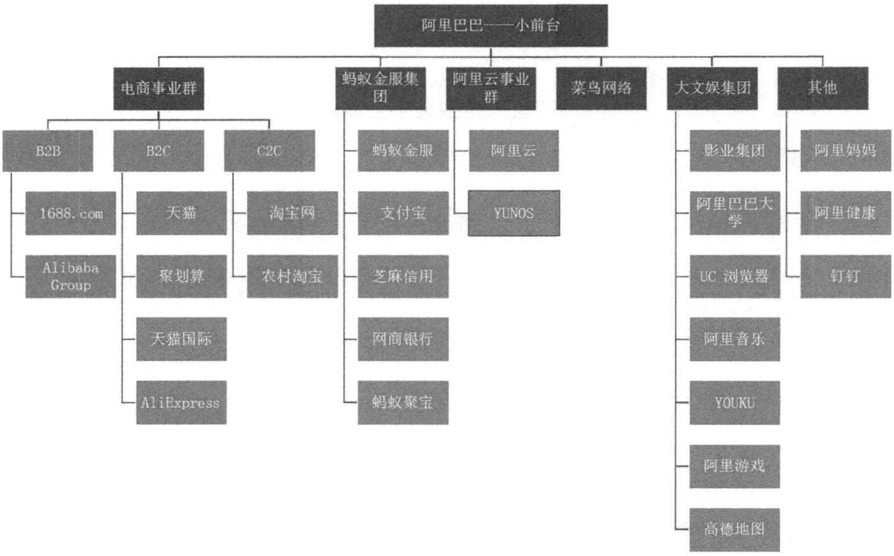

图 3　阿里巴巴"小前台"组织结构图

2. 在平台后端

职能部门则统一通过赋能平台运作,为所有业务集中提供诸如会员注册、产品管理、电子支付等服务,并生成有益洞察的数据资源供集团内部所有前端业务部使用,为客户提供增值服务,如深入洞悉中小企业运营困境,或对管理个案开展案例研究,或简化新业务推出流程,或支持新业务快速扩张。

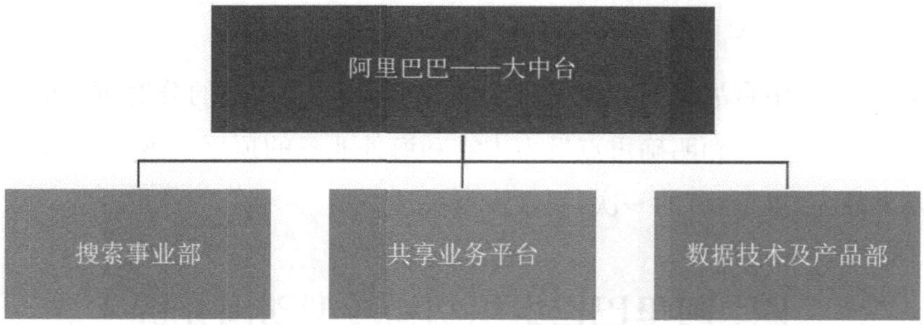

图 4　阿里巴巴“大中台”组织结构图

（三）第三轮转型（2021—今）：从“大中台战略”到“多元化治理”的探索

2021 年 12 月 6 日，阿里巴巴董事会主席兼 CEO 张勇宣布包括战略、人员、业务等诸多战略调整，重点将“大中台战略”升级为“多元化治理”体系，任命戴珊和蒋凡分别负责新设立的“中国数字商业”和“海外数字商业”两大板块。

其中，中国数字商业板块包括大淘宝（包含淘宝、天猫、阿里妈妈）、B2C 零售，淘菜菜、淘特和国内贸易等一层组织；海外数字商业板块则包括全球速卖通（Ali Express）、国际贸易以及 Lazada 等面向海外市场的多家子公司。

2022 年 1 月 6 日，阿里巴巴集团中国数字商业板块分管总裁戴珊通过内部信宣布关于淘宝天猫组织架构的重大调整——推进淘宝和天猫的全面融合、全面打通，设立产业运营及发展中心、平台策略中心、用户运营及发展中心。

第一，新设立的产业运营及发展中心，将从行业运营走向产业经营，深入服务商家，为中小商家在内的全域商家提供全生命周期的消费者运营和商品运营能力。而每个垂直行业下还都将建立客户体验评价团队，以客户满意度作为行业经营水平的标尺。

第二，新设立的平台策略中心，将升级平台机制，推动智能化技术的广泛应用，并建立全方位数字化的商家运营产品体系，提高商家对中、长期消费趋势的洞察力和对消费反馈的快速反应能力。

第三，新成立用户运营及发展中心，则是从用户产品层面，持续优化消费者体验链路，为消费者带来更简单、顺滑、好逛的体验。

因此，新设立的三大中心，分别对应商家服务和商品运营、平台规则和治理、消费者体验这三个维度，完全是从客户视角出发而做的组织设计，旨在从用户域、商家域、平台域、创新域“全面聚焦用户体验、客户价值，消除惯性思维、鼓励机制创新”，以形成统一的平台机制，提升大淘宝组织决策效率，确保消费者的购物体验更简单顺畅，中小商家的发展和成长更具确定性。

综上，此次从“大中台战略”到“多元化治理”、从淘系与B系的分庭抗礼到合而为一、从囿于竞争铺展业务线失焦到明确重点发力内需和海外业务的顶层部署的变动可谓阿里巴巴自2015年以来最为“重量级”的一次，引发广泛关注。

四、阿里巴巴组织结构转型动因分析

通常，企业组织结构设计和转型应遵循“适应技术与产品要求、适应职能与专业要求、适应地区和环境要求、组织结构紧跟战略调整、有效控制与顺畅沟通、精干高效与追求实效”等原则，即应从这些方面分析企业组织结构转型动因。

（一）2007—2015年转型动因分析

第一，2007年阿里巴巴已拥有四大子公司，公司业务特别是淘宝和天猫的业务日趋复杂、多样，导致组织规模日益壮大，而产品和服务的专业化程度和对客户需求的及时响应能力下降已严重影响经营效率，甚至可能限制未来发展。因此，需遵循“适应环境要求”和“精干高效与追求实效”原则调整组织结构。

第二，B2C和C2C新业务模式不断涌现，一方面促使阿里巴巴B2C业务借助淘宝平台实现战略性扩张并带动整体业务发展；但另一方面，也造成阿里巴巴客群的日益多元化，单单依靠淘宝已不能满足各个客群的独特需求。因此，需遵循“适应专业要求”和“精干高效与追求实效”原则调整组织结构。

第三，随着“走出去”战略的实施，阿里巴巴日益直接面对复杂多样、需求各异的全球客户，而传统的组织结构已无法满足全球客户的多样化需求，亟需遵循“结构紧跟战略”原则进行调整。

第四，随着2007—2012年组织结构转型完成，阿里巴巴业务版图持续扩张，业务类型和客户需求的复杂性日益提升，要求再次按需求进一步划分组织结构。

（二）2015—2021年转型动因分析

随着集团规模日益壮大，发挥集团内部协同效益的优势日益凸显。数字技术所驱动的数字经济的快速发展则为企业集团内部协同效益的发挥提供技术基础。

通常，在数字经济时代，企业赢得未来新竞赛主要有四大策略：洞悉客户新需求、创造企业新能力、建设 IT 新结构、打造行业新生态。基于此，诸多企业纷纷借助数字技术（如云计算、移动、大数据分析、社交和物联网）来推动业务模式和业务生态系统的变化，进而实现数字化转型。

但综观当时的阿里巴巴集团，虽然 25 个事业部能较好地满足业务和客户需求的多样化、复杂性等特征，但各自为政也导致了工作流程重叠、资源利用效率低下、组织结构设置无法推动创新（如客户数据分散在集团各事业部，无法集中提供洞察和激励创新）等弊端，亟需通过数字化、平台化来发挥内部协同效应。

（三）2021 年至今转型动因分析

1. 阿里巴巴“大中台战略”组织架构弊端凸显

经过 6 年多的发展，通过实施“大中台战略”，阿里集团的供应链、品牌、营销、渠道管理等环节都基本实现数字赋能，显著提升阿里集团的整体服务效率，甚至支撑起整个 B 系的产品服务模式，让 B 系的服务营收实现翻番，也让作为新零售标杆的盒马鲜生基于大中台的能力得以孵化并进入发展快车道。

但大而繁琐的组织架构的弊端也很显著，使得阿里巴巴不得不面对日渐触及的“天花板”效应和越来越激烈的市场竞争所带来的压力。

第一，阿里巴巴在多年高速发展中业务种类日趋多元，摊子越铺越大，但原本为差异化发展划分出的“部门墙”，在发展中却日益同质化，甚至出现互抢资源、内耗严重等弊端，即组织效率低、成本高，协同效应无法达到预期。

第二，国内电商市场已进入零和博弈态势，抢夺和守住市场的代价都是日益微薄的利润，如 2021 年 6—9 月季度财报显示，阿里巴巴国内活跃消费者已到 9.53 亿，即将突破 10 亿大关，但单季营收却录得 2014 年赴美上市以来的最低增速 29%，净利润更是同比下降 39%；而 2021 年 10—12 月季报则显示，阿里巴巴单季营收同比增速进一步降低至 10%，净利润则同比下降 75%，下降速度进一步加快。凡此种种，均表明阿里巴巴已很难再坐拥发展红利。

2. 国内互联网行业发展环境生变

第一，互联网人口红利见顶，国内零售市场增速放缓，国内电商行业拓展增长空间难度日益加大，竞争激烈程度前所未有，各家企业都在为如何提供更好的客户价值而努力拼搏。而阿里巴巴此次变革就是要把“重视用户体验，创造客户价值”真正落地，以有效应对日趋激烈的行业竞争。

第二，反垄断调查、数字信息安全保护、数字贸易税收等监管政策收紧，互联网行业正在经历重大调整，发展的不确定性更为凸显。

3. 助推海外业务更上一层楼

2017—2021 年，阿里巴巴海外市场增长迅速；截至 2021 年底，阿里巴巴海外年度活跃消费者首次超过 3 亿；2021 年 10—12 月季报显示：季度内 Lazada 与 Trendyol 订单分别强劲增长 52%和 49%，带动整个国际零售业务订单保持 25%的同比增长，而国际批发业务阿里巴巴国际站 GMV(商品交易总额)同比也增长 50%。但不可否认，这与成为一家真正意义上的全球化公司和在潜力广阔的海外市场有更大作为的战略愿景还存在较大距离，因此也就要求阿里巴巴去形成面向海外市场的整体战略蓝图和组织保障。因此，在 2019 年年底，为推动海外业务发展，阿里巴巴就确定内需和全球化的双发展战略，此次组织架构调整后能够进一步提升组织架构和双发展战略的匹配度，有利于通过业务和组织结构的双重整合去提升配合度和形成合力来应对越来越激烈、越来越分散的竞争状态。

综上，面对种种挑战，如何在留存优势的同时，更加灵活、快速地适应市场变化就成为阿里巴巴亟待思考和解决的问题。因此，从“大平台战略”向“多元化治理”的转变成为阿里巴巴集团应对内外部环境变化的重要尝试。

五、阿里巴巴组织结构转型特点分析

综观阿里巴巴组织结构转型过程，该转型过程主要坚持适应需求环境、结构紧跟战略、追求高效等原则，并在转型过程中呈现出如下主要特点。

(一) 构建事业部制提升市场需求响应速度

第一轮转型时，阿里巴巴主要通过构建垂直型事业部组织结构，以便事业部负责人深入一线，更好地与客户互动并快速响应市场需求。

所谓事业部制，就是企业依据所经营的事业，按照不同的产品(服务)类型或客户群进行划分，在企业内部设立多个事业群，各个事业部在企业的经营管理上有其特殊的自主权，在财务上进行独立核算，但要受到公司总部把控，即公司总部在保证总部集中管控的前提下，将经营管理权限适度下放到各分散作业的、具有独立性的事业部里面，使集中管控和分权得到很好的平衡。

该结构虽然具有强化产品与业务特色、深耕业务、深入市场、加强各业务全球管理等优点，但也存在各业务部(事业部)各自为政、不利于母公司统一决策和全球经营战略的落地、各业务部间职能机构设置重复与不易协调等弊端，特别是在数字经济时代，难以发挥各事业部之间数据共享、协同发展的效应。

（二）成立战略管理执委会强化内部管控与协调

为弥补事业部制存在的缺陷，提高总部集中管控的有效性、确保各事业部发展战略与集团整体战略的一致性，阿里巴巴专门成立战略管理执行委员会，专注于协调和监督各事业部日常业务运营，以加强阿里巴巴集团内部的管控和协调；为提高战略管理执委会工作的有效性和针对性，阿里巴巴还特别聘请九名一线业务高管加入新成立的战略管理执行委员会。

（三）构建平台型组织结构提升内部协同效应

随着数字经济时代的到来，平台化组织应运而生。平台化组织是现代企业组织为顺应市场、技术、人才的新趋势而形成的新型组织形态，能满足企业快速创新以适应市场环境、迅速扩大业务规模的增长需求。特别是平台型经济所具有的“大量自主小前端、大规模支撑平台、多元化生态体系、自我革新与协同”的特征极其符合阿里巴巴的25个事业部发挥协同效益的需求；实践也证明，阿里巴巴平台型组织结构的探索效果明显，如作为线上线下高度融合的新零售超市连锁代表的盒马鲜生，就通过阿里巴巴数字化基础设施的会员管理、商品陈列、购物车管理、电子支付和库存管理经验等支撑，大大缩短业务运营和服务能力的培育时间，将通常至少2年以上的时间大幅度缩短到9个月。

（四）注重同类型业务的整合合力

针对阿里巴巴内部业务而言，无论是淘菜菜，还是1688、淘特，都是以工厂型客户为主，即都面对同样的客户。因此，阿里巴巴淘系与B系业务、组织结构的整合与打通，能有效整合供应链体系，提升供应链效率、降低供应链成本。

六、阿里巴巴“多元化治理”体系的风险

如前所述，阿里巴巴任命蒋凡为“海外数字商业板块”分管总裁，期望借助蒋凡为期七年的“大淘宝”管理经验，推动海外业务的无线化、个性化和内容化发展。但需注意的是海外市场与国内市场面临的各种条件截然不同，阿里在国内行之有效的经验和方法，未必能适用于海外环境，除了在复制和推广淘宝过往成功经验的同时，还要结合当地情况和市场竞争形势进行适应性创新。

七、阿里巴巴平台型组织结构的启示与推广

平台型组织结构是利用互联网、物联网、大数据等现代信息技术，围绕集聚资源、便利交易、提升效率，构建平台产业生态，推动商品生产、流通及配套服务高效融合、创新发展的新型组织形态，是流通与产业在互联网、大数据背景下深入融合的范例，得到极大推广，并显现出强劲的增长态势和盈利能力。

阿里巴巴旗下盒马鲜生的成功还体现出平台型组织在获得传统企业的商品或服务销售收入之外，还可获取软件升级和数据聚合创造的生态收入，且生态收入占比日益提高，尤其是数据聚合创造效应在数字化经济背景下更为显著，并推动平台型组织结构向生态型组织结构优化和升级。

因此，不同行业、不同类型的企业都开始探索平台型/生态型组织结构，并通过平台整合数据、高效引流，发挥“使能”和“赋能”效应。

第一，美团作为其所构建的餐饮生态系统内的核心企业，不仅通过与尽可能多的用户、商户、快递员构建连接来壮大生态系统，还不断运用自身资源能力为平台上的餐厅赋能，最终提升整个生态系统的价值创造能力——美团在帮助入驻平台的餐厅提升竞争力的同时，也使得诸多利益相关方在该生态系统内共同获利。

第二，怡宝作为中国销售额最大的矿泉水品牌之一，虽然拥有极强的上下游议价能力，积极主动联合其兄弟公司华润银行为供应商和销售渠道提供供应链金融服务，降低整个生态系统的财务成本，实现更高的生态系统价值增值。

第三，作为我国大型工程机械行业龙头，三一重工推出工业物联网平台“根云”，已在 45 个国家和地区运转，为各行业企业提供基于物联网、大数据的产品使用性能、产品运行状态、风险预警等云服务，并因此大大拓展公司业务。

第四，位列全球最大水泥厂商之一的墨西哥水泥公司(CEMEX)，从整合流程、数据开始，率先建立起企业平台，消除信息和流程上的“孤岛”，并慢慢将平台拓展到整个水泥的全产业链，逐渐发展成为完整的生态系统——目前，全球已有 2 万多个生态伙伴入驻该平台，从订单到收款等一系列的流程都被整合在平台之上，客户可自主享受全面、无缝的服务。

第五，2020 年 10 月 14 日，商务部“全国零售业创新发展现场会”提出全品类开放赋能平台模式就是推动零售业各类型企业合作共赢、协同发展、提升效能、降本增效以及高质量增长的代表性模式，如苏宁集团的零售云加盟店模式，通过平台整合资源并赋能，不仅降低上游供应商的经营不确定性和提升行业效率，还能通过仓配、服务等集约化运作降低中小微零

售商的经营成本和风险，并通过对销售数据、用户行为进行决策、分析、脱敏后提供给上游供应商，增强产品生产的准确性，最终提升整个生产—零售—消费者系统的收益。但同时也要关注到阿里巴巴多元化治理模式可能存在的风险——阿里巴巴“多元化治理”体系的风险。

综上，蒋凡站上“出海”前线可谓再次肩负重任。蒋凡在“大淘宝”的七年时间，为淘宝的无线化、个性化和内容化发展做出重要的贡献，但需注意的是海外市场与国内市场面临的各种条件截然不同，阿里在国内行之有效的经验和方法，在国外未必管用，一切应对都需要创新。开拓海外市场对蒋凡的能力要求更高，这既需要他复制淘宝过往的成功经验，同时还要结合当地情况和市场竞争形势进行创新。

八、结束语

当平台或生态系统中积累了足够多的利益相关方，并实现优质资源能力的充分“使能”和“赋能”，平台或生态系统就将实现“1＋1＞2”的正反馈，创造更高的价值增值。因此，企业不应仅将视角停留在企业内部以及同行业的竞争者范围内，还必须拥有全局观，积极寻求资源能力互补的外部合作方，实现“集团作战、共创价值”，特别是要遵循规律、顺势而为，重点围绕“互联网＋服务业”创新发展平台型组织结构和平台型经济，主要包括医疗健康、教育培训、旅游休闲、养老托幼、零售服务、家政服务等与广大群众生活密切相关的领域。

参考文献

[1] 波士顿咨询.阿里巴巴：全面布局，激发协同效益[EB/OL].波士顿咨询公众号，2020 - 10 - 15.
[2] 李华.为什么大厂今年都在调组织结构[J].中欧商业评论，2020(10)：7 - 11.
[3] 李子晨.大平台开放赋能，零售业数字化转型再出新[N].国际商报，2020 - 10 - 20：05.
[4] 李子晨.互联网大厂进入“断舍离”时代[N].国际商报，2022 - 01 - 11：06.
[5] 李子晨.头部电商组织治理体系大调整[N].国际商报，2021 - 12 - 10：05.
[6] 钱平凡，钱鹏展.平台生态系统发展精要与政策含义[J]. 重庆理工大学学报(社会科学)，2017(02)：1 - 4.
[7] 王子阳，魏炜，朱武祥.企业生态转型“撒手锏”[J].中欧商业评论，2019(05)：12 - 15.
[8] 查贵勇.工业互联网：工业经济拥抱数字经济的利器[J].产业创新研究，2020(09)：9 - 11.
[9] 朱斐，张微.阿里巴巴组织结构转型过程、动因、特征与启示分析[J].产业创新研究，2021(05)：4 - 6.

案例 7　使用说明

一、教学目的与用途

（一）适用课程

跨国公司管理、国际商务概论、战略管理、国际商务环境等课程。

（二）适用对象

本科生、研究生、MBA 在职攻读学位人员。

（三）教学目标

1. 知识传授

通过本案例相关理论知识的讲解和案例解析，让学生了解企业事业部制组织结构的类型及特点，熟悉企业组织结构转型的动因，掌握企业组织结构选择的基本原则，掌握平台型组织结构的特点，掌握平台型组织结构发展的趋势，熟悉企业组织结构转型成效评价的基本方法。

2. 能力训练

培养学生运用企业组织战略管理的分析工具剖析企业在面临新的市场环境下组织结构战略的选择和实施等能力，提高企业运用理论分析实际问题的能力。

3. 观念更新

第一，让学生清晰认识企业组织结构并非一成不变，要根据企业所处环境、企业自身资源等内部、外部因素的变化进行调整和优化；第二，让学生清晰认知任何组织结构都有其自身的优点、缺点和适应条件，企业在选择时要综合考量。

二、启发性思考题

1. 企业组织结构选择有哪些基本原则？请结合案例谈谈阿里巴巴三次组织结构战略转型所体现的基本原则。

2. 企业组织结构转型都有哪些基本动因？请结合案例谈谈阿里巴巴三次组织结构转型的具体动因。

3. 综观阿里巴巴三次组织结构转型的历程，总结阿里巴巴组织结构转型的主要特点，并深入探讨这些特点对其他企业开展组织结构转型的启示。

4. 当前，阿里巴巴正根据内部资源和外部环境开展第三次组织结构转型的探索，主要战略是从“大中台战略”向“多元化治理”转变，请深入分析阿里巴巴此次组织结构转型可能面对的风险，并提出相应的风险预防和应对策略。

5. 案例显示，平台型或生态型组织结构成为阿里巴巴当前的组织结构，但现实中的平台企业大部分为互联网企业或科技型企业（如腾讯、美团、滴滴、京东等），基本都属于虚拟经济；作为实体经济的制造型企业，是否存在构造平台型或生态型组织结构的必要性和可行性？如果存在，可以采用哪种方式？

三、案例分析背景

（一）制度背景

2021 年，中国政府出台了备受瞩目的三大举措：扎实推进共同富裕，强化反垄断、深入推进公平竞争，加强数据监管、保护个人信息。

1. 互联网反垄断

平台经济是近 20 年来迅猛发展的新业态，有多边市场、网络效应、国际性等诸多特点，利益主体多元、商业行为多变、竞争影响多样，成为全球各个国家和地区竞争执法重点关注和研究的领域，我国也积极参与其中。

2021 年 11 月 9 日，第十三届全国人大常委会第三十一次会议审议通过《中华人民共和国反垄断法（修正草案）》，以深入贯彻落实习近平总书记关于强化反垄断和防止资本无序扩张的重要指示精神和党中央、国务院决策部署，针对反垄断法实施中存在的突出问题，进一步完善反垄断相关制度，为强化反垄断和防止资本无序扩张，促进互联网行业健康有序、持续繁荣提供更加明确的法律依据和更加有力的制度保障。

2021 年 11 月 11 日，市场监管总局起草《关于平台经济领域的反垄断指南（征求意见稿）》。

2021 年 11 月 20 日，国家市场监管总局公布了 43 起未依法申报违法实施经营者集中案件处罚决定。腾讯、阿里、美团、百度、京东、58 集团等 10 家互联网企业均被处以顶格罚款。

2021 年 12 月 16 日，国家市场监管总局召开竞争政策与大数据中心组建成立大会，该中心主要开展反垄断、竞争政策、平台经济等领域政策理论研究，为反垄断执法等提供技术支撑。

2.信息安全保护

2017 年 6 月 1 日,《中华人民共和国网络安全法》正式实施,旨在保障网络安全,维护网络空间主权和国家安全、社会公共利益,保护公民、法人和其他组织的合法权益,促进经济社会信息化健康发展。

《2020 年中国互联网网络安全报告》指出:近年来网络产品和服务供应链安全形势愈加严峻,针对关键信息基础设施的信息窃取、攻击破坏等恶意活动持续增加,针对数据的网络攻击以及数据滥用问题日趋严重,数据安全风险在未来将更加突出。为此,我国还需不断强化网络安全法律、制度和机制建设。

2021 年 7 月 7 日,国家互联网信息办公室等十三部门联合修订发布《网络安全审查办法》,对网络平台运营者集中开展两个方面的安全审查:对平台运营者开展数据处理活动的审查;就特定网络平台运营者赴国外上市进行安全审查。

2021 年 9 月 1 日,《数据安全法》正式施行,明确规定国家建立数据安全审查制度,以进一步保障网络安全和数据安全,维护国家安全。

2022 年 2 月 15 日,《网络安全审查办法》正式施行,对有效应对数字社会、平台经济发展中出现的各类新型网络安全风险,对切实维护我国国家网络主权和安全具有积极的现实意义。

(二)公司背景

1999 年,阿里巴巴集团成立于中国杭州;2014 年 9 月赴美国纳斯达克证券市场上市。迄今,经过 20 年的发展,已经形成以电子商务交易平台为核心的多元化业务体系,成为全球移动商务的领导者。阿里巴巴集团及其关联公司目前经营核心电商业务、云计算、数字媒体和娱乐、创新项目和其他业务等多个业务。其中,核心电商业务包括零售和批发平台(淘宝网、天猫、1688 批发平台、全球速卖通、阿里巴巴国际交易市场)、菜鸟物流网络、网上营销技术平台阿里妈妈,以及蚂蚁金融服务集团等;云计算业务由阿里云智能提供;数字媒体和娱乐业务包括 UC 浏览器、优酷、阿里游戏、阿里影业等;创新项目及其他业务,涵盖高德地图、YunOS 操作系统、钉钉等。围绕集团公司平台与业务,一个涵盖消费者、商家、品牌、零售商、第三方服务提供商、战略合作伙伴及其他企业的生态体系已经形成。

2021 财年,阿里巴巴生态体系的商品交易额为人民币 8.119 万亿元,主要包括中国零售市场商品交易额,以及跨境及全球零售市场和本地生活服务商品交易额。截至 2021 年9月30 日的 12 个月期间,阿里巴巴生态体系的全球年度活跃消费者达到约 12.40 亿,其中9.53 亿来自中国市场,2.85 亿来自海外。

未来,阿里巴巴将致力于为客户提供更为先进、高效的商业基础设施和新技术,助力更多的客户建立业务、创造价值,并与集团公司生态体系的参与者共享收益,进一步巩固或扩大阿里巴巴这个独具特色、充满活力、不断创新的生态体系,并设立如下长远发展愿景:第一,巩固和深耕国内市场,争取到2024财年,集团公司服务的中国消费者超过10亿,并创造人民币10万亿元以上的年度商品交易额;第二,推进全球化战略,争取到2036财年,服务全球20亿消费者,帮助1 000万家中小企业盈利以及创造1亿就业机会。

四、理论研判依据

(一)知识点一:组织结构创新动因理论

通常,企业组织结构创新具有三方面的动因。

第一,直接动因:企业经营战略的调整和优化,即结构紧跟战略。

第二,外部动因:竞争环境、客户环境和市场环境(即"3C")发生变化。

第三,根本动因和物质保障:新一代信息化技术的发展与应用普及。

(二)知识点二:核心能力理论

核心能力是指公司的主要能力,由普拉哈拉德和哈莫1990年在《哈佛商业评论》中首先提出,是指公司在竞争中处于优势地位的强项,是其他对手很难达到或者无法具备的一种能力。核心能力主要是关乎各种技术和对应组织之间的协调和配合,从而可以给企业带来长期竞争优势(competitive advantage in long-run)和超额利润(superior profit)。在技术方面,核心能力主要是对多种技术和功能进行调整和整合。在组织方面,核心能力强调组织的整个协调。核心能力具有价值性、独特性、延展性、长期性、难以模仿和不可替代性。

(三)知识点三:SWOT理论

SWOT分析方法是一种企业战略分析方法,又称为态势分析法,它是由旧金山大学的管理学教授于20世纪80年代初提出,是一种能够较客观而准确地分析和研究一个单位现实情况的方法。SWOT分析法常常被用于制定集团发展战略和分析竞争对手情况,它通过对企业本身优势、劣势、机会和威胁加以综合评估与分析,从而将公司的战略与公司内部资源、外部环境有机组合,然后再调整企业资源及企业策略,来达成企业的目标。常用的其他战略分析工具还有PEST(宏观环境分析)、波特五力模型、行业成功关键因素分析等。

(四)知识点四:战略选择理论

按照战略选择理论的观点,战略的本质是选择,是资源和精力的分配,战略选择的好坏将直接决定公司未来的发展方向和速度。企业之所以要做战略,是因为企业的资源和能力有限,不能涵盖所有,在进行战略选择时,必须充分考虑到其自身的资源与能力,进行适当的选择。

企业战略选择是以市场为主导的，技术逻辑是以科技发展为主导的。对于技术逻辑而言，技术本身的进步就足够了；但对于企业战略而言，技术本身的进步仅仅是必要条件，技术路线是要服从战略选择，所以还必须综合考虑市场竞争的多种因素，才能取得成功。

五、案例分析思路及要点

（一）案例分析思路

教师可以根据自己的教学目标（目的）来灵活使用本案例。这里提出本案例的分析思路，但仅供参考。

1. 企业组织结构选择的基本原则与运用

2. 企业组织结构的效应评价

3. 企业组织结构创新的主要模式

4. 数字经济发展对企业发展战略和组织结构的影响

5. 企业组织结构战略选择与战略分析工具的综合运用

（二）启发性思考题解答要点

启发性思考题1：企业组织结构选择有哪些基本原则？请结合案例谈谈阿里巴巴三次组织结构战略转型所体现的基本原则。

通常，企业组织结构设计和转型应遵循“适应技术与产品要求、适应职能与专业要求、适应地区和环境要求、组织结构紧跟战略调整、有效控制与顺畅沟通、精干高效与追求实效”等原则。其中，企业组织结构紧跟战略调整是主要原则，而战略的调整又取决于企业所处的环境（如消费者需求更迭、监管法规演变、技术进步、竞争态势变化等方面所造成的机遇和挑战）以及自身的技术、资金、管理经验、规模效应、政商关系等方面的优势和劣势。因此，可以从这些角度分析阿里巴巴三次组织结构战略转型所体现的基本原则。

启发性思考题2：企业组织结构转型有哪些基本动因？请结合案例谈谈阿里巴巴三次组织结构转型的具体动因。

通常，企业组织结构转型主要有三大动因：第一，直接动因：企业经营战略的调整和优化，即结构紧跟战略；第二，外部动因：竞争环境、客户环境和市场环境（即“3C”）发生变化；第三，根本动因和物质保障：新一代信息化技术的发展与应用普及。因此，可以从这三个角度分别来考虑阿里巴巴组织结构转型的动因，如以阿里巴巴第三次转型为例，直接动因是为适应发展迟滞的国内市场和快速增长的海外市场，阿里巴巴确定国内业务和海外业务双轮驱动发展战略，而且资源配置会偏向于海外市场，致使企业组织结构也划分为国内商业板块和海外商业板块；而国内和海外市场发展态势的差异，则体现了两个市场不同的竞争环境、客户环境和制度环境，这也构成阿里巴巴组织结构第三次转型的外部动因；而 5G、物联网、人工智能、大数据、云存储与云计算等新一代信息技术和移动互联技术则为阿里巴巴实现国内市场、海外市场信息共享、经验互鉴、协同发展提供了强有力的技术支撑和物质保障。

启发思考题 3：综观阿里巴巴三次组织结构转型，总结阿里巴巴组织结构转型的主要特点，并深入探讨这些特点对其他企业开展组织结构转型的启示。

结合案例中阿里巴巴根据不同发展环境和自身资源，不断调整和优化企业组织结构和组织治理模式的具体经验方法，以互联网高科技企业为背景延伸到其他相关行业，特别是实体经济制造业，并鼓励学生根据自身所处行业的实际情况进行探讨。阿里巴巴组织结构转型的特点主要是结合不同企业组织结构（如事业部制、平台型组织结构）的特点和适用条件，结合企业所处发展阶段和发展战略演变、业务拓展和覆盖面差异、技术水平进步、发展环境变迁、监管制度变革等背景，不断调整和优化组织结构及其管理模式，如拓展与细分事业部制，转型“大中台战略”，探索“多元化治理”模式，使组织结构紧跟战略，并不断适应业务、地区和制度，推动企业高质量发展。

启发性思考题 4：当前，阿里巴巴正根据内部资源和外部环境开展第三次组织结构转型的探索，主要战略是从“大中台战略”向“多元化治理”转变，请深入分析阿里巴巴此次组织结构转型可能面对的风险，并提出相应的风险预防和应对策略。

案例显示，阿里巴巴之所以探索企业组织结构的第三次转型，主要为适应企业发展战略的调整；更进一步，阿里巴巴之所以调整发展战略，是由于国内行业需求增长趋缓而海外需求快速增长、企业内耗严重而协同效应不足、企业间竞争加剧而自身竞争优势趋弱、客户需求升级化与多元化、监管日趋规范和严格等原因导致原有发展战略的弊端不断呈现，且严重影响企业经营绩效。

因此，分析阿里巴巴第三次转型面临的风险主要可从如下角度进行切入和阐释：监管法规的进一步完善和严格对阿里巴巴市场开拓和竞争带来风险、行业内竞争者崛起而带来市场规模萎缩和盈利能力下降、淘系和 B 系业务整合不达预期致使协同效应难以发挥、国内成功经验复制至海外市场的适用性等。

启发性思考题 5：案例显示，平台型或生态型组织结构成为阿里巴巴当前的组织结构，但现实中的平台企业大部分为互联网企业或科技型企业（如腾讯、美团、滴滴、京东等），基本都属于虚拟经济；作为实体经济的制造型企业，是否存在构造平台型或生态型组织结构的必要性和可行性？如果存在，可以采用哪种方式？

平台型或生态型组织结构是在平台经济快速发展的背景下，现代企业组织为顺应市场、技术、人才的新趋势而形成的新型组织形态。平台经济是利用互联网、物联网、大数据、移动通信等现代数字化技术，围绕集聚资源、便利交易、提升效率，构建产业平台生态，推动商品生产、流通及配套服务高效融合、创新发展的新型经济形态，是流通与产业在互联网、大数据背景下深入融合的范例。

当前，我国企业，包括制造业经济都在积极利用互联网、物联网、大数据、移动通信等现代数字化技术开展数字化转型，即积极将数字化技术运用到企业研发、采购、生产、存储、销售、物流、结算、融资等产业链环节，其中部分核心制造业也逐步具备打造产业平台生态的能力和条件，并积极开展探索，而其中工业互联网平台就是可行道路之一。从长远来讲，建设工业互联网平台带动国内制造业全面智能化、数据化、信息化升级，是打破生产率瓶颈的重要途径。

当前，工业互联网领域已形成美、德领跑，日、韩、法、印度、巴西等追赶步伐加快以力求弯道超车的格局，美国通用电气、墨西哥水泥、三一重工、上海电气、海尔智家、小米集团、美的集团、联想集团等纷纷打造以自身为核心的工业互联网平台，而平台效应也逐步凸显。因此，可从政策引导、技术支撑、资金扶持、人才培养、经验推广等角度探讨我国制造业如何借助工业互联网的“春风”，打造符合数字化经济和平台经济发展趋势的平台型组织结构。

针对具体企业打造工业互联网平台的战略决策，可引导学生使用 SWOT 模型进行分析，可从市场前景、政策支持、供应商、客户、竞争者、市场份额、技术水平与推广能力、资金、管理能力、品牌效应等角度分析所选公司的优势、劣势、机会和威胁，再将外部机会和威胁与企业内部优势和弱点进行匹配，形成四种不同类型的可行战略组合：优势—机会（SO）组合、弱势—机会（WO）组合、优势—威胁（ST）组合和弱势—威胁（WT）组合。

六、教学组织方式

本案例可以作为专门的案例讨论课来进行。如下是按照时间进度提供的课堂计划建议，仅供参考。整个案例课的课堂时间控制在 80—90 分钟。

（一）课时分配

案例回顾与概述（5 分钟）：介绍案例背景，回顾案例内容，理清案例思路，明确案例主题。

提出问题与小组讨论（20 分钟）：结合板书提出启发性思考题，分小组讨论并形成组内答案。

小组汇报与教师引导（50 分钟）：针对每道启发性思考题，选一个小组进行回答，其他小组补充。教师需结合板书和多媒体对学生引导，得出最终答案。

案例评价与总结（10分钟）：对知识点进行梳理，对案例教学过程进行评价，总结学习心得体会。

其他问题（5分钟）：教师回答学生的一些其他问题。

（二）板书设计

启发性思考题1：企业组织结构选择有哪些基本原则？请结合案例谈谈阿里巴巴三次组织结构战略转型所体现的基本原则。

表2　启发性思考题1解题思路

组织结构选择基本原则	企业外部机遇与挑战	企业内部优势与劣势
适应技术与产品要求 适应职能与专业要求 适应地区和环境要求 组织结构紧跟战略调整 有效控制与顺畅沟通 精干高效与追求实效	消费者需求更迭 监管法规演变 技术进步 竞争态势变化等	技术方面 资金方面 管理经验方面 规模效应方面 政商关系等

启发性思考题2：通常，企业组织结构转型都有哪些基本动因？请结合案例谈谈阿里巴巴三次组织结构转型的具体动因。

表3　启发性思考题2解题思路

组织结构转型主要动因	阿里巴巴三次转型动因
1.直接动因：企业经营战略调整和优化 2.外部动因：竞争环境、客户环境和市场环境 3.根本动因和物质保障：新一代信息化技术的发展与应用普及	1.直接动因：为适应发展迟滞的国内市场和快速增长的海外市场，阿里巴巴确定国内业务和海外业务双轮驱动发展战略，而且资源配置会偏向于海外市场，致使企业组织结构也划分为国内商业板块和海外商业板块； 2.外部动因：国内和海外市场发展态势的差异，特别是“两个市场”不同的竞争环境、客户环境和制度环境； 3.根本动因与物质保障：5G、物联网、人工智能、大数据、云存储与云计算等信息技术和移动互联技术则为国内市场、海外市场信息共享、经验互鉴、协同发展提供强有力的技术支撑和物质保障。

启发性思考题3：综观阿里巴巴三次组织结构转型，总结阿里巴巴组织结构转型主要特点，并深入探讨这些特点对其他企业开展组织结构转型的启示。

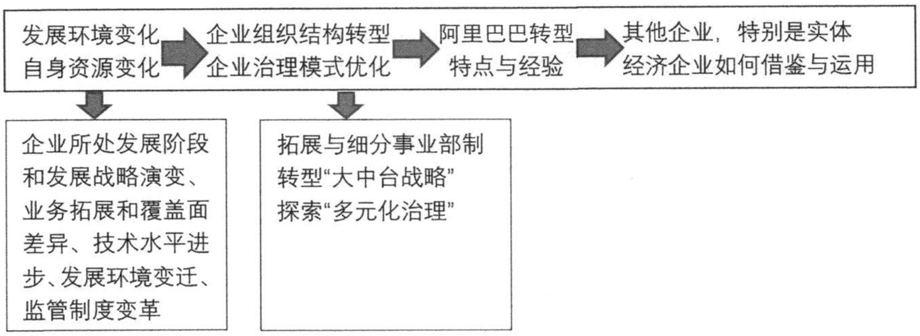

图 5　启发性思考题 3 解题思路

启发性思考题 4：当前，阿里巴巴正根据内部资源和外部环境开展第三次组织结构转型的探索，主要战略是从“大中台战略”向“多元化治理”转变，请深入分析阿里巴巴此次组织结构转型可能面对的风险，并提出相应的风险预防和应对策略。

表 4　启发性思考题 4 解题思路

阿里巴巴组织结构 第三次转型的核心动因	阿里巴巴组织结构 第三次转型主要风险
国内行业需求增长趋缓而海外需求快速增长、企业内耗严重而协同效应不足、企业间竞争加剧而自身竞争优势趋弱、客户需求升级化与多元化、监管日趋规范和严格等原因导致原有发展战略的弊端不断呈现，且严重影响企业经营绩效。	监管法规的进一步完善和严格对阿里巴巴市场开拓和竞争带来风险、行业内竞争者崛起而带来市场规模萎缩和盈利能力下降、淘系和 B 系业务整合不达预期致使协同效应难以发挥、国内成功经验复制至海外市场的适用性等。

启发性思考题 5：案例显示，平台型或生态型组织结构成为阿里巴巴当前的组织结构，但现实中的平台企业大部分为互联网企业或科技型企业（如腾讯、美团、滴滴、京东等），基本都属于虚拟经济；作为实体经济的制造型企业，是否存在构造平台型或生态型组织结构的必要性和可行性？如果存在，可以采用哪种方式？

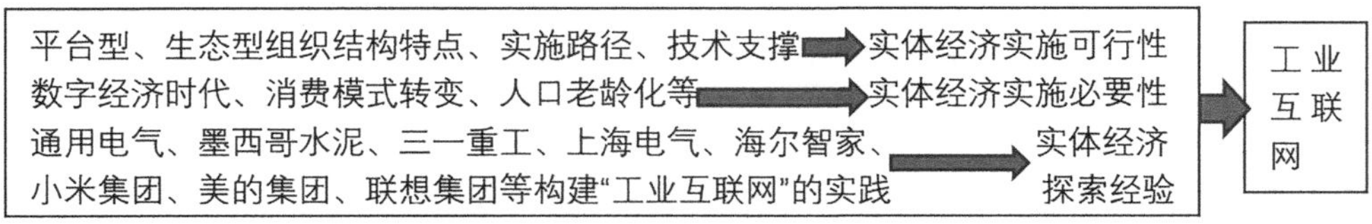

图 6　启发性思考题 5 解题思路

（三）讨论方式

案例讨论应该大致按照典型的决策模型进行。模型包括：①定义问题；②分析案例具体情况；③形成备选方案；④选择决策标准；⑤分析并评估备选方案；⑥选择首选方案；⑦制订行动方案和实施计划。

大多数案例讨论的核心推动力是组织中某个具体决策或问题的解决方案，因此，根据课时分配，案例讨论可以这样进行：在提出问题和小组讨论环节中，小组内根据 6 道启发性思考题进行讨论，并形成组内答案；在小组汇报与教师引导环节中，对每一道问题，教师从分组学生中选一组回答，其他小组补充，形成多种备选方案，教师根据决策标准引导学生分析评估备选方案，选出首选方案，并制订行动计划。

在案例讨论时，教师需鼓励学生形成良好的讨论习惯，如勇于提出不同意见、讨论前做好准备、讨论时积极发言、讨论后及时总结，避免盲目从众、提前背稿。

七、案例后续进展

鉴于阿里巴巴组织结构的第三次转型才刚刚开始，特别是对“海外数字商业”板块还未公布具体的整合策略，后续还需根据实际进展收集、整合资料，并结合阿里巴巴后续经营绩效对第三次转型进行综合评价，总结经验和教训。

针对我国制造型企业紧抓数字化转型和数字经济发展的大趋势，积极探索构建工业互联网平台，但由于篇幅限制，并未进行展开，还需要学生结合自身工作经历进行深入研究，撰写案例研究报告。

八、其他教学支持材料

（一）计算机支持

由于本案例在有关课程中被当作讨论材料使用，需要向学生展示，所以在计算机中需要安装 PowerPoint 软件。

（二）网络支持

本案例提到直播电商案例，需要学生连接互联网，通过登录相关电商平台体会和了解实务现状。

案例 8

海尔智家：研发创新战略助力高质量发展案例

摘　要：长期以来，得益于研发持续高投入和科技创新战略的齐头并进，海尔智家股份有限公司营业收入持续增长，展现出绝对领先的规模优势和持续稳健的增长能力。因此，需要总结海尔智家研发战略和科技创新战略，为其他企业通过研发投入和科技创新塑造垄断竞争优势、推动高质量发展提供借鉴和启示。

关键词：海尔智家；研发创新；国际化战略；借鉴与启示

Abstract: For a long time, due to continuous investment in research and development and the strategy of scientific and technological innovation, the operating revenue of Haier Smart Home Co., Ltd. has grown continuously, showing the absolute advantage in the size and continuous growth ability. Therefore, it is very necessary to summarize the R&D strategy and strategy of scientific and technological innovation of Haier, so as to provide reference and inspiration to build competitive advantage and promote high-quality development by strengthening R&D Investment and scientific and technological innovation.

Keywords: Haier; R&D and Innovation; International Strategy; Reference and inspiration

一、引　言

在全球化背景下，跨国公司为适应全球大环境、谋求新的发展空间和技术优势，更好地给国际化战略实施提供技术支持以及更充分地利用全球技术资源，跨国公司越来越多地将研发机构的区位配置于海外。虽然中国企业研发全球化总体比例不大,研发全球化能力存在不足,但海尔智家却在研发全球化方面走在前列:2005 年,海尔进入全球化品牌战略阶段,明确在海外市场要坚持创立自主品牌,建立本土化设计、本土化制造、本土化营销"三位一体"中心。

经过 10 余年的实践和坚持,海尔智家已在全球高端家电市场占据重要位置,这与其依托全球化战略打造开放创新体系、实施研发全球化战略、实现用户与全球资源零距离对接紧密相关。因此,研究海尔智家研发战略和科技创新战略的决策机制、实施路径、效应评估等,对其他企业通过研发投入和科技创新塑造竞争优势、实现高质量增长具有重要的借鉴和启示意义。

二、相关背景

(一) 技术研发

1. 技术研发的内涵

技术研发,是指生产技术的研究与创新,是以创造新技术为目的的研发或以科学技术知识及其创造的资源为基础的研发,包括开发新技术或者将已有的技术进行新的应用创新,是企业竞争优势的重要来源,企业可持续发展的重要保障。

2. 技术研发的类型

第一,按研发内容进行划分,技术研发可分为如下 3 类。

基础性研发:为获得基本技术原理和新知识而进行的研发。

应用性研发:为确定基础性研发成果可能的用途、应用路径等而进行的研发。

试验性研发:为研发和获得新的产品、材料和装置,建立新的工艺、系统和服务而进行的系统性研发工作。

第二,按研发形式进行分类,技术研发可分为如下 3 类。

自主型研发:企业通过自身努力,攻破技术难关,实现技术创新。

吸收型研发:企业通过学习和模仿率先创新者的创新思路和创新能力。

合作型研发:企业之间或企业、科研机构、高等院校之间所发生的联合经济技术行为。

虽然以"追赶者"身份开展的吸收型研发能在短期内帮助后发者在短期内促进技术进步,但却不足以驱动长期增长。因此,中国企业需加强高精尖技术创新水平,与国际前沿一道寻找新科技革命突破口,创造长期价值,做大增长蛋糕。

3. 技术研发的路径

通常，企业可以通过如下路径开展技术研发和获取技术：设立研发机构自主研发、通过技术贸易引进高新技术、开展企业并购获得高新技术、积极利用社会科研力量开展联合研发、与其他企业或机构缔结研发战略联盟等。

4. 我国技术研发存在的问题

整体而言，中国企业的研发创新正在从“引进跟随”向“自主创新”转型。从创新规模来看，中国已成为名副其实的“创新大国”，但距离建设“创新强国”还有一定差距，突出表现如下两个方面。

第一，知识密集型行业产出占比高，但尖端创新不足

2021 年 12 月初，德勤发布《2021 中国制造业创新调研报告》认为：中国在知识技术密集型行业的全球产出份额仅次于美国，但在一些尖端创新领域与发达国家仍存差距——中国在高研发强度行业①的全球附加值占比低于美国及欧盟；在高端及中高端技术产出占比尚未进入全球前十。

第二，创新成果丰富，但质量与转化率较低

在学术成果影响力方面，中国已成为全球科技论文产量第一大国，但 H 指数仅为美国的 35.7%；在科技成果转化方面，自 2015 年以来，中国在获批专利数量上保持全球第一的位置，但 2020 年中国的知识产权相关收入仅占贸易额的 0.2%，而瑞士、日本、美国等发达国家均在 5%左右，中国高校专利的转让率也仅为美国的 1/20。

5. 研发创新的发展趋势

第一，技术突破创新方面：未来技术储备将变得尤为重要，前沿技术的商业化与产业化将是最大的价值创造源泉。

第二，应用转化创新方面：低效率产业的数字化转型仍将持续，但简单易做的转型已基本完成，未来专业化程度高、产业链复杂的垂直领域数字化需要更多耐心和策略。

第三，商业模式创新方面：点状创新门槛过低，将无法获得持续的竞争基础，存量市场零和博弈的模式创新将无法持久；未来具备规模化输出创新能力的组织和能够高效激发、整合创新资源的生态将获得优势。

① 行业研发强度=行业企业研发支出总额/行业附加值总额；高研发强度行业是指该比值按照全球产值计算排名前五的行业，包括飞机制造、医药、计算机、电子和光学产品、科研研发服务及软件研发出版。

（二）研发国际化

1. 研发全球化的内涵

研发全球化是研发跨越国界的行为，是企业组织改变单一在母国进行研发活动，通过直接建立国外研发机构、跨国并购、建立国际技术联盟等形式将研发活动扩展到国外，以创新源获取的全球性、创新才人的国际化、技术创新组织国际网络化为特征的技术创新范式；既包括本国在海外的研发活动，也包括外国在本国的研发活动，即研发全球化是经济全球化的重要组成部分。

2. 研发全球化的体现

在全球化背景下，企业开始注重从外部寻求可用资源，从封闭式创新向开放式创新转变，即企业开始从内部和外部同时获得有价值的创意，商业化路径也可从企业内部和外部进行，从而将外部创意和外部市场化的作用上升到和内部创意、内部市场化同等重要的地位。

因此，研发全球化包括建立海外 R&D 中心，也包括与海外企业、大学、科研机构的跨国合作来实现，具体表现在海外研发机构不断增加、海外研发投资不断增加、雇佣海外科技人才不断增加、海外研发机构获得专利不断增加等。

3. 研发全球化的发展趋势

2019 年 11 月 12 日，世界知识产权组织发布 2019 年版《世界知识产权报告》称：创新合作更趋全球化，并呈现出如下发展趋势。

第一，全球研发在地域上日益集中到几个热点国家——创新活动地点越来越向中国、美国等 5 个国家的大城市热点地区集中：2015—2017 年，中国、德国、日本、韩国、美国这 5 个国家约 30 个大城市热点地区占据专利总量的 69%和科学活动的 48%。

第二，中国、印度、东盟等亚洲市场对研发创新愈发重视，并不断营造利好环境，致使这些区域聚集的海外研发资金正在快速增长。

第三，从国别角度考量，拥有更多跨国公司的国家在海外的研发投入也更多，这主要是受益于数字科技的不断演进使分布在世界各地的研发团队可以更好地实现协同创新。

第四，跨境研发投资金额来源国也极为集中，如 2017 年位居前两位的美国和德国，跨境研发支出占全球研发总支出已超过 50%。

4. 研发全球化的动因

研发全球化主要是通过本地化产品研发满足本地增量市场需求、跨境并购业务衍生的海外研发中心分布需求、与外包生产配套的研发活动需求、充分利用海外研发资源等动因。如具体到海外企业在华开展研发，一个重要因素就是中国所拥有的研发人才储备和政策红利优势——中国越来越重视科技创新，并给予一系列的政策支撑，使中国在全球研发体系中扮演的角色正快步由追随模仿者转变为原创者，特别是在通信和数字技术领域，中国创新优势已然凸显，进而引发大量海外研发资本进入中国。

（三）研发战略联盟

1. 研发战略联盟的内涵

研发战略联盟主要指由两个或两个以上的资金或技术力量相当的公司或机构，基于共同研究和开发高新技术的目的而组成一个互补型战略联盟。

2. 研发战略联盟的特点

近年来，研发战略联盟呈现出数量发展迅速、行业分布集中、区域分布网络化、战略性更加突出、研发方向日趋导向性等特点。

3. 研发战略联盟的动因

近年来，研发战略联盟快速发展主要受到如下因素驱动：技术发展出现聚合趋势，即技术呈现跨领域、跨学科融合；技术生命周期日益缩短，更新迭代频次加快；新技术研制成本及风险日益增大；技术研发创新成为维持公司持续竞争力的关键环节；技术研发创新有利于维持公司对行业标准的确立和引领；各国政府公共政策的大力支持等。

三、海尔智家研发战略

海尔智家股份有限公司（下文简称海尔智家）基于“世界就是我的研发部”的核心理念，建立了领先的全球研发创新体系，提供了充足的研发资金保障，夯实了公司围绕用户需求开展持续创新的根基。

（一）持续加大研发投入

近年来，海尔智家持续加大研发投入，研发投入金额和研发投入强度都持续提高，如2021年，海尔智家研发投入经费达83.57亿元，同比增长22%，持续加大对智慧场景方案、人工智能、物联网、云计算以及产业超前技术的研发投入，实现了从产品科技到场景科技的引领。2022年第一季度海尔智家研发投入金额达24.82亿元，同比增长20%，研发投入强度达4.12%，同比提高0.45个百分点，主要为公司重点投入智慧家庭领域的核心技术与核心能力的打造，推进各产业在颠覆性、超前技术布局，三翼鸟场景品牌技术能力构建等。

表1　2015—2022年海尔智家研发投入情况(亿元)

年份	R&D金额	R&D强度
2015	24.61	2.74%
2016	32.81	2.75%
2017	45.10	2.76%
2018	51.05	2.77%
2019	62.67	3.12%
2020	68.60	3.27%
2021	83.57	3.67%
2022.1—3	24.82	4.12%

注：R&D强度＝R&D金额÷营业总收入×100%。

数据来源：海尔智家.2015—2021年年报、2022年第三季度报[EB/OL]，https://emweb.securities.eastmoney.com/PC_HSF10/NewFinanceAnalysis/Index? type=web & code=sh600690#dbfx-0，2022-10-31.

根据发展愿景，至2025年，海尔智家将建立专项产业基金400亿元，研发投入600亿元，聚焦绿色双碳、安全隐私与合规、专业领域的芯片与操作系统、AIoT/感知与交互、数据生产力等五大共性关键技术的科技攻关。

(二) 以用户需求为中心，注重研发技术的应用

自创业以来，海尔始终坚持以用户为中心，根据用户需求持续进行产品创新和服务创新。进入新时代，用户对美好生活的需求已经从单一的产品转变为个性化的场景体验。2021年，海尔智家持续以场景激活用户新需求，以生态引领产业新增值。在智慧家庭领域，公司场景品牌三翼鸟，围绕用户最佳体验，联合不同行业的几千家生态资源方打造了集家电、家居、家装、家生活于一体的一站式定制智慧家服务，能够定制阳台、厨房、客厅、浴室、卧室等300多种智慧生活场景，满足人们对美好生活的向往。此外，截至2021年底，海尔智家已建成15家全球引领的互联工厂样板、2家第四次工业革命的“灯塔工厂”，且整个生态体系的互联互通、数字洞察和智能优化的能力持续升级，业务涵盖冰箱、洗衣机、空调、热水器、厨电等领域，满足用户的最佳体验，并获得显著的成本节约、价值提升、用户满意等效果：产品不入库率提升到75%，用户全流程参与的大规模定制占比达24%，客户参与的大规模定制占比达51%。

又如在欧洲市场，针对当地冰箱产品制冰功能有异味、用户体验差等痛点，2022年初，

青岛总部与欧洲研发中心协同上市 Cube90 冰箱新品系列，则通过独立送冷风系统和专用过滤器净化制冰水方案解决用户痛点。

（三）积极推进研发全球化

1. 海尔智家研发全球化战略实施阶段

第一阶段为 1998—2005 年，海尔主要通过直接投资的全球化路径在印尼、菲律宾和马来西亚生产冰箱和空调，然后在美国建立工厂和设计中心。

第二阶段为 2005 年至今，海尔通过海外设立、跨境并购、跨国战略联盟等路径，运用全球资源在全球建立研发机构。截至 2018 年底，海尔在全球范围内已建成 10 大研发中心和 HOPE 开放式创新平台、29 个海外生产基地、108 个工厂、14 万销售网点，基本形成线上线下互动融合的开放创新生态系统。

2020 年底，海尔智家依托全球 10 大研发中心，根据用户痛点随时并联的 N 个创新中心，搭建起了“10＋N”开放式创新体系，形成遍布全球的资源网络和用户网络，以“共创・共赢・共享”的机制开放吸引全球一流资源参与研发，引领行业产品及技术发展方向，真正实现“用户需求、创新资源在哪里，研发就在哪里”，为用户提供极致体验。特别是 HOPE 平台已链接全球一流资源超过 100 万、专利成果超过 3 000 万，资源方可参与到公司以用户为中心的迭代式研发流程中，形成了遍布全球的研发资源共享网络和开放创新系统。

2. 注重全球研发协同

2017 年 3 月 17 日，全球引领产品协同平台完成所有项目的论证和评估，自此所有品牌产品（包括海尔、GEA、Fisher & Paykel、AQUA）逐步实现研发资源、产品资源、模块资源的全球共享，加快引领产品的上市速度，最大程度降低重复开发所带来的成本、效率问题；而经过全球领先产品企划和开发团队的当地用户调研和评审，项目成功概率将大大增加。

2017 以来，海尔智家在海外市场始终坚持研发、制造、营销三位一体的本土化布局，通过差异化解决方案为用户提供精准服务和最佳体验，实现海外各区域业务协同发展，促使各区域业绩均领跑行业。

（四）创新战略与品牌战略相融合

2020 年以来，面对行业需求平淡、原材料成本持续上升等挑战，海尔智家加速物联网智慧家庭战略转型，聚焦高端品牌、场景品牌、生态品牌建设，持续扩大在高端成套化与智慧家庭场景方案、全球化业务协同与高效运营体系、智家体验云平台等方面的优势，推进全流程数字化变革提效。

2021 年,海尔智家坚持锐意创新,推动从高端品牌向场景生态品牌转型发展,不断实现从产品溢价到体验溢价的转型升级。

2022 年,海尔智家将继续坚持生态品牌战略,聚焦实体产业,持续科技创新,聚力解决困扰行业的“卡脖子”技术难题,积极布局新业务品类。如在北美市场,海尔智家通过推出全新 36 英寸嵌入式 Column 冰箱、通过远程升级(OTA)来不断提升用户购买后体验的智能烤箱、GE Profile 品牌的波轮洗衣机等,丰富高端产品和品牌布局,使得 2022 年第一季度,包括 Monogram、Café 和 GE Profile 在内的高端品牌增幅超 30%。此外,海尔智家还加快专业空调、热水器和小家电的新业务开发,以开发未来增长潜力,如 RealMAX 燃气热水器和新型中央空调机组在 AHR 展(美国国际空调、供热及制冷设备展)一亮相就获得广泛认可。

四、海尔智家研发战略成效显著

(一) 持续研发投入创造斐然的科技成果

持续的高研发投入为海尔智家带来斐然的科技成果。

第一,专利申请获批:截至 2021 年底,海尔智家在全球申请专利累计 5.3 万余项,其中发明专利 3.3 万余项,占比超过 60%,位居中国家电行业第一,体现领先的专利质量;海外发明专利 1.1 万余项,覆盖 28 个国家,是在海外布局专利最多的中国家电企业。

第二,产品科技:截至 2021 年底,海尔智家所获中国专利金奖(9 项)、国家科技进步奖(15 项)以及中国优秀工业设计金奖(3 项)均位列行业第一,并累计获得国际设计金奖 3 项,设计大奖 194 项(含前述 3 项金奖);其中,2021 年 11 月,海尔智家空调产业联合其他科研单位共同凭借“建筑热环境理论及其绿色营造关键技术”获得“国家科技进步奖二等奖”。

第三,场景科技:海尔智家 6 次蝉联 IPRdaily“全球智慧家庭发明专利排行榜”榜首,2021 年公开专利数量高达 4 535 件,美国子公司通用家电(GEA)也连续第四年被 IoT Breakthrough 授予年度最佳智能家电公司。

第四,物联网技术:海尔智家大脑先后获中国轻工业联合会科学技术进步奖一等奖、Matter 季度突出贡献奖、吴文俊人工智能科技进步奖等,并成为 Matter、HCA 两大国际标准组织核心成员。

(二) 持续研发投入带来优良的业绩表现

海尔智家持续稳定的研发投入带来持续的技术创新领先优势,为企业快速发展打下坚实基础，具体表现在公司业绩良好，即使在遭遇原材料与人工成本上升、零部件供应短缺等冲击的2020年和2021年，营业收入、净利润、经营活动净现金流都呈现持续增长态势，凸显海尔智家较强的竞争力。

2021年，海尔智家实现营业收入2 275.56亿元，同比增长8.5%，剔除处置业务影响后同比增长15.8%；实现净利润132.17亿元，同比增长16.7%；实现归母净利润130.67亿元，同比增长47.1%；经营活动净现金流213.3亿元，较2020年增加55.20亿元，净利润现金含量为1.75（表2）。

2022年第一季度，海尔智家实现营收602.51亿元，同比增长10%；归母净利润35.17亿元，同比增长15.1%；毛利率28.5%，同比上升0.05个百分点。

表2　2015—2021年海尔智家股份公司经营业绩（亿元）

类目	2021	2020	2019	2018	2017	2016	2015
营业收入	2 275.6	2 097	2 008	1 841	1 634	1 191	898.0
归属净利润	130.67	88.77	82.06	74.84	69.08	50.42	43.04
经营活动净现金流	231.30	176.1	150.8	191.4	167.0	81.36	56.04

数据来源：海尔智家.2015—2021年年报［EB/OL］.https://emweb.securities.eastmoney.com/PC_HSF10/NewFinanceAnalysis/Index? type=web & code=sh600690#dbfx-0,2022-10-31.

（三）持续研发投入提升国际化水平

海尔智家持续研发投入，特别是紧跟需求的全球化研发战略，使得公司产品和品牌享誉全球，海外知名度不断提升，国际化经营程度不断提高——海尔智家已具有超过20年的海外运营经验，成功实现多品牌、跨产品、跨区域的全球化布局，已在北美洲、欧洲、南亚和东南亚、澳大利亚和新西兰、日本、中东和非洲等超过160个国家和地区为用户制造和销售全品类的家电产品及增值服务。截至2021年，海尔智家在全球运营10个研发中心、122个制造中心、108个营销中心，并在全球市场覆盖接近13万个销售网点，海外收入、盈利能力再创历史新高——2021年，海尔智家实现海外收入1 137.25亿元，同比增长13.0%；经营利润59.26亿元，同比增长48.1%；经营利润率同比提高1.2个百分点，达到5.2%，超越行业代工平均3—5个百分点。

表 3　2015—2021 年海尔智家海外经营业绩(亿元)

类目		2021	2020	2019	2018	2017	2016	2015
营业收入	金额	1 147	1 014	933.2	772.0	714.5	475.8	187.0
	占比	50.4%	48.3%	46.5%	41.9%	43.6%	39.9%	20.8%
营业利润	金额	323.6	283.9	248.9	—	—	—	—
	占比	46.0%	46.2%	41.6%	—	—	—	—

数据来源：海尔智家.2015—2021 年年报[EB/OL].https://emweb.securities.eastmoney.com/PC_HSF10/NewFinanceAnalysis/Index? type=web & code=sh600690 # dbfx-0,2022—10—31.

2022 年一季度，海尔智家海外业务收入同比仍增长 4.2%，经营利润率同比也提升 0.1 个百分点，表明海尔智家国际竞争力进一步提高。

(四) 持续研发投入助推产品创新和多元化

海尔智家创新紧跟行业发展趋势，积极拓展干衣机、洗碗机等新品类，打开增长新通道——2021 年，干衣机销售收入同比增 203%，洗碗机销售收入同比增长 90%，而高端品牌卡萨帝洗碗机更是同比增 137.9%。

相较传统家电，智能家居品牌通过拉动用户的场景需求，可有效降低产业对家电企业需求端的影响，其客户粘性以及品牌认同度也更高。因此，智能家居，特别是布局场景已成为热门赛道。鉴于此，2020 年，海尔智家独创智能家居布局场景品牌三翼鸟，积极运营三翼鸟 App，累计建成 1 317 家场景门店，且平均客单价高达 22 万元，店面效率是传统店的 5 倍；而高客单价和优于传统门店的线下运营效率，又显示出三翼鸟品牌强大的市场竞争力和发展潜力。

此外，2021 年年底，海尔智家公布小家电事业部投资计划，以加大对清洁家电等新兴家电品类的投资，新品类布局或将为公司带来新增长动力。

(五) 持续研发投入强化品牌引领功能

海尔智家通过自主发展和并购已形成包括海尔、卡萨帝、Leader、GE Appliances、Candy、Fisher & Paykel、AQUA 等七大全球家电品牌集群，品牌效应不断提升，如权威市场调查机构欧睿国际数据调查显示：2020 年海尔智家连续 12 年蝉联全球大型家用电器品牌零售量第一名；2009—2020 年，海尔品牌制冷设备、洗衣设备的零售量在大家电品牌中分别连续 13 年和 12 年蝉联全球第一。

特别是公司高端品牌，更是凭借先进技术、开发优势，带来差异化产品体验，放大单用户价值，保持快速增长态势——卡萨帝品牌在中国高端大家电市场中占据绝对领先地位，在高端市场冰箱、洗衣机、空调等品类的零售额份额排名第一，市场均价大约为行业均价的 2—3 倍；2021 年，卡萨帝品牌更是实现销售收入突破百亿大关，达 129 亿元，同比增长超过 40%，高端市场份额占比超过 40%；在美国市场，公司旗下高端子品牌 Monogram/Café/GE Profile 增速也超过 40%；2021 年，卡萨帝又全面落地三翼鸟，助力海尔智家更好地应对外部不利因素；2022 年第一季度，卡萨帝品牌销售收入同比增长 32.3%，而同期中国智慧家庭及其他业务收入同比仅增长 16.0%。

更进一步，高端化产品为企业带来高毛利——如即使面对原料价格上涨、海运费用攀升、房地产调控收紧等多种因素叠加冲击的情况下，2021 年海尔智家毛利率不降反增，同比提升 1.6%至 31.2%；2022 年一季度毛利率达 28.5%，较 2021 年同期仍提高 0.05%。

基于对公司社会责任、管理质量、财务表现、长期投资价值、人才开发和管理、全球竞争力的综合评估，2020—2022 年海尔智家连续三次入选《财富》杂志年度最受赞赏公司，是中国大陆 5 家上榜公司之一，也是家电家居行业除美国本土之外的唯一入选企业，凸显各界对公司品牌的高度认可。

2021 年，海尔智家再次入选 BrandZ™2021 最具价值全球品牌 100 强，成为全球唯一入选物联网的生态品牌。

2022 年 2 月 21 日，在由中央广播电视总台举办的以“中国信心品牌力量”为主题的第二届“中国品牌强国盛典”中，海尔被选为十大“国品之光”品牌，凸显对公司品牌的认可，因为举办“中国品牌强国盛典”正是为了更好地弘扬典型企业打造中国品牌的精神，营造全社会提升中国品牌竞争力的氛围，褒扬勇于变革、敢于创新的精神，激励为构建新发展格局迈出新步伐的实践者，用品牌的力量为中国经济注入信心，用品牌的力量发出中国经济最强音。

（六）持续研发投入推升市场竞争力

在品牌高端化转型带动下，海尔智家市场竞争力和市场份额不断提升，如 2021 年，国内市场实现营业收入 1 207.9 亿元，同比增长 22.2%；经营利润 74.56 亿元，同比增长 27.5%；整体市占率达 25%，同比提升 2.3 个百分点。2021 年，依托线上渠道转型与数字化营销，实现海外收入 1 137.3 亿元，同比增长 13.0%，海外市场份额不断提升，而受益于品类结构升级及公司降本增效管控，海外业务毛利率达 28.2%，微升 0.2 个百分点，特别是在欧洲市场，根据 GFK 统计数据显示，截至 2022 年 2 月，海尔智家成为当地市场销量、销额增长最快的公司。

（七）持续研发投入提升标准引领和输出能力

截至 2017 年末，海尔智家已参与制定 6 项国家智能制造标准，累计输出互联工厂专利

33 项、著作权 12 项；截至 2019 年末，海尔智家已参与 67 项国际标准的制/修订，以及累计 550 项国家/行业标准修订工作，中国家电行业第一，覆盖了智慧家庭、大规模定制、智能制造、智能工厂、智能生产、工业大数据、工业互联网等 7 大领域；公司在四大国际标准组织（ISO、IEC、IEEE、OCF）全面主导智慧家庭国际标准的制定，实现智慧家庭云生态标准体系的全球引领。

海尔智家是中国唯一进入国际电工委员会市场战略局（IEC/MSB）的家电企业，也是中国唯一承担国际标准分技术委员会的家电企业；牵头成立 IECTC59/SC59MWG4 冰箱保鲜国际标准工作组，主导制定冰箱保鲜全新国际标准；发布由公司主导制定的全球首个 AI 标准白皮书，牵头在 IEEE（电气电子工程师学会）立项并主导制定智慧家庭、衣联网、食联网等国际标准；公司互联工厂模式作为白电行业唯一入选全国智能制造标准培训教材，作为行业唯一案例写入 IEC（国际电工委员会）标准案例。

五、结束语

未来消费趋向时尚化、智能化、舒适化、健康化，新兴品类将继续崛起，科技创新、绿色低碳转型、数字化转型及全球拓展等将为我国家电行业创造新的发展机遇。作为家电行业巨头的海尔智家，将继续加大研发投入，特别是在场景化、高端化、智能化等领域发力，以高科技为支撑，以高质量的产品与服务，满足全球用户对美好生活的需求，展现大国品牌的实力与价值。

参考文献

[1] 高翔.中国企业研发国际化现状及对策[J].智富时代，2019(02)：3-4.

[2] 海尔智家.2021 年年度报告[R]. https://data.eastmoney.com/notices/detail/600690/AN202203301556094604.html，2022-03-31.

[3] 海尔智家.2022 年第一季度报告[R]. https://data.eastmoney.com/notices/detail/600690/AN202204281562203616.html，2022-04-29.

[4] 何勤勤.国际化战略与企业研发创新能力：国际经验与中国例证[D].重庆：四川外国语大学，2017.

[5] 刘旭颖.核心技术创新成就“国品之光”[N].国际商报，2022-02-25：05.

[6] 晏澜菲.创新赋能，中国品牌舞动国际舞台[N].国际商报，2022-03-14：04.

[7] 查贵勇.海尔研发全球化战略及启示[J].中国机电经贸，2021(07)：40-41.

案例 8　使用说明

一、教学目的与用途

本案例主要通过对海尔智家研发战略演变、特征与成效等分析，再现中国传统家电企业通过不断调整、创新和优化自身技术研发创新战略而不断提高市场竞争力和盈利能力，获得可持续发展，进而深入探讨企业在面临新市场环境和发展困惑下的技术创新研发战略选择问题。

(一)适用课程

本案例主要适用跨国公司管理、国际商务概论、战略管理等相关课程。

(二)适用对象

本案例难度适中，适用本科生、研究生、MBA 在职攻读学位人员。

(三)教学目标

1. 知识传授

通过本案例相关理论知识的讲解和案例解析，让学生了解企业研发创新的类型、特点和主要路径，认知研发创新国际化和跨国研发创新联盟的内涵；熟悉我国企业研发创新的现状、存在的问题；掌握企业研发创新战略，特别是研发创新国际化战略、跨国研发创新联盟战略的基本路径、特点、动因和风险等；掌握企业研发创新战略选择的影响因素，以及研发创新战略成效评价的基本方法。

2. 能力训练

通过案例解析，培养学生运用企业研发创新战略管理的分析工具，剖析企业在面临新的市场环境下研发创新战略的选择和实施等能力，提升学生应用理论分析实际问题的能力，并对企业研发创新战略能有更为深入、系统的认知。

二、启发性思考题

1. 什么是研发全球化？企业开展研发全球化的动因有哪些？

2. 研发全球化的具体实施路径有哪些？请结合案例谈谈海尔智家研发全球化的具体路径及选择原因。

3. 海尔智家是如何培育自身核心能力并实现从实验室技术走向市场化应用的？其中有哪些可以被其他行业借鉴？

4. 结合海尔智家通过自主创新掌握自主知识产权的核心技术的实践过程，谈谈中国产业关键技术的自主创新难点。

5. 海尔智家研发创新战略有哪些值得借鉴的经验与启示？

6. 考虑到小家电行业面临技术升级、智慧互联、创新体验三大增长驱动力，并越来越成为一个全球供应链一体化的行业，2021 年底海尔智家公布设立小家电事业部的投资计划，加大对清洁类家电、厨房小家电、个人护理家电等新兴家电品类的投资。请为海尔智家小家电事业部研发创新模式选择提出建议。

三、案例分析背景

（一）公司背景

海尔智家股份有限公司成立于 1984 年，在改革开放的时代浪潮中成长。30 年来，海尔始终以创造用户价值为目标，一路创业创新，历经名牌战略、多元化发展战略、国际化战略、全球化品牌战略四个发展阶段，2012 年进入第五个发展阶段——网络化战略阶段，海尔目前已发展为全球白色家电领先品牌。

迄今，海尔已构建起世界领先的白电、厨卫产业集群，产品覆盖冰箱、冰柜、洗衣机、空调、热水器、净水器、厨房电器等，并基于在品牌、研发、智造、渠道、服务、生态和智慧家庭平台的全方位布局，为消费者提供“成套、定制、迭代”的“5＋7＋N”智慧成套解决方案，实现主动服务。“成套”是通过集智慧家庭全屋产品方案、家电家居于一体的成套服务，一站式解决用户全屋家电需求；“定制”是基于海尔全产业优势，实现用户自由定制智慧家庭全屋场景；“迭代”是指运用智家云脑对产品使用数据进行收集和分析，根据用户习惯、场景需求，对智慧家庭的技术、性能和体验进行升级迭代，不断适应用户需求。

（二）行业背景

2021 年，原材料的持续涨价导致企业生产成本攀升，给家电企行业带来不小的经营压力，不少企业陷入两难境地：一方面，如果选择产品涨价，或能保住利润，但也容易造成销量下滑、用户好感度降低，进而失去市场竞争优势；另一方面，如果坚持不涨价，则生产成本难以消化，企业后续经营及业绩也受影响。面对成本和利润的双重压力，不少家电企业也意识到，原本“薄利多销”的价格战模式并非长久之计，必须向“推高卖精”的精细化模式转换，高端化将成为必然趋势。如海信空调加码布局新风赛道，借助璀璨套系意图争夺高端空调市场；美的集团在凡帝罗和比佛利高端子品牌后，又推出 COLMO 品牌。

四、理论研判依据

（一）知识点一：研发创新理论

BCG（波士顿咨询集团）全球合伙人兼董事总经理李舒曾将企业研发创新分为两大类：技术驱动型和应用驱动型。前者偏向技术研发创新，后者则注重商业模式、技术应用路径和内容层面上的研发创新。

BCG 调查显示，相比发达国家以技术为刀锋切入市场，中国企业因基础弱、资金少、经验不足等，更偏好进行非颠覆性的研发创新，且要能在短期见效，进而使得中国研发经费投向活动类别呈现出显著的后发国家特征——中国企业以应用驱动型研发创新居多，占比达 80%，远超其他经济体；而在基础研究和应用研究方面投入则相对不足，中国近 20 年的基础研究投入占研发投入比重仅为 5%，应用研究占比为 16%，低于美国（39%）、日本、法国和韩国等发达国家。这一策略有效促进了中国工程制造相关行业的发展，帮助企业迅速生产出适应市场的新产品和新服务，加之以人口红利和市场规模优势，使得大批注重商业模式创新的企业（如阿里巴巴、美团、京东、滴滴等）快速发展。

但需注意的是，侧重于商业模式创新的应用驱动型研发创新使得行业门槛偏低、竞争壁垒薄弱、商业模式易复制，加剧市场的激烈竞争，一旦碰到击中消费者痛点的新商业模式或是技术创新者，企业将溃不成军。

（二）知识点二：研发创新推动企业国际化经营的理论解析

诸多研究表明，研发创新是企业打造国际竞争优势、提高国际化经营能力的重要引擎，具体而言，作用路径和机制主要体现在三个方面：

第一，以 Melitz 为代表的新贸易理论认为，企业国际化经营决策主要取决于其生产率的高低，而研发投入是提升企业生产率的重要因素，即研发投入可通过提高企业生产率而推动企业国际化经营。

第二，邓宁的国际生产折衷理论认为，企业开展国际化必须同时具备所有权优势、内部化优势和区位优势；其中，所有权优势主要是指企业拥有的某些特定化资产，特别是专利发明和专有技术等无形资产，而这些特定无形资产的获得需要通过研发创新投入等长期积累，即研发创新投入能显著推动企业所有权优势的获得；即长年累月的研发创新投入可沉淀为企业的知识资源储备（Gustavsson 等，1999），而知识资源的应用则通过提高企业国际化的能力（Tseng 等，2007）而加速企业国际化经营的步伐（Zhou 等，2010）和提高国际化绩效。

第三，企业在国际化经营过程会接触到大量的新知识、新技术，并借助科技创新和研发投入整合、转化为国际化经营的能力，进而重组生产条件或生产要素，进而提升企业国际化经营的进程（王同宇，2019）。

研究结论表明：企业创新能力的提升对促进企业国际化经营乃至推动中国“走出去”战略的顺利实施具有重要作用，而创新能力的提升主要依靠自主研发创新投入（刘中燕，周泽将，2018）。因此，中国政府一方面推进“大众创业、万众创新”，政府和企业的研发投入逐年增长，科技水平不断提升，科技优势逐步凸显；另一方面深化“放管服”改革，不断优化营商环境，便利化企业“走出去”，以实现科技创新和国际化战略的互促互利、双轮驱动的协同效应。

（三）知识点三：科技研发成果产业化理论

科技成果产业化就是将科技成果转化为实体产业并生产出产品、商品，以体现科技成果的社会效益和经济效益。科技成果转化对科学研究与技术开发所产生的具有实用价值的科技成果进行后续试验、开发、应用、推广直至形成新产品、新工艺、新材料，发展新产业。

一些高校和科研机构大部分从事的还是基础研究，应用研究和应用开发研究相对较少，因为脱离市场，研究出来的科技成果不能够大规模产业化，从而产生经济效益。我国目前建立的一些大学科技园、创业企业孵化基地、科技成果产业化基地等都是科技成果产业化的有效模式。

（四）知识点四：核心能力理论

核心能力是指公司的主要能力，由普拉哈拉德和哈莫 1990 年在《哈佛商业评论》中首先提出，是指公司在竞争中处于优势地位的强项，是其他对手很难达到或者无法具备的一种能力。核心能力主要是关乎各种技术和对应组织之间的协调和配合，从而可以给企业带来长期竞争优势和超额利润。其中，在技术方面，核心能力主要是指通过研发创新产生新技术，或对多种技术和功能进行调整和整合。在组织方面，核心能力强调组织的整个协调。核心能力具有价值性、独特性、延展性、长期性、难以模仿和不可替代性。

（五）知识点五：战略选择理论

按照战略选择理论的观点，战略的本质是选择，是资源和精力的分配，战略选择的好坏将直接决定公司未来的发展方向和速度。企业之所以要做战略，是因为企业的资源和能力有限，不能涵盖所有，在进行战略选择时，必须充分考虑到其自身的资源与能力，进行适当的选择。

企业战略选择是以市场为主导的，技术逻辑是以科技发展为主导的。对于技术逻辑而言，技术本身的进步就足够了；但对于企业战略而言，技术本身的进步仅仅是必要条件，技术路线是要服从战略选择的，所以还必须综合考虑市场竞争的多种因素，才能取得成功。

五、案例分析思路及要点

(一)案例分析思路

教师可以根据自己的教学目标(目的)来灵活使用本案例。这里提出本案例的分析思路，但仅供参考。

1. 企业如何平衡基础性研究与应用型研究的关系

2. 企业研发全球化的路径与选择的基本原则

3. 企业如何实现科技研发成果高质量产业化转化

4. 数字经济发展对企业发展战略和组织结构的影响

5. 企业研发战略选择与战略分析工具的综合运用

(二)启发性思考题解答要点

启发性思考题1：什么是研发全球化？企业开展研发全球化的动因有哪些？

所谓研发全球化是指企业或国家(地区)研发创新活动跨越国界，并在全球布局研发创新资源的经营战略，是企业组织改变单一在母国进行研发创新活动，通过多种形式将研发创新活动由母国国内扩展到国外，以创新资源获取的全球性、创新人才的国际化、技术创新组织的国际网络化等为主要特征的技术创新范式。研发全球化已成为贸易全球化、生产全球化、金融资本全球化之后世界经济一体化的重要趋势之一。

通常，研发全球化主要旨在满足在增量市场进行本地化产品研发、跨境并购业务衍生的海外研发中心分布、与外包生产配套的研发活动等需求。

启发性思考题2：研发全球化的具体实施路径有哪些？请结合案例谈谈海尔智家研发全球化的具体路径及选择原因。

研发全球化实施路径：与国外企业、高校或研究机构等开展合作研发；承接或外发离岸研发服务外包；与国外企业、高校或研究机构缔结研发战略联盟；建立独资或合资的海外研发机构；跨国并购海外研发机构；在全球范围内雇佣研发人员；借助外国企业在华研发机构。

至于海尔智家到底采取了哪些研发全球化路径，建议学员结合上述7种实施路径，认真阅读海尔智家发展历史，特别是1998年以来的国际化战略和全球战略发展阶段所采取的具体策略，进行归纳、总结和提取，并以每种具体路径实施的时间为节点，从内部因素、外部环境两方面分析采取该路径的原因。

启发性思考题3：海尔智家是如何培育自身核心能力并实现从实验室技术走向市场化应用的？其中有哪些可以被其他行业借鉴？

结合中国海尔智家境内外研发资源整合、技术标准引领、创新生态系统构建、科技成果产业化等角度分析和总结海尔智家培育核心能力的具体经验方法，并以家电行业为背景延伸至其他相关行业，同时学员可结合自己感兴趣或所处行业的实际情况进行探讨，并进行行业内企业间、行业间的对比分析。

海尔智家的核心能力和竞争优势的培育主要体现在两个方面，一是核心技术的突破，二是核心技术的市场化应用。在核心技术上，主要是结合行业技术发展前沿，以满足用户需求为中心，构建创新生态系统整合全球技术资源，突破关键技术；在核心技术产业化应用上，主要通过开放式的生态系统战略，通过多方参与、技术共享、利益共享的合作方式共同开发产品和系统。

启发性思考题4：结合海尔智家通过自主创新掌握自主知识产权的核心技术的实践过程，谈谈中国产业关键技术的自主创新难点。

结合案例中海尔智家通过自主创新、联合创新等路径培育核心技术能力和市场竞争优势的实际，思考我国产业关键技术创新难点，并可从创新实现方式、政府政策推动、国家科技项目组织与管理模式创新、产学研技术联盟组织、跨国研发联盟等方面进行思考推动我国产业关键技术创新的策略。

从整体来看，我国大部分产业发展到目前为止，仍处于产业链微笑曲线的底部和利润末端，企业单纯依靠以往的低成本、低价格竞争方式，已很难适应当前的发展需求，提高企业创新能力已成为中国产业升级发展的关键。如何从“中国制造”走向“中国创造”，海尔智家作为国内家电产业创新研发、专利申请和行业标准领先的企业，其创新理念（以用户需求为中心）、创新路径和具体措施（如研发全球化、跨国研发联盟等）都值得我国其他企业借鉴和学习。

启发性思考题5：海尔智家研发创新战略有哪些值得借鉴的经验与启示？

我国企业可从如下方面着手借鉴海尔智家研发创新战略的成功经验。

1. 研发创新坚持以用户需求为中心

在用户需求多样化、差异化快速发展的背景下，尊重用户需求、以用户为中心就成为保持企业、产品和品牌核心竞争力的根本保证。因此，自创业以来，海尔始终坚持根据用户需求持续进行研发创新。

第一，进入新时代，用户对美好生活的需求已从单一的产品转变为个性化的场景体验。据此，海尔智家创建场景品牌三翼鸟，围绕用户最佳体验，联合不同行业的几千家生态资源方打造集家电、家居、家装、家生活于一体的一站式定制智慧家服务，能够定制阳台、厨房、客厅、浴室、卧室等300多种智慧生活场景，满足人们对美好生活的向往。

第二，在国际市场，海尔智家根据用户需求，实施研发本土化，以融入当地市场，如针对俄罗斯人身材高大的特点，定制四抽屉两米高的冰箱分处储存；针对印度水压不稳定的问题，推出零水压洗衣机；针对巴基斯坦用户在特定节假日有一些特殊需求，而专门提供大容量、一次性可以存放12只羊的冷柜。

2. 推进“人单合一”模式，实现全员创新

海尔在全球市场快速发展是海外链群积极推进“人单合一”模式落地的结果。在“人单合一”模式下，每个人从原来的执行者变成创业者，充分激发起每个人的创新积极性。数据显示，2021年，美国GEA的增长速度两倍于行业，意大利的Candy三倍于行业增长。

3. 坚持基础研究、应用研究和高科技产业一体化战略

波士顿咨询公司2019年调查报告显示：中国企业以应用驱动型创新居多（90%），而技术创新者（10%）远少于美国（39%）。技术驱动型创新偏向技术创新，应用驱动型则注重商业模式、应用、内容层面上的创新。应用型创新的侧重使得行业门槛偏低、竞争壁垒薄弱、商业模式易复制，加剧市场的激烈竞争，一旦碰到击中消费者痛点的新商业模式或技术创新者，将可能迅速丧失竞争力。

随着创新驱动作用持续增强，产业升级发展趋势向好，企业创新投入不断加大，投资前景可谓长期向好。在这种情况下，既要适度超前开展基础设施投资，也要着力扩大精准有效投资，合理引导资本投向，推动传统产业高端化、智能化、绿色化发展，为企业长远发展和产业优化升级培育新增长点。

鉴于此，海尔集团已在中央研究院和各研究中心、设计中心组成的系统下，形成基础研究、应用研究和高科技产业化“三位一体”的良好格局，在前沿基础性研究方面不断取得突破，在高新技术研究方面不断形成自主知识产权的技术成果，在高新技术产业化方面不断形成新的技术产业，从而保持可持续性竞争优势。

4. 坚持品牌、研发一体化战略

当前，中国正经历从中国产品到中国品牌的转变，从价格优势向品牌质量优势的转变，从产品输出到标准、文化输出的升级。海尔智家充分利用科技创新所获得的技术优势打造质量优势和标准优势，积极选择发达国家作为品牌和标准突破口，以质量好、价格低和服务优来吸引发达国家的消费群体，提高在发达国家的市场占有率，进而提升品牌地位。如2005年，海尔进入全球化品牌战略阶段，明确在海外市场要坚持创立自主品牌，建立本土化设计、本土化制造、本土化营销的“三位一体”海外研发和生产制造中心，以提升产品品质、品牌

地位。

5. 坚持开放、合作式研发

按研发形式划分，研发通常可分为自主型研发、吸收型(学习型、模仿型)研发和合作型研发。当前，在技术发展聚合趋势凸显、技术生命周期日益缩短、新技术研发成本及风险日益增大、公司价值链战略环节日趋聚焦、行业标准竞争日趋激烈、政府政策大力支持等因素的推动下，战略合作型研发日趋突出。

海尔智家也积极坚持开放、合作式研发，其突出表现就是创建了 HOPE 研发共享平台，该平台已链接全球一流资源超过 100 万、专利成果超过 3 000 万，资源方可参与到公司以用户为中心的迭代式研发流程中，形成了遍布全球的研发资源共享、共创、共赢网络和开放创新系统。

6. 根据企业实际情况选择研发全球化路径

在研发全球化的初始阶段，海尔就在欧美等具有国际竞争力的市场设立海外 R&D 中心，坚持打造海尔的品牌。海尔选择以绿地研发投资的模式开展研发全球化，主要是因为家电行业进入壁垒较低，自身技术创新和研发能力较强，我国与美国等发达国家文化差异较大。因此，该模式适用于我国自身拥有先进技术且重视技术创新的企业，这些企业在开展研发全球化活动时，已具有领先的核心能力，相对来说竞争优势较强，可在国际市场上充分发挥其优势，增强国际竞争力。

7. 注重构建研发全球化的信息网络和创新生态系统

当前，我国工业化与数字化叠加并存的独特发展模式，使得中国企业的创新并非植根于传统行业高度成熟的商业环境。面对传统市场成熟度低、基础配套不足等问题，中国企业在创新过程中，常常需要扮演推动传统行业"跳跃发展"的角色，这意味着企业需要纳入更多的利益相关方来获得商业成功，迫使中国企业对于开放合作和建立/加入商业生态系统展现出更大的热情。

鉴于此，海尔集团在全球化技术创新和研发过程中，一直注重生态系统的创建——如积极打造"食联网"生态系统，整合来自健康、食品、生鲜、酒水、烹饪、物流、家装、家电等 12 大行业近千家合作伙伴，创造一个从购买和保鲜食材，到烹饪和享受健康美味饮食，再到个性化定制智慧厨房的全场景解决方案；在世界 16 个不同的国家或地区建立信息网络中心来支持研发全球化。

启发性思考题 6：考虑到小家电行业面临技术升级、智慧互联、创新体验三大增长驱动力，并逐渐成为一个全球供应链一体化的行业，2021 年底海尔智家公布设立小家电事业部的投资计划，加大对清洁类家电、厨房小家电、个人护理家电等新兴家电品类的投资。请为海尔智家小家电事业部研发创新模式选择提出建议。

如前所述，按研发形式划分，研发通常可分为自主型研发、吸收型（学习型、模仿型）研发和合作型研发。至于海尔小家电事业部应如何选择研发创新模式，建议学员从国家产业政策、小家电行业发展现状与趋势、企业自身资源能力（如技术、资金、管理等）、企业过往战略经验与教训、产品目标市场定位、产品品牌定位、竞争对手的规模与战略举措、管理者对风险的态度、企业文化、内部组织管理关系等方面，借助 SWOT 模型、行业“竞争五力”模型、行业 SCP 模型、企业核心能力理论、行业成功关键因素理论等模型或理论，从多方面、多层次、多角度为提出的建议提供充分的论据。

首先，可以先让学生举手表决赞成哪一种选择，思考不同选择的各自利弊，权衡决定，对每种方案做出自己的评价。其次，让学生进行分组讨论，引导学生思考执行该方案时海尔智家的机会，以及面临的困难和问题。最后，结合海尔智家面临的机遇和挑战，针对不同的研发创新战略选择进行讨论并提出自己的相关建议。但需注意的是，不管选择做出哪种战略选择，都要求企业在组织体系、人员结构、管理模式、企业文化等方面做出相应调整以适应战略实施。

六、教学组织方式

本案例可以作为专门的案例讨论课来进行。如下是按照时间进度提供的课堂计划建议，仅供参考。整个案例课的课堂时间控制在 80—90 分钟。

（一）课时分配

案例回顾与概述（5 分钟）：介绍案例背景，回顾案例内容，理清案例思路，明确案例主题。

提出问题与小组讨论（20 分钟）：结合板书提出启发性思考题，分小组讨论并形成组内答案。

小组汇报与教师引导（50 分钟）：针对每道启发性思考题，选一个小组进行回答，其他小组补充。教师需结合板书和多媒体对学生引导，得出最终答案。

案例评价与总结（10 分钟）：对知识点进行梳理，对案例教学过程进行评价，总结学习心得体会。

其他问题（5 分钟）：教师回答学生的一些其他问题。

（二）板书设计

启发思考题 1：什么是研发全球化？企业开展研发全球化有哪些动因？

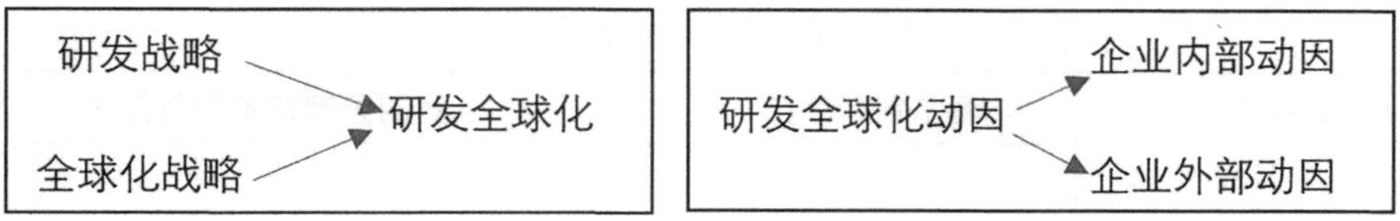

图 1　启发思考题 1 解题思路

启发思考题 2：研发全球化的具体实施路径有哪些？请结合案例谈谈海尔智家研发全球化的具体路径及选择原因。

表 4　启发思考题 2 解题思路

研发全球化的具体实施路径	与海尔的适用性
与国外企业、高校或研究机构等开展合作研发	适用
承接或外发离岸研发服务外包	不适用
与国外企业、高校或研究机构缔结研发战略联盟	适用
建立独资或合资的海外研发机构	适用
跨国并购海外研发机构	适用
在全球范围内雇佣研发人员	适用
借助外国企业在华研发机构	不适用

启发思考题 3：海尔智家是如何培育自身核心能力并实现从实验室技术走向市场化应用的？其中有哪些可以被其他行业借鉴？

表 5　启发思考题 3 解题思路

海尔研发全球化成功因素	海尔研发全球化的关键点	经验共享路径
境内外研发资源整合 技术标准引领 创新生态系统构建 科技成果产业化	核心技术的突破 核心技术的市场化应用	企业间共享 行业间共享

启发思考题 4：结合海尔智家通过自主创新掌握自主知识产权的核心技术的实践过程，谈谈中国产业关键技术的自主创新难点。

表 6　启发思考题 4 解题思路

海尔创新理念	海尔创新路径	我国关键技术创新策略
以用户需求为中心	自主创新 联合创新	创新实现方式 政府政策推动 国家科技项目组织与管理模式创新 产学研技术联盟组织 跨国研发联盟

启发思考题 5:海尔智家研发创新战略有哪些值得借鉴的经验与启示?

表 7　启发思考题 5 解题思路

海尔创新经验
1.研发创新坚持以用户需求为中心 2.推进“人单合一”模式,实现全员创新 3.坚持基础研究、应用研究和高科技产业一体化战略 4.坚持品牌、研发一体化战略 5.坚持开放、合作式研发 6.注重构建研发全球化的信息网络和创新生态系统

启发思考题 6:考虑到小家电行业面临技术升级、智慧互联、创新体验三大增长驱动力,并越来越成为一个全球供应链一体化的行业,2021 年底海尔智家公布设立小家电事业部的投资计划,加大对清洁类家电、厨房小家电、个人护理家电等新兴家电品类的投资。请为海尔智家小家电事业部研发创新模式选择提出建议。

表 8　启发思考题 4 解题思路

创新模式选择考虑因素	创新模式选择分析模型
国家产业政策 小家电行业发展现状与趋势 企业自身资源能力 企业过往战略经验与教训 产品目标市场定位 产品品牌定位 竞争对手的规模与战略举措 管理者对风险的态度 企业文化 企业内部组织管理关系	SWOT 模型 行业“竞争五力”模型 行业 SCP 模型 企业核心能力理论 行业成功关键因素理论

（三）讨论方式

案例讨论应该大致按照典型的决策模型进行。模型包括：①定义问题；②分析案例具体情况；③形成备选方案；④选择决策标准；⑤分析并评估备选方案；⑥选择首选方案；⑦制订行动方案和实施计划。

大多数案例讨论的核心推动力是组织中某个具体决策或问题的解决方案，因此，根据课时分配，案例讨论可以如下进行：在提出问题和小组讨论环节中，小组内根据6道启发性思考题进行讨论，并形成组内答案；在小组汇报与教师引导环节中，对每一道问题，教师从分组学生中选一组回答，其他小组补充，形成多种备选方案，教师根据决策标准引导学生分析评估备选方案，选出首选方案，并制订行动计划。

在案例讨论时，教师需鼓励学生形成良好的讨论习惯，如勇于提出不同意见、讨论前做好准备、讨论时积极发言、讨论后及时总结，避免盲目从众、提前背稿。

七、案例后续进展

海尔智家场景品牌三翼鸟是2020年底才推出的品牌，并于2021年着力推动从高端品牌向场景生态品牌转型发展，并宣布在2022年继续坚持生态品牌战略，但长期品牌竞争力如何还有待观测。因此，建议后续持续关注场景生态品牌三翼鸟发展的最新进展，并开展深入分析。

鉴于家电行业是我国传统优势行业，已诞生诸多各具发展特色的代表性企业，并形成各具特色的研发创新战略。建议选择典型企业，如海尔智家、美的集团、格力电器、海信集团、TCL集团等，进行研发创新战略的比较研究。

八、其他教学支持材料

（一）计算机支持

由于本案例在有关课程中被当作讨论材料使用，需要向学生展示，所以在计算机中需要安装PowerPoint软件。

（二）网络支持

本案例提到直播电商案例，需要学生连接互联网，通过登录相关电商平台体会和了解实务现状。

案例 9

柳工国际化之路

摘　要：柳工是我国较早开展国际化的工程机械制造企业之一。本案例描述了柳工经过二十年的发展，从毫无竞争优势和国际化经验的"行业入门者"，一路成长为具有较强竞争力的全球知名工程机械设备制造商的国际化历程。面对入世后外资巨头的强势来袭和民营企业的快速发展，体制落后、产品单一的柳工"四面楚歌"，差异化的市场环境要求柳工深入开展本土化经营，但控制成本又成为新的挑战。柳工通过国际营销、海外制造和海外并购"三级跳"完成升级，并在全球整合和本土响应之间寻求平衡之道，最终将问题一一化解，走出了适合自身发展的国际化之路。

关键词：国际化；投资动机；区位决策；工程机械

Abstract: Liugong is one of the earliest construction machinery manufacturing enterprises in China to carry out international operations. This case describes Liugong's internationalization process of growing from a green hand with no competitive advantage and international experience to a world-renowned construction machinery and equipment manufacturer with strong competitiveness after 20 years of development. In the face of the strong attack of foreign giants and the rapid development of private enterprises after entering the WTO, Liugong, which has a backward management system and a single product, is "besieged on all sides". The differentiated market environment requires Liugong to carry out in-depth localized operations, but cost control has become a new challenge. Liugong completed the upgrade through the "triple jump" of international marketing, overseas manufacturing and overseas mergers and acquisitions, and sought a balance between global integration and local response, and finally solved the problems one by one, and found a suitable internationalization road for its own.

Keywords: internationalization; investment motivation; location decision; construction machinery

一、引　言

广西柳工机械股份有限公司(以下简称“柳工”)是我国工程机械制造行业中的较早开展国际化的企业之一。从2002年公司首次提出“建设开放的、国际化的柳工”战略目标至今，柳工国际化已经走过了二十多年。二十多年间，柳工从一家毫无国际化经验和竞争优势的“行业入门者”发展成为一家具有较大影响力和知名度的国际工程机械制造商，柳工开辟了一条适合自身特点的国际化之路。

目前，柳工拥有遍布130多个国家和地区的300多家经销商，20个制造基地，17 000余名员工，5个研发基地以及17个区域配件中心，产品遍布170多个国家和地区，是公认国际化程度较高的工程机械制造企业。2021年，柳工海外业务收入达到59.8亿元人民币，同比增长66%。海外营收占比20.85%，比上一年度提高7个百分点。已经深入深度国际化阶段的柳工，正在朝着“全球竞争者”的目标迈进。

作为一家发展中国家的制造企业，柳工没有发达国家跨国公司的资源和能力优势。从默默无闻、一无所有，到如今的全球设计、全球制造、全球营销、全球运营，柳工是如何制定和实施其国际化战略的？面对复杂多变的全球经营环境，柳工又是如何加以应对的？柳工的国际化历程对正在走向国际市场的中国工程机械制造业有何启示？

二、相关背景

地处广西省柳州市的广西柳工机械股份有限公司(以下简称“柳工”)成立于1958年，是一家国有工程机械制造企业，主营工程机械及关键零部件的研发、生产、销售和服务。目前，柳工拥有挖掘机械、铲土运输机械、起重机械、工业车辆、压实机械、路面施工与养护机械、混凝土机械、桩工机械、高空作业机械、矿山设备、钢筋和预应力机械、压缩机、经济作物机械化设备、气动工具、工程机械配套件等丰富多元工程机械系列产品线。

2001年12月11日，中国正式成为世界贸易组织的一员。国门打开后，向往庞大中国市场已久的国外工程机械巨头们纷纷涌入。全球工程机械“领头羊”卡特彼勒高调宣布要悉数收购中国工程机械行业的龙头企业，整合中国工程机械行业。中国企业猛然发现，还未等走出国门，国外的竞争对手已经冲到了眼前，中国市场已然成为国际市场。

与此同时，三一重工、福建龙工等一大批民营企业迅猛增长，快速完成了从原始积累到做大做强的过程；而脱胎于科研院所的中联重科也完成了改制，焕发出极大的经营活力。

外资企业虎视眈眈，本土民营企业迅猛增长，给柳工这家传统国有企业带来巨大的外部压力。不仅如此，柳工这家传统国有企业还受到落后的内部体制制约，发展显得更加力不从心。产品结构极度单一，超过95%的业务收入来自装载机业务。在工程机械这种周期性极强的行业中，一旦进入周期性谷底，对企业来说将是命悬一线。柳工应该如何突破困局，谋求发展？每个柳工人都在苦苦思索。

三、柳工的国际化“三级跳”

2002年，柳工第一次正式公开提出“打造开放的、国际化的柳工”的战略目标。对内，持续深耕国内市场，争做国内的王者；对外，转换思想，改变管理模式，向国际进军。由此，柳工开启了充满挑战的国际化之路。

（一）国际营销

在国际化战略正式提出之前，柳工主要以贸易出口的方式参与国际市场，与业务伙伴之间是比较松散的买卖关系。国际市场的销售量只有几十台。产品卖到什么地方，卖给什么客户，企业都不清楚。

这种只卖产品的贸易出口模式，缺乏与当地客户的深度联系，难以提供可靠的售后服务，更谈不上建立在高度信任基础上的长期合作发展。

2003年，时任总裁的曾光安带领团队到摩洛哥和埃及拜访客户，开始建立海外代理商合作机制，不仅销售产品，还为客户搭建平台，提供咨询、配件供应、维修保养、人员培训等一系列全方位服务。从此，柳工的国际化经营不再像“浮萍”一样四处飘荡，而是像“种树”一样，扎根于当地市场，建立稳定的国际营销网络。这为柳工后来的国际化布局奠定了重要的基础。

2004年，柳工澳大利亚子公司成立，柳工国际营销体系建设的蓝图逐渐铺展。通过学习海外代理制的运作模式、国际企业的营销管理经验，柳工在走向国际的路上不断成长壮大，柳工产品在澳洲乃至西方发达国家市场的形象随之提升。截至 2021 年底，柳工在全球拥有 15 家包含整机、服务、配件、培训能力的营销公司，并通过遍布亚洲、欧洲、美洲、大洋洲的 130 多个国家和地区的 300 多家代理经销商的 2 700 多个网点为海外客户提供销售和服务支持。

（二）海外制造

国际营销阶段，柳工海外市场得到快速发展。以印度为例，2006 年是柳工进入印度市场的第四年，柳工的装载机和大型装备在印度的占有率已位居行业第一。

然而，尽管柳工的设备在大客户市场已经深受欢迎，但在规模更大的中小客户市场却阻力重重。印度的中小客户对价格敏感度极高，柳工的设备在中国生产，加上从中国到印度的运费，毫无价格竞争力可言。而且，中小客户习惯于在需要设备时立即购买，要求供应商提供现货，而柳工设备需要长途运输，交货期远不能达到用户要求。柳工意识到，仅仅把产品出口到国外市场还不够，国际化的高级阶段是本地化，要将制造、采购、供应和服务环节全部设在当地。于是柳工开始思索在印度建厂。

本世纪初，印度经济快速增长，GDP 增速长期保持在 7—9％之间。大量基础设施建设项目开工，对工程机械设备的市场需求与日俱增。不仅如此，印度的劳动力成本更低，机械工程师不仅专业素质高，还懂英语。一番研究后，柳工决定在印度建厂。

2009 年 7 月，柳工印度工厂正式投产，柳工从海外营销正式转向海外制造。柳工印度工厂位于印度中部的中央邦印多尔市。印多尔市是中央邦经济最发达的城市，地处新德里——孟买工业和经济走廊的中间地带，地理位置优越、交通运输便捷，车、船、铁路和飞机的货物运输量均居印度第一，是布局仓储分销中心的理想选址。城市的工业区规划完善，工程机械上下游企业集中，加上印多尔具有较好的工业制造基础，当地已经聚集了一批熟练的技术工人，为柳工的产品配套和获得优质人力资源提供了有利条件。

此后，柳工先后在巴西和印尼投资建立了制造工厂，海外生产规模逐步扩大。印度工厂的建立，不但为柳工今后在海外建厂提供了经验，并且培育了一批管理人才，为柳工下一阶段的全球收购打下了基础。

（三）海外并购

始于 2008 年的全球金融危机使很多欧洲企业陷入经营困境。2010 年初，柳工得知创建于 1937 年的波兰老牌工厂机械制造商 HSW（斯塔洛瓦沃拉钢铁厂）因经营困难拟出售其工程机械事业部。彼时，柳工已经在海外市场耕耘了十年，海外业务连年高速增长，且培养了一支优秀的国际业务团队。同时，由于工程机械行业具有周期性波动的特点，柳工需要在国内市场繁荣的时候未雨绸缪，提前做好海外市场布局。因此，柳工想要抓住这次难得的机会。

柳工高层经过深入研究，认为收购 HSW 的工程机械事业部可以满足柳工的三个战略需求。第一，获得世界一流的推土机产品线。HSW 是全球 7 家拥有完整推土机生产线的制造商之一，覆盖 74—520hp 的全系列产品。该产品线的制造和研发难度非常大，收购可以让柳工省去研发制造时间，快速拓展高端产品线。第二，可以获取 HSW 的关键技术。HSW 拥有一流的技术水平，它是中欧第一家获得一系列行业认证的工程机械企业，同时也是腰带牵引技术的领导者。第三，获得进入欧洲市场的便利条件。波兰本国市场虽小，但作为欧盟成员国之一，它面对的是庞大的欧盟市场。欧盟国家内部贸易自由，但对外却非常封闭。如果成功收购 HSW，柳工就获得了进入欧盟的“入场券”。

此外，在欧盟所有成员国中，波兰属于劳动力成本“洼地”。波兰工厂工人的薪酬仅相当于德国工人的 1/6。另外，HSW 公司的工人素质、劳动力效率都远高于中国国内，生产的产品质量水平也比较高。HSW 的工厂位于波兰东南部的斯塔洛瓦沃拉市，地处欧洲中心地带，西与德国为邻，南与捷克、斯洛伐克接壤，东邻俄罗斯、立陶宛、白俄罗斯、乌克兰，北濒波罗的海，与北欧隔海相望，是制造基地和配送中心的理想选址。

最终，经过多轮深入谈判，柳工于 2012 年成功收购了 HSW 公司的工程机械事业部，并建立了辐射欧洲和俄语区的制造研发基地，为拓展海外高端市场奠定了基础。

四、融入当地，放眼全球

在常人看来，工程机械设备是高度标准化的产品。实施标准化的国际战略似乎是柳工的最佳选择，然而现实并非如此。柳工首先必须最大限度地满足本土市场需求。

（一）本土响应

1. 产品本土化

2003 年，第一批柳工设备一到印度便出现了“水土不服”。中国地处温带，工程设备的标准液压油为 46 号。而印度气候炎热，夏季施工温度通常在 55℃到 60℃，配备 46 号液压油的柳工设备在印度当地施工时液压系统效率极低，根本无法正常工作。在更换为 48 号液压油后，问题才得到了彻底解决。一个小小的细节，让柳工深切体会到了适应海外市场的重要性。

此后，柳工每到一个市场都深入了解当地市场的特点，开展适应性超设计研发。柳工根据印度气候特点专门研发设计了带密闭操作仓和空调的产品，获得当地市场的高度认可，还针对中东炎热高温多沙尘的特点改进了大型装载机的散热性能，使产品在沙特的市场占有率达到 50%以上。

产品设计不仅在功能上要满足市场需求，还要符合各国法律对产品的限制。欧盟和美国对产品大数据收集和信息传送等模块有着严格的限制。印度政府要求自 2011 年 4 月 1 日开始，上市销售的机械设备产品必须全面符合 III 阶段排放标准。为此，柳工深入了解欧美相关规则，研究制定对策；专门设计研发了 CLG835BSIII 型和 CLG856BSIII 型新设备并获得印度 ARAI 认证[①]，实现新老产品的平稳过渡。

此外，对技术水平的要求也必须充分重视。为满足欧美高端市场对产品技术性能的严苛要求，柳工专门研发了第五代 E 系列挖掘机，并邀请英国权威测试机构开展产品测评。一名经验丰富的英国操作手在测试完柳工 CLG925E 设备后发出感慨："如果不知道品牌的差异，我发誓会以为是日本挖掘机。新一代柳工挖掘机达到了速度和操控性的完美结合。" 2017 年，柳工 C 系列叉车批量出口欧洲，意味着柳工产品在质量上已经具备了参与国际高端市场竞争的能力。

2. 供应链本土化

拉美市场是柳工国际化布局的重要一环，是仅次于印度的海外"第二本土市场"。2009 年 10 月，柳工拉美公司在巴西正式挂牌成立。

在国际化早期，柳工采取"国内生产，整机出口"的方式向海外市场提供产品。随着海外市场数量的增加，运输距离长、进出口手续繁琐、各国贸易政策约束等问题日益凸显，不仅增加了供应链运营成本和风险，也制约了市场响应速度和服务质量。供应链本土化成为柳工的新课题。

墨西哥、巴西、阿根廷、秘鲁、智利等拉美主要国家油气矿产资源丰富，对工程采矿机械的需求可观。然而自 2011 年起，拉美经历了严重的经济下滑，主要国家大多出台了严厉的保护主义措施。巴西政府为保护本国产业，规定外国制造品牌在巴西的融资利率近十倍于本地品牌；巴西海关对没有本地化的纯进口品牌实施缓发、停发进口许可证等限制。同期，阿根廷实施了进口许可证管理审批制度，没有获得进口许可证的产品不得进口清关。

为应对严重的保护主义措施，降低供应链风险，柳工在巴西建立区域配件仓库，并于

① ARAI 认证，是指由印度汽车研究协会（ARAI）开展的产品检测认证。根据《印度中央机动车法案》（Central Motor Vehicles Rules，CMVR）的规定，汽车整车、零部件、农林机械、工程机械、发电机组等产品都必须要通过其认可的实验室的认证才能出口到印度。

2014年分别以租赁厂房、与当地代理商合资的方式在巴西、阿根廷两国开展CKD(Completely Knock Down,完全进口散件组装)业务。通过将配件仓库和产品组装环节本土化,柳工进一步贴近当地市场,保证市场供应和售后服务。

此外,柳工还不断扩大零部件本地化采购规模。在柳工印度制造工厂生产的设备中,超过50%的部件来自印度当地,其中甚至包括发动机等核心部件。这既降低了成本,又缩短了产品交货期,使柳工的市场响应能力大幅提升。

3. 服务本土化

在国际营销阶段,柳工就已经深刻认识到,要做好海外市场,必须深深扎根当地市场,为客户做好全方位服务。这种"种树"思维一直引领柳工不断深化海外市场服务。

柳工把"重视、读懂和满足用户需求"作为核心战略。在对产品进行全面适应性改造和本地制造后,柳工更加重视售后支持,从灵活的保修条款到客户的直接跟进,方式不一而足。客户也因此更加信任柳工,不仅纷纷成为了"回头客",还推荐了很多新客户。在全球范围内,柳工的2 700多个网点为全球客户提供包括搭建平台、产品咨询、配件供应、维修保养、人员培训、融资等一系列全方位服务支持。

4. 人才本土化

深度融入当地市场,还必然包括人才本土化。在柳工董事长曾光安看来,国际化不是派一些中国人到海外去经营,而是必须要利用当地的人才和资源,与当地融合发展。

在人才管理方面,柳工打破传统跨国公司采取的"母国空降"式人才任用机制,聘用当地人才担任管理要职,给予充分信任和高度自主权,最大限度发挥其本土优势和能动性。世界各地的柳工分公司、制造基地、研发中心、配件中心里,可以看到不同肤色、不同语言的本土员工在工作。

在柳工收购波兰HSW工程机械事业部后,保留了绝大部分原高层人员、管理者、技术人员和一线员工。同样,在柳工印度工厂的100多名员工中,当地人数比例高于80%,关键岗位上全是印度当地经理人。

(二)全球整合

积极的本土响应使柳工紧密贴合当地市场,却给成本控制带来压力。为此,柳工整合全球资源,开发全球运营管理体系、打造全球品牌以降低成本、提升效率。

1. 构建全球运营管理体系

随着国际化战略的深入,柳工产品线不断拓展,市场范围、组织形态、管理模式、业务结构均大幅度变化,管理复杂度日益提高。为适应和推动企业的国际化发展,2006年柳工制定了首部企业信息化发展战略规划，并提出以“战略需求驱动”，打造高度集成产品生命周期管理系统（PLM）与集团级 ERP（企业资源计划）、商务智能、企业战略管理的“数字化柳工创新工程”，代号“eLiuGong＋”。

随后的五年里，柳工团队梳理再造了所有研发、采购、物流、制造、销售、服务流程，开发统一数字管理平台，将全部流程布置其中，并将其推广至全球各地的子公司。这套标准化、集成化的数字柳工信息系统，为柳工的国际化运营带来了极大的效率提升。

2. 打造柳工全球品牌

自柳工国际化战略提出以来，打造全球品牌始终是其重要的组成部分。2005 年，柳工提出 “世界柳工，源自中国”的品牌建设口号，从此开启了柳工建设全球品牌之旅。

经历了从国际贸易到国际营销再到海外建厂和跨国并购，柳工国际化发展不断深入。为了强化柳工世界级制造商的领导地位，柳工于 2014 年提出了新的全球品牌战略，以“极限工况，强悍设备”为品牌宣传语，凸显柳工设备的掌控力、简明易用、极限作业能力和全面解决方案的特色。精心提炼的柳工品牌关键信息与全球工程机械客户需求的特点更加贴近，更加凸显柳工全系列产品的核心竞争优势。统一的品牌形象让柳工以全球统一的声音践行全球统一的承诺。

五、全面国际化

柳工依靠积极的本土响应在全球市场站稳脚跟，凭借整合全球资源提高效率、赢得竞争。2015 年，柳工在新一轮“柳工 2020”战略规划中提出了“全面国际化”的战略目标，力争在 2020 年前后实现全产业链海外布局，各种经营要素的全球化，成为一家真正意义上全球运营的跨国公司。在这一战略目标的指引下，柳工完成了全球研发布局，并开展“深度营销”，将国际化推向新的高度。

（一）全球研发

尽管不同市场对产品功能设计需求各不相同，但工程机械设备的核心技术、关键部件和功能平台保持着高度的一致性。为提高产品核心竞争力，柳工整合全球的研发资源，以总部全球研发中心为核心，相继在印度、波兰、美国、英国等地建立研发中心，并形成了“北美前瞻＋欧洲区域＋英国工业设计＋印度适应性改进”的全球研发布局。

同时，柳工还强调不同研发中心之间的创新流动，全球子公司相互作用下的全球学习。“无论是英国的外观设计，波兰的欧洲研发中心，还是北美的对标研发中心，都需要将全球技术资源汇聚到国内的研发中心为我所用，这是柳工产品应对全球市场竞争的关键砝码。”柳工总裁助理罗维如是说。技术无国界，只要能服务于企业发展，都应积极纳入企业技术积累体系。

（二）深度营销

2019 年，董事长曾光安先生在接受两会记者采访时提到，柳工将开展“深度营销”，使柳工的产品与当地市场更紧密地结合，将柳工的服务水平和品牌知名度更深地扎根于海外市场，将研发制造和营销体系融合在一起，在海外核心市场实现全价值链布局，为实现全面解决方案战略目标，创造更高的客户价值而努力。

2020 年 1 月 8 日，柳工机械印尼有限公司正式开业。柳工印尼将建设成为具备研发、制造和后市场能力的新业务中心。特别是在售后服务方面，柳工印尼将打造本地化团队，开展专人专项驻点服务，全天候响应客户需求；依托雅加达配件总库、加里曼丹区域配件分库及代理商网点三级配件库，全方位保障配件供应，以此提高产品支持力度，为客户提供更全面的解决方案。这是柳工海外发展的又一个重要里程碑，对柳工在亚太地区的发展乃至全球化愿景的实现具有重要意义。

六、结束语

二十年的国际化征程，柳工相继完成了国际营销、国际制造和国际并购三级跳，正阔步走在全面国际化的路上。在董事长曾光安的办公室里悬挂的大幅世界地图上，可以清晰地看到柳工的全球业务布局。柳工的全资营销型子公司，坐落在南非、巴西、阿联酋、荷兰、印度、波兰、新加坡、俄罗斯、美国、墨西哥、英国以及印尼等全球经济极具活力的地区。以这些海外子公司为区域中枢，向分布在全球 130 多个国家的 300 多家海外经销商、万余名客户源源不断地提供产品、技术支持和金融服务。位于印度印多尔、波兰斯塔洛瓦沃拉、巴西圣保罗和印尼雅加达等地的制造工厂在海外市场深深扎根。位于美国、英国、波兰、印度和中国的五大研发中心在进行持续的信息交互和创新研发。17 个区域配件中心持续为全球经销商和客户提供配件支持。

未来，对于柳工人来说充满机会和挑战。“一带一路”深入推进，沿线国家大规模基础设施建设拉动工程机械设备的旺盛需求；《区域全面经济伙伴关系协定》（Regional Comprehensive Economic Partnership，RCEP）生效，中国企业得以更好地利用相关经贸规则深度参与全球价值链，提升国际竞争力。然而，全球经济增长放缓、工程建设项目停滞、部分产品及零部件供应受阻；国内经济转型、市场需求下滑；俄乌冲突引发全球钢材价格上涨，油价剧烈波动；保护主义仍在全球蔓延。相比于国际工程机械龙头企业，柳工仍有很大的差距要追赶。高端关键零部件的制造技术有待突破，多元化品牌发展仍处在探索阶段。

在充满未知的前路上，或许唯一能够确定的是它将比从前更加艰难，需要柳工人以更大的勇气和智慧去面对。然而，时势造英雄，我们期待处在百年未有之变局中的柳工，与众多中国企业一同创造“中国制造”的又一个奇迹。

参考文献

[1] 董振国，范超．柳工集团：“三个一”走活“一带一路”国际化棋局[EB/OL].(2019 - 8 - 23). http://www.jjckb.cn/2019 - 08/23/c_138330475.htm.

[2] 黄兆华．柳工出海：中国制造的全球化探索[M].北京：人民邮电出版社，2017.

[3] 柳工：2017—2021 年年度报告[EB/OL].（2022 - 03 - 31). https://vip.stock.finance.sina.com.cn/corp/go.php/vCB_Bulletin/stockid/000528/page_type/ndbg.phtml.

[4] 王炜瀚，王健，等.国际商务(第四版)[M].北京：机械工业出版社，2021：177 - 259.

[5] 曾光安．柳工：从海外营销到投资并购[J]．清华管理评论，2013(04)：24 - 32.

[6] 赵哲宇．柳工集团国际化经营战略研究[D]．南宁：广西大学，2019.

[7] 郑波，孟飞，童政，姜天骄．柳工移山[N]．经济日报，2022 - 04 - 18(001).

[8] 郑津，谌贻照．改革创新，建设国际化柳工[N]．广西日报，2021 - 03 - 22(004).

案例9 使用说明

一、教学目的与用途

本案例为学生提供了中国工程机械行业代表性企业国际化过程的实例，分析其国际化路径以及国际化战略。我们希望通过典型案例的分析深化学生对于企业国际化相关理论的理解，增强对中国企业国际化发展问题的兴趣和认识。

(一)适用课程

本案例适用于国际商务、战略管理、国际市场营销等课程。

(二)适用对象

本案例难度适中，适用对象为国际商务专业硕士研究生和高年级本科生。

(三)教学目标

1. 知识传授

通过本案例的教学，学生应掌握以下知识，并学会将其运用到实践中。第一，企业国际化的动因，以及发展中国家企业与发达国家企业在国际化动因方面的异同；第二，企业渐进式国际化发展路径及其适用性；第三，企业国际战略决策的I-R框架；第四，全球生产区位选择的影响因素。

2. 能力训练

通过本案例的学习，学生能够强化对于发展中企业国际化动因的识别和分析能力，培养运用I-R框架进行企业国际战略环境分析和战略决策的能力，结合区位优势恰当选择企业国际生产区位的决策能力。

二、启发性思考题

1. 柳工为什么要开展国际化经营？柳工是如何在国际化过程中逐步获得竞争优势的？

2. 柳工的国际化发展经历了哪些阶段？有何特征？为什么柳工会选择这样的国际化发展路径？

3. 柳工国际化过程中面临了哪些压力？相应地，柳工主要采取了哪些应对策略？

4. 柳工在印度建厂的动机是什么？为什么印度工厂最终设在印度中部的印多尔市？

5. 柳工国际化之路对我国机械制造企业有哪些启示和借鉴意义？

三、案例分析背景

（一）制度背景

国家鼓励引导制造业向智能化、数字化、绿色化方向发展。2021 年 12 月 28 日，国家工信部等八部门联合印发《“十四五”智能制造发展规划》，提出要以新一代信息技术与先进制造技术深度融合为主线，深入实施智能制造工程。2021 年 10 月 25 日，国务院印发《2030 年前碳达峰行动方案》，指出工业领域要加快绿色低碳转型和高质量发展，深入实施绿色制造工程，推进工业领域数字化、智能化、绿色化融合发展。

2015 年 3 月，《推动共建丝绸之路经济带和 21 世纪海上丝绸之路的愿景与行动》颁布。“一带一路”有关推动铁路、公路、港口、航空等基础设施互联互通项目实施，加强贸易便利化基础设施合作，打通国际大通道等一系列举措，为工程机械行业带来巨大的市场需求和发展空间，成为中国工程机械企业国际化战略布局的重要组成部分。

同时，中国加快实施自由贸易区战略，目前已签署自由贸易协定 19 个。自贸协定关于降低关税、促进要素自由流动的各项措施能够帮助企业更加高效地达成贸易活动，深化全球价值链布局，更好地开展国际化经营。2022 年 1 月 1 日《区域全面经济伙伴关系协定》（RCEP）生效，涵盖约 35 亿人口，成员国 GDP 总和约占全球的 1/3。

（二）行业背景

工程机械行业主要生产各种施工机械，产品广泛应用于国民基本建设工程，包括城乡道路、城市基础设施建设、国防、水利、电力、交通运输、能源工业等领域。它是国民经济发展的重要支柱产业之一。工程机械行业属于资本、劳动、技术密集型行业，行业门槛高，技术壁垒高，规模经济效应明显。工程机械生产制造呈现多品种、小批量、多零部件、制造工艺复杂等特点。工程机械行业具有明显的周期性特征，行业景气度与一国的宏观经济及固定资产投资、基础设施投资、房地产投资等密切相关。

中国是全球工程机械设备出口量最大的国家之一，行业常年处于贸易顺差状态。2021 年中国工程机械出口金额 340 亿美元，同比增长 62.3%。根据中国海关总署统计数据，2020 年我国工程机械进出口贸易额为 247.22 亿美元，其中进口 37.53 亿美元，出口 209.69 亿美元，贸易顺差 172.16 亿美元。

中国工程机械设备制造企业国际竞争力居世界前列。英国KHL集团发布的2021年全球工程机械制造商50强排行榜（Yellow Tables 2021）显示，中国工程机械制造业市场份额在全球市场占比25%，位居全球第一。三一重工、徐工机械、中联重科三家中国企业分列第三、四、五位。柳工排名第15位，较上一年上升4位。

四、理论研判依据

（一）知识点一：对外直接投资的动机

根据Dunning（1993）对于跨国公司对外直接投资的经典论述，跨国公司开展对外直接投资的动机有四类：寻求自然资源、寻求市场、寻求效率以及寻求战略资产。其中，寻求市场是要获得更大的市场规模，寻求效率是要实现更低的单位成本以提高竞争力。寻求自然资源动机大多涉及资源类产品的开发和资源型产品的加工生产。战略资产是企业保持长期竞争优势的特定资产，往往难以被模仿、替代和交易。

（二）知识点二：新兴市场跨国公司的国际化动机

传统企业国际化理论认为，企业只有拥有特定优势才能够进行国际化经营。如国际生产折衷理论的提出者邓宁（Dunning）认为，拥有所有权优势、内部化优势和区位优势，是企业国际化投资的三大基本先决条件。新兴市场跨国公司（Emerging Market Multinational Enterprises，简称EMNEs）理论突破传统国际化理论限制，认为企业即使不具备特定优势也能进行国际化经营。EMNEs国际化的动机在于获取母国所不具备的市场、技术等资源，从而获得竞争优势。因此，EMNEs国际化的过程采取的是“连接（Linkage）—学习（Learning）—杠杆（Leverage）”的策略。最初EMNEs以市场开发和资源获取为目标进行海外投资，随着知识技术等要素在企业竞争中的重要性增加，EMNEs主要以寻找战略性资产比如技术、知识为目标进行国际化经营。

（三）知识点三：渐进式国际化

渐进式国际化理论认为企业的国际化是一个循序渐进的发展过程，企业遵循“由浅入深”的原则开展国际化。从出口贸易开始把握海外市场的发展机会，到发展海外代理商、建立海外子公司获取海外客户资源、建立海外营销体系，再到建立海外生产基地，提升海外生产能力，建立配套服务体系，最后形成母公司与子公司的全球资源优化配置。

渐进式国际化理论强调“干中学”。企业需要在国际化过程中不断学习知识、积累资源、培养能力来构建更高层次的国际化形态。渐进式国际化可以有效地降低企业国际化风险，使企业在实践中不断成长壮大，比较适合缺乏经验和优势的发展中国家企业和资本投入高、试错成本高的生产制造型企业。

（四）知识点四：企业国际化战略的 I-R 框架

标准化还是本土化，是企业进入国际市场面临的重要战略选择之一。I-R 框架作为战略决策工具，基于二维环境变量划分出四种企业国际化战略。该框架关注国际企业经营环境中的两种压力：全球整合压力（I，Integration）和当地响应压力（R，Responsiveness）。

全球整合压力来自国家市场的趋同和企业对于生产效率的追求。当地响应压力来自各国在经济发展水平、消费者偏好、基础设施、分销渠道、法律法规差异和文化等方面的差异。两种压力对企业提出了相互冲突的要求。前者要求企业尽量最小化成本，后者则要求企业对不同的国家和地区提供差异化的产品并采取不同的营销策略，这必然会增加企业成本。企业需要在全球整合和本土响应之间寻求平衡，选择最合适的国际化战略。

在两种压力作用的环境下，企业有四种战略形式：全球标准化战略、国际战略、本土化战略和跨国战略。

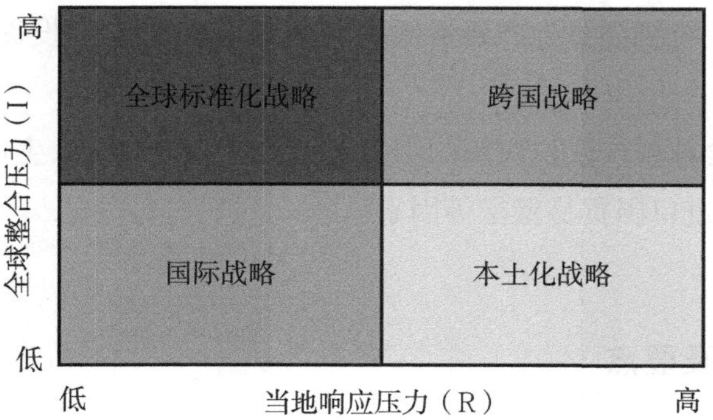

图 1　国际化战略 I-R 框架

国际战略。企业生产满足普遍需求的同质化产品，先满足国内市场，再根据情况稍作改变，将产品销往海外。市场上没有强大的竞争者。产品开发集中于母国，在主要市场设立制造与营销职能，实施有限的本土化产品和营销策略。适合全球整合压力小，且地区响应压力小的企业。

全球标准化战略。该战略的实质是全球范围的低成本。研发、生产和营销活动都集中于各自的有利区位，产品和营销策略标准化，严控成本。适合全球整合压力大，地区响应压力小的企业。

本土化战略。该战略强调差异化，通过改变企业的产品或服务来增加利润。采取本土化战略的企业都非常注意控制成本，只要有可能，还是会尽量控制成本。适合全球整合压力小，而地区响应压力大的企业。

跨国战略。该战略强调低成本优势、产品差异化优势和转移核心能力。该战略的核心特点是强调相互作用的全球学习，即当全球范围内任何一个运营网点开发出了有价值的创新，企业就会把这个创新运用到全球的其他网点。核心能力不一定仅在母国才存在，有价值的创新可以在任何子公司中被开发出来。因此，创新的流动不是单向的，而是在全球运营网络中任意流动。适合全球整合压力大，且地区响应压力大的企业。

随着外部环境压力的变化，企业战略也相应发展调整。为了在激烈竞争中求得生存，甚至脱颖而出，企业应该比竞争者更早地从国际战略转向全球标准化或跨国战略。同样，面对强大的竞争对手，采取本土化的企业不得不考虑降低成本，转向跨国战略才能兼顾低成本和当地响应。

（五）知识点五：全球生产区位决策

全球生产区位选择首要考虑的是要让区位优势服务于战略需要。寻求市场型投资首先要考虑的影响因素是市场规模和市场增长潜力；资源寻求型投资特别关注自然资源的丰裕程度；效率寻求型投资特别注重生产要素低成本，战略资产寻求型投资关注战略资产的可获得性。

一般而言，影响全球生产区位决策的因素包括：自然地理条件、生产要素供给、产业集聚效应、市场需求偏好、进口国贸易壁垒等因素。

五、案例分析思路及要点

（一）案例分析思路

本案例按照“面临困境—行动突围—战略分析—未来展望”的思路展开。首先，案例描述了本世纪初柳工面临的国际国内市场竞争、体制落后和产品单一的生存困境，通过对困境的分析体现柳工开展国际化经营的必要性。接着，本案例回顾了柳工从“国际营销”，到“海外制造”，再到“海外并购”的国际化发展历程。而后，本案例分析了柳工采取的国际化战略。在案例结尾处，分析了现阶段柳工国际化发展面临的机遇与挑战，并为其未来发展进行展望。

（二）启发性思考题解答要点

启发性思考题1：柳工为什么要开展国际化经营？柳工是如何在国际化过程中逐步获得竞争优势的？

本题需要运用对外直接投资动机和新兴市场跨国公司国际化的相关理论进行分析。

2002年，中国刚刚入世，外资巨头纷纷涌入，国内民营企业快速成长，对柳工的生存形成双重挤压。柳工内部，体制弊端制约企业发展，产品结构单一，抗风险能力极低。为了寻求海外市场、提高经营效率、获得先进技术，柳工开始国际化经营。

在国际化经营之初，柳工没有任何资源和竞争优势。柳工采取"干中学"的策略。国际营销阶段，柳工通过建立海外经销商网络并成立澳大利亚子公司，学习实践了海外代理制运作模式，积累了国际营销管理经验，获得市场口碑，品牌国际形象随之提升。在海外制造阶段，柳工通过在印度投资建厂，更紧密地贴近当地市场，获得成本优势和优质人力资源，积累了海外建厂经验，培养了适应性产品设计研发能力。通过并购波兰 HSW 集团工程机械事业部，柳工获得了高端推土机产品线、先进的制造技术以及进入欧盟大市场的有利条件。在国际化的实践中，柳工不断获得资源、积累经验、培养优势，实现循环累积，逐渐壮大。

启发性思考题 2：柳工的国际化发展经历了哪些阶段？有何特征？为什么柳工会选择这样的国际化发展路径？

本题需要运用渐进式国际化理论进行分析。

本案例中，柳工国际化经历了"贸易出口—国际营销—国际制造—跨国并购—全面国际化"五个阶段，国际化程度"由浅入深"逐步发展。初期采用投入较少、风险较低的贸易出口方式参与国际市场，随着国际营销、国际生产、国际运营经验不断增加，能力逐步提升，渐渐进入到对资源投入、知识经验、能力优势要求较高的国际化方式。柳工采取这种渐进式国际化发展路径的原因包括：第一，柳工在国际化初期不具备明显的企业优势，采取由易到难逐步升级的国际化路径有利于积累经验和资源，培养优势，让国家化发展更为稳健。第二，柳工所属的工程机械制造行业，具有资本密集型特征，对资金投入要求高，决策风险大。相比于"跳跃式"发展而言，渐进式发展路径能够很好地降低企业的试错成本，减少因重大决策失误导致的损失。

启发性思考题 3：柳工国际化过程中面临了哪些压力？相应地，柳工主要采取了哪些应对策略？

本题需要运用企业国际化战略的 I-R 框架进行分析。

柳工国际化过程中，面临全球整合和本土响应的双重压力。一方面，国际市场竞争要求柳工降低成本，提高效率。另一方面，各国市场的差异化环境要求柳工在产品、供应链、服务和研发方面做出本土化响应。

早期，为应对各国差异化的市场环境，柳工采取了本土化战略。根据不同市场的气候特点、质量标准、贸易政策以及文化差异实施了产品本土化、供应链本土化、服务本土化以及人才本土化。同时，为控制成本、提升效率，柳工还建立了全球统一的运营管理体系、打造全球统一的柳工品牌。

随着国际化经验不断积累，竞争优势逐步提升，柳工跻身全球工程机械设备行业前端，面临与国际工程机械巨头的激烈竞争。在此背景下，柳工提出“全面国际化”战略目标，从本土化战略转向跨国战略。一方面，柳工在全球建立了五大研发中心，并形成了创新流动和相互学习的全球研发布局，这是跨国战略的突出特点。另一方面，柳工开展“深度营销”，继续深入贴近当地市场，充分发挥差异化优势。通过低成本、差异化和全球学习三大优势发挥协同作用，实现全球范围内的资源优化配置，持续提升客户价值。

启发性思考题 4：柳工在印度建厂的动机是什么？为什么印度工厂最终设在印度中部的印多尔市？

本题需要运用全球生产区位选择的相关知识进行分析。

柳工在印度建厂的主要战略动机是寻求市场。2003 年以来，印度经济快速崛起，基础设施建设项目大量增加，催生了对工程机械设备的大量需求。仅靠出口已经难以满足印度市场的快速增长需求，为了获得更大的市场份额，柳工决定在印度建立工厂。

柳工将工厂建在印多尔市，主要考量的因素包括：第一，优越的地理位置，印多尔市地处印度中部的新德里——孟买工业和经济走廊的中间地带，交通便利；第二，较为完善的产业配套，印多尔市工业区聚集着大量工程机械上下游企业，能够为柳工生产提供零配件支持，降低生产和运输成本，形成产业集聚效应；第三，优质的人力资源，印多尔市作为一个工业城市，聚集了一批具有熟练技术的工人，为柳工提供了优质的劳动力供给。

启发性思考题 5：柳工国际化之路对我国机械制造企业有哪些启示和借鉴意义？

本题属于开放性问题，需要学生在通读案例、查阅资料的基础上综合运用企业国际化的相关知识加以分析。参考分析如下：第一，明确国际化动机，对国际化战略有清晰的规划；第二，制造企业由于资产、技术投入要求较高，试错风险大，国际化中宜采用渐进式国际化策略，由浅入深。初期采取贸易出口的方式参与国际市场，随着市场扩展和经验积累，逐渐在海外设立经销代理和销售子公司，或采用合资方式降低投资风险，最终进入对企业投入要求最高、风险最高的所有权投资阶段，开展海外制造和海外并购。第三，根据外部环境压力，选择适当的国际化战略。当外部环境的本土响应压力较大时，宜采用本土化战略。第四，随外部环境变化，对战略动态调整，全球响应压力增大时，宜从本土化战略转向跨国战略。第五，特定项目投资选址时，以战略动机为首要考量因素，并结合自然地理条件、生产要素供给、产业集聚效应、市场需求偏好、进口国贸易壁垒等因素综合考虑。

六、教学组织方式

案例授课班级人数不宜过多，应该控制在 20 至 30 人，可以 4 至 6 人为一组，分成 5 个小组。教室的桌椅布局要让所有的课堂参与者围坐四周，以使其容易听到和看到同组成员为基本原则。教室中应具备电脑、投影仪、黑板、粉笔等设备。

（一）课时分配

本案例的教学计划建议应用于 90 分钟的课堂讨论，教师可以根据自己的教学目标灵活使用本案例，课时分配方案仅供参考。

案例导入（5 分钟）：教师简要介绍我国工程机械国际化发展背景，引出讨论问题；请 2—3 位学生简要叙述浏览柳工网站的感受。

案例概览（10 分钟）：教师通过提问的互动形式对案例发展脉络进行梳理。

案例讨论（65 分钟）：以课堂讨论、问答形式展开，教师适时总结，并引入相关知识点。

案例总结（10 分钟）：对知识点进行梳理，对案例教学过程进行评价，总结学习心得体会。

（二）板书设计

启发性思考题 1：柳工为什么要开展国际化经营？柳工是如何在国际化过程中逐步获得竞争优势的？

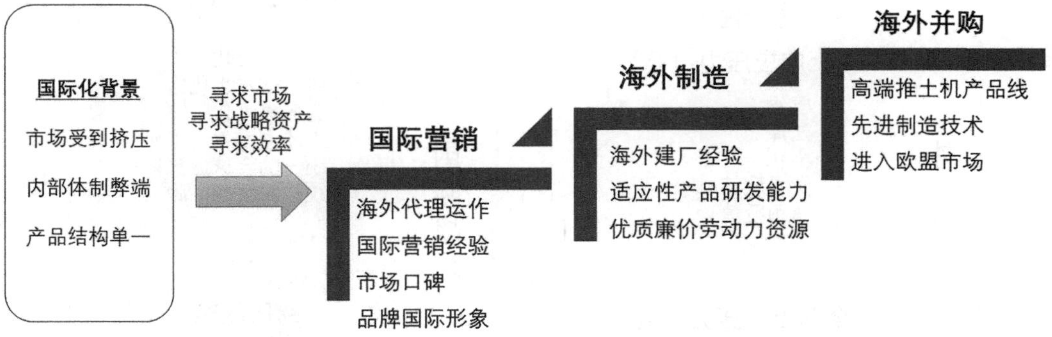

图 2　启发性思考题 1 及解答要点

启发性思考题 2：柳工的国际化发展经历了哪些阶段？有何特征？为什么柳工会选择这样的国际化发展路径？

图 3　启发性思考题 2 及解答要点

启发性思考题 3：柳工国际化过程中面临了哪些压力？相应地，柳工主要采取了哪些应对策略？

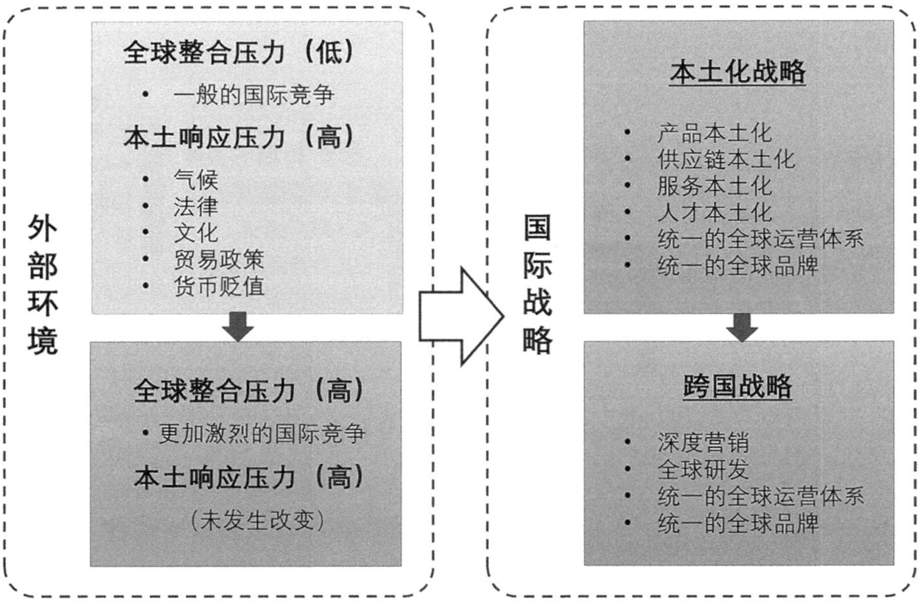

图 4　启发性思考题 3 及解答要点

启发性思考题 4：柳工在印度建厂的动机是什么？为什么印度工厂最终设立在印度中部

的印多尔市？

选址影响因素

- 地理位置：印度中部经济带，交通便利
- 产业集聚：上下游企业集聚，配套完善
- 生产要素：熟练的技术工人

图 5　启发性思考题 4 及解答要点

启发性思考题 5：柳工国际化之路对我国机械制造企业有哪些启示和借鉴意义？

- 明确国际化动机，对国际化战略有清晰的规划
- 制造企业中宜采用渐进式国际化策略
- 根据外部环境压力，选择适当的国际化战略
- 随外部环境变化，对战略动态调整
- 特定项目投资选址时，以战略动机为首要考量因素，并结合自然地理条件、生产要素供给、产业集聚效应、市场需求偏好、进口国贸易壁垒等因素综合考虑

图 6　启发性思考题 5 及解答要点

（三）讨论方式

案例讨论应该大致按照如下步骤进行：①定义问题；②分析案例具体情况；③形成观点；④总结提炼。根据课时分配，案例讨论可以按如下方式组织：在提出问题和小组讨论环节中，小组内根据 5 道启发性思考题进行讨论，并形成组内答案；在小组汇报与教师引导环节中，对每一道问题，教师从 5 组学生中选一组回答，其他小组补充，形成多种观点，教师根据教学目标引导学生理解相关知识点，掌握运用知识点分析案例的方法，并最终形成恰当的结论。

在案例讨论时，教师需鼓励学生形成良好的讨论习惯，如勇于提出不同意见、讨论前做好准备、讨论时积极发言、讨论后及时总结，避免盲目从众、提前背稿。

七、案例后续进展

2021 年，柳工全面国际化取得战略性新突破。海外业务收入实现超过 50 亿元的历史性跨越，全年海外收入同比增长 66%；欧美成熟市场发展迅速，业务占比达 25%，欧洲区域整体收入同比增长超 100%，北美业务收入增长超 40%。新兴市场利润贡献持续扩大，印尼、俄罗斯、南非等重点区域均增长超 100%。

在“全面国际化”的道路上，柳工不断向着“成为全球竞争者”的目标迈进。未来，柳工将通过不断提高公司海外业务收入占比，缓解行业周期性波动影响；进一步扩大海外市场，聚焦战略核心区域，加大海外重点区域战略投入，进一步提高海外市场把控能力；加强海外制造工厂对本地资源的利用能力、研发能力，持续致力于研发本土化、品牌本土化和经营管理本土化；注重国际化人才培养，实现人才全球流通；继续稳步推进国际化运营体系发展，提升国际化运营能力；加强海外子公司运营监控和汇兑风险管理，降低国际化风险；运用潜在的战略联盟与并购手段，提升柳工的全球市场地位。

八、其他教学支持材料

（一）计算机支持

由于本案例在有关课程中被当作讨论材料使用，需要向学生展示，所以在计算机中需要安装 PowerPoint 软件。

（二）网络支持

本案例中涉及的企业需要学生连接互联网，通过登录企业网站、媒体网站以及关注企业微信公众号等方式进行了解和体会。

【跨境电商篇】

案例 10

爆火健身操背后的线上直播商业模式

摘　要：随着数字经济时代的到来，在技术与市场需求的双重驱动下，线上直播作为我国跨境电商的新业态模式，受益于行业发展红利，利用其高交互、高体验、高流量的特点，结合在线营销、在线交易、无接触交付的优势，实现了快速发展。2022 年春天，用户居家、延迟复工复产等问题，更是进一步刺激了电商直播的爆发式增长。其中，健身主播刘畊宏在短短一个半月内涨粉超 6 000 万，成为 2022 年线上直播领域爆红第一人。本案例通过梳理直播电商的发展历程归纳电子商务行业的发展规律，分析刘畊宏爆火头部主播流行背后的推广营销策略，使用消费者心理学、传播学等相关理论，帮助读者了解数字营销时代线上直播助推信息传播的策略，通过直播案例分析，使读者对线上直播的商业模式对我国互联网经济发展的重要意义有更深层次的理解。

关键词：电子商务；线上直播；数字营销

Abstract: With the advent of the digital economy era, driven by both technology and market demand, online live streaming, as a new form and mode of cross-border e-commerce in China, has benefited from the industry development, using its high interactivity, high experience, high traffic characteristics, as well as the advantages of online marketing, online transactions and contactless delivery, it has achieved rapid development. The problems of users staying at home and delayed resumption of work and production in the spring of 2022 have further stimulated the explosive growth of e-commerce live streaming. Among them, fitness anchor Liu Genghong has gained over 60 million fans in just one and a half months, becoming the first person in the field of online live broadcast in 2022. This case summarizes the development of the e-commerce industry by sorting out the development history of live e-commerce, analyzes the promotion and marketing strategy behind the popularity of Liu Genghong, uses consumer psychology, communication and other related theories to help readers understand the strategy of online live streaming to boost information dissemination in the digital marketing era, and enables readers a deeper understanding of the significance of the online live streaming business model for the development of China's Internet economy through live streaming case studies.

Keywords: Electronic commerce; Live streaming; Digital marketing

一、引　言

2022 年 4 月以来，伴随刘畊宏《本草纲目》毽子操，一股直播健身热刮遍大江南北，一部手机、一个支架再加上一张瑜伽垫，一家几口合跳健身操成为不少家庭饭后必备娱乐项目之一。而风潮引领者刘畊宏也在短短一个半月内涨粉超 6 000 万，成为 2022 年线上直播领域爆红第一人。在直播的过程中，刘畊宏穿着带有某运动品牌 Logo 的服装，并介绍了运动时合适的穿着，该运动品牌也在其抖音官方旗舰店中，将刘畊宏夫妇在直播中穿着的产品标注上了“刘畊宏”同款。这是一条介于代言和带货之间的运动品牌广告，是直播电商的变现路径之一，据网上消息，该次直播冠名广告为刘畊宏带来了上千万元的收入。线上直播商业模式的发展路径是怎样的？线上直播到底有多火？其前景几何？线上直播又将何去何从？

二、相关背景

“五、六、七，GO!”伴随着周杰伦《本草纲目》的背景音乐，再配上“腰间赘肉咔咔掉，人鱼线马甲线我都要!”的口号，刘畊宏带领众多用户在抖音平台跳“毽子健身操”。随着观看人数越来越多，刘畊宏目前已成为健身圈的“现象级”网红。

其实，跳操跟练这事儿并不新鲜，过去电视台有很多健身跟练节目，其中最早的是跟练瑜伽。20 世纪 80 年代，国内非常流行“气功”，一度被认为外国气功的瑜伽，随着张蕙兰女士的推广，逐渐被人熟知。在 1985 年，中央电视台开始播放其拍摄的《瑜伽》系列电视片，每天三十分钟的节目中，张蕙兰会一边讲解一边演示，通过电视的转播培养了大众练习瑜伽的习惯。在该播出节目中，一个穿着艳丽服装的女人，常常端坐在山水间，嘴里念叨着“吸气，呼气”。

之后，健美操跟练节目逐渐进入大众视野。相较于瑜伽相对静态的动作，健美操跳起来更动感，本身具有更吸引眼球的特点。健美操最早来源于美国太空总署的医生库帕博士(Kenneth H. Cooper)，为太空人设计的体能训练内容。到1969年，杰姬·索伦森将体操和现代舞进行融合而后创编了健美操。在20世纪80年代，著名的好莱坞女星简·方达结合自身的健身经验出版了书籍《简·方达健美术》，使得健美操大范围流行起来。传至国内后，1985年从小学习体操的马华在偶然的机会下接触到了简·方达的跳操录像带，对此大感兴趣，从部队退役后，她就立志投身于健美操事业，并找来了两个伙伴一起，组成了健美教练三人组，在北京开始了健美操教学。20世纪90年代初，央视为了延续《瑜伽》节目的运动风，也为了追上这股健身潮流，邀请马华策划了一档以推广健美操为主的节目《健美操五分钟》。就是这档每天早上都会准时播出的节目，成了很多80后上学时的起床铃。正因为《健美五分钟》连续多年的播出，马华活力四射的健美形象，慢慢地被人们接受和喜爱。1998年，她还登上了春晚舞台，为范晓萱的《健康歌》领操，成为了初代“健美皇后”。马华的名人效应，带动了更多人跟着她在电视机前练习跳操。除此之外，国内电视台如广州卫视、深圳卫视等各地方电视台，都跟风引进了一系列国外健身操节目。在电视台还主宰着人们娱乐生活的年代，跳健美操就此成为一种全民时尚。就像如今蹲守在明星直播间等着跟练的网友一样，当年大家也会准时准点，守在电视机前等着跳操节目开始。

古早版的直播带货也就是电视购物的兴起，跟健美操几乎是同一时期。最早的电视购物广告诞生于1949年，一个叫威廉·巴纳德的美国人在电视荧幕上自说自话演起了推销独角戏，主角则是一台榨汁机。这则广告播出后立马产生了轰动。到20世纪80年代，电视购物开始在美国以及我国的台湾地区逐渐形成成熟的产业链。1992年，广东珠海电视台推出的“美的精品TV特惠店”是内地的首档电视购物节目。在这之后，电视购物这种新颖的方式被各电视台广泛采纳，并由此进入野蛮生长期。到1998年前后，国内已有500多档电视购物节目。仅1998年电视购物销售额即已高达几十亿元。2003年随着新政策的颁布，电视购物迎来了第二个发展高峰，更具规模化的资本介入。2004年4月1日，上海文广集团与韩国CJ集团共同组建的“东方CJ家庭购物频道”开播，成为国内第一个专业的电视购物频道。此外，韩国现代集团和广东电视台合作，推出了“现代家庭购物频道”；北京卫视也和美国联合媒体电视购物公司成立了合资购物公司。这一时期，家庭购物频道和卫视节目齐头并进，共同将电视购物市场的盘子进一步码大。许多品牌也是因为电视购物而为人所知，如好记星、背背佳。电视购物甚至催生了“橡果国际”“快乐购”和“风尚购”三家上市公司。

三、线上直播火爆的原因分析

第一，不管是直播跳操还是直播卖货，如今看来不仅是复制了电视台时期的内容，而且连玩法也完美复制。首先，最具标志性的是洗脑式的广告口号。提到电视购物，诸如“8 心 8 箭，只要 998，不要 9980，9！9！8！”仍然在脑海中挥之不去，更不用说那一句“Oh my god，买它！”即使没有在直播间买过任何东西，但这些口号都已经无孔不入地钻进人们生活之中了。同样的，马华当年在节目中推广健美操时，最常说的那句“天天跟我做，每天五分钟”也是这个道理。如今，刘畊宏在直播间也经常喊“腰间赘肉咔咔掉，人鱼线马甲线我都要”，且伴随着《本草纲目》《龙拳》等周杰伦经典歌曲，都一样达到了洗脑效果。总之就是要喊得够亮，喊得够多。其次，光有口号还不行，还得有剧情来丰富消费场景。在这方面，表现更明显的是在卖货领域。比如现在直播间都会有什么主播哭惨、倒贴降价，两口子拌嘴吵架系列。这些桥段在电视购物时代都曾出现过，在当时主持人不仅需要和厂商代表互相配合演戏，预算高了还会有各种群演轮流上场。一个直播广告现场，是一出声情并茂、涵盖人生百态的小剧场。最后还会利用现有条件，来营造一种从众的气氛。在电视购物时代，买东西靠打电话，很多 800 或者 010 开头的电话都令人印象深刻。而在整个广告期间，电话铃声总是时不时响起，作为背景音穿插其中，尤其是在最后抢购阶段，不断响起的铃声，其实就是给人一种产品很抢手的感觉，让人想立即拿起电话购买。直播带货完美复制了这套方法，小助手们会不停提示，上架商品已经卖断货了，让人觉得不下单是不是就吃亏了。如今的直播跳操也差不多，核心就是让更多人参与进来。刘畊宏不仅让自己妻子一起跳，甚至拉来了岳母。直播过程中，他也会不停地邀请观众们跟练。现在看来，短视频直播与过去的电视节目发展有着高度相似性。曾经在电视上火过的，经过改良，放在短视频直播上，又能引领新的潮流。

线上直播复刻了电视节目的发展，这种内容上的轮回在人类媒介的变化史上，可以说是不断循环往复。究其原因，首先是因为人们感兴趣的东西有限，底层逻辑和情绪总是有着极强的共性。创作者们要做的有时候只是把前人的工作复制过来，然后根据当下的媒介与观众特性做出新的改变。

第二，流行歌曲作为背景音乐唤起网友的集体记忆。“集体记忆”这一概念是由法国社会学家哈布瓦赫首次提出的。他认为，集体记忆是“一个特定社会群体之成员共享往事的过程和结果，保证集体记忆传承的条件是社会交往及群体意识需要提取该记忆的延续性”。调查数据显示，抖音核心用户年龄以 24 岁到 30 岁为主，占比超过 40%，手机线上运动应用 Keep 上 3 亿多用户中 70%以上是 30 岁以下的年轻用户，然而抖音上刘畊宏的 6 000 多万粉丝中 30 岁以下比例却不足 30%，他主要面向的客户群是中老年及全家型客群。刘畊宏在健身直播中选用的背景音乐《本草纲目》是"80 后""90 后"的集体青春曲库，具有脍炙人口、极具韵律感的特点，也是网络上的流行密码。以《本草纲目》为背景音乐设计的毽子舞极具动感，同时会唤起观众对于歌曲的集体记忆——那些蕴含在歌曲中的青春和回忆。观众在观看直播的同时会跟唱这首歌曲，由集体记忆带来的共鸣使得该话题热度不断上升。随着以《本草纲目》为背景音乐的毽子操走红，微博上相关的话题也在持续被讨论，网友们纷纷为刘畊宏提供自己的健身歌单。这些耳熟能详的歌曲，结合精准踩点的动作，被网友认为充满"魔性动感"。

第三，直播营造的类人际互动氛围使屏幕内外观众产生情感共鸣。"类人际互动"是由唐纳德·霍顿和理查德·沃尔提出的，早在 1956 年，他们就在《大众传播与类社交互动》一文中阐述了观众与电视屏幕"角色"之间的互动属性。在社会科学的用法中，"类"某物通常表示在形式上模仿某事物的基本属性，却并非事物本身，时常缺失了某些关键特征。运用于直播，所谓"类社交互动"，是指直播中主播与观众之间从表面上看是一种亲密关系，类似于"面对面"的互动，实际上它是人际互动的模仿和衍生，而非真实的"面对面"互动。"类社交互动"既是对重要现实和本真交互行为的模仿，又是对电视角色和无形观众谈话交流的模仿。直播中的主播虽然无法看到观众，却时刻假设观众在面对屏幕观看直播，因此，通过模拟现实生活中的交流情态，巧妙地将缺席的观众拉到自己的谈话中，营造了交谈的假象，同时，假定无形的观众对言谈做出了相应的互动性回应，从而维系持续交流的假象。在霍顿和沃尔看来，通过节目设计，电视中的角色完全可以与陌生的观众建立密切联系，而后者也会感觉自己像了解朋友一样了解前者，由此形成了一种持续的交谈关系，但是这种关系实际上是单方面的，这也是电视中的角色之所以要"小心翼翼地营造假象，或模仿亲密感"的缘由。总之，类社交互动论认为，观众与电视屏幕之间的互动不过是"面对面互动"的功能性替代品。然而，只要是人际互动，必然与互动的整个场景相联。它不仅包括互动双方的语气、表情、身体姿态等所显示出来的情绪气质，还包括由各种物质符号所构成的环境。

当网友进入刘畊宏的直播间，与传统的帕梅拉、"天鹅臂"等早已录好的、妆发精美的健身视频不同，他们不仅可以看到刘畊宏在直播期间不断指导他们如何确保动作和姿势的标准，讲解细节到位，督促大家不要放弃，还可以看到刘畊宏跳完操之后满头大汗的模样，也可以看到他的妻子王婉霏跳过操之后空洞的眼神和直播后期明显跟不上节奏的"划水示范"。直播不仅打破了刘畊宏与直播间观众之间的时空和地理位置的限制，而且也给予普通观众鼓励——原来不是只有我一个人跟不上，甚至刘畊宏自己也会气喘吁吁。在传播互动中，非语言符号具有极其重要的地位，可以分析人们的情绪及言语的含义，提供大量的信息内容。

非语言符号包括面部表情、身体语言、身体接触等。虽然在直播中由于手机终端等多方面的影响，缺少传者与受者之间的身体接触。但是怼脸的“C 位直拍”式直播，却让刘畊宏的面部表情、身体语言等非语言符号得以凸显。特别是他在跳完操之后流下的汗水，让观看直播的观众产生了情感上的共鸣。在刘畊宏的直播间中，他通过直播过程中与弹幕中观众留言的互动，形成了独特的动态沟通过程。在这一沟通过程之中，观众和刘畊宏聚焦于同一个关注焦点，并且当身处直播间时，群体之间彼此可以感受到对方身体的微观节奏与情感。网友在刘畊宏的健身直播间里的这些独特体验，是网友自己对着手机屏幕里妆发精致的健身操教练进行锻炼时所体会不到的。除了真实表现健身中满头大汗的形象，还有“夫妻档健身”的反差效果，太太王婉霏跟在他身后一起操练，刘畊宏一派轻松带着笑容，老婆则经常露出“面目狰狞”的爆笑表情，一时体力不支，一时跟不上动作，爆笑的画面让一起跟练的网友很有共鸣，仿佛看到荧幕前的自己。网友在直播过程中和王婉霏进行喊话，笑称她没有好好练操在划水。针对网友这样的喊话，王婉霏的回应也相当有趣。她在自己的抖音账号中回应道，“不要再说我练操不认真了，你们说完走了，下播之后我的老公还要监督我进行加练”。如此的回应，让众多网友仿佛看到了自己与健身教练的“爱恨情仇”，进一步加强了网友与刘畊宏健身直播的情感联系。

第四，健身直播具有社交货币价值。社交货币来源于社交媒体中经济学的概念，它是用来衡量用户分享品牌相关内容的倾向性问题，《疯传》对于社交货币的解释是“就像人们使用货币能够买到商品或者服务一样，使用社交货币能够获得家人、朋友和同事的更多好评和更积极的印象”。观看刘畊宏的健身直播不仅可以与刘畊宏进行跨越时空和地理位置的情感互动，而且也可以充当社交货币与周围的同事、朋友进行日常话题联络。从消费端看，抖音的直播健身模式满足了用户的消费心理的需求。健身是个“自律”行为，是反人性的。反人性的生意基本都不是好生意。比起像健身达人一样高质量地健身，大部分用户都是“健身表演艺术家”，他们并不需要真的练出八块腹肌，他们只需要一个“表演健身”的“道具”：我看过刘畊宏的直播，我跟着动过，我发条朋友圈，就够了。当人们在朋友圈分享，或者与身边的人交流锻炼毽子操后的感受时，刘畊宏和他的健身直播在大家的口口相传中触达到周围的熟人圈层之中。而身边没有观看过刘畊宏健身直播的人，有的迫于社交话题的压力、有的受到身边亲友的“按头安利”……在种种原因下也会点进他的直播之中。在这个过程中，抖音的算法也起到了不小的作用。当用户注册一个抖音账户时，通常会被 App 请求进入用户的通讯录。当平台为用户推荐“可能认识的人”，并且用户相互关注之后他们就会成为平台上的“朋友”。当有人点进刘畊宏的直播间后，在界面上就会显示“X 个朋友正在看”，出于对熟人的好奇心理，用户便也会进入直播之中一窥毽子舞的魔力。

第五,多平台宣发,网友与官方围绕热点造梗玩梗。刘畊宏的 MCN(Multi-Channel Network,多渠道网络服务)机构为无忧传媒。这次它们采用了多平台大规模宣发的模式对刘畊宏健身直播进行流量扶持,助推其爆火。除了在抖音进行每周 4 次的晚间健身直播,刘畊宏将毽子操中的核心动作单独进行剪辑,分别将这些视频投放在微博、B 站等其他社交媒体平台之中。同时基于许多网友一开始跟不上毽子操的实际情况,许多社交平台里的健身博主也将刘畊宏的毽子操进行动作的分解,运用更加详细的解说,让许多希望跟上原速毽子操的网友实现愿望。此外,在全民参与到运动健身的大热环境下,产生了诸如"刘畊宏女孩""刘畊宏男孩"的梗句,使得刘畊宏××的迷因句式得到升级魔性传播。迷因理论由英国进化生物学专家理查德・道金斯于 1976 年在《自私的基因》一书中提出,迷因是理解个体模仿行为的重要概念。由于模仿而导致的大规模传播行为,被称为"迷因传播"。道金斯指出,传播范围广、影响大的迷因的基本要素,包括复制的准确性、快速性和形式的稳定性。由此可见,在刘畊宏健身直播热度的助推下,"刘畊宏××"句式的流行也正是符合了迷因理论基本的"复制"到"变异"的传播过程。"刘畊宏××"以及与此相类似的句式,开始成为网络中的迷因,在网友的句式创作中让其本身实现网络"爆梗"传播,成为一类人进行健身运动的代名词。人民日报也紧跟这一波"刘畊宏热点"在其官方账号中推送消防士兵跳毽子舞的视频,进行了一场官方的"刘畊宏男孩"舞技大 PK。

在健身直播的热度中,不仅诞生了"刘畊宏××"句式的大范围传播,而且刘畊宏之前在综艺中种种热爱健身的表现,也被网友找到。例如网友找到早年刘畊宏和王婉霏在街上吵架的视频,后续原因竟是因为刘畊宏想让妻子走路锻炼,妻子不愿意,想乘坐汽车。更让网友啼笑皆非的是刘畊宏与女儿小泡芙参加《爸爸去哪儿》时,陈小春儿子 Jasper 跌倒后,刘畊宏对他说"长大后和叔叔一起健身,锻炼核心"。在网友孜孜不倦的"网络考古"下,刘畊宏健身狂魔的人设也逐渐深入人心,刘畊宏许多因为健身而产生的故事也成为网络上的笑谈而被大家转载和评论。后互联网信息社会中,网络迷因文化具有好玩、有趣、娱乐的游戏属性,从传播游戏理论的视野出发,个体在参与网络迷因现象的传播活动中能够带着快乐的动机参与,会促使其在造梗玩梗中实现自我的愉悦。

四、直播电商的发展历程和现状格局

随着粉丝飙涨,刘畊宏的商业价值得到了普遍关注。刘畊宏直播间的广告植入也逐渐增多。比如休息的时候,夫妻俩扯着自己的衣服说衣服非常吸汗,非常舒服,亦或在 520 的前夕刘畊宏夫妻互送礼物,这些植入的策划情节都是为宣传产品而服务的。

目前，直播电商是线上直播中最主要的变现方式之一。其实早在 2016 年，淘宝、京东等传统电商就开始探索“直播＋电商”新模式，经历了萌芽期、成长期、快速发展期三个阶段。2019 年，直播行业因电商直播的迅速崛起再次成为行业关注的焦点。2020 年，用户居家、延迟复工复产等问题，更是进一步刺激了电商直播的发展。不仅仅是各大平台纷纷加大对直播的投入，同时主播、企业、第三方机构也纷纷入场布局直播电商，共同推动电商直播行业的快速发展。据艾瑞咨询数据，2020 年中国直播电商市场规模超 1.2 万亿元，年增长率为 197.0%。预计未来几年直播电商仍将迅猛发展，2023 年直播电商规模将超过 4.9 万亿元。电商直播已经聚集了庞大的用户群体。据中国互联网络中心数据显示，截至 2021 年 6 月，我国网络直播用户规模达 6.38 亿，占网民整体的 63.1%。其中，电商直播用户规模为 3.84 亿，占网民整体的 38%。

从电商直播的平台来看，电商平台作为直播带货的先发平台，依靠成熟完整的电商全链路服务，持续加码直播电商投入，发展速度非常迅猛，已成为一个重要的线上渠道，形成淘宝、抖音、快手三分天下的行业格局。据商务部网站消息，2020 年，重点监测电商平台累计直播场次超 2 400 万场。从 2020 年至 2021 年这一年内，淘宝和抖音的直播的商品交易总额(GMV，Gross Merchandise Volume)分别达到 6 500 亿元和 4 500 亿元，而据快手公告，其直播成交额达 6 169 亿元。与此同时，各大内容平台也加大了电商直播的投入通过完善直播功能、出台各类扶持计划、加强供应链建设、策划电商直播活动、联合明星/话题人物等措施，不断扩大内容平台在电商直播领域的影响力。目前的三大平台之间的主播、平台、品牌、用户、厂家、投资者，对各个平台的诉求有所不同。其中，淘宝直播的头部主播议价权非常强，平台中心化程度最高，在该平台的用户购物目的性强，相应的品牌商品牌化程度高，他们利用超头主播带货，找粉丝数量多的头部主播带货，打造“类客服”的店铺，借助其流量宣传自己的品牌，形成以品牌商为主的营销策略，而非直接盈利。抖音直播以中腰部主播为主，带货抽佣率相对淘宝头部主播更低，相对去中心化，平台议价权较高，而直播基于内容产生区分度，且该平台上的消费者购物目的性较弱，更在意内容，相较于淘宝直播用户更加下沉。因此抖音直播更倾向于打造私域流量的店播，它试图通过直播打造的品牌私域兼顾品牌营销和卖货，而品牌自播有潜力做到比主播带货更高的投资回报率。快手直播以主播带货和“厂播”为主，其主播较为头部化和私域化，对人设和粉丝粘性有要求，头部主播也以非品牌商品为主。该平台中心化程度较高，平台与超头主播或持续博弈。该平台的用户购物目的性弱，市场最下沉，是在看内容的基础上购买商品。其运营本质是帮助产业带工厂出货，赚“品牌化”的钱，但对于已经成型的大品牌帮助不大。此外，微信视频号也在逐步抢占直播电商的市场，成为目前最大的未知变量。

五、直播电商的商业模式分析

从电商直播主播增长方面来看,《2020年中国网络表演(直播)行业发展报告》显示,截至2020年末,中国网络表演(直播)行业主播账号累计超1.3亿,其中日均新增主播峰值为4.3万人。主播身份非常多元,包含明星、网红/达人、素人、商家、政府官员、企业高管等不同身份背景的主播。而目前直播电商中主播的带货形式分为三大类,包括超级主播、厂播和店铺自播。

其中,超头主播的核心目的是品牌宣传和营销,并非直接盈利,他们具有帮助品牌商树立品牌力、定价格带的能力,且主播本身起到了"为商品质量做信用背书"的作用;厂播属于非品牌商借助主播快速起量卖货,目标是实现盈利;而企业自播,如淘宝上的店铺自播,类似于客服(现场答疑解惑互动和发放限时折扣),其主要作用是"促转化"而非"引流",而自播具备树立品牌形象、定价格带的功能,有打造品牌私域的潜力。

此外,企业直播服务随着应用的不断深入,覆盖的场景和行业都在不断丰富。目前来看营销场景、现场直播和培训场景(包含企业培训和教育培训)三类场景是绝对主流的应用场景。其中,营销场景是应用最为广泛的场景,营销场景下的企业直播更多关注企业私域流量池的打造和全程用户数据的留存,关注是否能为企业带来营销增长。培训场景也是企业直播应用较多的主要场景,在"双减"政策之后教育行业整体规模减小,导致企业直播行业中教育培训场景的份额也相应下降,同时,企业培训场景的应用需求增强。现场直播场景的应用相较于营销和培训场景则略少,现场直播场景下则更强调品牌与用户间交互性和直播高稳定性。

这里我们前面提到的刘畊宏健身直播就属于超头主播,结合了营销场景、现场直播和培训场景。它通过穿品牌商的服装、在背景中摆设品牌方的产品或者在节目中策划,将品牌方想要推销的商品自然地融入到健身直播的夫妻互动中。品牌方对于这种类型的主播的主要诉求是"营销"而非"销售",即通过自然的方式提高品牌知名度、打造品牌形象、树立品牌地位,提升观众对品牌的认知,使观众在直播中注意到该商品并产生了解的兴趣,因此在此类别下品牌方对高佣金的接受程度较高。

六、线上直播行业的未来

目前,直播功能已成为电商平台标配,用户红利期结束,产品及服务持续改进才能赢得未来。具体而言，从平台方面，直播带货已经成为视频平台及电商平台标配，平台间竞争的关键点在于流量成本，随着短视频平台流量成本优势的消失，直播带货平台相比传统电商的价格优势将不复存在，电商直播中产品质量和供应链能力的重要性不断增强，运营能力的竞争才真正开始；从主播方面，在直播电商用户快速增长期，主播与平台的关系是同步的，在短视频直播带货平台用户流量见顶，平台需要利益最大化现有流量时，主播及品牌自播商的获客成本将会大幅上升，低投资回报率的主播将会大规模被淘汰；从用户方面，新鲜期后，再加上直播带货购物体验较差、假冒商品等丑闻层出不穷，整体用户粘性较弱，高生命周期价值用户开始回流传统电商渠道购物。带货平台需要改进购物体验，主播需要认真选品，改进服务体验，推动用户留存增长。

至于线上健身直播方面，居家让许多三四线城市的用户认识到了一线城市优质健身教练的存在，居家风潮退去，直播健身赛道长期发展的关键点在于直播内容，博主只有长期保持优质内容输出才能吸引用户持续关注。因此，直播健身在发展过程中必然出现优胜劣汰的局面，健身博主在后续的变现中也必然面临直播健身公益性和商业化之间平衡的问题。

七、结束语

经过超十年的孕育及发展，直播电商从 2019 年正式进入公众的视野，随着经验的累积，直播电商不断发展，如今直播电商进入真正意义上的爆发期。短视频平台积累的巨量“流浪堰塞湖”，急需找到大市场容量的行业进行流量变现，而此时传统电商平台流量增长红利期已过，流量成本高，短视频与传统电商存在巨大流量成本差异，这种成本优势直接决定了直播带货平台可以将部分成本优势让渡给消费者及卖家，最终促成了直播带货行业的爆发。刘畊宏健身直播的爆火正确地把握住了数字营销时代的脉搏。直播电商最终是否能够成为电商的重要模式，为消费者持续创造价值，目前尚不得而知，但是能够持续控制成本、提高效率、提升用户体验的商业模式终将被市场接受与认可。当然目前直播带货行业也存在众多亟待解决的问题，流量成本优势也逐渐在消失，但无论如何我们都应该用开放的态度去拥抱不同商业模式的竞争与变革。

参考文献

[1] 36 氪研究院. 2020 年中国直播电商行业研究报告[EB/OL].（2020－12－1）.https://pdf.dfcfw.com/pdf/H3_AP202012041436556022_1.pdf? 1607092 275000.pdf.

[2] 陈莎.传播游戏理论视野下的社交迷因文化[J].现代视听，2019(2)：53－55.

[3] 东吴证券.直播电商的"蜜糖与砒霜"[EB/OL].(2021-12-10). http://pdf.dfcfw.com/pdf/H3_AP202112101533754126_1.pdf? 1639156337000.pdf.

[4] Fastdata 极数. 中国直播电商行业报告 2021[EB/OL].(2021-10-09). http://www.ifastdata.com/article/index/id/2492/cid/3.

[5] 关萍萍.网络直播的符号互动与意义生产:基于传播符号学的研究[J].当代电影,2017(10):187-189.

[6] 黄璐,吴印波.健美操运动迅速发展的传播方式探视[J].山西师大体育学院学报,2005(4).

[7] IC 实验室.看懂刘畊宏爆红背后的真相,就看懂了中国短视频直播.[EB/OL].(2022-4-28). https://www.bilibili.com/video/BV1FS4y1w71m/.

[8] 贾沛霖.直播带货时代,还记得电视购物吗?[EB/OL].(2020-05-26). https://www.huxiu.com/article/358968.html.

[9] 钱江晚报.一月涨粉千万,"刘畊宏女孩"刷屏朋友圈,50 岁的他为什么火了?[EB/OL].(2022-04-20). https://k.sina.com.cn/article_1700720163_v655eee2302001511a.html

[10] QuestMobile 研究院. QuestMobile2022 年中国短视频直播电商发展洞察[EB/OL].(2022-04-12).https://www.questmobile.com.cn/research/ report-new/231.

[11] 是古米呀.刘畊宏是怎么突然爆火的?[EB/OL].(2022-04-06). https://www.zhihu.com/question/529433065.

[12] 苏琦.李佳琦时代,电视购物去哪儿了?[EB/OL].(2019-10-29). https://m.thepaper.cn/newsDetail_forward_4783066.

[13] 王晓红.类人际互动与日常化:电视传播互动性的本质与表现[J].新闻爱好者,2013(11):34-38.

[14] 微热点研究院.直播电商行业网络关注度分析报告[EB/OL].(2021-06-30). https://new.qq.com/rain/a/20210816A095SL00.

[15] 新闻哥.因为他,周杰伦成了我的催命符[EB/OL].(2022-04-29). https://www.17qingsong.com/news-20220419A0AUBT00.

[16] 杨娟,梁锋,刘依.迷因理论视角下的网络"爆梗"传播:以"打工人"为例[J].青年记者,2021(24):50-52.

案例10　使用说明

一、教学目的与用途

本案例是为国际商务专业课程而撰写的，也可以在国际市场营销、网络营销课程教学中使用。本案例为学生提供了在当下热门的数字营销环境下，直播平台上具有代表性的明星爆红实例，并分析了其流行的原因和背后的商业模式。我们希望通过分析真实的电子商务案例，提高学生分析流行趋势、挖掘现象背后营销模式的商务分析水平。

（一）适用课程

本案例适用于国际商务课、国际商场营销课程和网络营销课程。

（二）适用对象

本案例难度适中，使用对象包括国际商务专业和市场营销专业硕士研究生和高年级本科生。

（三）教学目标

1. 知识传授

通过本案例的教学，学生应掌握以下知识，并学会将相关理论应用到实践中。第一，直播电商的兴起和发展立足于时代，但不拘泥于时代，它创造了新型的电子商务交易模式。学生应从直播电商的发展历程中归纳电子商务发展的趋势并将其与传统的电视营销进行比较学习。第二，通过分析刘畊宏等爆火头部主播的流行原因，掌握直播电商营销推广的策略。第三，在MCN机构扶持刘畊宏进行流量推广的过程中，使用了消费者心理学、传播学等相关理论和技巧，学生通过相关的理论学习应当对数字营销时代的信息传播策略有进一步的了解。第四，通过学习直播电商案例，了解电子商务如何有效利用大数据。第五，互联网营销是国家互联网发展的重要一环，学生通过了解直播电商的战略布局应当对直播电商对我国互联网经济发展的重要意义有进一步的思考。

2. 能力训练

通过本案例的学习，学生能够增强对直播电商平台发展趋势的判断能力，掌握并提升流行传播、消费者心理学、商业模式的大数据分析与利用等层面上的网络营销能力，从而加强数字经济时代的营销策划能力。

3. 观念更新

在学习本案例后，学生能够对直播电商的发展历程有所了解；对头部主播在其中扮演的角色有一定的认识；对直播电商的大数据运营、市场营销策略和流行传播理论有深刻的认识。

二、启发性思考题

1. 直播电商的发展现状反映了电子商务平台怎样的发展趋势？

2. 直播电商头部主播背后的商业模式是怎样的？

3. 直播电商的用户具有怎样的特点？其消费趋势为何？

三、案例分析背景

（一）制度背景

自 2012 年《中国云科技发展“十二五”专项规划》中指出，要将云计算软件相关技术作为重点发展任务以来，移动互联网等新兴业态受到政策鼓励开始加速发展。近年来，随着《“十三五”规划》中的实时国家大数据战略、《“十三五”国家信息化规划》中的企业信息化、《云计算发展三年行动计划（2017—2019 年）》中的云计划行动规划、《推动企业上云实施指南（2018—2020 年）》中的企业上云政策以及《国家数字经济创新发展试验区实施方案》中的产业数字化等一系列政策出台，鼓励发展数字经济、鼓励企业上云成为国家重点战略。《中小企业数字化赋能专项行动方案》提到的数字化转型、《云计算发展白皮书（2020 年）》提到的云计算发展、《关于推进“上云用数赋智”行动培育新经济发展实施方案》提到的企业上云等直播相关的底层技术也频频受到政策鼓励；此外，互联网营销师得到官方职业认证，互联网营销师被纳入《国家职业分类大典》，《关于以新业态新模式引领新型消费加快发展的意见》中鼓励实体企业开展直播电子商务。2021 年，《“十四五”软件和信息技术服务业发展规划》提到全面提升软件产业链现代化水平，《“十四五”电子商务发展规划》提到要推动直播电商、短视频电商等新模式向农村普及，健全电子商务行业标准，重点开展直播电商、社交电商、农村电商等新业态标准研制；《网络直播营销管理办法》提到要加强网络线上直播营销管理，对直播间运营者和直播营销人员的直播营销行为划出红线，规范线上直播行业的同时，利好行业长远健康发展。2022 年，《不断做强做优做大我国数字经济》为加快新型基础设施建设，推动数字经济和实体经济融合发展提出指导意见，而《“十四五”数字经济发展规划》为建设数字经济基础产业和数字经济的发展提出了目标，而企业直播服务通过与 5G、大数据、人工智能和云计算等新兴技术的结合，利用直播技术助力企业实现数字化转型，契合国家相关政策的号召。国家陆续出台的这些政策鼓励着线上直播的发展，注重培育直播人才，鼓励直播走向下沉市场的同时加强行业规范，保障线上直播行业健康发展。可以说，企业直播行业目前已经迎来了发展的机遇期。

(二)行业背景

数字经济的高速发展为企业直播行业增长创造环境。数字经济相关产业近年来受到政策的鼓舞发展迅猛，2020 年的产业规模已经达到 39.2 亿元。同时，数字经济的增速还常年超越中国整体 GDP 增速，2020 年数字经济的增长速度更是达到全年 GDP 增速的 3 倍多。而企业直播作为数字化转型服务商，借助直播工具可帮助企业客户实现对用户全程数据的留存与分析，可助力企业客户实现数字化转型，数字经济蓬勃发展的背景之下企业也面临数字化转型的压力。因此，得益于数字经济蓬勃发展的东风，企业直播服务商通过助力企业客户实现数字化转型、拥抱数字经济，也拥有了发展机遇。

中国企业直播行业于 2015 年受到用户端应用兴起而迎来快速发展，2018 年前后行业受到在线教育行业和直播电商双重驱动进入加速成长期，2019 年末企业积极寻求线上化工具，让企业直播行业迎来爆发性增长。2021 年企业逐渐回归理性，同时“双减”政策的实施也对线上教育部分的营收造成较大影响，企业直播行业进入深耕发展期。未来一段时间内，随着客户对企业直播了解的加深，未来企业对直播需求及直播质量要求提升，企业直播朝着精细化方向发展，单个企业客户客单价的提升带动行业规模加速成长。

四、理论研判依据

(一)知识点一：电商直播发展现状

据统计，2021 年上半年，中国电商交易额超六万亿元，其中直播电商交易额超一万亿元，同比增长超两倍。直播行业发展到今天，已经有越来越多的企业认识到常态化直播的重要性，据调研 2022 年有近七成的企业客户均表示其公司开展直播的频率进一步上升了，且有 49.0%的企业客户表示其直播频率的提升幅度较大。据估计在 2020 第四季度到 2021 年第三季度这十二个月内，淘宝直播、快手平台和抖音直播的 GMV(Gross Merchandise Volume，即商品交易总额)分别为 6 500 亿元、6 169 亿元和 4 500 亿元。

我国电商行业或已逐渐进入成熟期，直播电商有望成为新增量。我国电商用户渗透率已经达到较高的水平。根据国家统计局数据，2021 年前三季度我国线上实物商品销售额占社零总额(社会消费品零售总额)之比为 23.6%。社零总额中有一部分是汽车、石油等线上化程度不高但规模较大的产品，若排除这些品类，日常消费品的线上化程度或已达到30%以上。2019—2021年电商规模增速有所放缓，从2018年及以前的30%年增速放缓到2020年之后的不足15%。我国此前电商规模增长建立在网购人数的快速增长上，但目前网购人数渗透趋于饱和。截至2021年6月，我国网购人数已达8.12亿。排除部分偏远地区居民、老年人和婴幼儿人口后，我国电商用户规模正在接近网购目标客群的上限。直播电商渗透率较低，有较大增长潜力。截至2021年6月，我国直播电商用户规模达3.8亿人，相比网购用户数或直播观看用户数，渗透率都仍有可观提升空间。渗透率提升是直播电商未来的一个重要增长驱动。

据数据研究院统计，食品乳饮、服饰箱包和美妆个护类商品在直播电商中最受用户青睐。美妆和服饰类商品凭借其高利润成为主播们的宠儿，快消品对主播的专业化程度要求较低、复购率也相对较高，成了热门带货产品。此外，水果生鲜、家用电器、数码电子产品等均受到较高程度的关注。

随着用户直播购物习惯的逐渐养成、各平台对直播模式的资源倾斜、政府政策对直播带货的扶持等，直播电商高速发展，呈现出主播群体多样化、主播类别多样化、直播内容多样化、商品多样化的趋势。加上“宅经济”的刺激，直播电商迎来爆发式增长。

（二）知识点二：电商直播头部主播背后的商业模式

直播电商是一个马太效应较强的行业，天然具备头部集中的发展趋势。从各大平台集中程度上看：淘宝大于快手大于抖音。对比第1名和第10名的月GMV，淘宝、快手、抖音，大约分别为20倍、10倍、3倍。头部主播带货的目的并非直接盈利，主播仅对曝光量有较大的影响力。而实际转化主要由品牌、商品、折扣幅度等多方面因素决定。因为头部主播要求高佣金率和高折扣，这可能会使得商家无法直接通过直播赚钱，商家参与超头部主播带货核心目的是选取其产品，增加其品牌的知名度，商家更多的是通过自然流量，即用户的复购盈利。因此，商家选择头部主播更多的原因是品宣和盈利上的考量，而非单纯的“流量红利”。

具体的，直播电商中的商品销售模型为：商品销售商业模型＝曝光次数×转化率×价格×毛利率×复购次数，其中曝光次数由平台和主播决定，与投放金额强相关，转化率、价格、毛利率和复购率等因素，都主要由品牌和商品本身所决定。直播并不能改变品牌特性，而仅能帮助品牌增加曝光；要想通过直播打造爆品，需要提升产品或品牌具备相应的品质。复购率或复购次数是一个常被忽略的重要指标，是影响商家盈利的核心变量。主播带货属于营销行为，费用率、折扣幅度均较高，通常难以直接盈利。而消费者复购的折扣、费用率均相对较低，是利润的重要来源。

直播电商中的成本模型为：直播费用＝主播佣金＋坑位费＋折扣让利，其中主播对商家的抽佣主要包括“坑位费”和“佣金”两部分。直播电商抽佣率较高，是一个费用率相对较高的线上渠道。直播电商商家向带货主播支付的费用，占成交额之比可高达 30%以上；相比之下，阿里平台在 2021 年的整体货币化率仅约 4.1%。总体而言，直播电商的费用率高于京东、天猫等传统货架电商。“坑位费”指的是商品上播之后一次性支付给主播的固定费用，“佣金”则根据支付口径的实际 GMV 按比例分成。通常而言，头部一场化妆品直播带货单个商品的成交额约为 80 万至 100 万元，主播收取约 10 万至 20 万元的坑位费，占成交额 20%至 30%或更高佣金。具体坑位费金额和佣金率视品类、品牌、产品而定，总的来看头部主播部分品类的坑位费加佣金可达销售额的 30%至 50%。此外，超头主播带货的最大“费用”是折扣，其次才是主播佣金。头部主播带货通常伴随着较大幅度的折扣。倘若把直播电商产生的折扣让利算作销售费用，那么实际的投资回报率（ROI）将会更低。此外，直播的转化情况也取决于商品、直播方案与平台用户的契合程度。如淘宝直播的用户购物目的性比较强，商品物美价廉就能得到较高的转化；而在抖音、快手平台上，用户购物目的性不明确，需要商家提供有吸引力的内容。在抖音、快手平台，如果像淘宝直播一样直接拿出商品报折扣，可能不会有好的效果。

（三）知识点三：电商直播行业用户画像

据统计，2021 年超六成直播电商用户为女性，二三线城市用户是直播间的主力人群，直播电商用户画像年轻化特征显著，“90 后”“95 后”及“00 后”是最重要的用户群体，而且与传统电商不同，直播电商更受低学历用户青睐，本科及以下用户渗透率更高。直播电商主要用户群体来自传统电商的“边缘用户”，消费路径依赖更易被改变，相比全网用户，直播电商用户更宅、更孤独、更渴望线上社交。超七成直播电商用户收入不足五千元，购物消费“便宜”压倒一切，近一半用户因价格便宜或优惠力度大选择通过直播电商渠道购买商品，直播用户相对于传统电商用户对价格极度敏感。近一半用户因价格便宜或优惠力度大选择通过直播电商渠道购买商品，新鲜感过后，中高收入直播电商用户快速离场，回归对线上购物效率及服务品质的追求。直播电商流量成本不断上升，与电商相比价格优势不在，价格敏感用户粘性越来越低。月收入 5 000 元以下的价格敏感性直播电商新增用户次月留存率趋势，从 2018 年到 2021 年分别为 46.8%、32.5%、33.7%和 28.3%。直播间购物体验不佳，直播电商重度用户与主播互动比例下降，从 2020 年的 34.2%到 2021 年的 29.1%。直播功能成为电商平台标配，用户红利期结束，产品及服务持续改进才能赢得未来。

据微热点大数据研究院统计，通过对用户选择直播电商作为购物渠道的原因进行分析，有超过半数的用户是因为直播间的商品价格便宜、优惠力度大；直播间商品展示效果好、冲动购物还有信赖平台主播推荐的原因分别占有一定比例。更多的用户喜欢自己有目的性地挑选商品，而走进直播间，通过与主播和其他消费者进行即时互动的购物方式，也在被越来越多的用户所接受。

五、案例分析思路及要点

（一）案例分析思路

本案例以2022年春天用户居家背景下直播健身主播刘畊宏爆火为引入点，首先介绍了线上直播的发展历程，包括线上健身直播的发展过程和线上直播电商的发展过程，通过对比过去电视的营销和现在直播的营销，归纳两者的共同点，总结线上直播行业的发展规律。接着本案例从消费者心理学、传播学等相关理论，帮助读者了解数字营销时代线上直播助推信息传播的策略，分析刘畊宏“爆火”以及头部主播流行背后的原因。具体包括消费者兴趣底层逻辑和情绪上的共性、流行歌曲带来的集体记忆、直播营造的类人际互动氛围使观众产生共鸣、直播本身具有的社交货币价值以及多平台宣发等炒热度造梗推广策略。之后对线上直播变现模式进行了探讨，其中电商直播是最主要的线上直播变现模式之一，如今直播电商行业形成了淘宝、抖音、快手三分天下的行业格局。具体介绍完这三大平台的特点后，我们结合刘畊宏线上直播的例子，更加具体地介绍了直播电商背后主要的三大类带货模式，包括超级主播、厂播和店铺自播。最后，对线上直播行业的未来进行了展望和总结。

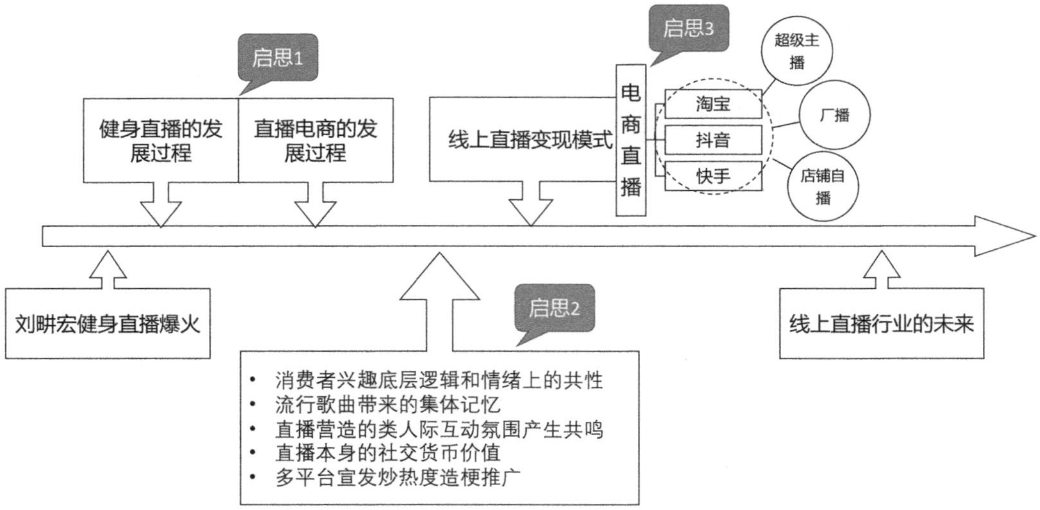

图1　案例分析思路

(二)启发性思考题解答要点

启发性思考题 1:直播电商的发展现状反映了电子商务平台怎样的发展趋势?

此题综合性较强,需要用到直播电商平台发展趋势等知识点。本案例中刘畊宏健身直播的火爆反映了直播电商的发展两大核心变量,无论是对健身这种服务性的产品还是有形的具体商品,都体现在对体验感和即时性的要求上。而这两点都是传统电商消费体验上较为薄弱的环节,因此对这两个维度要求越高的品类,其线上化程度就越低。直播电商在不断努力提升消费者的线上消费“体验感”,从而促使一部分品类的产品线上化率增加。一方面,视频直播相较图文是一个更高维度的展现,在视觉体验上有较大提升;另一方面,主播对产品的语音介绍和在线答疑,更容易帮助消费者理解产品的卖点和特点。因此,电子商务平台会向着提高消费者体验感和满足消费者即时性要求的方向发展。通过场景化打造,为企业客户的营销直播提供了更多的针对性直播工具,让营销直播玩法更多元,做到与客户有更深入的社交互动,让用户拥有更具沉浸感的直播体验,实现企业与客户间的双向沟通。此外,由于直播的费用率整体较高,因此高毛利率的品类更能够支撑主播的抽佣,因此服装、美妆、珠宝、零食酒水这些毛利率较高的品类会更多地出现在电商直播中。

启发性思考题 2:直播电商头部主播背后的商业模式是怎样的?

此题需要了解直播电商主要的类带货模式知识点和直播电商的商业模式,包括商品销售模型和成本模型等知识点。直播电商是一个马太效应较强的行业,天然具备头部集中的发展趋势。头部主播的主要作用是培育市场为平台自营电商预热,提高流量变现率,利用其在消费者群体中的声望对商品质量进行担保。头部主播的核心目的是品牌宣传和营销,并非直接盈利,他们具有帮助品牌商树立品牌力、定价格带的能力。但随着越来越多的商家布局并加大在直播电商上的投入,这有可能会导致头部主播抽佣率的增长,造成商家费用率提升,并最终导致亏损。

启发性思考题 3:直播电商的用户具有怎样的特点?其消费趋势为何?

此题需要用到直播电商中的用户画像等知识点,并且需要进行一些简单的数据搜集和统计分析。直播电商男女比例差较小,女性比例稍多且女性更关注美妆个护品类直播,男性更关注数码类产品;直播用户的月收入分布在 5 000 元至 15 000 元,青年群体更倾向于看直播。具体而言,关注直播电商的用户中,对其填写的年龄信息进行统计,21 至 30 岁年龄段的用户占比最高,占比达 59.92%;其次为 20 岁以下年龄段的用户,占比为 21.81%;31 至 40 岁年龄段的用户占比为 13.15%,年龄段在 41 岁以上的消费者也占有 5.12%的比例。从关注直播电商的用户所在城市分布上来看,一线城市占比 36.19%,二线城市占比 42.18%,三线城市和四线城市占比分别为 15.35%和 6.28%。基于一二线城市的网民基数和较高的消费水平，关注直播电商的人群比例也相对较高。而三四线及以下城市用户关注度也超过20%，有着一定的开发潜力。对关注直播电商相关信息所属地域进行分析，依托庞大的网民基数，北京和广东两地的信息量最为显著。同时，江苏、浙江、山东、河南、安徽等省份也位列地域分布前十位中。根据淘宝发布的《2020淘宝直播新经济报告》了解到，杭州、连云港、宿迁占据10大直播之城前四席中的三位。

用户进直播间的三大动机分别为看直播间首发的新品、看大咖坐镇或者直播间能降低用户的决策成本。因此，要想实现直播带货的目标，仅仅了解用户的需求是不够的，还必须了解到用户的真正痛点和把控成交节奏。因此商家进行直播前需要根据对粉丝调研的结果进行提前准备，包括了解粉丝的年纪、男女比例、消费水平、对于产品的需求等，进而勾勒出粉丝画像，根据这一画像选择合适的产品品类和营销策略。企业还可以利用市场调研或工具进行营销支撑，了解不同商品过去数据中的点击数、成交量、评价等信息。

六、教学组织方式

案例授课班级人数不宜过多，应该控制在20至30人，可以4至6人为一组，分成5个小组。教室的桌椅布局要让所有的课堂参与者围坐四周，以使其容易听到和看到同组成员为基本原则。教室中应具备电脑、投影仪、黑板、粉笔等设备。同时，为方便学生更好地参与课堂案例讨论，教师可以在课前提醒学生做课前准备工作，例如提醒每个学生都带上自己的手机，并且在手机上安装抖音、淘宝、快手等电商直播App以更好地熟悉电商直播平台页面。

(一)课时分配

案例回顾与概述(5分钟)：介绍案例背景，回顾案例内容，理清案例思路，明确案例主题。

提出问题与小组讨论(20分钟)：结合板书提出启发性思考题，分小组讨论并形成组内答案。

小组汇报与教师引导(50分钟)：针对每一道启发性思考题，选一个小组进行回答，其他小组补充。教师需结合板书和多媒体对学生引导，得出最终答案。

案例评价与总结(10分钟)：对知识点进行梳理，对案例教学过程进行评价，总结学习心得体会。

其他问题(5分钟)：教师回答学生的一些其他问题。

(二)板书设计

启发性思考题1：直播电商的发展现状反映了电子商务平台怎样的发展趋势？

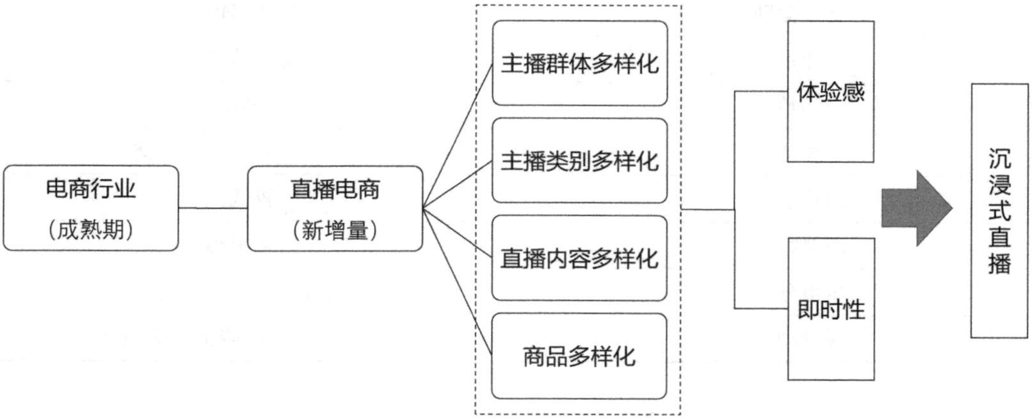

图 2　启发性思考题 1 及解答要点

启发性思考题 2：直播电商头部主播背后的商业模式是怎样的？

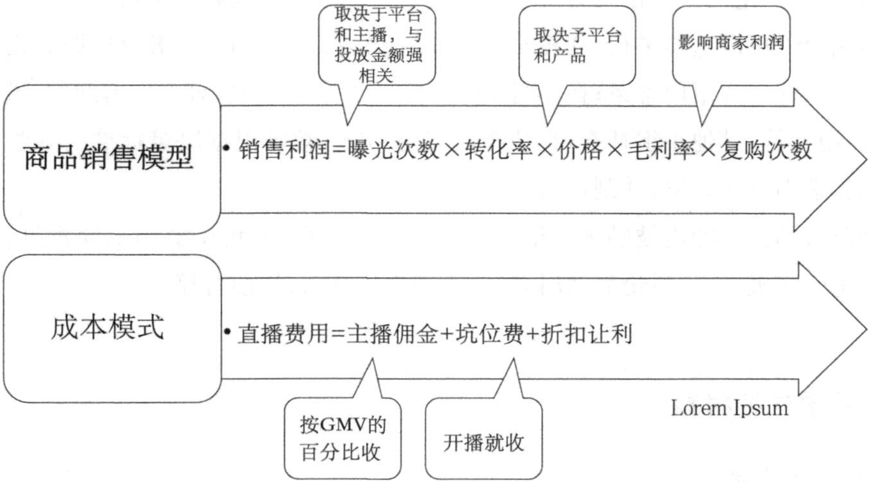

图 3　启发性思考题 2 及解答要点

启发性思考题 3：直播电商的用户据有怎样的特点？其消费趋势为何？

表 1　启发性思考题 3 及解答要点

特征类别	具体属性
性别	女性稍多
年龄	年轻化
心理特征	宅、孤独、渴望线上社交
消费水平	较低
消费特点	价格敏感
城市分布	二线城市占比最高
观看动机	看新品、看名人、降低决策成本

（三）讨论方式

案例讨论应该大致按照典型的决策模型进行。模型包括：①定义问题；②分析案例具体情况；③形成备选方案；④选择决策标准；⑤分析并评估备选方案；⑥选择首选方案；⑦制订行动方案和实施计划。

大多数案例讨论的核心推动力是组织中某个具体决策或问题的解决方案，因此，根据课时分配，案例讨论可以这样进行：在提出问题和小组讨论环节中，小组内根据 3 道启发性思考题进行讨论，并形成组内答案；在小组汇报与教师引导环节中，对每一道问题，教师从 5 组学生中选一组回答，其他小组补充，形成多种备选方案，教师根据决策标准引导学生分析评估备选方案，选出首选方案，并制订行动计划。

在案例讨论时，教师需鼓励学生形成良好的讨论习惯，如勇于提出不同意见、讨论前做好准备、讨论时积极发言、讨论后及时总结，避免盲目从众、提前背稿。

七、其他教学支持材料

（一）计算机支持

由于本案例在有关课程中被当作讨论材料使用，需要向学生展示，所以在计算机中需要安装 PowerPoint 软件。

（二）网络支持

本案例提到直播电商案例，需要学生连接互联网，通过登录相关电商平台体会和了解实务现状。

案例 11

数据驱动下的跨境电商亚马逊广告

摘　要：亚马逊是目前全球最大的跨境电商平台，本案例从 1994 年杰夫·贝佐斯在自家的车库创业开始介绍跨境电商亚马逊的发展历史，看亚马逊如何由一个自营书籍电子商务公司慢慢发展为全球商品品类最多的网上零售商和全球互联网企业。通过对亚马逊广告发展现状的分析，了解其出色的运营能力。本案例接着介绍了亚马逊广告的机制，介绍了与之紧密相关的关键字决策，包括关键字生成、定位(选择和匹配)、分组以及动态调整，随后介绍了如何通过分析用户地区、时间、价格、购物习惯等数据构建用户画像，最后基于产品的生命周期理论，该案例介绍了亚马逊在不同阶段的广告策略。

关键词：跨境电商、亚马逊、数据驱动、广告策略

Abstract: Amazon is currently the world's largest cross-border e-commerce platform. This case introduces the development history of Amazon, a cross-border e-commerce platform, from the start-up of Jeff Bezos in his own garage in 1994, to see how Amazon developed from a self-owned book e-commerce company to the world's largest online retailer in terms of product categories and a global internet enterprise. By analyzing the current state of Amazon's advertising development, understand its outstanding operational capabilities. The case then introduces the mechanism of Amazon's advertising, and the closely related keyword decision making, including keyword generation, targeting (selection and matching), grouping, and dynamic adjustment, followed by how to build a user profile by analyzing data such as user region, time, price, and shopping habits, etc. Finally, based on the product lifecycle theory, the case introduces Amazon's advertising strategies at different stages.

Keywords: cross-border e-commerce; Amazon; data-driven; advertising strategy

一、引　言

如今国内外电子商务高速发展，亚马逊作为目前全球排名第一的跨境电商巨头，是如何发展与成长起来的？是什么力量支撑着它？处于高速增长、分散竞争的中国跨境电商市场又能从它身上学到些什么？在目前无电商不经济的的时代背景下，如何提高跨境电商企业活动的效率和效益，做到有电商更有经济呢？

二、相关背景

1994 年，杰夫·贝佐斯看到了电子商务可能蕴含的商机，就辞去了在华尔街的工作，在自家的车库开始创业。创业之初，贝佐斯想建立一家“万有商店(The Everything Shop)”，让消费者可以在他的网站上买到自己想要的所有东西，他先选择了图书利基市场作为切入口。遵循管道销售的方式，他主要通过邮件接收订单，根据订单向图书批发商进货，然后再通过邮政系统将书寄给读者。由于网络打破了地域市场的边界，因此亚马逊获得了比任何传统书店都要大的需求，而这些需求也成功地支撑了其最初的成长。通过最初的运营，贝佐斯及其团队发现，相比于邮件，消费者更倾向于在网站上完成整个交易。为了适应消费者的这一偏好，亚马逊网站于 1995 年 7 月正式上线。他们提出基于平台思维的营销策略：建立评论板块，鼓励读者对所购图书进行评价，并建立各种渠道，让作者与读者、读者与读者进行广泛交流。这样，亚马逊的网站既可以购买图书，又能够聚集书友、作家形成互动社区。而社区具有强烈的网络外部性，形成规模后，就会产生强大的读者使用黏性。随着更多传统书店陆续进入电子商务领域，亚马逊的压力越来越大。为了保住自己的市场，2000 年，贝佐斯团队将商业模式从管道式改成平台式，并将亚马逊的宣传口号改为“最大的网络零售商”，将自己的网站开放给商户和个体经营者，允许他们在上面出售商品。对于那些交易比较频繁的商户，亚马逊要对其收取月费和交易抽成，而对那些交易频率较低的商户和个人，则只收取交易抽成。商家在亚马逊上达成交易后，自行把货物寄给客户，而亚马逊则会帮他们向买家收费，并把扣除抽成后的余额汇到他们的账户。亚马逊的这一举措受到了小型商户的欢迎，这使得他们可以依托亚马逊的口碑和渠道，让更多的消费者看到自己的商品。同时亚马逊也解决了自身商品品类少的问题，变得更能吸引消费者。亚马逊在 2001 年提出所有亚马逊企业人的共同目标即“最以客户为中心的企业”，围绕这一目标亚马逊逐步推出各项服务，使其超越网络零售商的范畴，成为了一家提供综合服务的、全球最大的跨境电商平台。

互联网企业的收益和利润的相当一部分都来自广告。作为一家互联网企业，亚马逊当然不会放弃广告这块巨大的业务。它的数据可以反映出消费者想买什么——对于营销而言，这个信息要远比其他信息更为重要。通过电商平台上巨大的交易量，亚马逊可以对每一位消费者的偏好状况进行精准的画像，依靠这些信息和数据，它就可以对消费者进行精准的广告投放。而基于电商平台获取的数据可以帮助商家大幅提升广告的转化率。这意味着，商家通过亚马逊投放广告的效率会更高、经济利润会更大，因为这个原因，它们愿意付给亚马逊的广告费当然也就更高。依托这种更为精准的广告，亚马逊很快在强敌环伺的广告业中杀出一条血路。

三、亚马逊广告发展现状

行业趋势、消费者购物习惯和亚马逊持续的电子商务主导地位一直助推该公司的快速发展。根据亚马逊公司财务报告，2019 年亚马逊的广告净收入为 126.25 亿美元，2020 年增长至 197.73 亿美元，2021 年快速增长至 311.60 亿美元。

	年度截至12月31日		
净销售额	2019	2020	2021
在线商店（1）	$ 141 247	$ 197 346	$ 222 075
实体商店（2）	17 192	16 227	17 075
第三方卖家服务（3）	53 762	80 461	103 366
订阅服务（4）	19 210	25 207	31 768
广告服务（5）	12 625	19 773	31 160
亚马逊云服务	35 026	45 370	62 202
其他（6）	1 460	1 680	2 176
合并总额	$ 280 522	$ 386 064	$ 469 822

图 1　亚马逊公司 2021 年公司财报

其广告服务的销售收入猛增，现已占据亚马逊总收入的 7%以上。亚马逊的广告部门是 Snapchat（色拉布）整个业务的 8 倍，几乎是 Twitter（推特）的 7 倍，且它越来越多地从长期的数字广告巨头谷歌和 Facebook（脸书）手中夺取广告市场份额。而亚马逊之所以能如此蓬勃发展其广告业务，一方面是因为宏观市场即电子商务市场的繁荣，推动了更多购物者进行网上购买，相应地增加了广告的收入。亚马逊报告称，2020年假日季度的收入高达1 256亿美元。与此同时，谷歌2019年第四季度的广告收入增长了33%，Facebook上一季度的广告收入增长20%。此外，亚马逊还在整合各种数字资源与Prime Video（亚马逊视频）和Fire TV（亚马逊火电视）等进行了电子商务广告签约。另一方面，如今亚马逊已经成为在线购物者的首选起点。Jungle Scout（丛林侦察兵）的一份报告发现，74%的消费者在亚马逊上搜索产品。Wedbush（韦德布什证券公司）分析师迈克尔·帕切特（Michael Pachter）表示："亚马逊在成为'Everything Store（万有商店）'方面做得非常出色，他们能够让消费者相信你想要的任何东西都会在那里。""亚马逊客户不是在谷歌上搜索，而是在亚马逊上开始搜索产品，因此广告资金从谷歌转移到亚马逊。"亚马逊作为电商平台，其广告能够提升卖家产品的展现率，吸引更多流量，提高产品销售额，增加产品搜索排名。而在谷歌上，搜索排名和广告支出关系不大。此外，亚马逊广告平台上的竞争更少，回报率更高。据德国的一项研究表明，亚马逊广告的转换率（总购买量除以总广告点击量）比谷歌广告高70%，亚马逊广告的每次点击成本比谷歌广告低65%，亚马逊广告的投资回报率比谷歌广告高60%。亚马逊作为电商平台相较于搜索引擎谷歌和社交平台Facebook拥有更具体的用户购买数据，因此能够帮助广告主进行更精准的广告受众定位。

亚马逊在全球拥有数亿活跃顾客账户，非常了解顾客在网上发现、浏览和购买商品时如何与商品和品牌互动。使用亚马逊广告进行推广，可以帮助广告主在顾客购物过程中的每个阶段触达他们。亚马逊广告的产品可以帮助广告主实现广告目标，同时帮助顾客找到他们所需的商品。目前，亚马逊广告主要提供以下产品：

- 商品推广：此类广告属于自助式广告，针对单件商品且采用点击付费模式，展示在购物搜索结果中和商品详情页上。
- 品牌推广：此类广告属于自助式广告，针对品牌且采用点击付费模式，展示在购物搜索结果中，并包含自定义标题、品牌徽标和多件商品。
- 展示型推广：这种自助式展示广告使用自动生成的广告素材，面向根据相关亚马逊购物兴趣创建的受众群体。
- 品牌旗舰店：它们是亚马逊上免费的多页面品牌专区，可以展示商品组合，并帮助广告主讲述品牌故事。
- 音频广告：此类广告能够在支持Alexa的设备（包括Echo和Fire TV）以及移动设备和桌面设备上以Amazon Music（亚马逊音乐）免费套餐的形式播放。
- 视频广告：流媒体电视广告展示在联网电视、出版商渠道以及网络、IMDb和IMDb

TV 上。外播视频广告展示在亚马逊网站内外的视频内容之外。

- 定制广告:这种量身定制的广告由广告主与亚马逊广告客户执行合作创建。
- 亚马逊 DSP(需求方平台):亚马逊需求方平台让广告主能够以程序化方式购买展示广告、视频广告和音频广告。
- 亚马逊引流洞察:此产品可衡量亚马逊站外广告媒体如何在亚马逊上改善结果。

四、亚马逊搜索广告机制与关键字决策

搜索广告是亚马逊最具代表性的广告业务之一,其在美国搜索广告支出中的份额从 2019 年的 13.3% 提升至 19.0%。到 2022 年底,其份额超过 20%。亚马逊搜索广告中广告用户的购买流程如下:

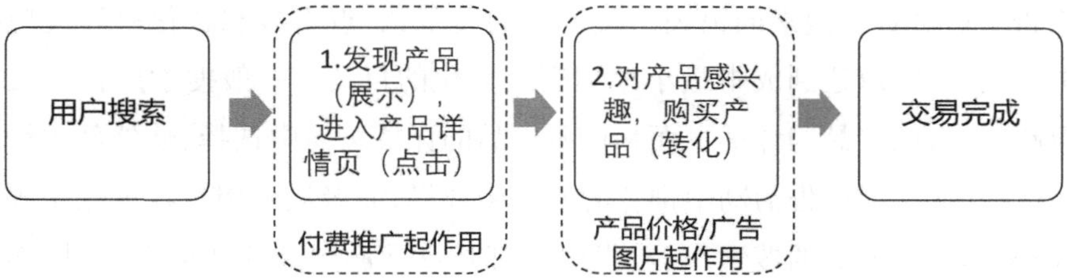

图 2 用户购买流程

首先是用户在亚马逊搜索框输入关键词,搜索结果展示页面会展示与其搜索的关键词相关的商品广告页面。用户在浏览过程中发现其感兴趣的产品后,点击进入产品的详情页面。在这一过程中,广告发挥作用让广告主的产品以及产品详情页面在用户面前得以展示。之后用户进一步对产品产生兴趣并发生购买行为,这时起到主要作用的是产品的价格和详情页面的图片信息。在此过程中,产品广告的排名和广告质量以及竞价相关,排名越高相应广告的点击率以及转化率也越高。

在进行广告投放前,广告主需要先对广告的图片、标题、关键词、核心卖点进行准备,调整至最佳状态后,再进行广告投放,以免造成流量和资源的浪费。其中需要注意的要点包括以下几个方面:

- 标题为 80 至 120 个字符最佳;
- 重要的核心关键词要出现在标题中;
- 小型卖家主要凸显自己的产品特性字词,品牌词可放在偏后的位置;

- 通过分析同类产品的广告详情页面，找到并突出自己的差异化卖点；
- 通过分析同类产品的定价，找到适合自己的同时又能够吸引消费者购买的定价策略；
- 配套图片尽量和其他同类产品有所区分，各种类型要齐全，包括主题图、核心卖点图、尺寸图、功能图、细节图、场景图等；
- 评论数量要15条以上，问题和回答数量要5条以上；

此外，在进行广告设置时，每日预算和广告活动(campaign)十分重要，但容易被忽略。当预算设置不合理时，提前耗尽的预算将导致广告展示暂停，从而降低广告的质量得分，导致关键词出价变的越来越高的同时，广告效果(点击率、转化率)的表现却越来越差。因此，提前准备设置好足够的预算十分重要。此外，搜索广告具有层次化结构，广告主通过将不同类型的产品分到不同的广告活动中，优化管理效率，因此如何组织广告活动的结构也显得尤为重要。

在搜索广告中，广告主可以通过选择自动广告，允许亚马逊通过自己的机制进行广告字的选择。广告主通过查看搜索词报表中关键词的展示数、点击数和转化率等表现指数进行进一步的关键词筛选，以达到成本最小化利润最大化的目的。一般搜索广告中关键词的选择有几种思路：从自己产品的详情页面和竞争产品的详情页面中选择、从外部关键词推荐工具中选择、从亚马逊自动广告活动中推荐的词语中选择，或者从此用户在评论中提到的词语中选择。此外，相较于普通的搜索广告，当用户打开亚马逊产品的详情页面时，详情页面的中间位置会有两列赞助广告，如果用户点击了这些广告，此时的点击并不是经由某款产品关键词导入的，亚马逊会将该次点击记录为详情页的产品 ASIN(Amazon Standard Identification Number，亚马逊标准识别号)，以上又称为关联产品的推荐，即通过在亚马逊的产品详情页中交叉展示同类产品，并记录相应的点击和转化路径的过程。

除了关键词的生成和选择外，搜索广告中的广告主还需要为关键词选择匹配类型，匹配类型有三种，分别是：广泛匹配、词组匹配和精准匹配。其中，广泛匹配是最为包容的匹配方式，所有与用户查询词相关的关键词无论单复数或者排序都能匹配上；词组匹配要求更严格一些，需要关键词包含用户查询词且顺序一致时才能匹配；而精确匹配最为严格，只有用户查询词与广告主选择的关键词一样时才能进行匹配。广告主需要根据自己推广的产品类型和产品所处的生命周期选择合适的关键字匹配方式。一般来说，如果产品是新品，选择广泛匹配，积累更多相关数据更有益，帮助广告主挑选更合适的关键字，后期可以逐渐从广泛匹配过渡到精确匹配，从而达到精准定位目标群体的目的；如果产品是非常熟悉的畅销型产品，广告主可以基于过去丰富的推广经验，直接选择精准匹配的方式。

除了关键字的生成、选择与匹配外，广告主还需基于搜索广告层次化的广告结构进行关键字分组，合理的关键字分组结构能够帮助广告主降低关键字管理成本、提升关键字利用效率。此外，由于广告市场具有不确定性、动态性、不稳定性、难预测性等特征，因此相关的关键字决策并不是一劳永逸的，广告主需要根据市场环境的变化，及时地进行关键字的动态调整，包括关键字定位调整（关键字目标集合的调整、关键字匹配方式的调整）以及关键字分组结构的调整等。

五、亚马逊广告用户画像

亚马逊作为电商平台拥有维度丰富的用户数据，并提供了用户画像的相关数据可视化功能，包括买家的年龄、婚姻状况、家庭收入、教育程度和性别信息等。此外，许多第三方机构也会发布针对亚马逊的调查的相关数据并进行公开，广告主可以利用这些数据构建自己产品的用户画像，辅助制定更精准的广告策略。

据 Millward Brown Digital（明略行数字）报告，亚马逊会员的转化率为 74%，平均年消费 1 400 美元，其会员总人数占美国总人口的 29%，且这些会员中有 35%是月度会员，约 3 300万人，这部分买家有季节性的密集购物需求，因此广告主需要根据其用户的需求进行季节性的备货。

除了以上的间接数据进行用户画像分析外，亚马逊中的广告主还能通过直接生成的订单数据来构建用户画像，从而帮助广告主优化相关的广告策略。该部分数据主要包括：

- 购买用户的地区分布分析，包括：不同地区订单排序、不同地区累积订单统计和不同地区市场占有率，广告主可以通过比较不同地区相同产品的销售情况、不同区域的订单数量等确认不同地区消费者的购物偏好，为后期的广告推广、产品备货和商业运营等提出好的建议。
- 购买用户下单的时间分布分析，商家产品受众的活跃时间被称为高峰期，而产品受众的非活跃时间被称为低谷期，通过分析用户的时间分布可以将相关运营活动如秒杀、促销等进行时间设置在购买高峰期，并且可以基于时间分布对用户行为进行推断，从而优化产品详情页面，精准定位目标用户，提高转化率。
- 用户价格分布分析，包括：随时间变化的平均客单价分布和随地区变化的平均客单价分布，基于以上数据可以分析用户的价格敏感度，即用户对价格高低的接受程度，从而制定基于价格敏感度的“价格歧视”营销策略（面对不同职业、地区、性别、购物习惯的用户制定不同的商品销售价格），帮助广告主获得超额利润。
- 用户购物习惯分析，通过对全天订单总量变化规律和不同地区全天订单量规律的数据，可以构建用户购物习惯可视化图表。通过计算不同时间段订单量的变化以及广告支出的变化，可以分析推导出最优单次点击竞价。

此外，用户年龄、用户家庭收入、用户教育水平、用户性别、用户婚姻状况等用户人群特征数据都能帮助广告主了解自己的目标用户，制定更加精准的营销策略。

六、基于产品生命周期的亚马逊广告策略

广告主需要基于产品的生命周期进行广告策略的调整。

（一）第一阶段：认知推广阶段

在新产品的推广阶段，广告营销的主要目的是让消费者知道该产品的存在，拉进产品与目标消费者之间的距离。因此在产品的初级阶段，即认知推广阶段，广告主考虑的关键问题是如何提升商品的知名度，扩大其在消费市场的影响，为新产品带来高质量的流量和关注度。部分新产品是由老产品升级换代改版而来，经重新包装后推向市场，因此这部分产品过去的广告推广经验已经十分成熟，可以作为基础结合新的特征进行精准化的推广，同时为下一个阶段积累更多的广告营销和关键字表现数据。

在新产品推出的初期，亚马逊对新产品有半个月左右的流量支持期。因为此时新品的数据比较稀缺，广告主的目标是提高产品的知名度，需要依靠大量的流量增加曝光度。因此在这个阶段，广告主的主要目标是根据市场的需求为新产品找到合适的目标关键字集合，对目标消费者群体进行画像，以及测试出商品详情页面可以优化的细节。此时亚马逊提供的自动广告能够帮助广告主更方便快捷地实现这些目标，此外在竞价过程中对关键字的竞价可以设置的稍高些，以帮助商品更多地出现在用户的搜索结果展示页面靠前的位置，让更多的用户看到新产品，增加其曝光度，大范围引流，开拓商品市场的同时积累更多的经验和数据。

（二）第二阶段：销售增速阶段

经历了初级阶段的知名度提升，在第二阶段广告主需要进行销量的提升。在这一阶段，利用上一阶段积累的数据和经验，进行手动调整并提高出价，加速销售。因为此时的关键字和广告设置是已经试验过的有效的，因此该阶段产品的转化率会提高。该阶段广告主可以利用上一阶段打响的知名度，利用商品品牌刺激用户的购买行为。此外，广告主还能通过尝试多种广告组合，对广告的详情页面等设置细节进行优化，提高广告的投资转化率。

为了增加商品订单的数量，该阶段为上一阶段筛选出的目标集合中的关键字设置匹配类型，并根据市场的动态变化和阶段的推移，慢慢由广泛匹配到词组匹配到精准匹配过渡，对核心关键字进行更精心的设置和维护。

（三）第三阶段：成熟稳定阶段

在经过了初级阶段的知名度提升和中级阶段的销量提升后，该广告的推广活动进入第三阶段成熟期。此时，广告相关的各种设置已经进入相对最优的稳定状态，相应商品的自然搜索排名也相对靠前，目标消费者也在前期一系列的促销推广活动中养成了消费习惯，因此此时的广告更多的是一种巩固辅助。

由于成熟期的商品排名和销量已经处于稳定的状态，此时商品销售和关键字表现的各项数据都处于几乎最优的位置，因此广告更多的是自然地进行辅助带动整个推广营销的良性循环。

根据以上分析可知，在进行广告策略制定时一定要分辨出目前产品所处的阶段，并理清在该阶段广告主的主要目标是什么，这能帮助广告主最大化其广告投放效用。如果一开始就只想着提高销量，对产品定位模糊，相关数据和经验缺失，会导致广告推广的低效和相关资源的浪费，而掌握广告生命周期的理论，并结合实际制定适合自己的广告策略，能够更好地发挥出广告的效果，达到广告主的最终目标。

七、结束语

亚马逊广告的数据报告类别很多，本案例主要围绕亚马逊搜索广告的关键词报告展开论述，一方面是因为用户购买产品时会输入查询词，通过与关键词的匹配，用户点击与关键词相关联的广告进入商品详情页面进行购买，另一方面是因为关键词报告数据维度多，能够帮助广告主从多个方面综合性分析广告的表现效果。该案例从 1994 年杰夫·贝佐斯在自家的车库创业开始介绍跨境电商亚马逊的发展历史，一步步看到亚马逊由一个自营书籍电子商务公司慢慢发展为全球商品品类最多的网上零售商和全球互联网企业。通过对亚马逊广告发展现状的分析，了解其出色的运营能力。本案例以关键字为桥梁，首先介绍了亚马逊广告的机制，然后介绍了与之紧密相关的关键字决策，包括关键字生成、选择、匹配、分组以及动态调整，随后介绍了如何通过用户地区、时间、价格、购物习惯的分析构建用户画像，最后基于产品的生命周期理论，该案例介绍了亚马逊在不同阶段的广告策略。

参考文献

[1] 陈永伟. 万亿亚马逊的平台化历程[EB/OL]. (2018-09-19). http://m.eeo.com.cn/2018/0919/337398.shtml.

[2] GA小站. 互联网在线广告发展史[EB/OL]. (2020-04-01). https://cloud.tencent.com/developer/article/1607765.

[3] 郭振中. 亚马逊跨境品牌流量闭环[M]. 北京:电子工业出版社,2021.

[4] 叶鹏飞. 亚马逊跨境电商精细化运营实战宝典[M]. 北京:中国铁道出版社,2021.

案例 11 使用说明

一、教学目的与用途

本案例是为国际商务专业课程而撰写的，也可以在国际市场营销、网络营销课程教学中使用。本案例为学生提供了在当下热门的数字营销环境下，全球排名第一的跨境电商亚马逊的商业发展历史和核心营销策略。通过本案例的学习，学生可以了解跨境电商广告平台的基本情况、运营机制、大数据利用状况和用户画像、分阶段广告策略等基本概念。

（一）适用课程

本案例适用于国际商务课程、国际市场营销课程和网络营销课程。

（二）适用对象

本案例难度适中，使用对象包括国际商务专业和市场营销专业硕士研究生和高年级本科生。

（三）教学目标

1. 知识传授

通过本案例的教学，学生应掌握以下知识，并学会将相关理论运用到实践中。第一，亚马逊的发展立足于时代，但不拘泥于时代，学生应从亚马逊的发展历程和发展现状中归纳跨境电商发展的趋势并结合国内跨境电商企业的发展进行比较性思考。第二，通过分析亚马逊搜索广告的机制和关键字决策，掌握跨境电商中搜索广告的基础营销策略。第三，学习亚马逊如何利用数据分析的方法进行广告用户画像，定位目标受众。第四，基于产品的生命周期理论，分析不同阶段下亚马逊广告的营销策略。

2. 能力训练

通过本案例的学习，学生能够增强对跨境电商平台发展趋势的判断力，掌握并提升跨境电商平台广告的推广管理、大数据分析与利用、广告用户画像、分阶段网络营销等能力。

3. 观念更新

在学习本案例后，学生能够对全球排名第一的跨境电商企业的历史、现状有所了解；对搜索广告中的关键字决策在跨境电商的营销推广中的重要作用有一定的认识；对跨境电商广告中的大数据分析、用户画像和分阶段营销策略有深刻的认识。

二、启发性思考题

1. 亚马逊广告的发展现状反映了跨境电商平台广告怎样的发展趋势?
2. 为什么跨境电商搜索广告中关键字决策是广告营销推广的核心?
3. 亚马逊广告是如何利用大数据的?

三、案例分析背景

（一）理论背景

产品生命周期是产品的市场寿命,即一种新产品从开始进入市场到被市场淘汰的整个过程。弗农认为:产品生命是指市场上的营销生命,产品和人的生命一样,要经历形成、成长、成熟、衰退这样的周期。就产品而言,也就是要经历一个开发、引进、成长、成熟、衰退的阶段。

（1）引入期,指产品从设计投产直到投入市场进入测试阶段。新产品投入市场,便进入了介绍期。此时产品品种少,顾客对产品还不了解,除少数追求新奇的顾客外,几乎无人实际购买该产品。生产者为了扩大销路,不得不投入大量的促销费用,对产品进行宣传推广。该阶段由于生产技术方面的限制,产品生产批量小,制造成本高,广告费用大,产品销售价格偏高,销售量极为有限,企业通常不能获利,反而可能亏损。

（2）成长期,当产品进入引入期,销售取得成功之后,便进入了成长期。成长期是指产品通过试销效果良好,购买者逐渐接受该产品,产品在市场上站住脚并且打开了销路。这是需求增长阶段,需求量和销售额迅速上升。生产成本大幅度下降,利润迅速增长。与此同时,竞争者看到有利可图,纷纷进入市场参与竞争,使同类产品供给量增加,价格随之下降,企业利润增长速度逐步减慢。

（3）成熟期,指产品进入大批量生产并稳定地进入市场销售,经过成长期之后,随着购买产品的人数增多,市场需求趋于饱和。此时,产品普及并日趋标准化,成本低而产量大。销售增长速度缓慢转而下降,由于竞争的加剧,导致同类产品生产企业之间不得不在产品质量、花色、规格、包装服务等方面加大投入,在一定程度上增加了成本。

（4）衰退期,是指产品进入了淘汰阶段。随着科技的发展以及消费习惯的改变等原因,产品的销售量和利润持续下降,产品在市场上已经老化,不能适应市场需求,市场上已经有其他性能更好、价格更低的新产品,足以满足消费者的需求。此时成本较高的企业就会由于无利可图而陆续停止生产,该类产品的生命周期也就陆续结束,以至最后完全撤出市场。

(二) 行业背景

1984 年,在线广告先驱 Prodigy 提供第一个在线不可点击的广告,这是一家由 IBM 和 Sears 当时所拥有的公司。Prodigy 在 20 世纪 80 年代首次使用在线广告推广 Sears 产品,每一个 Prodigy 的页面底部也都有一条不可点击的广告。在当时 Prodigy 的服务价格是每月 12.95 美元,广告和电子购物是 Prodigy 收入的唯一来源。

1990 年,Digital Marketing 首次被搜索引擎公司 Archie 提出。

1991 年,互联网出现。

1993 年 9 月,GNN(Global Network Navigator)出售第一个可点击 Banner 广告给一家名为 Heller Ehrman White & McAuliffe 的律所。这是一个文字点击链接,是世界上第一个超文本链接广告。GNN 在当时基本算是一家在线信息门户,运营着一个信息中心,同时也扮演着产品目录的角色。

1994 年 10 月,第一个商业化横幅广告被 HotWired 卖给 AT & T,这是一个 468×60 像素的 Banner 的广告,是第一个在线 Banner 广告,这是广告史上一个里程碑式的标志,标志着网络广告正式诞生,由此开始大量的售卖现代意义上的数字广告展示位,并将其命名为"banner advertising"。AT & T 希望借此宣称他们的新营销活动"You Will",这一广告由供职于数字代理商 Modem Media 的创意总监 JoeMcCambley 设计。这一广告位最终展示了 3 个月,花费 3 万美元,点击率超过 44%,像 AT & T 这种在网站的页面上展示 Banner 广告创意的产品形式被称为展示广告(Display Advertising),当时采用的是合约买断的形式,也称为合约式广告(Agreement-based Advertising),此后 Banner 广告迅速被用户接受。这个广告开启了展示广告的先河,在当时的点击率是 44%。

1995 年,网景公司推出 CPM(Cost per Thousand Impressions)的广告结算方式,每千次展示成本。

1995 年,雅虎运行了第一个关键字广告"Golf" Banner 广告,就是属性定向,可以对不同的受众呈现不同的广告,是精准营销的先祖。

1996 年,OpenText 提出关键字广告,并首次应用在 Banner 广告上,结果失败了。1998 年的时候被 Goto.com 商业化成功,此后便被接受。

1996 年,PPC 结算方式首次被 Planet Oasis 网站提出。

1996 年,电脑品牌公司 Hewlett Packard 推出第一个富媒体广告,Hewlett Packard 就是大家所熟知的惠普公司。

1996年,DoubleClick成立,作为连接广告主和媒体主的广告平台,首个推出DART(Dynamic Advertising Reporting and Targeting,动态广告报告和目标定位)用于衡量ROI(Return on Investement,投资回报率)。

1996年6月,亚马逊推出AFF。

1996年7月,雅虎运行第一个搜过广告,SEM。

1997年,Ethan Zuckerman发明pop-up广告,这个就是通常在你网页右下角一直弹出来的广告,如QQ的大粤网新闻,及部分网站的游戏广告。

1997年3月,中国第一个Banner广告出现在Chinabyte.com,广告表现形式为468×60像素的动画旗帜广告。Intel和IBM是国内最早在互联网上投放广告的广告主。

1998年,Goto.com推出PPM(paid placement model)的结算方式和搜索关键字竞价,2003年被雅虎收购。

1998年,第一个Ad Network诞生。

2000年3月,Andy Vilcauskas推出pop-under广告,背投广告就是打开网站页面时在当前页面的背后弹出的一个窗口广告。

2000年10月,谷歌发布Adwords,采用基于质量得分的搜索关键字竞价,广告结算方式是PPM和CPM。

2002年,谷歌推出关键字竞价,跟前面Goto提出的是两种不同的原理。

2002年,门户网站大尺寸广告,垂直分类广告,QQ启动弹出式、消息式广告。

2004年,新浪推出视屏弹出广告,进入富媒体阶段。

2005年,第一个Ad Exchange诞生。

2006年,Jason Knapp提出Real Time Bidding(RTB),实时竞价。

2006年,Facebook推出信息流广告,2012年大力发展,随后股价一路高升,目前Facebook有超过8成的营收来自移动端的信息流广告。

2007年,谷歌发布Adsense,收购DoubleClick。

2008年,Youtube推迟视屏贴片广告,就是观众看视屏前的那一段广告,被国内视频网站发挥得淋漓尽致,你看一段几分钟的视频,首先要看90秒的广告。

2009年,谷歌在Youtube上推出基于兴趣的广告。

2009年,第一个DSP诞生。

2009年9月,在线广告首次超过TV广告。

2011年,投资人Fred Wilson在OMMA研讨会首次提出原生广告这一概念。

2011年6月,谷歌推出Ad Exchange,次年在中国推出。

2011 年 10 月,谷歌推出基于 LBS 的广告。

2012 年,国内首家 Ad Exchange 阿里的 Tanx 和 DSP 悠易出现。

2012 年,凤凰网率先将原生广告的概念引入国内。同年,“中国 Twitter”新浪微博正式将信息流广告商业化,推出信息流广告产品。

2013 年 4 月底,阿里入股微博,尝试将微博流量网电商变现,为初代网红带货提供了土壤。

2015 年,微信朋友圈信息流广告开始。

2015 年,秒拍和一直播出现后,带货的模式迁移到短视频和直播,直播带货开启,电视购物模式引入网络直播领域,随后快速发展。

四、理论研判依据

(一) 知识点一:互联网广告发展趋势

据 IAB 研究报告,2021 年数字广告总收入为 1 890 亿美元,互联网广告收入的同比增长比前一年 12.2%增加了近三倍,在 2020 年至 2021 年期间为 35.4%,是 2006 年以来的最高增幅,超出了华尔街的预期,在短短一年内增加了 500 亿美元。2021 年每个季度的互联网广告收入都有强劲的环比增长,而且增长在 2022 年持续走高。其中,最大的同比增长是在 2020 年第二季度和 2021 年第二季度之间,达到 62.2%,全市场下 Alphabet、亚马逊、Meta 平台、Snap 和 Twitter 等都打破了华尔街的预期,并在第二季度实现了破纪录的收入,这主要是由广告驱动的。特别是在节假日,消费者在电子商务平台的下单频率和下单金额更为突出。2021 年第四季度的数字广告收入达到了迄今为止的最高水平,为 550 亿美元,比 2020 年增加了近 100 亿美元。由于移动视频和游戏的激增,以及移动电子商务的快速发展,移动广告收入增长 37.4%,达到 1 350 亿美元,扭转了三年来增长减速的趋势(2020 年增长 13.4%,2019 年增长 24.0%,2018 年增长 40%)。

搜索广告收入在 2021 年大幅增长 32.8%,达到 783 亿美元,目前搜索广告仍然是互联网广告中最重要的广告类别之一,2021 年其收入占互联网广告总收入的 41.4%,排名位列榜首。展示广告 2021 年的收入总额增长了 29%,达到 567 亿美元,占互联网广告总收入的 30%。数字视频广告 2021 年的总收入增长了 51%,达到 395 亿美元,占互联网广告总收入的 20.9%。

(二) 知识点二:漏斗模型

漏斗模型是电商中了解广告的最常用模型之一。在跨境电商平台,产品进行大量展示后，会被感兴趣的用户点击，进入到商品详情页面后，部分点击行为将转化为购买行为，从而产生订单。在这样的过程中，平台方的需求是找到每个类别下表现最好的链接，从而提升整体的转化率；卖家（广告主）的需求是提高自己商品链接的表现效果，以获得更多的订单。

在亚马逊的跨境电商平台中，广告盈利分为两个部分：一个是广告主参与广告位竞价，每次用户对广告进行点击后，广告主向平台方支付基于竞价的点击费用；另一个是用户产生转化行为购买商品后，销售订单产生的佣金。因此在广告系统中，产品广告位的排名不仅和广告主为其设定的定价有关，还会依据商品链接的真实表现情况进行实时调整，以期充分提升广告的转化效率。对于商家而言，如果广告的成本长时间高于净利润，则会造成大量损失，因此他们需要在流量和转化两个指标中找到一个合适的平衡点，保证广告带来效用最大化。

根据广告漏斗模型可知，提升销售额需要根据漏斗模型从上到下逐步打通瓶颈，最终通畅运行。在整个过程中，最重要的两个指标是点击率和转化率。根据运营经验，当展示数大于 1 000，点击率大于 3%，转化率大于 5%时，广告的表现是令人满意的，否则就需要进行调整。在运营的初期，只要净利润大于成本，就可以持续地进行广告的优化和投放。

（三）知识点三：在线广告基本术语

归因：在顾客购买商品或服务之前，他们可能会看到一些相关广告。例如，他们可能会听到广播广告，看到广告牌和在线广告。归因是指确定哪项广告催生了购买行为。不同的服务具有不同的归因模型，要考虑不同的因素，比如顾客如何与广告互动，以及互动相对于购买的发生时间。

消费者购买过程/消费者决策旅程：这个术语指的是顾客在与广告主互动时获得的所有体验。消费者行为历程记录的不是交易或体验的一部分，而是完整的体验。消费者可以将广告目标映射到该过程的各个阶段，通常包括：认知、考虑购买、购买或转化，以及成为忠实顾客。

需求方平台（DSP）：以程序化方式购买和管理来自多个媒体的数字广告资源。

关键词：这些词语或词组用于针对相关购物搜索内容投放广告，可以使用手动投放选择针对其投放广告的关键词，也可以让亚马逊广告使用自动投放来选择关键词。

广告位：展示广告的位置。例如亚马逊网站、亚马逊设备（例如 Fire TV 或 Fire 平板电脑）和第三方网站上的购物查询内容。

程序化：数字广告行业使用的术语，指数字广告资源的自动购买和销售。

定向：数字广告服务基于兴趣，通过多种方式将广告与潜在顾客匹配的过程。相关购物查询内容或相关商品的购买行为都是一种定向目标。

预算：广告主打算在广告活动上花费的最高金额。

竞价：为了让顾客点击自己的广告，广告主愿意支付的金额。与亚马逊广告合作时，可以使用自动竞价（亚马逊广告自动优化的竞价来帮助广告主实现目标），也可以选择手动竞价，设置自己的竞价。

单次点击成本（CPC）：广告每次获得点击时，广告主支付的平均成本。

每千次展示费用（CPM）：广告主为广告每 1 000 次展示支付的平均成本。

广告投入产出比（ACOS）：用于衡量商品推广和品牌推广活动效果的指标。ACOS 表示广告花费与所推广商品的销售额（商品推广）或整体品牌销售额（品牌推广）的比率。计算方式是：广告花费除以由广告产生的销售额。

品牌提升洞察：衡量广告对于顾客对品牌的看法和顾客行为的直接影响。这一指标可以使用展示后成功指标（例如品牌知名度和购买可能性指标），通过多种方式来计算。

点击率（CTR）：被点击的展示量与广告总展示量的百分比。

转化：由顾客完成的操作；这个词组可用于指代任意数量的操作，包括点击“加入购物车”和完成购买等。

品牌新客指标：品牌新客指标衡量的是在过去一年中首次在亚马逊上购买广告主的品牌/商品的顾客。这些指标为广告主提供了一些工具，可以帮助估算在亚马逊上吸引新顾客的成本，并确定最有效的渠道和策略来实现广告活动目标。

展示量：广告在网页或设备上展示的次数。

覆盖面：在任何网页或屏幕上看到同一广告的用户总数。

广告投资回报率（ROAS）：衡量在广告上每花费一美元可以赚取多少美元。ROAS 的标准计算公式是：广告带来的销售总额/广告总花费×100%。

投资回报率（ROI）：衡量每花费一美元可以赚取多少净利润。ROI 的标准计算公式是：（收入－成本）/成本×100%。

五、案例分析思路及要点

（一）案例分析思路

亚马逊在成立之初就提出了“万有商店（The Everything Shop）”的概念，让消费者可以在它的网站上买到自己想要的所有东西，但是在客观条件不成熟的情况下决定先布局线上图书利基市场，随后慢慢发展为全球商品品类最多的跨境电商企业。本案例通过对亚马逊广告发展现状的分析，了解其出色的运营能力，此处可以联系到亚马逊广告的发展现状对跨境电商平台广告发展趋势的反映。本案例接着介绍了亚马逊广告的机制，以及与之紧密相关的关键字决策，包括关键字生成、选择、匹配、分组以及动态调整，此处可以联系到跨境电商搜索广告中的核心——关键字决策。案例随后介绍了如何通过分析用户地区、时间、价格、购物习惯分析构建用户画像，最后基于产品的生命周期理论，介绍了亚马逊在不同阶段的广告策略，这里能引出亚马逊广告利用大数据帮助广告主精准定位目标用户。

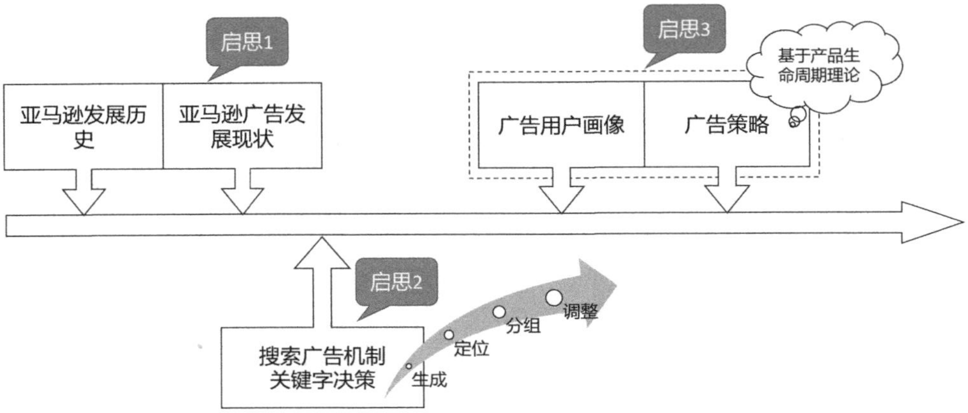

图 3　案例分析思路

（二）启发性思考题解答要点

启发性思考题 1：亚马逊广告的发展现状反映了跨境电商平台广告怎样的发展趋势？

此题需要用到亚马逊广告的发展现状和跨境电商平台广告发展趋势的相关知识。本案例中体现了搜索广告在跨境电商广告中的主导地位，但同时也注意到了数字媒体广告的快速增长趋势。随着用户在数字媒体渠道上花费的时间和关注度的不断增加，广告支出随着消费者在数字媒体渠道上花费的时间和注意力持续增长，在政府经济刺激计划和经济复苏政策的推动下，消费者对广告的需求不断增加，互联网广告吸引消费者，因此跨境电商平台广告仍然处于一个持续增长和发展的阶段。随着数字广告参与者不断推出和提升广告产品的渠道，以及新兴数字媒体的不断发展，数字广告生态系统也将保持增长。跨境电商广告主应当继续关注和投资于消费者价值链发展所需的领域，数字产业有机会在未来的几年里，为消费者提供更多的选择，保持经济的活力增长。

启发性思考题 2：为什么跨境电商搜索广告中关键字决策是广告营销推广的核心？

此题需要用到亚马逊搜索广告的广告机制和关键字决策相关知识。在目前的在线广告市场中，搜索广告的收入占比排名第一。在搜索广告中，关键字是连接跨境电商广告平台、广告主和消费者的桥梁。因为在搜索广告的广告机制中，用户会先在搜索框中输入自己感兴趣的查询词，广告平台按照广告主设定的关键词匹配方式，将消费者的查询词和各个广告主的目标集合中的关键词进行匹配，如果广告主的目标集合中存在相关关键词且满足其设定的匹配类型，则广告主将参与关键词竞价，根据广告主的关键词竞价以及广告过去的表现质量，广告主有机会将自己产品的广告展现在消费者的搜索结果中。如果消费者对某个广告主的商品感兴趣，他将在搜索结果页面上点击该商品的广告链接，进入商品详情页面，后面可能会下单购买该商品。而从消费者进入跨境电商平台到最终下单购买这一系列的过程中都涉及到搜索广告的关键字决策。因此跨境电商搜索广告中关键字决策是广告营销推广的核心，精心组织过的关键字集合能够帮助广告主精准定位目标消费者，帮助其控制成本的同时实现其利润最大化的目标。

启发性思考题 3：亚马逊广告是如何利用大数据的？

此题需要用到亚马逊搜索广告的用户画像和广告策略相关知识。广告主（运营者）可以通过亚马逊平台获得大量商品数据，还可以使用第三方工具获取商品的动态信息。除了案例中提到的用户画像外，亚马逊还能够使用大数据进行商品画像。商品画像可以简单地理解为海量数据标签，即根据商品不同属性的差异将它们区分为不同类型，然后在每种类型中抽取出典型特征，并且赋予名称、价格、类别等描述。但广告主想要了解一个新商品的相关市场情况时，可以使用商品画像分析该类别商品的价格分布、评论分布、销量分布等特征。广告主也可以使用商品画像分析在商品的生命周期的不同阶段的广告策略，利用大数据分析后得到的商品特征，优化自己的商品详情页面，从而提高商品的推广效果和投资回报率。

六、教学组织方式

案例授课班级人数不宜过多，应该控制在 20 至 30 人，可以 4 至 6 人为一组，分成 5 个小组。教室的桌椅布局要让所有的课堂参与者围坐四周，以使其容易听到和看到同组成员为基本原则。教室中应具备电脑、投影仪、黑板、粉笔等设备。同时，为方便学生更好地参与课堂案例讨论，教师可以在课前提醒学生做好课前准备工作，例如提醒每个学生都带上自己的手机或者电脑，可以通过浏览跨境电商网页或者进入相关 App，以更好地了解跨境电商的广告。

（一）课时分配

案例回顾与概述（5 分钟）：介绍案例背景，回顾案例内容，理清案例思路，明确案例主题。

提出问题与小组讨论（20 分钟）：结合板书提出启发性思考题，分小组讨论并形成组内答案。

小组汇报与教师引导(50 分钟):针对每一道启发性思考题,选一个小组进行回答,其他小组补充。教师需结合板书和多媒体对学生引导,得出最终答案。

案例评价与总结(10 分钟):对知识点进行梳理,对案例教学过程进行评价,总结学习心得体会。

其他问题(5 分钟):教师回答学生的一些其他问题。

(二) 板书设计

启发性思考题 1:亚马逊广告的发展现状反映了跨境电商平台广告怎样的发展趋势?

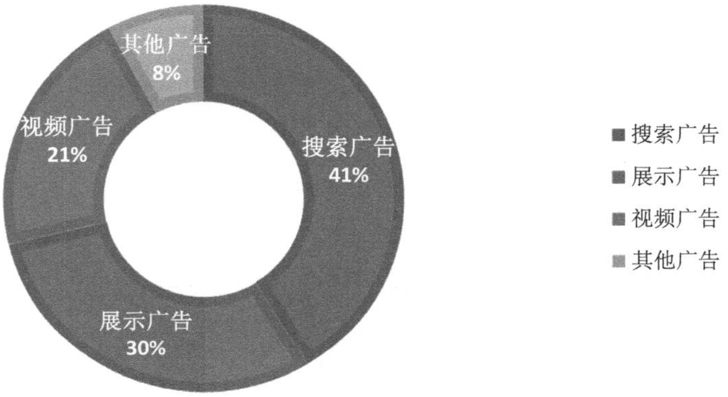

图 4 启发性思考题 1 及解答要点

启发性思考题 2:为什么跨境电商搜索广告中关键字决策是广告营销推广的核心?

图 5 启发性思考题 2 及解答要点

启发性思考题 3:亚马逊广告是如何利用大数据的?

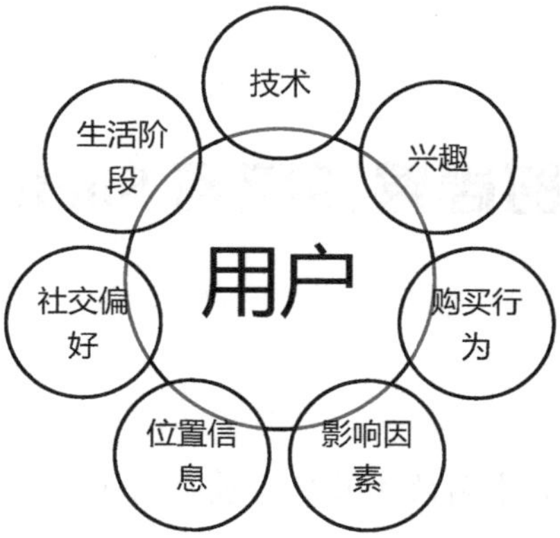

图 6　启发性思考题 3 及解答要点

(三) 讨论方式

案例讨论应该大致按照典型的决策模型进行。模型包括:①定义问题;②分析案例具体情况;③形成备选方案;④选择决策标准;⑤分析并评估备选方案;⑥选择首选方案;⑦制订行动方案和实施计划。

大多数案例讨论的核心推动力是组织中某个具体决策或问题的解决方案,因此,根据课时分配,案例讨论可以这样进行:在提出问题和小组讨论环节中,小组内根据 3 道启发性思考题进行讨论,并形成组内答案;在小组汇报与教师引导环节中,对每一道问题,教师从 5 组学生中选一组回答,其他小组补充,形成多种备选方案,教师根据决策标准引导学生分析评估备选方案,选出首选方案,并制订行动计划。

在案例讨论时,教师需鼓励学生形成良好的讨论习惯,如勇于提出不同意见、讨论前做好准备、讨论时积极发言、讨论后及时总结,避免盲目从众、提前背稿。

七、其他教学支持材料

(一) 计算机支持

由于本案例在有关课程中被当作讨论材料使用,需要向学生展示,所以在计算机中需要安装 PowerPoint 软件。

(二) 网络支持

本案例提到跨境电商广告案例,需要学生连接互联网,通过登录相关电商平台体会和了解实务现状。

案例 12

数字赋能：快时尚跨境电商 SheIn 的崛起之路

摘　要：SheIn 是一家来自中国的快时尚跨境电商企业。凭借强大的数字化供应链系统和积极的数字营销策略，SheIn 以远超竞争对手的速度和低价吸引了来自全球的年轻时尚消费群体，在短时间内快速崛起。本案例回顾了 SheIn 的发展历程，描述了 SheIn 的"实时快时尚"商业模式，讨论了 SheIn 如何将数字技术运用于产品设计、供应链管理以及市场营销从而实现商业成功，同时也梳理了 SheIn 面临的各种挑战。立足于数字时代，SheIn 的崛起之路为我们更好地理解快时尚行业的商业模式和发展趋势提供了一个很好的实例，也为零售跨境电商企业开展供应链管理和数字营销提供了启示和借鉴。

关键词：跨境电商；实时快时尚；供应链；数字营销

Abstract: SheIn is a fast fashion cross-border e-commerce company from China. With a strong digital supply chain system and active digital marketing strategy, SheIn has attracted young fashion consumers from all over the world at a speed and low price far beyond its competitors, and rapidly rising in a short period of time. This case reviews the development of SheIn, describes SheIn's "real-time fast fashion" business model, discusses how SheIn applies digital technology to product design, supply chain management and marketing to achieve business success, and sorts out various challenges SheIn faces. Based on the digital age, the rise of SheIn provides a good example for us to better understand the business model and development trend of fast fashion industry, and also provides inspiration and reference for retail cross-border e-commerce enterprises to carry out supply chain management and digital marketing.

Keywords: Cross-border e-commerce; real-time fast fashion; supply chain; digital marketing

一、引　言

SheIn 是一家 2008 年成立于中国南京的快时尚跨境电子商务公司，它通过自己的独立网站和移动端购物 App 面向 150 多个国家和地区提供潮流女装、男装、童装、配饰、鞋履、箱包等时尚单品。2017—2020 年，SheIn 营业收入保持高速增长，2020 年实现收入约 100 亿美元，年均复合增长率约为 180%，2020 年增长进一步提速，增速超 300%。在 2021 年 5 月 10 日发布的"2021 年 BrandZ 中国全球化品牌 50 强"①名单中，SheIn 排名第 11 位，超过腾讯、中兴、比亚迪等知名品牌。

SheIn 通过自己的独立网站和移动端购物 App 向消费者提供产品，并利用社交媒体、网络等渠道开展营销宣传。2021 年 2 月至 2021 年 7 月，SheIn 网站总访问流量超 8.2 亿。在 2021 年"中国热门跨境电商独立站 TOP50 榜单"中，SheIn 高居榜首。同年，SheIn 超越亚马逊，成为全球下载量第二的购物 App，下载量 1.9 亿，较 2020 年增长了 70%，并在全球 60 个国家和地区的 iOS 平台以及 15 个国家和地区的 Android 平台中购物类应用程序中下载数量中排名第一。截至 2021 年 11 月，SheIn 在 Instagram、Tik Tok 和 Facebook 等海外社交媒体上的粉丝数已经将近 3 亿，年活跃用户超过 3 000 万，注册用户高达 1.2 亿。

SheIn 究竟是靠什么在短时间内迅速崛起的？SheIn 如何取得世界各国消费者的认同和喜爱？潮流时尚瞬息万变，用户订单迅速增长，SheIn 是如何应对的？未来，SheIn 又应如何续写传奇？

二、相关背景

SheIn 创始人许仰天来自中国山东省，大学毕业后进入互联网行业从事搜索引擎优化（Search Engine Optimization，SEO）工作。2008 年，许仰天和团队成员共同创立 SheIn 的前身——南京点唯信息技术有限公司。

早期，SheIn 的跨境电商业务以婚纱为主打品类。然而，受限于使用场景，婚纱产品复购率低，用户黏性差，于是许仰天决定转向快时尚女装生意。2011 年，女装服饰平台独立站

① BrandZ 榜单是依据全球 7 个发达市场，超过几十万位消费者的评估得分进行的排名。

SheInside.com 正式建立。同年，SheIn 推出了西班牙语网站。那时的 SheIn 没有自己的工厂和设计团队，做的是“内采外销”的转手买卖。公司直接从广州十三行服装批发市场采购商品，然后将服装照片上传到其网站上进行售卖。由于背靠国内强大完善的服装产业链，SheIn 产品一上线就凭借多样的款式和低廉的价格吸引了众多消费者。短短几年时间里，SheIn 网站先后在法国、俄罗斯、德国、意大利和沙特阿拉伯上线，成为欧洲和中东地区小有名气的快时尚品牌，并积累了大量线上用户。

2013 年，SheIn 获得第一笔来自集富亚洲的 500 万美元 A 轮融资。2014 年 5 月，SheIn 完成移动端购物 App 的线上测试，公司业务量快速增长。然而，由于订单量增长过快，产品来不及生产，供货告急，公司遭遇供应链瓶颈。

2015 年，SheIn 将总部从南京迁至中国领先的服装制造中心——广州番禺，打造了规模约 800 人的内部设计团队，并建立起自己的服装生产和供货体系。同年，公司网站更名为 SheIn，移动购物 App 正式运营。同年，SheIn 获得 3 亿元人民币 B 轮融资。

此后四年里，SheIn 先后开拓了美国、加拿大、墨西哥和巴西市场。

2018 年末，SheIn 营收突破百亿美元，成为美国购物类 App 前十的大型网站。这一年，SheIn 开始开拓男装及童装业务，并获得 25 亿美元 C 轮融资。

如今，SheIn 仍在继续实施它的全球战略，公司网站陆续在世界各国上线。2019 年和 2020 年，SheIn 分别完成了成 D 轮和 E 轮融资。官方网站显示，SheIn 的客户遍及全球 150 多个国家和地区，公司在英语系、法语系、拉丁语系以及十余个小语种群体中均有较好的市场基础，SheIn 购物 App 中的服装类别也已经拓展到了 20 多种。

三、SheIn 的“实时快时尚”模式

“低价”和“快速”是快时尚模式的核心特征。SheIn 正是凭借着这两大优势，迅速获得了海外市场。

SheIn 在价格方面具有绝对优势。以女装裙装品类为例，SheIn 产品价格分布在 6—25 美元之间。同一款女性上装，在 SheIn 售价 7 美元，Zara 折扣后价格仍为 12.99 美元，售价差距达 70%。据大学生 Anushka Sachan（阿努什卡 · 萨尚）说，“这（低价）很容易上瘾。当我开始使用 SheIn 时，我立即停止从 H & M 购买，因为我得到了同样的东西，但更便宜。”至于速度，SheIn 平均每周在其网站上添加 2 800 种新款式。从收到订单到将成衣送至仓库，SheIn 只需要 5 天，而 ASOS 和 Boohoo 需要 1—2 周，Zara 则需要 3—4 周。据 Earnest 数据，2021 年 6 月，SheIn 在美国快时尚市场的份额占比达到 28%，同期 H & M 占比 20%，

Zara 只有 11%。

SheIn 采用的"实时快时尚"(Real-time fast fashion)模式被认为是其商业成功的关键。技术分析师 Matthew Brennan(马修·布伦南)这样描述:"你在 SheIn 的移动购物 App 中将一些东西加入购物车,当新产品上架时,后端的系统数据也相应更新。你在 App 所采取的行动会立即影响到工厂车间的生产。从网站到供应链的一切管理系统都链接在一起。"

不同于传统服装品牌依靠设计师研究和预测时尚,SheIn 利用大数据技术识别潮流趋势。SheIn 通过互联网和社交媒体的行为数据获取时尚趋势相关数据,并研究竞争对手网站,再将这些信息与沉淀在 SheIn 购物网站和移动端购物 App 中的用户数据相结合来预测流行的服装款式。利用内部算法,SheIn 的设计团队在三天之内开发出新款设计。这些设计通过 SheIn 的 ERP① 系统自动推送到供应商那里进行生产,并在线上售卖。

新款产品上架到线上销售平台后,SheIn 监控用户行为数据,如浏览、点击、加购物车等,并预测产品需求。新款产品以最低 100 件/单的小批量生产,并根据其受欢迎程度调整产量。如果某个新品很受欢迎,供应商的订单量通过 ERP 实时增加,如果某款产品销售迟滞,SheIn 就会卖掉库存并放弃该设计。"对于快时尚来说,速度真的很重要,如果你能够在一件商品表现良好时快速跟进,那么你就可以在竞争中获得可持续的优势。"布伦南说。

四、数字技术助力产品设计

快速精准地把握流行时尚趋势是实时快时尚模式成功的关键。传统的快时尚品牌,如 Zara、GAP 等主要通过捕捉国际时尚发布会的流行元素来进行预测和产品设计。SheIn 借助大数据技术更加快速精准地实现了把握时尚趋势和完成产品设计。

首先,SheIn 利用谷歌的 Trend Finder(搜索趋势发现器)以及自主开发的网页抓取、追踪系统工具,收集时装面料、颜色、图案、款式、价格走势等相关数据,分析研判各海外市场的时装热销元素,预测流行趋势。2018 年,SheIn 曾准确预测出当年美国市场的蕾丝风格以及印度市场棉织服饰的流行趋势。

其次,在 SheIn 的独立站和移动购物 App 上,积累了大量的用户行为数据,包括搜索记录、浏览内容及时长、加入购物车及购买行为等。SheIn 利用大数据技术分析研究不同市场消费者的偏好,用以指导研发设计。

SheIn 设计师根据 Google Trends(谷歌趋势)识别的不同国家(地区)的时尚趋势,结合独立站和移动购物 App 内的用户行为数据分析结果,借助自身研发的 AI 智能设计辅助系

① Enterprise Resource Planning 企业资源规划系统。

统对不同时尚元素进行搭配组合，并快速形成设计样稿，将耗时的产品设计环节变为流水线作业。在AI智能设计辅助系统的助力下，SheIn设计师的工作效率能够达到传统设计师的三倍。

五、强大的数字化供应链管理

据Coresight[①]称，SheIn平均每周在其网站上添加2 800种新款式。SheIn强大的数字管理系统——MES智能化协同管理系统，为海量的快速上新提供了后端支持。MES系统涵盖了涉及设计、生产、运营等10套子系统，对产品设计、选料、加工、派送环节进行全方位管理，将前端销售数据和后端产品生产完全打通，实现数据实时共享，以实现全球订单快速响应。

商品列表、订单情况、库存结余三个模块均能够可视化呈现给每一个云工厂[②]平台成员。在生产端，MES系统能够追踪到每笔订单的执行情况，包括所处的具体生产环节、面料库存消耗、订单完成进度等。在销售端，MES系统能够直接显示SheIn产品销售库存情况，当库存结余达到某个设定的临界值时，系统会自动生成订单并派发到云工厂平台，由供应商抢单完成生产。当某一个新品成为爆款时，MES智能化协同管理系统可立即通过云工厂平台发出订单需求信息，产品最快3天内就能够大规模上线销售。

智能管理系统为SheIn带来了效率的大幅提升。第一，MES与消费者直接相连，剔除了中间商，大幅降低渠道成本。第二，由于所有销售都在线进行，SheIn可以根据客户反馈调整订购量。通常SheIn采取每单最低100件的小批量订购，这既避免了库存过剩，更大大减少了新品失败的损失。与竞争对手相比，SheIn能够在可控风险下尝试更多的新产品。第三，智能管理系统根据销量预测需求，使SheIn有效缩短了库存周转时间。通过将库存集中在少数大型仓库中，然后直接运送给客户，SheIn将库存周转时间缩短至30天，而行业平均水平为150天。

2015年3月，SheIn将供应链中心迁至我国服装加工企业聚集地广州番禺。那里不仅聚集着上万家中小服装加工企业，还靠近广东农工商职业技术学院（增城校区）、广州商学院，稍远一些还有广州应用技术学院、广州华商职业学院等院校，为供应链布局提供了有利条件。

SheIn对供应商实施严格量化动态质量管理。每个季度，SheIn会按照自己设定的指标

① 一家专注于零售和技术的全球咨询和研究公司。

② 云工厂平台是SheIn自主研发的供应商管理平台，是MES智能化协同管理系统的子系统之一。

体系对供应商进行综合考核。考核指标中，采购金额占比 60%、关键绩效指标（KPI）评分占比 40%。KPI 评价指标包括发货及时率、备货发货及时率、次品率、上新成功率。考核结果分为 S、A、B、C、D 五个等级，排名倒数 30%的 D 级供应商将被淘汰。“他们要求订单周转时间为 8 天，而传统工厂需要半个多月，一件衣服的杂线少于 3 根，每根线短于 3 厘米，误差限制在 2 厘米以内。”一位供应商如是说。

此外，SheIn 通过采取合作共享的利润分配模式与供应商保持良好关系。SheIn 缩短账期以帮助供应商应对小批量生产的资金问题，遇到节假日提前结账。SheIn 给予供应商的账期为 30 至 45 天，而行业平均水平为 90 天。SheIn 还主动承担成本高昂的打样工作或是给予供应商打样补贴。这些举措有效激发了供应商的接单意愿。另外，SheIn 还设立了供应商加盟制度，鼓励具有自主设计能力、能够小批量生产、发货及时且保证品质的供应商加盟。

六、积极的数字营销策略

（一）大数据识别用户需求

SheIn 的目标人群是 Z 世代和千禧一代消费者，以喜欢时尚、购买力有限和广泛使用移动设备的年轻女性消费者为主。

在 SheIn 自己的独立网站和移动端购物 App 上，以及 SheIn 在各大海外知名社交媒体上拥有的近百个社交账号里，沉淀了大量的消费者行为数据。通过分析这些数据，SheIn 提取出与用户特征相关的各种标签，并基于它们整理出完整的消费者画像。

表 1　SheIn 的大数据消费者画像

• 基本属性：年龄大约 15 至 30 岁，女性用户占比 70%以上，收入有限或中等收入；主要来自欧美发达国家，其中 50%以上来自美国，加拿大占 4.25%，意大利占 10%，法国占 10%，西班牙占 5%。
• 社会属性：大学生、初入职场的白领为主。
• 行为特征：广泛使用移动设备。
• 兴趣偏好：追求时尚潮流，喜欢使用 Facebook、Instagram、Pinterest 等主流社交平台，注重生活休闲，会进行短途旅行、聚会、节庆派对等。
• 心理特征：希望买到性价比高又有设计感，且价格实惠的产品；喜欢有特色、个性的时尚单品；时尚偏好多元嬗变。

（二）让每个用户都能看到 SheIn

数字时代里，企业想要获得广阔的市场，必须要让数字信息触达用户。为了提高数字化信息覆盖与到达水平，SheIn 采取“全覆盖”的策略，通过数字广告、SEO[①]、社交媒体营销、智能推荐等方式，力图将数字信息触达到每个潜在消费者。

为吸引潜在顾客，SheIn 在互联网、社交平台上大量投放数字广告。早期 SheIn 主要在谷歌上投放广告。2012 年，SheIn 采取渗透式策略，在 Facebook、YouTube、Pinterest、Twitter、Instagram、TikTok 等六大社交平台大量投放广告。根据 SheIn 的筛选标准，只要符合“年龄”“时尚和购物”两个标签的用户，都会被纳入潜在用户范围。SheIn 将会尽最大努力，确保每个社交平台上的潜在用户都能看到自己的广告。

SheIn 还利用 SEO 提升品牌关注度。作为互联网营销的先行者，SheIn 早在 2011 年就已经通过 SEO 积累了一大批初始用户。通过对网站内部资源和外部链接进行优化调整，SheIn 大大提高了网站在谷歌等搜索引擎内的排名，成功获取了大量关注。十年来，搜索引擎始终为 SheIn 网站带来巨大流量。根据 SimilarWeb 的数据，2021 年搜索流量占 SheIn 网站总流量的 42.37%，比 2020 年 7 月增长了 2 个百分点，是网站流量的第一大来源。

浏览 SheIn 网站或者购物 App 时，用户会有一种沉浸其中、欲罢不能的感觉。喜欢的款式、风格、色彩，或清新、或性感、或酷帅、或温柔……源源不断呈现在用户面前，令人目不暇接，仿佛 SheIn 有一个“懂”用户的大脑，推送的产品总能“戳中”用户的心。这个“智慧大脑”就是大数据和智能推荐算法内核。首先，App 通过网站和 App，获取用户数据描述和唯一标识该客户端的 Cookie，并记录用户使用数据，包括点击数量、浏览时长等。然后，通过个性化算法模型筛选出用户感兴趣的产品特征标签。最后，根据这些特征标签进行优化，为用户呈现“千人千面”的定制化产品页面，从而实现精准推荐。随着累积的可供分析数据越来越庞大，系统不断迭代进化，预测和推荐的精准度越来越高，练就成了一个“懂”用户的超级大脑。

SheIn 还采用积极社交媒体营销策略。SheIn 的社交账号遍布 Facebook、Twitter、Instagram，几乎覆盖了所有海外主流社交媒体。并且，针对粉丝数量众多、文化背景多元、产品类型多样等特点，SheIn 还打造了多元化、个性化账号矩阵，根据不同国家和地区市场、不同产品类型，在 Facebook 和 Instagram 等社交平台的主账号下开设了八十多个子账号。每个账号专门服务特定群体，实现用户差异化营销。在 Instagram 上，SheIn 官方账号拥有粉丝 2 200 万。此外，SheIn_US、SheIn_it 等区域官方账号以及 SheIn_kids、SheIn_men 等

① SEO，Search Engine Optimization 搜索引擎优化。

服装品类的账号，粉丝人数均在几百万左右，粉丝总量高达 1 亿，与 SheIn 在 Facebook 上的总用户量不相上下。

随着短视频热度不断升温，SheIn 开始布局短视频平台。2017 年，SheIn 在 YouTube 上发布了它的第一条视频，截至 2021 年 12 月 1 日，该视频点击量达到 1.3 亿次。四年间，SheIn 定期在 YouTube 上发布产品介绍和明星展示新品的相关视频，大多数视频的点击量都在千万以上。抖音国际版“Tik Tok”上线后，SheIn 积极布局，截至 2021 年底，其在抖音官方账号及地区、业务子账号上已累计拥有粉丝 5 700 万人。

在社交媒体上，SheIn 通过 Hashtag 标签、PGC、UGC[①] 等多种方式开展内容营销。SheIn 坚持长期持续大量发帖。在 Instagram 上，SheIn 官方账号累计发帖量达到 1.7 万篇。在 Facebook 上，SheIn 平均单周发帖量超过 60 篇，是国际知名快时尚品牌 Zara 的 60 倍。

凭借着对 Z 时代消费者的深度了解，SheIn 大量发布 competitions（穿搭对决）、hauls（扫货—开箱—试穿）、爱豆[②]、美食、宠物等最能引起 Z 时代共鸣的内容。在 SheIn 的社交账号中，汇聚着时下最流行的话题标签。Instagram 的数据显示，截至 2021 年 6 月 #SheIn 标签下的帖子数已达到 305 万条，其余相关标签如 #SheIngals、#SheInofficial 下的帖子数也达数十万，并且帖子数还在随着 SheIn 频繁的内容营销而迅速增长，粉丝对 SheIn 品牌的关注度可见一斑。

针对时尚年轻女性重社交、爱分享的特点，SheIn 鼓励消费者分享产品使用体验。在 Tik Tok 和 YouTube 上，存在大量 SheIn 用户开箱试穿视频，她们的衣架上挂满 SheIn 的衣服，边试穿边分享试穿体验。短短几分钟时间，试穿者就把产品特色、试穿感受完整展示出来。这类开箱试穿短视频的点赞量常常高达几十万。除了分享开箱视频以外，SheIn 还引导用户进行图片分享。在 Instagram 上，一个标签为 #SheIn 的话题下 SheIn 用户发布他们穿着 SheIn 服装在世界各地拍摄的 ins 风格照片，发帖量达到 292 万篇。

（三）与用户建立深层连接

通过数字广告、SEO、社交媒体、智能推荐，SheIn 成功地将企业产品和品牌的数字信息触达到每个消费者。接下来就是要与客户建立深度“连接”，通过持续的互动提升用户忠诚度和黏性。

首先，SheIn 采取阶梯型网红营销策略提升品牌影响力。

---

① PGC 和 UGC 是网络内容生成的两种模式。PGC，Professional Generated Content 专业生产内容，指具有专业身份或专业知识的用户创作的专业、优质的内容。UGC，User Generated Content 用户生产内容，指由非专业人士创作的、在网络上公开分享的、具有一定创新性的内容。

② 爱豆，网络流行语，取英文 idol 的发音，指的是年轻的偶像明星。

SheIn 根据各大社交平台博主的粉丝量、发帖量、发帖内容以及点赞量，将博主划分为头部网红、中部网红、小众网红和普通用户三个等级，采取差异化合作方式。头部网红负责 SheIn 品牌形象的维护与提升，与 SheIn 合作过的有 Katy Perry、Lil Nas X、Hailey Bieber、Yara Shahidi 等知名海外网红；中部网红负责利用自身影响力为 SheIn 提供品牌背书、介绍新款服装、宣传带货等；小众网红和普通用户则通过 UGC（用户生产内容）方式帮助 SheIn 获得更多的品牌曝光，SheIn 也会将普通用户的优秀创意内容转发到官方平台。通过网红营销，SheIn 大大提高了品牌影响力并带动了销量增长。

作为网红营销的一部分，2020 年 4 月 SheIn 面向全美 18 岁以上高校大学生推出了校园大使计划（Campus Ambassador），通过线上和线下校园活动相结合的形式，以免费产品、独家优惠券、销售佣金、积分奖励以及特色权益等形式吸引符合 SheIn 品牌形象和风格特色的在校大学生加入计划。校园大使们自发产生 UGC，通过社交媒体分享传播，为 SheIn 开展品牌宣传。

此外，SheIn 还开展各种活动，增加与消费者的互动。

2021 年 5 月 9 日，支持世界卫生组织筹款，SheIn 面向全球用户开展长达四小时的直播筹款音乐会。活动邀请 Katy Perry、Lil Nas X、Rita Ora、Hailey Bieber 和 Yara Shahidi 等国际明星参加。SheIn 特别为此次活动设计了 SheIn Together T 恤，并将活动开展一周内购买 SheIn Together T 恤的全部收入捐赠。

同年 8 月，SheIn 举办“SheIn X 100K”系列挑战赛，通过聚焦 30 位新兴设计师，以直播真人秀的方式，记录并展示他们的设计过程和作品，最终由专业评审和公众投票决出优胜者。该活动在 SheIn 官方 App、Facebook、Twitter、Instagram 和 YouTube 平台对全球用户进行线上直播，为 SheIn 带来巨量的关注和互动。根据 OneSight 对 SheIn 社交媒体平台公开数据的统计，活动期间 SheIn 在 Facebook 上粉丝净增长 17.84 万，互动净增长 21.65 万；在 Instagram 上粉丝净增长 15.16 万，互动净增长 541.1 万。

（四）让用户参与营销，实现回报变现

在准确把握目标客户偏好，将品牌和产品信息送达消费者，并与之建立持续关系的基础之后，SheIn 采用多种方式获得交易回报变现。

SheIn 将利用数字广告、SEO、社交媒体营销获得的用户引流到 SheIn 网站和移动购物 App 上，消费者可以直接购买 SheIn 的产品，完成交易。同时，SheIn 还销售自有品牌 MOTF、ROMWE、SHEGLAM[①] 产品，并与 EMERY ROSE、DAZY、CUCCOO、LUVLETTE、

① SheIn 旗下的美妆品牌。

GLOWMODE、PETSIN 和 AUKEY 等品牌合作，开展联合销售。

同时，SheIn 通过联盟营销（Affiliate Marketing）计划推广产品。任何普通用户都可从 SheIn 官方网站端口申请加盟。成员通过在各大社交平台发布产品使用体验的文字、照片和视频内容以及购物链接，潜在顾客点击购物链接下单成交后，合作用户获得 10%至 20%的销售佣金，并有机会获得 SheIn 最新款服装、购买折扣以及额外的现金红利等奖励。SheIn 开发了两种联盟合作渠道：官方联盟合作（SheIn Official Affiliate）和合作伙伴平台联盟合作（Partner Affiliate Platforms）。目前与 SheIn 合作的联盟平台包括 ShareASale、AFFILIATE、PEPERJAM、ADMITAD 和 Awin。

为吸引用户，SheIn 还设计了会员积分制度。用户每日登录 SheIn 的网站或 App、参与游戏、验证邮箱、撰写商品评价等等，可以获得积分奖励，例如参加买家秀竞赛，可以赚取 5 至 60 积分；参与搭配贴图游戏，可以赚取 0 至 1 000 积分。这些积分可直接用于在 SheIn 网站或 App 购物抵扣。此外，SheIn 制定了较低的会员升级门槛，只需要下五个订单或消费超过 300 美元，就可升级至最高级别的会员，并享受极速退款及专属的促销活动等福利，这在一定程度上提高了用户的复购率。

七、SheIn 面临的挑战

SheIn 的每月活跃用户大约有 700 万，客户群规模远不及拥有数亿用户的 Zara 和 H & M。SheIn 创新的供应链“拉动”模式在目前的规模下运行良好，但随着用户群的扩大，物流压力将会增加。届时，SheIn 将面临抉择，要么建立新的在线物流系统，如同阿里巴巴建立菜鸟智慧物流网络或京东建设其线上物流部门，这将是一笔巨额投入；要么，SheIn 保持现有模式，这将制约其新品品类拓展和获客数量增长。

一些分析师称，SheIn 的成功很大程度上归功于线上购物数量的激增。随着经济复苏，顾客会更多光临实体店。这对于开展纯线上运作的 SheIn 来说无疑将是巨大压力。

SheIn 主要依靠数据技术来获得设计灵感，对各个国家/地区的文化了解甚少。这使得 SheIn 在异国销售时难免会因文化犯错。SheIn 曾经误把伊斯兰教的祈祷毯当作装饰性毛毯售卖①，引来网友批评。同样，其销售的“万字吊坠”被网友质疑形似纳粹标志。

SheIn 还因为知识产权问题面临来自独立设计师和服装品牌的控诉。2021 年 8 月，针织服装设计师贝利 · 普拉多（Prado）指控 SheIn 窃取了她的 45 件设计，并在其网站上以低于 20 美元的价格全部列出。英国的服装和鞋类批发商 Airwair International Ltd.曾起

① 在伊斯兰教中，祈祷毯只有祈祷时才能使用，绝不能用于装饰，而且必须保持干净。

诉 SheIn，称其仿冒了 20 多款 Airwair 的靴子，并以正品价格销售。美国服装公司 Levi Strauss & Co 也曾指控 SheIn 抄袭其牛仔裤后口袋上的弓形缝线图案。

为保持低成本，包括 SheIn 在内的快时尚企业在生产服装过程中采用大量涤纶和尼龙面料。这些合成纤维制品不易降解。同时，快时尚品牌具有价格低廉、紧跟潮流、生产周期短等特点，被认为存在诱导过度消费，给环境带来了令人堪忧的后果。网络内容创作者 Jerren Gan（杰伦·加恩）说："与 SheIn 服装在我们衣橱里的短暂寿命不同，用这些材料制成的衣服不会腐烂。这意味着我们从 SheIn 购买的每一件衣服在垃圾填埋场里所消耗的时间可能远远大于它们在我们的衣橱里放置的时间。"

此外，来自行业的竞争依然激烈。一方面，Zara、H & M 和 ASOS 快时尚巨头拥有强大影响力和深厚广泛的客户基础；另一方面，Fashion Nova 和 Boohoo 等新兴服装零售商已开始采用类似 SheIn 的销售策略向年轻女性购物者提供价格实惠的商品。对于 SheIn 而言，想要在拥挤的快时尚市场中维持地位并不容易。

八、结束语

"让时尚之美触手可及"（Making the Beauty of Fashion Accessible to All），这是 SheIn 的使命。SheIn 依托数字技术建立的强大供应链系统，以远超竞争对手的速度和低价向全球用户提供产品，并采取积极的数字营销策略让消费者对 SheIn 品牌的忠诚度持续提升。这是 SheIn 践行使命的方式。SheIn 探索的"实时快时尚"模式，引领了全球快时尚行业的发展趋势，也为数字时代零售企业线上营销提供了启示和借鉴。

未来充满挑战，SheIn 将如何进行战略优化，续写它的商业传奇？这不仅关乎这家快时尚行业新秀的未来，也或将影响全球快时尚业的发展和演变。

参考文献

[1] LatePost. Decoding SheIn：Growing pains and bitter splits. [EB/OL].（2021-01-27）. https://kr-asia.com/decoding-shein-growing-pains-and-bitter-splits-part-2-of-3.

[2] Michelle Toh. The mysterious Chinese fashion app that's as popular as Amazon[EB/OL].（2021-08-06）. https://edition.cnn.com/2021/08/14/business/shein-china-fast-fashion-intl-hnk/index.html.

[3] Rebecca Cattlin. SheIn IPO：Everything you need to know about SheIn[EB/OL].（2022-5-20）. https://www.cityindex.com/en-uk/news-and-analysis/everything-you-need-to-know-

about-shein/.

[4] 邓贻龙. SheIn 打造快时尚跨境电商品牌[J]. 企业管理，2022(2)：80－84.

[5] 杭州数云. 解读 SheIn：年度营收 157 亿美元，时尚新贵如何引爆增长？[EB/OL].（2022－03－01）. https://www.sohu.com/a/531537241_471346.

[6] 胡小玲. 跨境快时尚品牌 SheIn 的品牌建设与崛起之道[J]. 对外经贸实务，2021(12)：66－70.

[7] 倪寒飞. 大数据和内容将对新消费品牌的决定作用[J]. 商业观察，2021(31)：6－9.

[8] 王叁，SheIn 出海，产品为王？[EB/OL].（2022－02－25）. https://xw.qq.com/cmsid/20220225A05LXB00.

[9] 吴昌龙，郭杰群. 数字化时代下贸易企业供应链竞争力的构建[J]. 供应链管理，2021,2(4)：17－28.

[10] 物流指闻. 揭秘：反超亚马逊！神秘的跨境“黑马”SheIn，供应链是怎样的？[EB/OL].（2021－07－23）. https://www.sohu.com/a/479101145_343156.

[11] 新浪财经. 下载量击败亚马逊，出海独角兽 SheIn 做对了什么[EB/OL].（2022－01－11）. https://finance.sina.com.cn/stock/observe/2022－01－11/doc-ikyakumx9722963.shtml.

[12] 知乎. 跨境电商独角兽 SheIn(一)[EB/OL].（2021－11－23）. https://zhuanlan.zhihu.com/p/436790936.

案例 11 使用说明

一、教学目的与用途

本案例的教学目的是通过引导学生回顾 SheIn 的发展历程，讨论 SheIn 如何利用数字技术开展产品设计、供应链管理以及市场营销活动，分析 SheIn 面临的各种挑战，使学生了解“实时快时尚”商业模式的特征；掌握和运用企业增长战略的“飞轮”理论、数字营销 4R 框架；理解消费者画像的内涵，认识消费者画像的作用；培养分析企业发展环境，并提出创新性应对策略的能力。

(一) 适用课程

本案例适用于国际商务类、市场营销等课程。

(二) 适用对象

本案例使用对象包括国际商务、市场营销专业研究生以及高年级本科生。

(三) 教学目标

1. 知识传授

通过本案例的教学，学生应掌握以下知识，并能将其运用到实践中：第一，数字营销战略 4R 理论的主要内容；第二，消费者画像的内涵及特征；第三，数字化信息覆盖与到达的主要手段；第四，与消费者建立持续关系的意义及方法。

2. 能力训练

通过本案例的学习，学生能够增加对于实时快时尚企业的商业模式和数字营销策略的识别和分析能力，结合实际制定合理数字化营销策略的能力。

3. 观念更新

在学习本案例后，学生能够认识和理解实时快时尚的商业模式，对于运用数字技术开展营销，助推企业发展的重要性有深刻认识。

二、启发性思考题

1. SheIn 的商业模式有何特征？试分析 SheIn 的发展战略。

2. SheIn 采取了哪些数字营销策略？

3. SheIn 的目标客户群体的特征是什么？SheIn 是如何洞察到这些特征的？

4. 未来 SheIn 在全球快时尚行业的发展面临哪些挑战？SheIn 可以采取哪些措施来维持其在快时尚领域的领先地位？

三、案例分析背景

（一）制度背景

1. 快时尚

2015 年 5 月，国务院正式印发《中国制造 2025》，提出推进信息化和工业化的深度融合，加快推动新一代信息技术与制造技术融合发展，大力推进生产过程智能化，培育新型生产方式，全面提升企业研发、生产、管理和服务的智能化水平。同时，还提出要深化互联网在行业中的应用，发展基于互联网的个性化定制、众包设计、云制造等新型制造模式，加快开展物联网技术的研发与应用，推动行业在精准供应链管理、全生命周期管理、电子商务等新型价值链体系下的转型升级。

2016 年 5 月，国务院办公厅印发了《关于开展消费品工业"三品"专项行动，营造良好市场环境的若干意见》。

2016 年 9 月，工业和信息化部印发《纺织工业发展规划（2016—2020 年）》，提出纺织工业要重点发展增设品种、提高品质、创立品牌的"三品"战路，大力推动生产过程的环保化和智能化进程，促进产业转型升级，提升行业整体水平。

国家政策的出台在营造良好市场环境、加强市场监管、完善产业机制、提升行业技术水平、推动产业转型升级、加快智能化进程等方面为快时尚行业的进一步发展指明方向，有助于引导行业健康有序发展。

2. 跨境电商

近年来，我国积极扩大跨境电子商务试点，鼓励电子商务创新发展。国家和地方政府先后出台一系列产业政策支持跨境电商行业的发展。

2012 年 3 月，商务部出台《商务部关于利用电子商务平台开展对外贸易的若干意见》，要求全面增强电子商务平台对外贸易服务功能，着力提升企业利用电子商务平台开展对外贸易水平，加强对利用电子商务平台开展对外贸易的支持。

2013 年 8 月，商务部、国家发展改革委、财政部等九部委出台《关于实施支持跨境电商零售出口有关政策的意见》，对符合条件的电子商务出口货物实行增值税和消费税免税或退税政策等六项支持政策，并且在已开展跨境贸易电子商务通关服务试点的上海、重庆、杭州、宁波、郑州 5 个城市试行上述政策。

2016 年 4 月，国务院办公厅出台了《关于深入实施"互联网＋流通"行动计划的意见》，商务部、中央网信办和发展改革委于 2016 年 12 月联合颁布了《电子商务"十三五"规划》，在政策层面上优化市场机制环境，引导电商良好发展；促进电商紧密相连的物流快递行业稳定发展，物流效率提升。

得益于政府的有力支持和中国制造业的蓬勃发展，我国跨境电子商务已初具雏形，形成从营销到支付、物流和金融服务的清晰、完整的产业链。

（二）行业背景

快时尚行业始于 20 世纪 80 年代的欧洲，由西班牙零售商 Zara 的母公司 Inditex 开创，并由 Zara、H & M 等公司优化和广泛采用。目前广受欢迎的快时尚品牌包括 SheIn、Zara、H & M、Forever 21、ASOS、Primark 和 UNIQLO 等。

快时尚以其亲民的价格与时尚接轨，深得年轻时尚消费者的喜爱；它采取从商品策划、制造到零售的垂直整合型销售模式，减少中间环节，降低成本、提高效率。快时尚的弊端包括：首先，由于快时尚服装紧随潮流且价格低廉，产品使用期限短，一旦过时就会被丢弃，造成资源浪费、不利环保；此外，快时尚企业往往模仿潮流时尚元素进行生产，缺乏自主创新能力。

四、理论研判依据

（一）知识点一：实时快时尚

"快时尚"是一种以小批量、短交货期为特色的商业模式，包含了三个要素：快速响应、品类多变、时尚的设计和实惠的价格。"实时快时尚"是快时尚发展的最新阶段。它以数据为基础，通过更高效的供应链体系为客户提供低价且多样化的产品，并获得高利润。其主要特点包括：

第一，低成本和高利润：基于大数据进行产品设计；运用大数据进行多元化营销，转化率高；具有不同品牌受众的实时更新 SKU（Stock Keeping Unit，库存量单位）。

第二，极高效的供应链：数字化的实时订单；3—5 天上架新品。

实时快时尚将快速响应生产能力与数据驱动的产品设计相结合，既能设计出捕捉最新消费趋势的产品，又能最大限度地缩短生产交货时间，使供求精准匹配。

（二）知识点二：飞轮理论

飞轮理论是分析企业增长战略的理论框架，最早由 Jim Collins（吉姆·柯林斯）在他的商业书籍《从优秀到卓越》(*Good to Great*)中提出。

该理论认为，公司从优秀到卓越的转变从来不是一蹴而就的，成功没有固定模式。从优秀到卓越的转变是一个循序渐进的过程，如同一个沉重的巨型飞轮朝一个方向推动，在一圈又一圈的旋转中积蓄能量，不断加速直至到达突破点并完成飞跃。同样，企业需要建立一个系统，将所有优势能力整合在一起，并在发展过程中不断提升自身优势，推动“飞轮”加速转动，直至实现增长的飞跃。

(三) 知识点三：数字营销的 4R 模式

数字营销的 4R 模式是企业数字化营销的实施框架，由科特勒咨询集团(KMG)于 2016 年提出。该模式将数字化营销的核心步骤总结为 4R。其中：

Recognize(数字化画像与识别)，指用数字化的技术表述消费者的各种特质以及这种特质在时间和场景下的集合，帮助营销管理人员精确定义目标消费者，并在此基础上设计营销战略。

Reach(数字化信息覆盖与到达)，指接触客户及潜在客户的一系列数字化工具和方法，主要包括数字广告、数字媒体、移动设备、搜索、电子邮件、网站、社交媒体等。

Relationship(建立持续关系的基础)，指数字信息到达后，通过各种经营手段围绕目标客户创造、建立和保持的持续性互动状态，它使得营销从信息的传播走到战略性的深度经营。数字时代，以客户为核心的关系网络是人、信息和提供物三位一体的动态结合。客户与人的关系，是指个体消费者与具有相同利益需求或相近价值观和精神追求的人群的关系，或者消费者与拟人化企业之间的关系，如形象代言人。客户与信息之间的关系，包括为客户提供的产品自身，或是与客户工作或生活方式相关的各种信息。客户与提供物的关系，包括以产品作为入口为客户创造的社交场景，如 Nike＋Running 穿戴设备将用户运动数据在社交媒体上和朋友分享，还包括企业在内部价值链环节与客户进行合作，如让用户参与产品设计、产品推广等。

Return(实现交易与回报)，是指在前三个 R 的基础上促使企业与客户交易的达成，并实现持续交易，其本质是实现数字营销的交易回报。实现方法包括：社群资格商品化，如会员费；社群价值产品化，如销售产品；社群关注媒体化，如通过品牌社群生成和分享商业信息；社群成员渠道化，如新成员引入、口碑传播等；社群信任市场化，如产品评测和购买推荐等；社群信息数据化，主要指收集企业业务、产品和服务的相关数据，反哺到数字化画像与识别阶段，或是进行数据交易，实现收益变现。

4 个 R 形成完整的操作闭环，能够指导企业有序地开展数字营销。

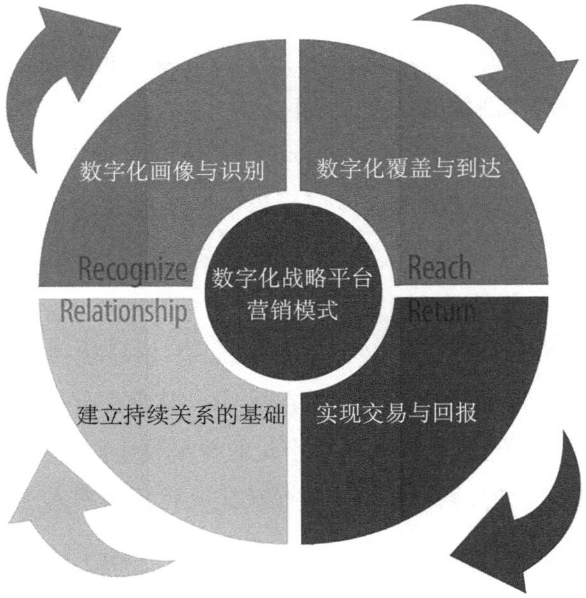

图1　KMG数字营销4R实施框架

来源：曹虎，王赛，乔林，等.数字时代的营销战略[M].北京：机械工业出版社，2017.

（四）知识点四：消费者画像

消费者画像是指在已知事实或数据之上，整理出的每一个消费者、用户、客户的相对完整的档案。它包含着大量的数据和统计信息。每一个抽象出来的用户特征用相应的标签来表示。消费者画像是关于所有对象的不同类型的数据所呈现的总体特征的集合，具有全样本、事实性、动态性和预测性等特点。消费者画像的维度包括人口学特征、生活方式特征、消费行为特征、社交行为特征等。

五、案例分析思路及要点

（一）案例分析思路

本案例的焦点是快时尚跨境电商SheIn的数字化战略，即SheIn如何将数字化理念融入企业发展战略，利用数字技术实现企业快速扩张，获得市场认同。第一，本案例以纪实的方式展现了SheIn快速发展的全过程。第二，本案例描述了SheIn采取的“实时快时尚”商业模式，在这里引入关于SheIn商业模式的讨论。第三，本案例分析了SheIn如何将数字技术融入产品设计和供应链管理，以提升效率。第四，本案例基于数字营销“4R”理论，分析了SheIn的数字化营销策略，并在这里引入关于数字营销策略和消费者画像的讨论。第五，我们在客观审视 SheIn 所面临的外部挑战基础上，对其未来发展进行展望。此处引入了关于 SheIn 未来发展战略的开放性讨论。

（二）启发性思考题解答要点

启发性思考题 1：SheIn 的商业模式有何特征？试分析 SheIn 的发展战略。

本题旨在引导学生深入理解实时快时尚的商业模式和 SheIn 的增长战略，相关知识点包括实时快时尚和飞轮理论。SheIn 的"实时快时尚"商业模式有两大特征。第一，低成本和高利润：以大数据为基础，以低价、时尚且多样化的产品满足消费者；第二，极高效的供应链：数字化的实时订单；3—5 天上架新品。

SheIn 战略增长飞轮由后端的实时数据分析、垂直一体化供应链和前端的用户体验分享和积极的用户购买四个关键要素构成。在后端，Shien 控制并高效运作着从工厂车间到其网站和移动 App 的完整价值链。实时数据分析系统利用数据分析技术从互联网抓取时尚趋势，数据提供给内部设计团队，后者在 5 天内完成产品设计、生产及上线。产品上市后，销售数据实时反馈，用于需求预测、优化设计和调节生产。垂直一体化供应链直接将工厂车间与客户连接起来，SheIn 的供应商使用智能供应链管理系统，采取 100 件小批量生产，并根据实时数据分析系统反馈的订单更新信息，安排和调整生产。在前端，SheIn 通过时尚多元且低价的产品、积极的数字营销策略吸引顾客购买。SheIn 的用户体验通过口碑营销和用户推荐在目标客户群体中快速扩散。积极的数字化营销策略使消费者对品牌保持高忠诚度，并持续大量购买产品。

启发性思考题 2：SheIn 采取了哪些数字营销策略？

本题需要运用数字营销 4R 框架的相关知识点。参考分析如下：

SheIn 的数字化营销策略包含四步：

第一步，Recognize（数字化画像与识别）。SheIn 运用大数据技术获取和追踪消费者行为数据，为消费者画像，准确识别消费者的特征，为产品设计、精准实施营销方案奠定决策数据基础。

第二步，Reach（数字化信息覆盖与到达）。为了提高数字化信息覆盖与到达水平，SheIn 采取"全覆盖"的策略，通过数字广告、搜索引擎优化、社交媒体营销、短视频营销、智能推荐等方式，全方位将数字信息触达到每个消费者。

第三步，Relationship（建立持续关系的基础）。为保证数字营销的有效性，SheIn 采取多种形式，从"人""信息"和"物"三方面积极与用户建立持续深层关系。在"人"方面，SheIn 采取网红营销策略，选择那些形象、个性、生活方式和价值观与企业品牌相匹配的网红、时尚博主以及普通用户开展品牌合作，并采用"校园大使"开展品牌宣传；在"信息"方面，SheIn

针对 Z 时代消费者追求时尚、热爱美食、喜欢宠物、关注公益等特征，在社交媒体上大量发布相关主题话题贴，并开展主题公益直播，与用户拉进心理距离；在“物”方面，SheIn 举办设计师挑战赛，让用户通过参与评选设计师间接参与产品设计，并通过社交网络进行产品推广。

第四步，Return（实现交易与回报）。SheIn 采取三种方式实现交易回报：第一，社群价值产品化，SheIn 通过向社群用户销售 SheIn 自由品牌和联合品牌的产品实现交易变现；第二，社群成员渠道化，SheIn 利用社群成员之间的信任和认同，开展联盟营销计划以扩大销售，并采用会员积分体系增加复购率。第三，SheIn 将消费者购物的数据进行收集，挖掘客户需求，反哺第一步 Recognize（数字化画像与识别），持续优化消费者画像。

4 个 R 的数字营销策略有序推进，形成完整营销闭环，有效促进 SheIn 的客户价值创造和产品销量快速复合增长。

启发性思考题 3：SheIn 的目标客户群体的特征是什么？SheIn 是如何洞察到这些特征的？

本题需要运用消费者画像的相关知识点。案例中，SheIn 借助大数据分析消费者需求。通过分析 SheIn 的独立站、购物 App 记录的用户搜索浏览记录、浏览时长、加入购物车及购买情况等用户行为数据，以及沉淀在各大社交媒体账号中的大量互动信息，SheIn 获得消费者人口学、生活方式、线上线下行为以及社交行为特征，据此进行消费者画像，从而获得目标客户群体的主要特征。SheIn 采用消费者画像的方式，通过对全样本数据进行分析获得真实用户全貌，并根据用户数据的变化进行动态调整，能够更加精准把握消费者特征，预测需求。

启发性思考题 4：未来 SheIn 在全球快时尚行业的发展将面临哪些挑战？SheIn 可以采取哪些措施保持持续快速增长，并在快时尚领域获得领先地位？

从 SheIn 自身来看，挑战主要包括：

第一，用户规模有待提升。相比竞争对手 Zara 和 H & M 一定规模的客户群，SheIn 还有巨大提升空间。

第二，供应链模式的可持续性。用户规模扩大将给现有物流体系造成巨大压力，同时，为应对这一压力投巨资建设在线物流系统也面临巨大风险。

第三，缺乏线下实体业务。SheIn 目前的纯线上销售模式的盈利和高速增长能否持续，存在巨大不确定性。

第四，对各国文化缺乏了解，屡屡因文化问题犯错将造成客户忠诚度下降，造成长期损失。

第五，知识产权问题。持续大量且快速地推出新品，给设计部门带来巨大压力，加之 SheIn 依靠大数据技术从网络获取时尚元素，管理侵权问题存在较大难度。

从整个快时尚行业来看，挑战一方面来自激烈的行业竞争，老牌企业如 Zara、H & M 仍主导市场，新兴企业快速崛起，且正在模仿 SheIn 模式展开市场争夺；另一方面的挑战来自环境破坏，快时尚行业普遍采用合成纤维制成的低价服装难以降解，加上产品紧跟潮流，更新速度快，给环保带来压力。

为维持快速增长并获得行业领先地位，SheIn 可以考虑采用以下策略：

(1) 利用自身在数字营销方面的优势和经验，继续扩大用户规模，提升用户忠诚度。

(2) 继续发挥供应链优势，考虑发展线下实体业务，并在必要的情况下建设在线物流系统。

(3) 打造高端品牌，拓展高收入市场，提升产品品质和价格。

(4) 将各国/地区的文化信息纳入 SheIn 的智能设计辅助系统，并强调文化因素的重要性。

(5) 让消费者更多地参与产品设计，鼓励设计原创，并对外加强与个人设计师和品牌的官方合作。

(6) 鼓励产品的二次利用和环保回收，探索开发有效的废旧产品回收体系。

(7) 加强关于维护知识产权和保护环境方面的企业社会责任管理。

六、教学组织方式

案例授课班级人数不宜过多，应该控制在 20 至 30 人，可以 4 至 6 人为一组，分成 5 个小组。教室的桌椅布局要让所有的课堂参与者围坐四周，以使其容易听到和看到同组成员为基本原则。教室中应具备电脑、投影仪、黑板、粉笔等设备。同时，为方便学生更好地参与课堂案例讨论，教师可以在课前提醒学生做好课前准备工作，例如提醒学生带好手机，并预先在手机微信中关注 SheIn 公众号，以更好地熟悉企业运营。

(一) 课时分配

本案例的教学计划用时 90 分钟，以下方案供教师参考。

案例导入(5 分钟)：教师简要介绍跨境电商发展背景，引出讨论问题；并请 2—3 位学生简要叙述浏览 SheIn 网站和购物 App 的感受。

案例概览(10 分钟)：教师通过提问互动形式对案例发展脉络进行梳理。

案例讨论(65 分钟)：教师首先简要介绍相关知识点，接着引导学生展开小组讨论并汇报讨论成果。随后，教师以追问的方式引导讨论进度，组织学生相互提问，将讨论逐渐深入。最后，教师总结。

案例总结（10 分钟）：教师对案例的主要结论和知识点进行总结。

（二）板书设计

启发性思考题 1：SheIn 的商业模式有何特征？试分析 SheIn 的发展战略。

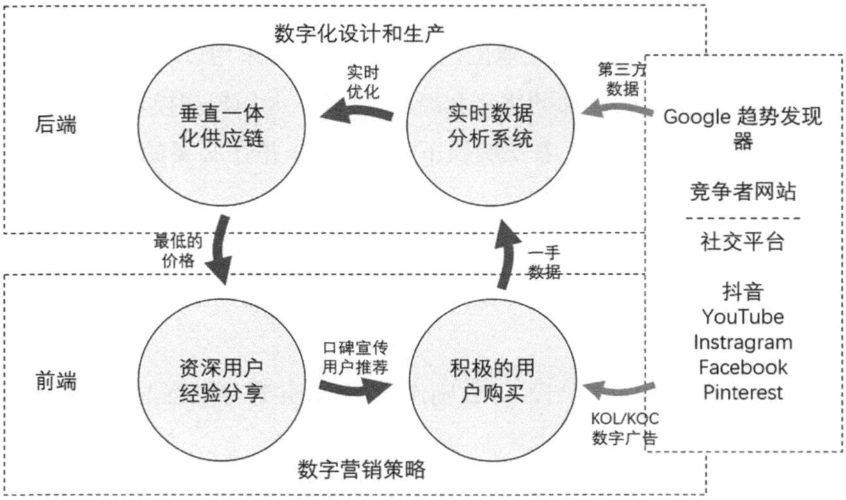

图 2　启发性思考题 1 及解答要点

来源：www.notboring.co

启发性思考题 2：SheIn 采取了哪些数字营销策略？

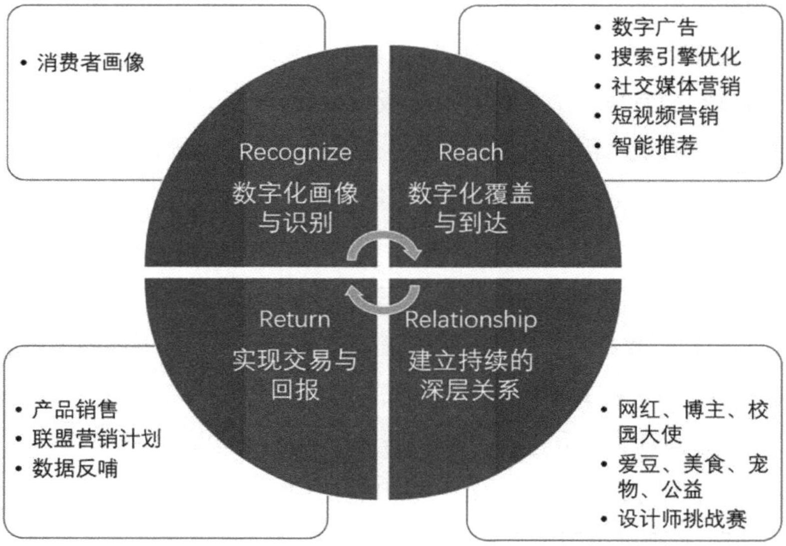

图 3　启发性思考题 2 及解答要点

启发性思考题 3：SheIn 的目标客户群体的特征是什么？SheIn 是如何洞察到这些特征的？

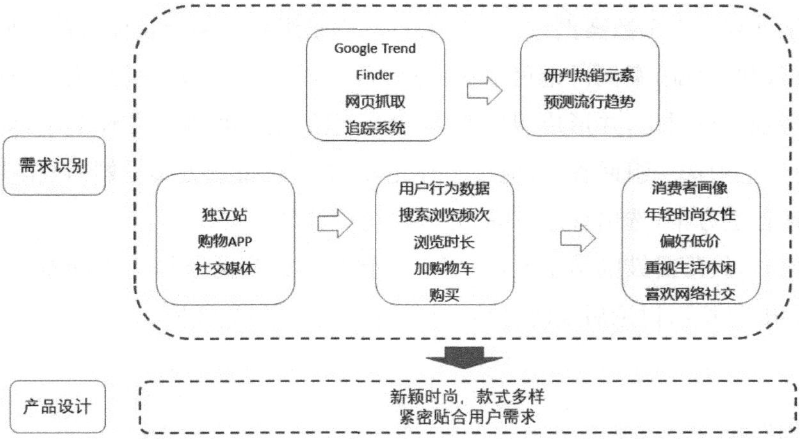

图 4　启发性思考题 3 及解答要点

启发性思考题 4：未来 SheIn 在全球快时尚行业的发展面临哪些挑战？SheIn 可以采取哪些措施来维持其在快时尚领域的领先地位？

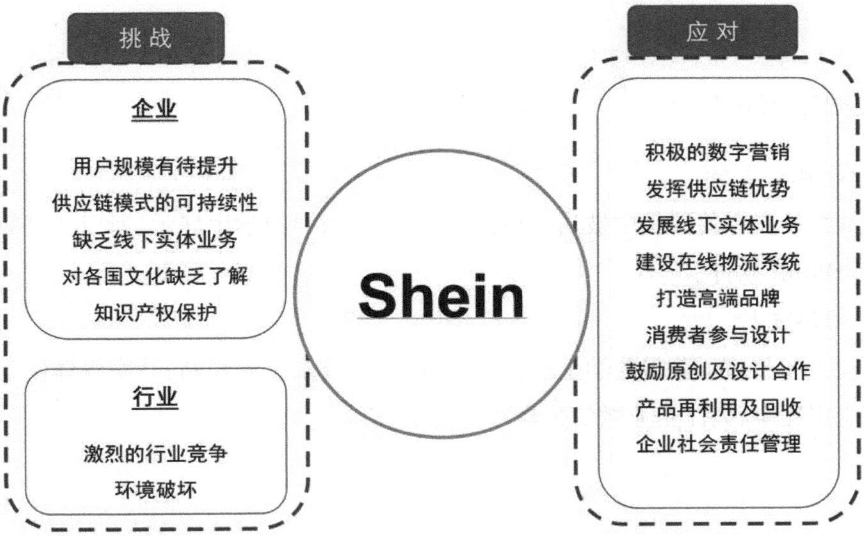

图 5　启发性思考题 4 及解答要点

（三）讨论方式

案例讨论应该大致按照典型的决策模型进行。模型包括：①定义问题；②分析案例具体情况；③形成备选方案；④选择决策标准；⑤分析并评估备选方案；⑥选择首选方案；⑦制订行动方案和实施计划。大多数案例讨论的核心推动力是组织中某个具体决策或问题的解决方案，因此，根据课时分配，案例讨论可以这样进行：在提出问题和小组讨论环节中，小组内根据启发性思考题进行讨论，并形成组内答案；在小组汇报与教师引导环节中，对每一道问题，教师从多组学生中选一组回答，其他小组补充，形成多种备选方案，教师根据决策标准引导学生分析评估备选方案，选出首选方案，并制订行动计划。

在案例讨论时，教师需鼓励学生形成良好的讨论习惯，如勇于提出不同意见、讨论前做好准备、讨论时积极发言、讨论后及时总结，避免盲目从众、提前背稿。

七、案例后续进展

SheIn 正在着手打造高端自主品牌。2021 年，SheIn 将其原有的优选产品线 SheIn Premium 转型为独立品牌 MOTF，并为新品牌单独设立品牌独立站。MOTF 品牌定位为“更高品质”的时尚女装，主要面向成熟女性和都市白领，产品设计更加成熟稳重，凸显职场女性优雅干练气质，更加强调面料品质和产品做工。

未来，SheIn 计划发展移动支付、供应链金融、广告和开设实体店等新业务。据报道，SheIn 计划于 2025 年下半年在英国上市。

八、其他教学支持材料

（一）计算机支持

由于本案例在有关课程中被当作讨论材料使用，需要向学生展示，所以在计算机中需要安装 PowerPoint 软件。

（二）网络支持

本案例中涉及的企业需要学生连接互联网，通过登录企业网站、社交媒体网站以及下载相关手机应用程序、关注企业微信公众号进行了解和体会。

案例13

笨鸟越洋，从整合起飞

摘　要：本案例描述了跨境电商一站式综合服务平台企业小笨鸟从整合理念出发，借助网络整合技术构建了“平台中的平台”这一网站协同新模式，让中小企业可以在一个平台上对接全球45个国家消费者。在这一平台基础上，小笨鸟运用多交易模式，为企业提供一站式的供应链服务和外贸综合服务。通过落地和强化已有的海外仓、外综服退税融资等服务优势，形成小笨鸟从销售到供应链及外贸综合服务的独特优势。

关键词：平台中的平台；一站式；供应链服务；外贸综合服务；海外仓

Abstract: This case describes the cross-border e-commerce one-stop comprehensive service platform enterprise XBNiao with the help of network integration technology to build a “platform in a platform” from the integration concept. This new model of website collaboration enables small and medium-sized enterprises to connect with consumers from 45 countries on one platform. On the basis of this platform, XBNiao uses a multi-transaction mode to provide one-stop supply chain services and comprehensive foreign trade services for enterprises. Through implementing and strengthening existing service advantages of overseas warehouses, overseas comprehensive service tax refund and financing, XBNiao has formed its unique advantages in comprehensive services from sales to supply chain and foreign trade.

Keywords: platform in platforms; one-stop; supply chain service; foreign trade comprehensive service; oversea location

一、引　言

2014 年被称为中国跨境电商元年。随着电商巨头的高调入场和创业电商获得的巨额融资，业界惊呼“跨境电商已成一片红海”。但在小笨鸟创始人许丹霞看来，跨境电商的市场还远未饱和，随着“一带一路”倡议的提出与推进，新的市场和机遇正在形成。“提到跨境电商，不少人首先想到的就是自己搭建平台，我们为什么不能把国外已经成熟的平台整合起来，做平台的平台？”2014 年的一个下午，一起喝咖啡时闲聊碰撞出的这个想法让许丹霞和刘寅激动不已，两个人顺着这个思路又连着聊了整整七天，然后就开始了招兵买马的创业之路。

二、相关背景

经过数月的筹备，小笨鸟电商平台于 2014 年 9 月 1 日正式上线。小笨鸟整个思路其实是整合：通过聚合全球主流的电商平台，利用自主开发的专利技术打通后台管理系统，实现了平台间的整合，与 45 个国家的当地跨境电商平台实现了无缝对接，使小笨鸟成为独特的“平台中的平台”，让中小企业实现在小笨鸟一个平台上对接全球的电商平台。对企业来说，这不仅是一个全方位的服务，更能够让企业全身心地去研发或者专注于企业自身的生产环节中。与此同时，考虑到境内企业对海外仓储物流的需求，小笨鸟也将海外仓建设放入其战略布局中。2015 年，小笨鸟平台出口交易额实现 4.02 亿美元。

2015 年 11 月，小笨鸟与俄罗斯知名电子采购平台 B2B-Center 签署战略合作协议。中国企业可以通过平台所提供的采购招标信息，向俄罗斯买家提供商品和服务；同时，俄罗斯企业可以通过小笨鸟平台，在中国寻找采购机会及销售合作伙伴。截至 2016 年 5 月，小笨鸟与俄罗斯、巴林、希腊、独联体等大型采购公司均达成了合作协议，采购行业涉及化工、建材、机械设备、农机、电器电子、医疗器械等大宗商品。考虑到在报价差不多的情况下，国外招标方主要通过投标企业是否具有资质以及资质高低来做出判断，因此在投标企业资质确认上，小笨鸟专门找了第三方公司对投标企业资质进行核查。此外，考虑到招标通常涉及的担保问题，小笨鸟还与银行合作建立了一套招投标担保体系。利用这种买家驱动模式，在市场低迷的 2016 年，小笨鸟平台直接出口的交易额达 58 亿美元，大兴区 96%的出口业务都由小笨鸟完成。短短两年时间，小笨鸟便从 2014 年成立之时的零订单状态，跃升为 2016 年北京市排名第一的出口民营企业。

除了整合平台，小笨鸟也一直紧跟“一带一路”倡议，从解决中小出口企业的实际需求出发，对跨境出口贸易的各个环节进行优化整合，通过配套成体系的外贸综合服务，解决中小企业信息流、供应链、金融的实际贸易难题，让中国生产企业成本更低，销售渠道更广，运转程序更顺畅，助推中国企业便利出海。2017 年，小笨鸟推出全流程外贸综合服务平台。

2020 年，全球贸易受到严重冲击。随着全球消费助力从线下转为线上，跨境电商释放出了巨大发展潜力。小笨鸟平台也在这场全球经济低迷的挑战中，凭借多年积累的经验，实时利用数据进行优势品类的调节，让业务更加适应各个阶段的贸易需求。

在困难重重的 2020 年，国家也陆续出台利好政策为中国企业出海保驾护航。2020 年 7 月 1 日凌晨两点，小笨鸟发往美国分部海外仓的货物顺利完成了跨境 B2B（9810）首单申报放行。新出台的两项政策，适用于跨境电商 B2B 直接出口的货物和跨境电商出口海外仓的货物，跨境 B2B 出口有了自己的专用通道和专属的政策支持。

目前，小笨鸟已与 eBay（易贝）、亚马逊、Wish（希望）等海外知名电商平台达成了合作协议，在美国、欧洲、澳洲都建立起自己的海外分支机构和海外仓，经营范围涉及快消品、服饰鞋包、家居百货、户外用品、3C 数码配件、美妆个护等多领域，正逐渐成为一站式全球贸易综合服务平台。在服务范围方面，小笨鸟不仅能够为企业提供供应链服务和外贸综合服务，还能为国内制造商、品牌商提供全方位的出海服务及一站式解决方案。此外，小笨鸟还可为企业提供包括跨境供应链系统、外贸综合服务系统、跨境电商 ERP 系统、业务系统开发（PaaS）、大数据 AI 智能辅助决策等技术服务。成立至今，小笨鸟以外贸综合服务为引领、以外贸供应链服务为核心、通过跨境电商全方位出海服务以及一站式解决方案，成功为国内几十万外贸出口企业打通海外销售市场，快速进入国际贸易价值链中，助推中国企业实现外贸出口全球化战略，提升品牌全球影响力。

三、平台中的平台

什么是“平台中的平台”？简单地说，就是将诸如亚马逊、易贝、Newegg（新蛋网）等国外成熟网站整合在小笨鸟这一个平台之上，国内卖家只需要通过注册小笨鸟账号，就可以对接上述国外网站在全球的站点。

“现在国内做出口跨境电商的平台都在国内，而事实上国外的平台已经很成熟也更加当地化，就像中国消费者要购物就会选择淘宝网、京东，而美国消费者更愿意选择亚马逊一样，所以，我们认为，相对于花费大量的时间精力金钱成本自己搭建一个效果并不好的平台，不如利用国外的平台。”许丹霞说。

那么，是否可以直接利用境外的电商平台？据了解，除了语言障碍之外，各大电商平台的政策和流程都很繁琐，申请开店需要提供大量的认证资料及证明，门槛非常高。即便开店成功，对于发布产品的数量、账号运行时间、登陆地点以及所销售的品类等都有很严苛的要求。除此之外，境外电商平台不同站点之间往往交易接口、规则都有不同，甚至股份结构、董事会结构也不同，就像两家完全不同的公司一样。国内卖家需要一一了解并且在不同的站点都需要注册账号。不同的平台、不同的国家、不同的站点、不同的支付方式、不同的运营规则，不同的产品分类……用户使用方面的难度之大可想而知。

而在小笨鸟平台上，只需要一个账户就能让商品高效、便捷地呈现在国外消费者面前。国内卖家只需要在小笨鸟全中文界面上完成注册、产品发布、发货等操作，国外的消费者就可以"穿过这只隐形的小笨鸟"直接在当地的电商平台上选择产品完成购买。让商品一键对接至全球各大电商平台，可以免去了多站点间繁琐的操作流程。对于企业而言，这种一站式对接海外不同地区、不同语种的多个平台的模式，不仅大大节省了企业的时间成本，使得商品刊登效率大幅提高，还便于企业快速了解不同渠道的使用习惯，扩展销售渠道的范围，节约人力资本。对海外买家来说，使用更为熟悉的本地化平台购买产品，从语言、购买行为方式、支付习惯和购买习惯上都不会出现任何变化，这也能最大化促进企业商品销量和订单的增长。

2005 年，王金玲从黑龙江来到北京雅宝路开设了一家皮草制品店。最近几年，随着经济形势的变化，她也面临着订单下降的窘境。2014 年 9 月，她抱着试一试的心态，通过小笨鸟将产品发布到海外两大知名电商平台。依靠小笨鸟在海外本地化团队的市场调研和分析，结合自身产品的特色和卖点，她开发出几款全新的水貂皮帽，灵活运用小笨鸟大数据平台随时调整产品价格，在短时间内销量一路飙升。王金玲只是小笨鸟众多用户中的一个缩影。"中国的企业选择做跨境贸易，关键是选对平台，而小笨鸟网络恰恰是替中国的企业做出了这样一个选择，并且把这些平台通过小笨鸟网络跨境平台统一管理，而这就是小笨鸟特色。"许丹霞说。

但是，小笨鸟的整个创立过程也并非一帆风顺。作为一家初创的毫无名气的小公司，最难的就是一家一家去说服境外平台成为合作伙伴，尤其是去打动像亚马逊、易贝、新蛋网这样的大企业。许丹霞回忆说，"一开始连面都见不到，后来争取到 20 分钟介绍时间，没想到一谈就几个小时，他们非常认同我们的模式和理念……对产品质量的把控记忆创新模式给境外平台带来的流量提升，是这些企业最为看重的，也是能为他们增值的部分"。

事实上，整合境外平台的过程也远比许丹霞之前想象的难得多。不同平台和站点之间的支付工具、币种、分类标准、评审标准都不相同。为此，实现这种多边跨境整合，小笨鸟要解决如何深度嵌入、高度兼容等难题。为了做到深度嵌入，小笨鸟让国内入驻按照语系选择要进入的国家，1 秒钟即可登上易贝、亚马逊等与小笨鸟签订协议的各国跨境电商平台，之后便可以通过随机的账号在平台上发布商品信息；为了做到高度兼容，满足 45 个国家跨境电商品平台的要求，小笨鸟通过对这些国外平台的要求数据取平均值，给国内商家提供参考规格，进而提高产品信息上传的成功率。中国的供应商利用平台的“一键发布”功能，便能实现同一种商品向全球 45 个国家、75 个站点和平台同时发布，并用一个中文界面实现管理上传图片、处理订单、发货、收款等繁杂的流程。

四、跨境电商产品质量安全追溯系统

2015 年 12 月，国务院发布《关于加快推进重要产品追溯体系建设的意见》。“如何让海外消费者踏实购买中国产品？”“如何追溯中国产品的详细信息？”小笨鸟跨境电商产品质量追溯平台在这样的背景下应运而生。

2016 年 9 月，小笨鸟与北京出入境检验检疫局联合推出跨境出口追溯平台 Traceability，为中国商家和海外客户提供商品生产、出口、销售环节的信息溯源以及不合格产品召回等功能，首次实现了国内贸易出口各环节全流程产品追溯机制，从根本上保证产品质量安全。Traceability 是政府数字化监管与企业信息化质量控制的有机结合（如图 1 所示）。

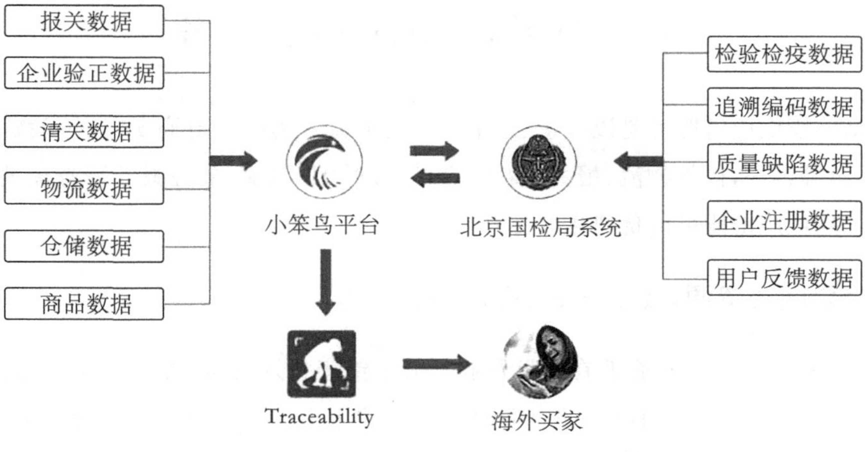

图 1　小笨鸟跨境出口追溯平台 Traceability

在上游，小笨鸟联合南德意志集团等多个国际知名检验机构严格控制入驻平台的企业及产品质量。与此同时，小笨鸟给予平台上的每件商品一个二维码，实现一物一码的身份证明。海外买家可以通过扫描商品上的二维码，随时随地查询商品的生产企业及流通环节等各项信息，平台也能通过 App 实时掌握消费者对产品的意见反馈(如图 2 所示)。

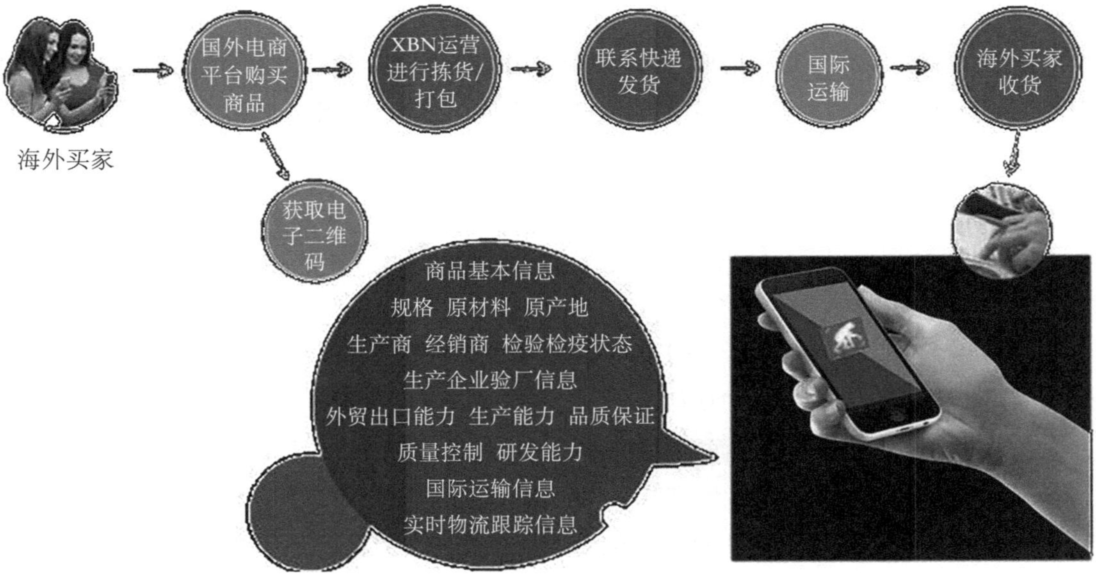

图 2　产品安全追溯逻辑图

五、一站可拼搭式的供应链服务

小笨鸟跨境供应链服务是以线上、线下相结合的方式为跨境电商卖家、一般贸易出口企业、货代公司等客户，提供物流、报关、清关、仓储、收结汇、退税、金融服务等跨境供应链综合服务。小笨鸟供应链服务的优势主要体现在以下两个方面：

(一) 整合全链条资源，提供一站、可拼搭式服务

例如，小笨鸟的客户 A 企业在易贝及亚马逊上销售日用百货、办公文化用品、预包装食品等 2kg 以内的小包裹类商品。该企业之前一直使用小包从国内直接发货给国外买家，物流周期较长，国外客户从下单到收到货一般需要 20 至 25 天左右。所以，企业经常出现顾客投诉收货慢、丢包裹、退包裹等问题，不仅造成企业的物流、人工和时间成本很高，国外客户的购物体验也较差，复购率低，导致店铺的销售和利润停滞不前。针对 A 企业的问题，小笨鸟为其提供了集头程发货、报关、清关及尾程配送于一体的物流解决方案，整套流程下来，企业 A 所花费的物流成本降低了 30%，时间成本节约了 80%。尤其，借助小笨鸟的海外仓，企

业 A 可以提前将货物集中海运到目的国，由目的国直接派送到买家手里，从下单到收货仅需 2 至 3 天，国外买家的购物体验普遍较好，老客户数量也得很大提升。

除了提供一站式的供应链服务，小笨鸟打破目前市场的固定服务模式，整合境内外优势资源，提供按需定制服务。通过这种专业高效、灵活搭配的供应链服务，降低企业成本。例如：国内某知名大型货代公司由于电商业务量剧增，原有系统无法支持，同时期望合作企业可以代办退税业务。为解决以上需求，该企业希望找到一家专业的一站式外贸出口平台合作。在了解到小笨鸟可以提供一站可拼搭式的供应链服务后，双方通过协商，最终确定了以下解决方案：

第一，货代公司通过接口向小笨鸟的供应链服务平台传输用户出口的产品，通过供应链平台返回产品报关数据并审核产品；

第二，小笨鸟供应链平台帮助货代公司完成物流的拼箱业务整合；

第三，货代公司退税用户通过小笨鸟供应链平台办理代退税业务。

通过以上解决方案，小笨鸟为货代公司顺利提供了电商业务帮助，尤其在产品报关和国际头程物流订单的审核和管理方面。

（二）完善海外仓资源和管理水平，提供智能化、个性化服务

在仓库管理方面，小笨鸟的海外仓全部采用国际先进的 WMS（仓库管理系统）和 BMS（计费管理系统）进行智能化管理，同时采用 OMS（订单管理系统）实现全球仓库数据的智能分发和实时同步；在海外仓资源方面，小笨鸟在美国、英国、德国、希腊、澳大利亚、巴林等国家设立了海外仓，且支持亚马逊、易贝、Overstock、Wayfair 等多平台、多种模式发货，为国内卖家拓展国际市场提供有力的支持。

佛山某贸易公司 Y 在亚马逊上主营家具家居产品，之前该公司主要使用亚马逊 FBA。由于家具的体积一般都较大，使用 FBA 的仓储成本很高，导致企业的盈利能力一直提不上来。此外，由于亚马逊平台为消费者提供无理由退换货的增值服务，也造成企业的退货率较高，除了退款给顾客，企业还要承担高额的物流和关税等费用，这也使得企业成本居高不下。之后，企业接触到了小笨鸟，并开始使用小笨鸟平台的海外仓服务。针对企业出现的上述问题，小笨鸟专业人员给出了相应的解决方案：

(1) 利用海外仓，小笨鸟为企业提供集头程发货、报关、清关及尾程配送于一体的立体服务，企业可以通过海运集中发货将商品提前放到小笨鸟的海外仓；

(2)买家下单以后，企业只需要在系统上点击发货，小笨鸟海外仓便会收到详细的发货信息，并在当天全部安排发货；

(3)企业可以利用小笨鸟平台实时同步的海外仓库存情况、订单发货情况及物流状态等信息,实时管理货品库存;

(4)通过本地配送服务,企业产品仅需2天左右便能送到客户手中。

通过小笨鸟提供的解决方案,企业的物流仓储成本大大降低,利润空间也得以扩大。由于客户订单处理速度快,货品库存也能实时同步,企业的客户数量快速增长,极大促进了企业在电商平台上的销售。短短一年时间,企业的月销售额上升至100万美元。

虽然海外仓是解决跨境电商物流痛点的有效方式,但其仍存在滞销库存及本土化挑战的痛点。与此同时,卖家对个性化服务的需求也日益增长。针对这些考虑,小笨鸟又在美国、英国、俄罗斯、澳大利亚、巴林等国家设立了海外运营中心。运营中心集展示、体验、销售、售后服务等功能为一体,通过当地的专业运营人员,进行本土化营销,使中国商品能够更好地融入当地的环境和市场。海外消费者在店面体验了商品之后可以在网上下单,货物直接从海外仓运出送到消费者手中。除线下功能外,小笨鸟利用对接的当地电商平台,形成“当地电商平台+当地运营中心+中国产品”的销售模式。

以巴林运营中心为例,小笨鸟基于中东体验的消费习惯以及多种大数据分析,在中东巴林设立了运营中心,采用O2O模式开展业务。小笨鸟巴林运营中心旨在建设完整跨境电商链条,在中东的巴林设有海外运营中心,同时辐射海湾六国。中国企业不仅可以利用小笨鸟平台所提供的海外仓储设施进行本土化平台、本土化语言营销,还可以利用小笨鸟提供的海外运营中心,将自己的产品直接在海外展示。该运营中心集展厅、零售、批发于一体,实现了海外市场的线上线下相结合。对中小型卖家,选择类似小笨鸟这种既可提供海外仓基础服务,又能提供海外运营中心本地化、多样化服务的平台,无疑是最好的选择。

六、一站全流程的外贸综合服务

2017年3月31日,小笨鸟迎来了自己的三周岁生日。三年来,小笨鸟在许丹霞董事长的带领下,团队规模从最初的十余人发展至如今的近三百人,人数成倍增长的背后,折射出小笨鸟业务的高速发展。也是在这一年,小笨鸟开始在外贸综合服务方面展开布局。

小笨鸟推出的外贸综合服务平台,基于“互联网+”理念,结合“云”和“SaaS”技术,通过互联网、移动互联网为外贸出口企业提供贸易、商检、通关、物流、外汇、退税、金融等全流程、一站式外贸服务。简单来讲,在复杂的业务流程中,用户只需要单向面对小笨鸟,即可完成所有业务(如图3所示)。

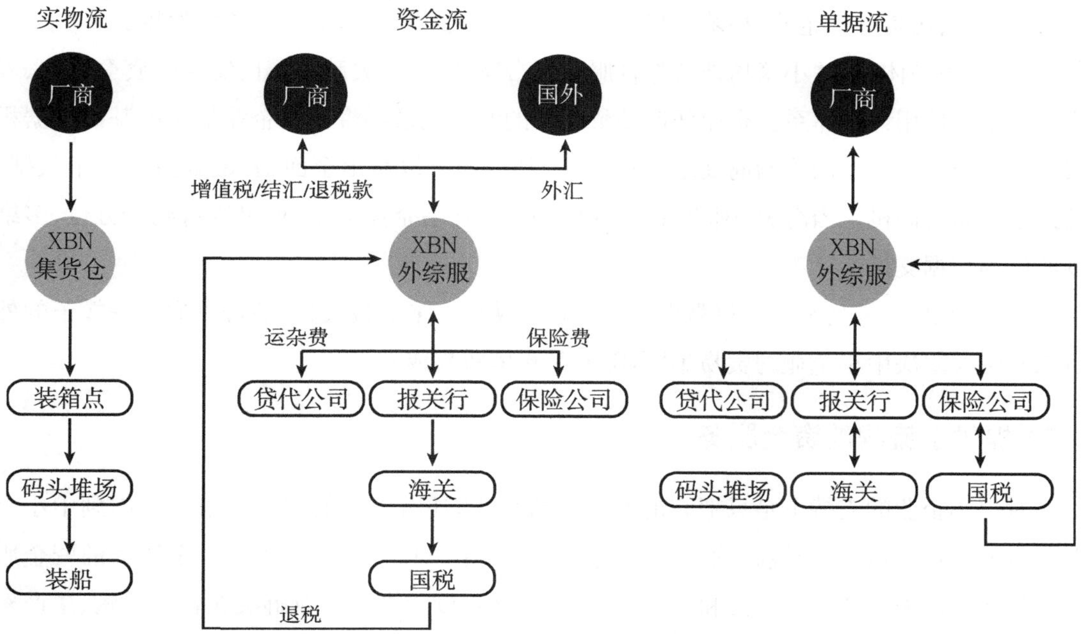

图 3　小笨鸟全流程的外贸综合服务

（一）率先实现“五个一体化”

因模式创新和价值，小笨鸟于 2017 年 4 月入选北京市首批外贸综合服务示范企业。在外综服领域率先实现“五个一体化”，即“服务一体化”“数据一体化”“账户一体化”“监管一体化”“信用一体化”。具体来讲：

（1）服务一体化。通过“小笨鸟外贸综合服务平台”，企业的业务人员只需通过电脑或手机，即可在该平台上完成外贸出口相关的全程业务，而且可以对整体业务进展进行清晰、有效的掌控。

（2）数据一体化。“小笨鸟外贸综合服务平台”连通外贸出口业务中的一座座信息孤岛，实现外贸出口企业与业务相关部门业务数据共享。企业只需要提交一次数据，数据就能被推送到各个业务系统，办理相关业务。

（3）账户一体化。“小笨鸟外贸综合服务平台”连通各个外贸出口相关业务系统之后，外贸出口企业只需要注册一个小笨鸟账号，系统就可以帮助企业自动注册各个环节的业务系统账号，这些账号会关联到小笨鸟账号，企业只需维护一个账号就能办理各个系统的业务。

（4）监管一体化。通过“小笨鸟外贸综合服务平台”，外贸监管部门可以对出口企业的生产、销售、通关、纳税、运输、收结汇等环节进行全程监控。同时，小笨鸟还设置一套前置监管体系，对于信用良好的企业，小笨鸟将为其提供各种优惠政策和增值服务作为奖励。

(5)信用一体化。“小笨鸟外贸综合服务平台”将结合相关政府部门制定一套全方位、多维度的企业信用评估体系。企业任何外贸环节的业务记录都将作为企业信用的基础数据积累起来。当企业需要向采购商展示企业信用度时，便可以拿出全面、有说服力的信用数据，帮助企业赢得商机。当海关、国税、银行等机构需要评估企业信用，也可以得到全方位、多维度的信用数据支撑。

可以看出，小笨鸟平台不仅帮助中国企业实现出海渠道最大化，还可以通过一揽子的外贸综合贸易解决中小企业的贸易难题，降低其跨境贸易成本。

（二）提供全流程的资金服务

对中小企业的支持不是只把它的产品销售出去，还有本身的资金需求。考虑到中小企业出口普遍存在物流、跨境收款、担保等诸多问题，小笨鸟平台推出了一个全流程的资金服务。依托自身强大的科技能力和渠道资源，小笨鸟可以为中小企业解决在备货采购、生产经营、应收货款、出口退税等过程中遇到的一系列资金周转难题，满足其在国际贸易中的资金需要，帮助企业最大化利用产能，赢得订单，提升效率，在激烈的市场竞争中赢得先机。具体来讲：

(1)退税方面。小笨鸟代理出口报关、物流等服务，且在单证齐全后，最快当天为企业先行垫付100%的退税款。如此不仅能够为企业提供专业的通关、物流服务，节省企业的人力和时间成本，还能帮助企业先行垫付退税款，帮助企业解决资金周转问题。

(2)订单方面。企业只需关注生产和订单，小笨鸟负责出口和资金问题。比如：霸州一家家具生产工厂，有一笔境外大订单是和这个境外客户第一次合作。由于账期长，不太放心便找到小笨鸟。小笨鸟通过其自建的信息平台和风险评估体系对这个境外买家做了细致的调查，并帮助企业投了中信保的保险，解决了客户的顾虑。之后因为资金周转问题，企业想提前收回尾款，小笨鸟也为其先行垫付了这笔尾款。

(3)采购方面。如果企业拿到大订单又缺钱采购生产，只要企业资信通过，小笨鸟可以帮助企业垫付采购款，还能通过集采、代采等方式，为企业拿到上游折扣价。比如：苏州一家做服饰的工厂，主要替境外客户代工。有段时间由于原材料缺货涨价，加上资金周转不开，好几个单子都没法按期交付。由于企业之前一直找小笨鸟办理出口和退税业务，这次遇到采购资金问题便在第一时间想到小笨鸟。在了解到客户需求后，小笨鸟不但为企业找到了新的供货商，还帮助企业垫付了采购原料的款项，解决了企业原料采购货款不足的问题。

(4)经营助贷方面。为企业量身定制资金解决方案，并通过合作的金融机构为企业解决融资难题。比如：宁波一家做小家电贸易的公司，因为公司规模不大，找了好多银行都贷不到款，听同行推荐找到小笨鸟，通过小笨鸟为企业重新设计了融资方案，最后顺利拿到了银行贷款。

目前，小笨鸟通过金融科技手段，整合商流、物流、资金流、信息流等信息，建立了专业的信息平台和风险评估体系，通过电商交易平台＋中国信保＋银行金融机构的创新金融服务模式，实现了各机构间的风控信息互联互通，使得小笨鸟的征信数据更加丰富、完备，这将使得更多的外贸中小企业能够享受到国家普惠金融的政策。此外，在跨境支付结算方面，小笨鸟对支付工具做了相应整合，为客户提供定期自动财务结算，跨境人民币结算、快速回流资金、零汇兑损失、结汇无额度限制等服务。

2021 年，小笨鸟构建了一个数字化平台，主要解决跨境资金服务的两大核心问题：一是跨境融资问题。虽然目前很多银行都有普惠金融政策，但由于跨境电商卖家多为轻资产企业，企业规模小、缺乏有效的质押物，难以从传统金融机构获得良好的融资服务。同时，银行等金融机构也很难以较低的成本获取中小企业的核心交易数据。作为核心平台企业，小笨鸟积极与中国进出口银行的国际金融部共同打造贸易贷产品，帮助解决中小企业融资难和融资贵的问题。二是跨境支付问题。小笨鸟目前与海外所有的支付平台完成了对接，同时打通 ERP 和供应链，帮卖家汇总三单信息并自动同步到上述支付平台，还可以给支付公司提供信息进行数据管理。

七、结束语

在紧跟国家战略的基础上，小笨鸟以创新为驱动，最大限度整合凝聚优质企业，通过发挥成熟的线上平台优势以及丰富的海外渠道优势，对其供应链、海外营销、海外仓、外综服退税融资、海外品牌孵化等服务进行持续优化升级，切实帮助中小企业解决实际问题。未来，小笨鸟将拓展更多市场，服务更多国家，扩大网状业务覆盖，致力于成为中国进出口贸易立体化的综合服务商，为中国企业扬帆海外保驾护航。

参考文献

[1] 李冰．“小笨鸟”跨境电商模式评析[J]．北京劳动保障职业学院学报，2016(3)：36 - 39.

[2] 覃鹤，谢佳林，唐玲梅．中小企业全程电子商务“一站式”服务模式研究[J]．现代情报，2012(2)：94 - 97.

[3] 薛海波，高维和．整体解决方案，客户满意与市场绩效[J]．经济经纬，2011(6)：116 - 120.

案例 12　使用说明

一、教学目的与用途

本案例主要是为国际商务课程撰写。案例主要介绍了跨境电商平台小笨鸟从整合理念出发，通过构建“平台中的平台”帮助中小企业打开尽可能多的销售渠，借助数据追踪手段形成产品质量安全溯源体系，整合跨境供应链服务企业及服务资源提供一站可拼搭式供应链服务，搭建外贸综合服务平台为外贸企业提供贸易、通关、物流、外汇、退税、金融服务等全流程外贸服务。通过本案例的学习，学生可以了解当前跨境电商综合服务平台的基本情况、提供个性化供应链服务、全流程外贸综合服务以及全方位金融服务。

（一）适用课程

本案例适用于国际商务课程和国际贸易实务课程。

（二）适用对象

本案例难度适中，使用对象包括国际商务专业硕士研究生和高年级国际贸易专业本科生。

（三）教学目标

1. 知识传授

通过本案例的教学，学生应掌握以下知识，并能够将相关理论运用到实践中。第一，通过了解小笨鸟跨境电商平台运作模式，掌握跨境电商平台的主要模式及其适用性；第二，小笨鸟平台将供应链和外贸综合服务面临的诸多问题集中起来，一站式解决跨境贸易中的问题，不仅能够降低外贸企业成本，还能通过专业化、个性化服务提升客户的满意度，学生应当从中了解整体解决方案的概念及优点；第三，小笨鸟在发展海外仓时，采取了与当地 FBA（亚马逊物流）仓不同的方式，学生应当学会比较海外仓与亚马逊 FBA 仓的异同；第四，通过了解小笨鸟的跨境金融服务内容及模式创新，学生应当了解跨境金融数字化的相关概念。

2. 能力训练

通过本案例的学习，学生能够掌握跨境电商平台如何通过模式创新降低企业交易成本的能力；增强因地制宜分析问题、提出针对性解决方案的能力；增强对境外仓储方式选择的判断能力；提高将数字化与跨境电商金融服务进行融合的能力。

3. 观念更新

通过本案例的学习，学生能够对跨境电商平台的主要模式有基本了解；对一站式解决方案有一定认识；对海外仓与亚马逊 FBA 仓的区别有所了解；提升对跨境电商金融服务的数字化的理解。

二、启发性思考题

1. 小笨鸟选择了怎样的跨境电商交易模式？
2. 小笨鸟属于哪种类型的跨境电商平台？
3. 试说明小笨鸟平台采用一站式解决方案应对跨境电商问题有哪些好处。
4. 小笨鸟平台的海外仓与亚马逊 FBA 仓相比有哪些好处？
5. 试总结小笨鸟在跨境资金服务方面的特点。

三、案例分析背景

（一）制度背景

2015 年 6 月，国务院印发《关于促进跨境电子商务健康快速发展的指导意见》（以下简称《意见》），提出支持跨境电子商务发展，有利于用“互联网＋外贸”实现优进优出，发挥我国制造业大国优势，扩大海外营销渠道，合理增加进口，扩大国内消费，促进企业和外贸转型升级。《意见》特别提出，要培育一批公共平台、外贸综合服务企业和自建平台，并鼓励国内企业与境外电子商务企业强强联合；要支持各地创新发展跨境电子商务，鼓励外贸综合服务企业为跨境电子商务企业提供通关、物流、仓储、融资等全方位服务。2016 年《政府工作报告》中指出，扩大跨境电子商务，支持企业建设一批出口产品“海外仓”，促进外贸综合服务企业发展。

在传统外贸越发艰难的 2020 年，跨境电商被赋予了稳外贸的重任，扶持政策层层加码。从跨境电商综合试验区到物流、融资、保险等产业相关配套措施，都不断向跨境电商看齐靠拢。2020 年 7 月，国务院常务会议部署进一步扩大开放稳外贸稳外资，决定深化服务贸易创新发展试点。会议指出，要支持发展跨境电商、海外仓、外贸综合服务企业等新业态，扩大市场采购贸易方式试点，带动中小微企业出口。8 月 12 日，国务院办公厅印发《关于进一步做好稳外贸稳外资工作的意见》，明确支持跨境电商平台、跨境物流发展和海外仓建设等，加大对外贸综合服务企业的信用培育力度。

2021 年 7 月,《国务院办公厅关于加快发展外贸新业态新模式的意见》提出,要在全国适用跨境电商 B2B 直接出口、跨境电商出口海外仓监管模式,便利跨境电商进出口退换货管理,优化跨境电商零售进口商品清单;要支持符合条件的第三方电子商务平台、供应链金融企业和综服企业,提供资金收付、保险、融资等完备便捷、风险可控的一站式金融服务。

(二) 行业背景

根据海关统计数据,2021 年我国跨境电商进出口规模达 1.98 万亿元,同比增长 15%。其中,出口 1.44 万亿元,增长 24.5%。即便在亚马逊封店事件的影响下,跨境电商出口仍保持高速增长,充分验证了我国跨境电商出口的市场活力和增长韧性。在出口电商的具体结构中,跨境电商 B2B 业务凭借单笔金额大、长期订单稳定等优势,在我国跨境电商结构发展中仍占据主导地位;与跨境电商 B2B 模式相比,我国跨境电商 B2C 模式在资金运转、企业运营效率及财务表现等方面具有明显优势,跨境电商 B2C 业务依托互联网、物流、支付等各环节的不断完善,促使小批量、多批次的外贸订单需求不断增长,给国内跨境电商企业带来了更多的发展机遇。

根据网经社整理的数据,2021 年中国跨境电商的交易模式中跨境电商 B2B 交易占比达 77%,B2C 交易占比为 23%。从发展趋势上来看,B2B 在线采购已逐步成为全球采购主流趋势,对贸易经济带动面较大,同时出口 B2C 销售正往更多国家渗透,从欧美日韩发达市场逐步渗透到东南亚新兴市场。出口跨境电商 B2C 的销售渠道主要分为大型多国电商平台、海外本土电商平台、独立站三类。

四、理论研判依据

(一) 知识点一:跨境电商的交易模式

跨境电商的交易模式主要包括 B2B、B2C、C2C、M2C 以及 O2O 等模式。

B2B(Business-to-Business):即企业对企业模式,是企业与企业之间通过专用网络或互联网进行数据信息的传递与交换,进而开展交易活动的一种交易模式,该模式单笔交易额大,涉及的环节多,是目前我国跨境电商的主要交易形式。

B2C(Business-to-Customer):即企业对个人模式,也就是通常说的直接面对消费者销售产品和服务的商业零售模式,故又称零售跨境电商,是分属于不同关境的主体,通过互联网达成交易并支付结算,然后采用快件、小包等行邮方式将商品跨境送到消费者手中的一种交易模式,该模式因直接与顾客对接,故其交易环节相对较少。

C2C(Customer-to-Customer):即个人对个人模式,是个人与个人之间通过互联网相互买卖商品,该模式主要通过一种境外买手入驻平台开店的方式来实现。

M2C(Manufacture-to-Customer):即厂商对个人模式,是生产厂家直接对消费者提供产品或服务的一种模式。

O2O(Online-to-Offline):即线上线下相结合的模式,是将线下的商业机会与互联网相结合,利用互联网作为线下交易的前台,实现实体经济和虚拟资源的互通互用,包括"线上下单、机场提货""前店后仓""线下体验、线上购买"等模式。

(二)知识点二:跨境电商平台的运营模式

1. 按照所经营产品范围及行业分类

(1)垂直型平台模式。该类平台专注于某一行业进行深度运营的商务模式,表现出"专"和"深"两个特点。其中,"专"是指集中全部力量打造专业性服务平台,主要以行业为特色,针对某一行业做全面研究;"深"是指在体现独特专业特色的同时,深入研究某一行业在服务、盈利及未来发展方向等方面的特点。简单来讲,垂直型电商平台就是针对特定领域、特定需求进行服务。

(2)综合型平台模式。该类平台不同于垂直型跨境电商针对某一行业进行服务,其所经营的产品种类多、覆盖行业广,平台资源丰富。

2. 按照平台的功能和性质分类

(1)第三方开放平台模式。该类模式的平台由买卖双方之外、独立的第三方统一构建和运营(如敦煌网、速卖通等)。作为卖家的国内外贸企业入驻平台搭建自己的店铺并发布信息,作为买家的境外消费者从平台在线查看商品的信息,选购产品等。平台作为第三方,不参与物流、支付等中间交易环节,主要通过为外贸企业的自主交易提供信息流、资金流和物流服务,并收取交易价格一定比例的佣金作为其收益。该类平台的优点是入门简单、节约成本、自带流量,缺点是同质化竞争激烈、营销方式受限、无法获取第一手数据。

(2)自建跨境电商平台模式。该类模式是企业自建外贸平台,自己联系国内供应商并买断货物,然后将产品通过自建平台销往境外,类似于在一个独立的店铺开店(如大龙网、兰亭集序等)。企业销售产品获取的利润即是其收益。该类平台的优点是不受任何平台的政策约束、可"独享客源"有效避免恶性低价竞争、可专注进行品牌建设和市场推广、可获取较高的客户忠诚度、可获取第一手数据等,缺点是有一定的入门门槛,需要自己引流提高用户留存转化等。

(3)外贸电商代运营服务商模式。该类模式是企业以电子商务服务商的身份为跨境电商中小企业提供不同服务模块,而不直接或间接参与任何电子商务的买卖过程(如四海商舟、锐意企创等)。该类企业可以为外贸企业提供一站式、全方位的电子商务解决方案,帮助其个性化定制建设独立的电子商务网站平台,主要通过赚取外贸企业的服务费获利。

(三)知识点三:整体解决方案

1.什么是整体解决方案

关于整体解决方案,学界和业界尚未形成统一界定。简单讲,整体解决方案是以解决客户商业需求为目的、包含产品和服务的整体组合。也就是说,整体解决方案不仅提供产品的销售,还提供维修保养、使用培训、金融保险、相关技术等一系列服务。

2.整体解决方案的特征

从学界和业界对整体解决方案的概念界定,可以总结出三大特征:

(1)整体解决方案是一种产品和服务的组合;

(2)这种产品和服务的组合是根据客户的个性化需求而进行的定制化设计方案;

(3)方案中的产品和服务组合是一个统一协调的整体,是以客户商业需求为中心的"一站式"服务。

3.整体解决方案的优点

一个好的整体解决方案带来的好处是多方面的:

(1)对方案接受者来说。

第一,省时、省钱。一站式的解决方案将进出口过程中所有问题一次性解决,不仅便捷高效、节约时间还能更省钱;

第二,及时追责,精准补救。由于方案出自一个提供商,一旦出现某些问题,也能及时追责,并进行精准补救,避免部分问题导致整个方案失效。

(2)对方案提供商来说。

第一,提高双方效率。一站式的进出口服务模式,可以整合企业和相关政府部门(如海关、国税等)的资源、简化客户进出口流程,通过各子方案模块之间的无缝连接,促进客户更快上手、降低培训时间,从总体上更好地对整体方案进行维护和管理;

第二,提高客户的满意度与忠诚度。整体解决方案可以显著提高产品质量、降低生产成本,促进客户的销售业绩和市场份额;

第三,促进自身的全面发展。由于客户的经营状况直接决定了方案的实现效率,为了更好改善客户现存的一些问题,企业会从全局出发,综合考虑多方面因素提出解决方案。例如,外贸综合服务企业不仅考虑通关、物流、外汇、退税的问题,还要考虑融资、保险、合规等问题,全流程地进入外贸企业进出口的整个环节中。这种全局、全方位解决问题的模式,便会推动企业的全面发展。

（四）知识点四：海外仓与亚马逊 FBA 仓

1. 海外仓与 FBA 仓的概念

(1)海外仓。顾名思义是指设立在海外的仓储设施，是跨境电商出口卖家为提升订单交付能力而在国外接近买家的地区建立(或租赁)的仓储物流节点，通常具有境外货物储存、流通加工、本地配送以及售后服务等功能。在跨境电子商务活动中，国内的卖家通过跨境物流的方式将产品运到国外目标市场，并且存储在当地的仓库，再根据销售订单或者平台订单在仓库进行分拣、打包派送。由此可以看出，“海外仓”不仅仅是将产品存储到目标市场，更是物流运输的优化与整合，能迅速根据订单做出反应，进行分拣派送。

(2)FBA(Fulfillment by Amazon)仓。即亚马逊物流，是亚马逊卖家把需要在平台上销售的产品通过物流送到亚马逊当地的仓库进行存储，由亚马逊进行后期订单产品的派送，通常具有仓储、拣货打包、派送、收款、客服与退货处理的一条龙服务。

2. 海外仓与 FBA 仓的比较

海外仓与 FBA 各有优缺点，因此跨境电商需要根据自己的需求，选择适当的仓库(具体如表1所示)。

表1 海外仓与 FBA 仓的优缺点对比

	优点	缺点
海外仓	(1)订单反应速度较快：与国内直发相比，海外仓能有效减少订单从下单到派送的反应时间，提高终端客户消费体验。 (2)降低时间、物流和清关成本：整体发货到海外仓，再由仓库进行末端分拣派送，可以降低时间和物流成本；帮助卖家处理清关问题，可以降低清关成本；出现退货问题，可以帮卖家寻找合适路线安排退货，降低物流成本。 (3)满足少量多批的订单：从海外仓可随时满足海外的少量多批次订单，并能迅速将货物送到客户手中。 (4)更安全自由的储存支配：由于存放在海外仓的货物安全性通常独立于销售平台，账号出现问题时，卖家可自由支配存放在境外仓的货物。	(1)存在滞销风险：由于卖家需要提前在海外仓储存一定量的产品进行备货，因此容易产生滞销风险。对此，卖家需要提高自身的选品要求。 (2)对仓库的管理水平要求较高：电商卖家需要随时了解产品出入库、上下架的详细信息，以便实时掌握储存信息、快捷处理订单。因此，要求海外仓具有较高的管理水平。 (3)仓租问题：卖家需将一定量货物存放在海外仓，由于每个企业和国家的海外仓收费标准和运营条件不同，电商卖家需要根据自身情况选择合适的海外仓。

（续表）

	优点	缺点
FBA 仓	(1)操作简单：亚马逊具有专业客服和智能化管理，从仓储、分拣、派送等均有亚马逊平台处理，卖家仅需专注平台运营。 (2)提高信誉：使用亚马逊的末端配送，可在平台上提升信誉和排名，提高顾客的信任度，提高销售额。 (3)仓库覆盖率广：亚马逊仓库遍布全世界。	(1)调控性较差：由于产品自身或者亚马逊平台规则的各种问题，会导致卖家的亚马逊账号被封，造成存放货物被查封甚至被销毁。 (2)成本较高：由于时差和语言的差异，FBA 不提供清关服务，需要卖家自己办理清关手续并送到仓库；退货收费高，若因封号造成需将货物运出仓库，会产生大笔费用；若亚马逊拒收并退回异常货物，卖家需自己安排退货，进而产生高额物流费用。 (3)顾客退货率高：FBA 上买家可无理由退货，容易造成退货率上升。

(五) 知识点五：跨境电商平台的资金服务

跨境电商平台提供的资金服务通常包括融资服务和结算服务两方面。

1. 融资服务

外贸对资金量的要求极大，但由于信息采集、抵押物价值、放贷风险和资金回收成本等问题，我国中小外贸企业存在资金不足的现象。为此，跨境电商平台可以通过集成实时反映信息、商品和资金的动态大数据，建立基于真实交易的企业信用评价体系，设立系统实现多方互动，易于消除信用风险，降低管理成本，提供问题解决方案，使大规模的小额贸易融资成为现实。目前，大多跨境电商平台在融资服务方面表现出色。

2. 结算服务

(1)传统跨境结算服务。根据广交会的数据显示，成交订单呈现“短小散”的特点，即交易期短，金额缩小，比较零散。这使得国外进口商有更多的便利和机会更换供应商，出口商的议价能力则明显下降，不少企业只能被动接受客户提出的结算方案。由于国外信用支付(包括信用证、信用销售等)比例较高，而其中的风险难以预估，有的企业最终不得不将利润甚至业务拱手出让。为此，跨境电商平台凭借其特有的资源整合能力，可以帮助企业解决信用证和信用销售(即赊销)问题。

(2)新兴跨境结算服务。第三方支付是目前使用最广泛、也是发展最兴盛的跨国结算方式。当前，第三方跨境支付表现出前端支付工具本土化、卖家收款软件多样化的现象。根据交易地域及交易平台的不同，用户倾向于使用不同的前端支付软件，如亚洲消费者更习惯使用微信和支付宝支付、欧美国家偏好使用 Visa(维萨卡)/Mastercard(万事达卡)等。相较于商业银行较高的费率和专业汇款公司有限覆盖网点，第三方支付平台能同时满足用户对跨境汇款便捷性和低费率的需求，适合中小外贸电商企业规模与短小散的交易规模。

五、案例分析思路及要点

（一）案例分析思路

小笨鸟平台是许丹霞和刘寅在结合跨境电商发展现状和“一带一路”倡议下跨境电商的发展机遇的基础上所创建的跨境电子商务平台。创立之初，小笨鸟从整合出发，通过聚合全球主流的电商平台，为中小企业提供了一键对接全球消费者的“平台中的平台”，成为了小笨鸟独特的运营模式。在此基础上，小笨鸟又陆续拓展了卖家驱动的 B2B 模式和“海外仓＋海外运营中心”的 O2O 模式。从小笨鸟的整个发展历程可以看出小笨鸟特殊的交易模式和平台运营模式，此处引出跨境平台交易模式和跨境平台类型的知识点。在整合理念的基础上，小笨鸟为中小企业提供了一站可拼接式的供应链服务和一站全流程的外贸综合服务，由此引出整体解决方案的知识点。其中，在一站供应链服务中，小笨鸟突出了特色的海外仓服务，由此引出海外仓的知识点；在一站全流程的外贸服务中心，小笨鸟结合数字化平台着力发展其特色的跨境资金服务，由此引出跨境资金服务的知识点（见图 4）。

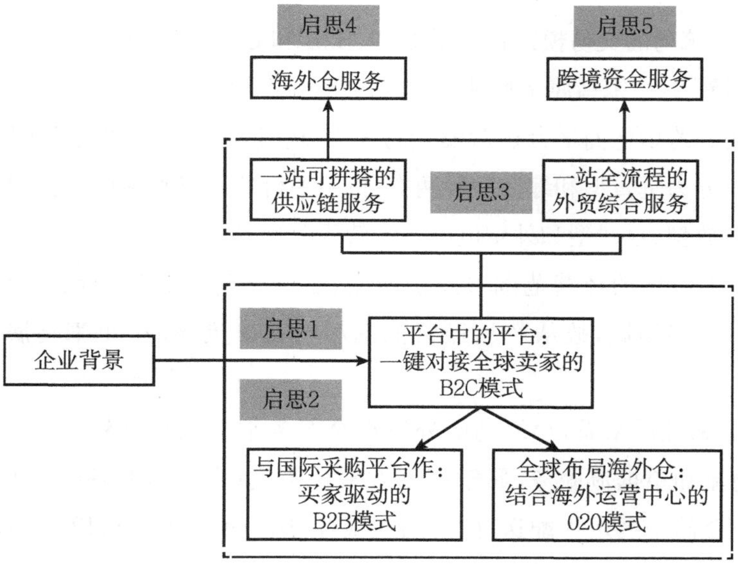

图 4　案例分析思路

（二）启发性思考题解答要点

启发性思考题 1：小笨鸟选择了怎样的跨境电商交易模式？

此题需要用到跨境电商交易模式的知识点。对出口跨境电商企业，交易模式主要有B2B、B2C和O2O三种交易模式。但无论B2C、B2B还是O2O模式，没有一种交易模式能够全覆盖企业的各种要求。本案例中，小笨鸟跨境电商平台从整合出发，通过电商模式的整合、境内境外的整合和线上线下的整合，为客户提供一站拼接式供应链服务、全流程的外贸综合服务、跨境电商的出海服务以及相关技术服务，以期打造出真正符合需求的电商生态圈模式。具体来讲：

(1)B2C模式。即跨境电商网络零售模式。小笨鸟依靠自主开发的专利技术，实现了平台间的整合，与45个国家的当地跨境电商平台实现了无缝对接，使小笨鸟成为独特的“平台中的平台”，让中小企业借助小笨鸟一个平台对接全球的电商平台，进而将产品卖给国外的消费者。

(2)B2B模式。即厂商的对外贸易模式。与常见的B2B信息撮合平台和交易平台不同，小笨鸟采用的是买家驱动模式。即小笨鸟直接从国外获取采购订单，而后通过平台向国内企业提供采购招标信息。

(3)O2O模式。即线上线下相结合模式。小笨鸟在海外运营中心为国外消费者提供展示、体验服务，消费者可以网上下单，而后货物直接从海外仓运出，利用本地配送服务直接将产品送到消费者手中。

总体来讲，小笨鸟的交易模式包括了B2C、B2B和O2O三种类型。

启发性思考题2：小笨鸟属于哪种类型的跨境电商平台？

此题需要用到跨境电商平台运营模式的知识点。按照所经营产品范围及行业分类，跨境电商平台可以分为垂直型和综合型等两类；按照平台的功能和性质分类，跨境电商平台可以分为第三方开放型、自建型和外贸电商代运营服务型等三类。

本案例中，小笨鸟的经营范围涉及快消品、服饰鞋包、家居百货、户外用品、3C数码配件、美妆个护等多领域，故从产品经营范围和行业跨度来看，小笨鸟属于综合型平台模式。

从平台功能和性质来看，小笨鸟的外贸综合服务平台能够为外贸企业的自主交易提供资金流、货物流和单据流服务，属于第三方平台模式；小笨鸟的供应链服务平台能为企业提供“平台＋仓储＋展示＋配送”的一站式服务，属于第三方平台模式；小笨鸟还以电子商务服务商的身份，为国内企业提供全方位的出海服务及一站式解决方案，属于代运营模式。

启发性思考题3：试说明小笨鸟平台采用一站式解决方案应对跨境电商问题有哪些好处。

此题需要用到整体解决方案的知识点。本案例中，小笨鸟为跨境电商提供的供应链服务及外贸服务均采用的是整体解决方案的思路，即在一个平台中汇总且一并解决几乎所有的跨境电商问题，为企业提供“一站式”服务。这种一站式解决方案，对方案接受者和方案提供者均有好处。具体来讲：

对方案接受者来说：一站式的解决方案可以将进出口过程中所有问题一次性解决，便捷高效，省时省钱。例如，小笨鸟的客户 A 企业在小笨鸟的帮助下快速解决了以往在通关、物流、退换货等方面的问题，不仅降低了其时间和物流成本，还可提升客户的购物体验。此外，由于解决方案出自一个提供商，一旦出现某些问题，也能及时追责，并进行精准补救，避免部分问题导致整个方案失效。

对方案提供者来说：一站式的进出口服务模式，首先可以整合企业和相关政府部门的资源、简化客户进出口流程，提高了解决问题的效率。当然，整体解决方案还能提高客户的满意度与忠诚度，其关键在于保证了解决问题的品质。例如，苏州的服饰工厂，由于之前一直找小笨鸟办理出口和退税业务，在遇到采购资金问题时第一时间便想到小笨鸟。小笨鸟也针对企业的问题，不仅为其垫付了采购原料的款项，还帮助其找到了新的供应商。最后，整体解决方案要求方案提供者不断全面发展，而小笨鸟平台不仅向企业提供传统的供应链、外贸服务，还向企业提供全方位的资金服务、跨境电商出海服务以及相关技术服务，真正为跨境企业提供高效便捷的一体化外贸综合服务。

启发性思考题 4：小笨鸟平台的海外仓与亚马逊 FBA 仓相比有哪些好处？

此题主要考查跨境电商海外仓与亚马逊 FBA 仓之间的比较。在本案例中，佛山某贸易公司 Y 之前一直使用亚马逊的 FBA 仓，但由于企业主营体积较大的家居产品，导致其使用 FBA 的物流仓储成本很高，同时亚马逊平台提供的退货等增值服务也使得企业成本居高不下。在使用了小笨鸟的海外仓服务后，企业不仅可以享受小笨鸟提供的通关协助服务（亚马逊 FBA 仓不提供通关服务），还可以将货物提前运至海外仓，企业的订单处理速度得到提高，从下单到收货仅需 2 至 3 天，顾客体验提升，老客户人数也快速增长。同时，借助小笨鸟的智能化仓库管理系统，企业还能实时管理货品库存情况，这都使得企业的物流费用和时间成本大大降低。此外，与 FBA 相比，海外仓还具备安全的储存支配，不必担心因为平台封号导致货物被封、被退、被销毁等情况。

本案例中，小笨鸟海外仓覆盖了美国、英国、德国、希腊、澳大利亚、巴林等国家，且支持亚马逊、易贝、Overstock、Wayfair 等多平台、多种模式发货，为国内卖家拓展国际市场提供有力的支持。此外，针对海外仓滞销库存及本土化挑战的痛点，小笨鸟还在美国、英国、俄罗斯、澳大利亚、巴林等国家设立了海外运营中心。运营中心集展示、体验、销售、售后服务等功能为一体，通过当地的专业运营人员，进行本土化营销，使中国商品能够更好地融入当地的环境和市场。海外消费者在店面体验了商品之后可以在网上下单，货物直接从海外仓运出送到消费者手中。

启发性思考题5：试总结小笨鸟在跨境资金服务方面的特点。

本案例主要考查跨境电商平台资金服务的知识点。跨境电商平台提供的资金服务通常包括融资服务和结算服务两方面。

在融资服务方面，本案例中，小笨鸟针对企业在备货采购、生产经营、应收货款以及出口退税等外贸环节遇到的一系列资金难题，为其提供多样化的融资服务，帮助企业最大化利用产能，赢得订单，提升效率。比如：针对海外买家赊账问题，小笨鸟不仅帮助企业对买家进行风险评估，并为其投保，在亟需尾款周转时还为企业先行垫付，缓解其资金周转难题；针对原材料上涨导致企业采购资金不足的问题，小笨鸟不仅为企业寻找新的供应商，还帮助企业垫付了采购原料的款项；针对企业经营贷款难的问题，小笨鸟不仅为其重新设计融资方案，还通过合作的金融机构为企业解决融资难题。此外，小笨鸟积极与中国的进出口银行的国际金融部共同打造贸易贷产品，帮助解决中小企业融资难和融资贵的问题。

跨境电商卖家对外贸资金服务需求除了融资外，还有结算支付方面的需求。本案例中，小笨鸟对支付工具做了相应整合，为企业提供定期自动财务结算，跨境人民币结算、快速回流资金、零汇兑损失、结汇无额度限制等服务。此外，借助自建的数字化平台，小笨鸟与海外所有支付平台完成对接，同时打通ERP和供应链，帮卖家汇总三单信息并自动同步到上述支付平台，还可以提供信息给支付公司进行数据管理。

六、教学组织方式

案例授课的形式面向的学生人数不宜过多，应尽量控制在20至30人，可以分成5个小组，每组4—6人。为保证小组成员之间能够相互看到和听到，教室桌椅可布置为封闭环形。教室内应具有电脑、投影仪、黑板、粉笔等教具设备。此外，教师可在课前提醒学生做好课前准备工作，如熟悉案例，登录小笨鸟平台体验其旗下的跨境电商平台服务，浏览其他跨境电商综合服务平台网站等，提前了解跨境电商综合服务平台的环境，以便学生能在课堂上更好地参与到案例讨论之中。

（一）课时分配

案例回归与概述（5分钟）：课程最开始主要介绍案例背景和回顾案例内容，帮助学生厘清案例思路，明确案例主题。

提出问题并分组讨论(20 分钟)：本环节教师需要结合板书与讲解，向学生提出启发性思考题，然后分小组讨论并形成组内答案。

小组汇报结合教师引导(50 分钟)：针对每一道启发性思考题，教师随机选择一个小组进行回答，其他小组进行补充回答。同时，教师需要结合多媒体和板书，对学生的回答加以引导，形成最终的答案。

案例评价与总结(10 分钟)：教师对启发性思考题的知识点进行梳理，对整个案例教学过程进行评价，让学生总结心得体会。

灵活时间(5 分钟)：教师回答学生提出的一些其他问题。

(二) 板书设计

启发性思考题 1：小笨鸟选择了怎样的跨境电商交易模式？

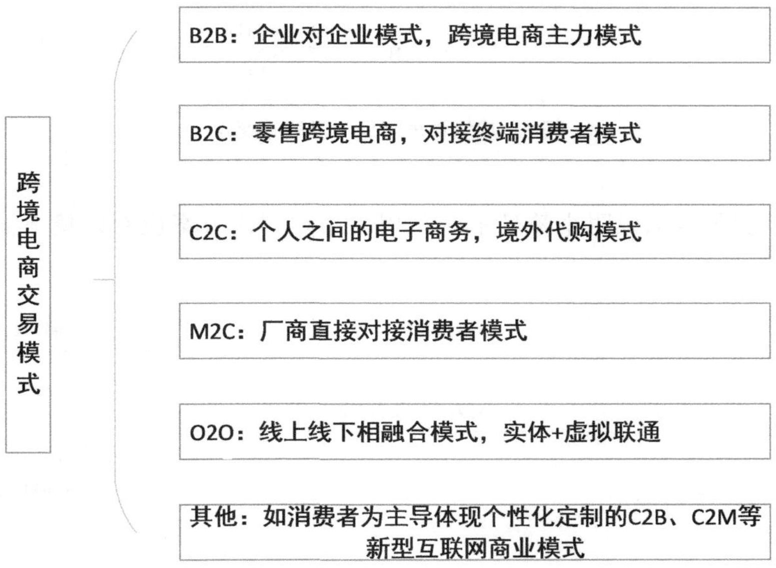

图 5　启发性思考题 1 及解答要点

启发性思考题 2：小笨鸟属于哪种类型的跨境电商平台？

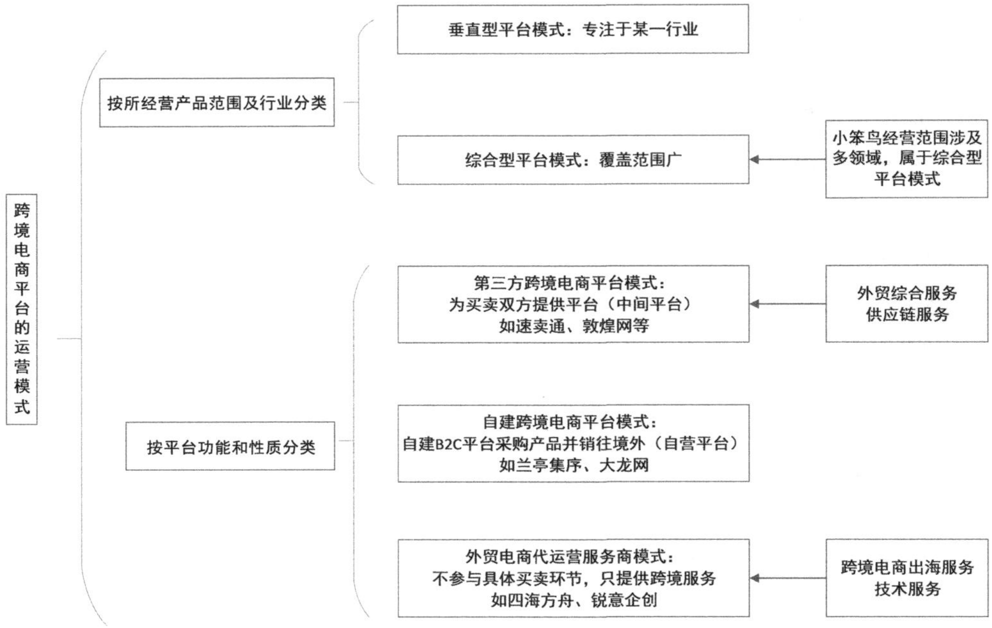

图 6　启发性思考题 2 及解答要点

启发性思考题 3：试说明小笨鸟平台采用一站式解决方案应对跨境电商问题有哪些好处。

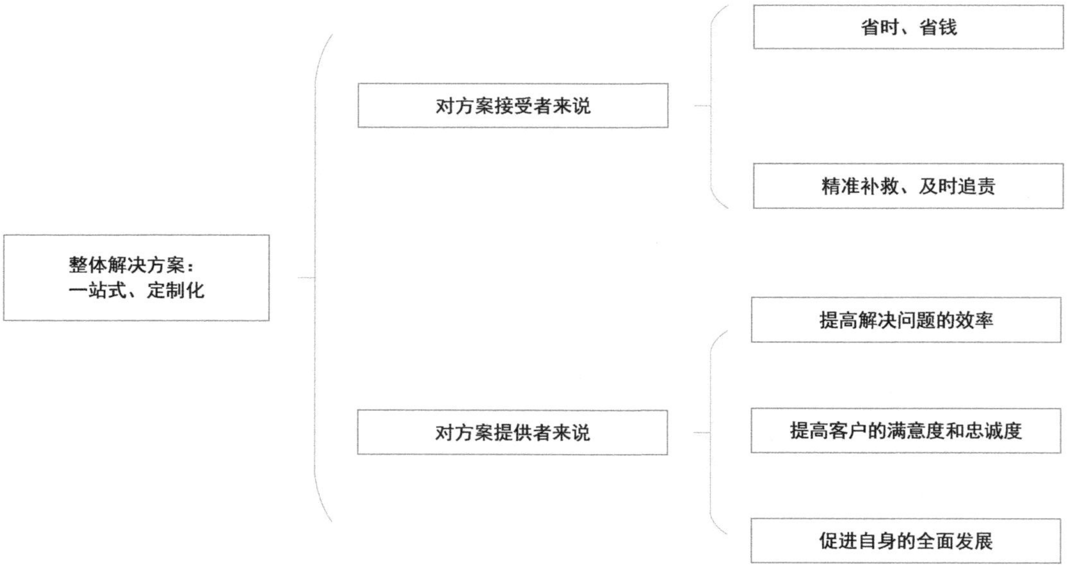

图 7　启发性思考题 3 及解答要点

启发性思考题 4：小笨鸟平台的海外仓与亚马逊 FBA 仓相比有哪些好处？

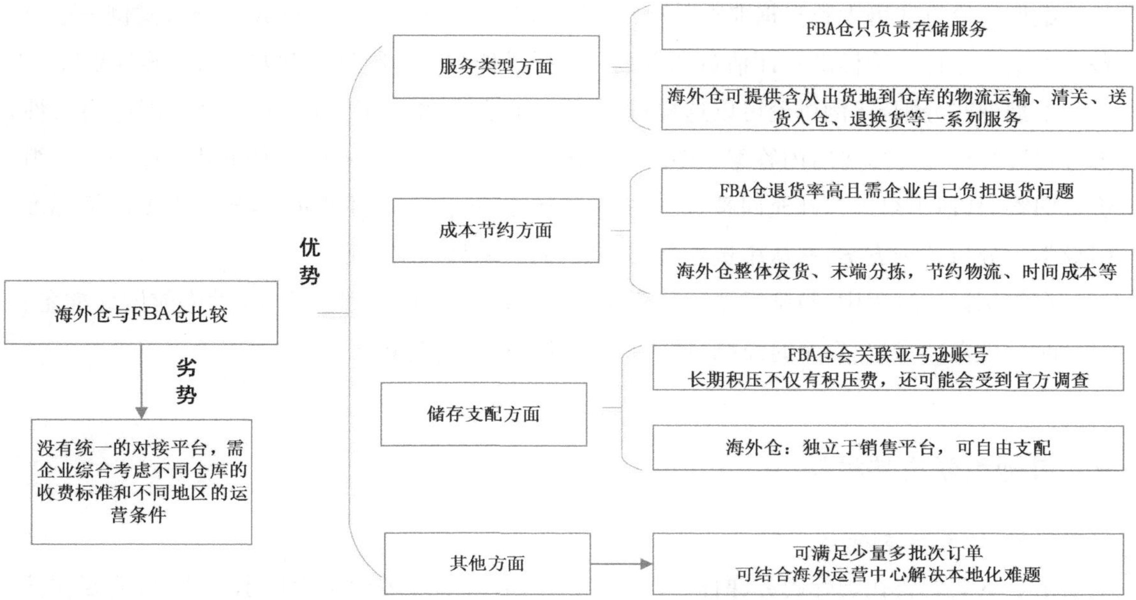

图 8　启发性思考题 4 及解答要点

启发性思考题 5：试总结小笨鸟在跨境资金服务方面的特点。

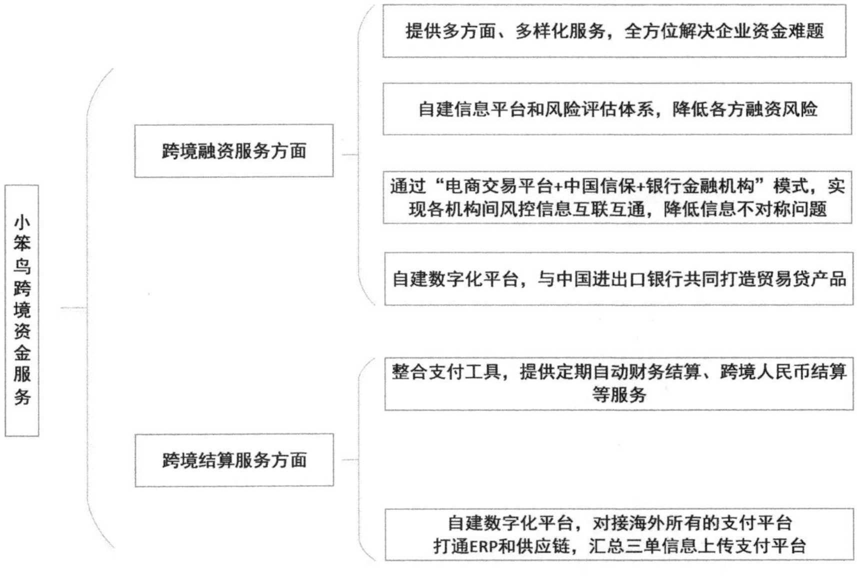

图 9　启发性思考题 5 及解答要点

（三）讨论方式

案例讨论方式可大致根据典型的决策模型的思路展开，即“识别问题—分析案例—形成备选方案—选择决策标准—评估备选方案—选择最佳方案—制订行动方案与实施计划”。

根据课时分配，案例讨论可以这样进行：在提出问题和小组讨论环节，小组围绕启发性思考题进行讨论并形成组内答案；在小组汇报环节，对每一道问题，教师随机选择一个小组进行回答，其他小组进行补充回答，形成多种备选方案；在教师引导环节，教师根据决策标准引导学生分析备选方案，并从中选择首选方案，而后制订行动计划。

在案例讨论过程中，教师需要引导学生形成良好的讨论习惯。比如，讨论前做好准备、讨论时积极发言、讨论后及时总结，敢于提出不同意见，避免盲从。

七、其他教学支持材料

（一）计算机支持

由于本案例将在国际商务课程中当作讨论资料使用，需要向学生展示。所以，需要在计算机中安装 PPT 等软件。

（二）网络支持

本案例中提到的跨境电子商务案例，需要学生使用互联网，通过登录企业平台和相关论坛、社交网站了解实务现状。

案例 14

钢铁电商欧冶云商的跨境电商探索

摘　要：本案例描述了钢铁电商欧冶云商紧密结合钢铁及钢铁行业的特点，在钢铁行业产能严重过剩催生传统钢铁制造企业转型发展的背景下，打造集交易、物流、行业资讯、大数据、专业知识等综合服务为一体的第三方产业互联网平台，并在此基础上探索跨境电商领域探索的发展历程。在面临诸多困难和挑战的情况下，欧冶决定通过拓展平台功能，构建钢铁电商生态圈，逐渐探索钢铁全产业链 B2B 跨境电商的生态化模式。

关键词：B2B 跨境电商；商业模式创新；钢铁全产业链；生态圈

Abstract: This case describes the development of Ouyeel, a steel e-commerce platform. Under the background of the transformation and development of traditional steel manufacturing enterprises due to the serious overcapacity in the steel industry, Ouyeel tightly seizes the characteristics of steel and steel industry to explore the cross-border e-commerce field, then build a third-party industry Internet platform that integrates comprehensive services such as trading, logistics, industry information, big data and professional knowledge. Facing numerous difficulties and challenges, Ouyeel decides to build a steel e-commerce ecosystem by expanding platform functions. Gradually, Ouyeel explores the ecological model of the B2B cross-border e-commerce in the entire steel industry chain.

Keywords: B2B cross-border; business model innovation; entire steel industry chain; ecosystem

一、引　言

“互联网＋”战略的提出推动了电子商务与实体经济的融合。尤其，对于标准化程度较高的钢铁行业，发展电子商务的内生动力和创新能力日益增强。2015 年 2 月，宝武集团整合原有大宗商品电子商务优质资源成立了欧冶云商股份有限公司（以下简称“欧冶云商”），力求依托互联网、物联网、大数据、移动互联等全新技术手段，打造集交易、物流、加工、资讯、数据、技术等服务为一体的第三方生态服务体系。

在钢铁行业持续调整，面临去产能的巨大压力下，向海外拓展成为供给侧改革的一种思路。因此，在一年多电商业务开拓的基础上，2016 年 3 月 30 日，欧冶云商推出“欧冶国际”板块，正式进军跨境电商领域。随着“一带一路”倡议的推进，欧冶云商在“连点成线、连线成网”的思路下逐步进行海外布局，不仅在东南亚、南亚、非洲、欧洲等地区设有海外仓，还秉承“结伴出海，创造价值”的理念，在新加坡成立了海外区域总部，在泰国、越南、老挝等国家成立了属地平台公司，积极打造跨境电商和全球供应链。

二、相关背景

欧冶云商秉承“共建、共享、值得信赖”的发展理念，坚持以客户为中心，通过整合钢铁产业链各方资源，打造集交易、物流、行业资讯、大数据、专业知识等综合服务为一体的第三方产业互联网平台，积极推进智慧产业链创新与实践，在平台型产业链服务创新方面走出了一条特色之路。

欧冶云商从成立之初便强调钢铁生态圈的建立。在生态圈概念之下，欧冶云商搭建了欧冶电商、欧冶资源、欧冶采购、欧冶化工宝、欧冶循环宝和欧冶国际等六大电商交易平台，形成了欧冶物流、欧冶加工、欧冶金融、欧冶数据、欧冶技术（欧冶材料）和欧冶咨询等六大支撑服务平台，构建了包括原材料供应商、钢厂、加工商、仓储商、物流商、金融机构、贸易商、零售商、终端用户等的商业生态系统（如图 1 所示）。

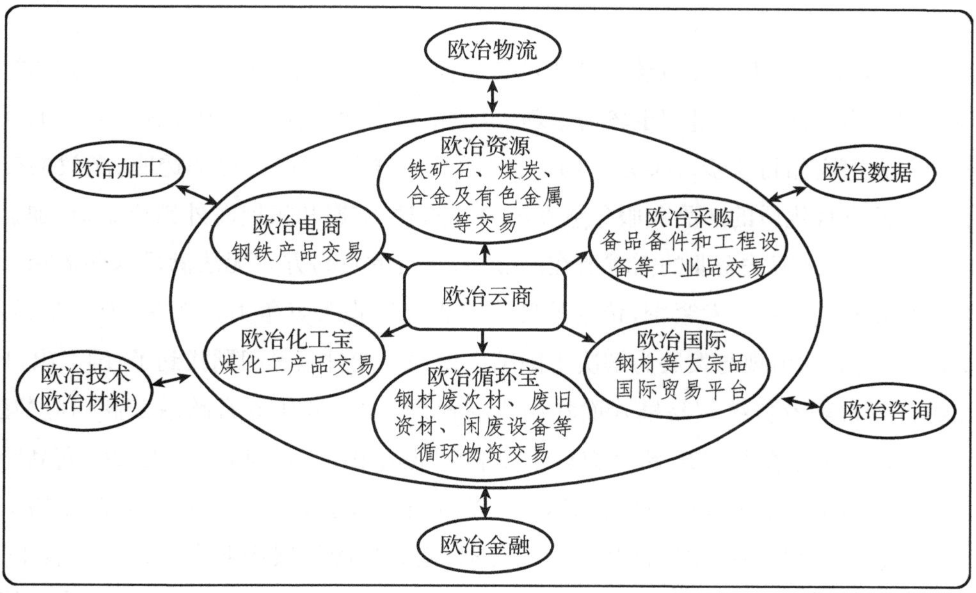

图 1 欧冶云商生态圈

此外，为解决旗下各平台业务割裂的问题，欧冶对平台体系进行了重构，实现了架构统一、数据统一、界面统一、登录统一和验证统一。在平台统一的基础上，形成了欧冶联邦、欧冶仓帮、欧冶运帮、欧冶商帮、欧冶建帮、欧冶寄托、绿融等具有代表性的重点产品，依托这些产品进一步赋能于各平台，同时打通各业务线，实现资源共享、协作共赢，使平台更具有协作性，实现欧冶生态圈业务点网状连接。

目前，欧冶云商已形成多品种、跨区域的大宗商品市场服务架构，产业供应链覆盖原燃料、矿石、钢材、家电、汽车、造船等多个产业领域，贯穿采购生产、销售、加工、物流等各环节，实现了为产业链用户提供综合解决方案的能力，形成全产业链、四流合一(合同流、资金流、货物流和发票流)的大宗商品市场服务基础。同时，专业、多层次的风险控制手段，有效确保全流程交易和服务的真实、安全，并可以针对不同客户群体形成定制化的服务产品，满足多样化的客户需求。

三、欧冶探索“B2B 跨境电商”领域

钢铁行业的矛盾已经从供不应求逐渐变为了供大于求，企业销售压力与日俱增，销售思路亟需改变。而在市场机制的作用下，钢铁制造端的利润空间也越来越少。若要找寻新思路、挖掘新的利润点，就要补上传统钢铁企业的“短板”，这就迫使钢铁企业将眼光放到海外

市场上。

以往，钢材出口的主流交易模式是通过贸易商等渠道、采用传统电子邮件的方式完成，交易环节的透明度低，交易过程也较为繁琐，也使得很多钢铁企业与国外客户之间的联系不紧密。随着大宗商品行业步入买方市场，买家话语权增强，对通过更加透明、高效的交易方式找到更为便宜且优质的产品和服务愈发渴求。同时，掌握和拓展海外销售渠道、加强与终端客户的联系，也是钢铁企业的需求所在。显然，传统的贸易方式无法满足这些需求。随着世界经济与互联网联系愈发紧密，传统外贸模式也逐渐丧失竞争力。在“一带一路”倡议的推动下，跨境电商的出现与发展为解决中国国内钢铁产能过剩等问题找到了“网上出口”。

在经济新常态及传统贸易模式面临淘汰的背景下，2016 年 6 月欧冶云商响应“互联网+”号召，推出了大宗商品 B2B 跨境交易服务平台“欧冶国际”，开启了探索大宗商品跨境电商的新旅程。由于欧冶云商的特殊背景，宝武集团在钢铁技术、人才、资金以及战略上的支持，是欧冶国际平台的独特发展优势。在此之前，宝武集团发展产业供应链已经有 17 年历史，是国内最早涉足 B2B 领域的钢铁企业。2000 年投资成立东方钢铁，2006 年成立第二方电子交易平台宝时达，2013 年成立了上海钢铁交易中心，开始向第三方平台转型。

通过经验总结和融合创新，欧冶国际致力于建设以钢铁为核心交易产品的全球化、社会化、多元化的 B2B 跨境电商平台。在助力实体经济转型升级的同时，借助海外仓和海外属地化平台及资源，通过线上线下联动、国内国外联动，汇聚国内外询单需求，积极寻源，为境内外用户提供一站式、全流程、全品类的跨境电商交易服务体验，达成共建、共享智慧解决方案的目标。

四、聚焦“钢铁全品类和全产业链”

随着工业制造业 B2B 电商平台的出现，越来越多企业将目光投向这个领域。考虑到大宗商品和工业品等商品本身的性质(如交易规模庞大、多用于工业用途)与一般消费品存在较大区别，多数电商平台选择专注于某一品类的商品，比较具有代表性的如找钢网等“找 X”系列平台。而随着互联网大数据时代的到来，这些电商平台的盈利模式也不仅局限在撮合交易(即平台本身不生产或提供钢材，仅作为第三方促进买卖双方的交易)。凭借免费撮合交易聚集的大量上下游商家，利用大数据技术分析交易订单并对交易记录、交易行为等进行深度挖掘，一些电商平台延伸出了采购、销售、物流仓储、供应链金融等全产业链增值服务。

钢铁行业作为重要的中游行业，上游承载有色金属、电力和煤炭行业，下游衔接机械、汽车、船舶、房地产、家电及轻工等行业。不管是炼铁、炼钢、轧钢等生产环节，还是流通中以吨计算的各种钢材，都让钢铁行业有了“傻大粗黑”的印象。但与笨重外表不符的是，在国内大宗商品电商交易中，钢铁电商一直走在行业探索的前列。在庞大的国外市场和海量的客户资源的吸引下，国内一些钢铁企业也开始试水跨境电商。比如，作为依托上市公司上海钢联的钢铁电商平台，钢银凭借 mysteel 庞大的海外客户群体，开展了跨境的撮合交易。欧冶云商则通过自建跨境交易平台的方式开始了对跨境电商领域的探索。通过国际化电商平台将国际贸易所需资源进行整合，经由一系列的国际贸易行为，形成贸易闭环，整合协同，提升资源配置效率，共建共享智慧解决方案，也是欧冶打造“欧冶国际”的初衷。

考虑到平台类型的定位对跨境电商的重要意义，在深刻分析自身基础和大宗商品性质的基础上，欧冶定位做钢铁全品类全产业链跨境电商。目前，“欧冶国际”平台聚焦钢铁产品，拓展相关多元产品及大宗商品，向用户提供询价、报价、多方比价、合同签约等业务操作平台，并根据买卖双方谈判过程的不同业务需要，嵌入信用保险、海运物流、仓储加工、单证制作等增值服务，为国内外买卖双方提供良好沟通体验，降低贸易业务门槛。这种针对钢铁行业做全面深入研究的电商平台，不仅能够充分挖掘这一行业的特色和潜力，还能最大限度地发挥自身的优势，为客户提供更加精准合适的服务。除了经营钢铁全品类产品，欧冶国际将覆盖从上游到下游的整个钢铁产业链。这种全产业链思维不仅能够汇聚各方优质资源，促使产业链上、中、下游企业与各合作方互联互通，通过优势互补实现互利共赢的局面，还能形成庞大的产业集群，通过不断扩大经营规模，积累优势，提高企业在国际上的议价能力的同时，提升钢铁产业在全球价值链中的地位。此外，通过整合产业链上的各个环节，也能使得欧冶更好地去协调供需、管理中间流程、降低交易成本，提升整个产业链的运行效率，也能进一步提高企业的国际竞争力。

五、面临跨境业务经营难题

由于相比较于国内巨大的钢材贸易规模，国际市场的需求虽然诱人，但其开发难度远大于国内市场。所以，不同于消费品行业跨境电商的火热，作为大宗商品的钢铁行业在跨境电商领域的探索仍处于起步阶段。目前，国内钢铁电商交易平台有百余家，但涉足跨境业务的除了欧冶云商以外，仅有钢银、中钢网、找钢网等少数几家。究其原因，主要是由于钢铁等大宗商品的自身特性与一般消费品存在较大不同，难以像消费品一样快速与互联网融合。首先，物流环节是制约钢铁电商平台开展跨境业务的瓶颈之一。对不论外形、重量还是数量都十分庞大的钢铁产品来说，具有完备的现代物流仓储体系就显得尤为关键。物流布局不合理、信息化水平较低、运输仓储等环节技术水平不足等都会造成钢铁跨境物流费用较高，进而影响钢铁企业的国际竞争力。其次，跨境结算和融资等金融问题也是制约钢铁跨境电商平台发展的关键瓶颈。一是钢铁交易金额规模很大，买卖双方对资金往来的要求也很高，例如支付的安全问题、支付和结汇的方式等都制约着钢铁跨境贸易的发展；二是钢铁等大宗产品和工业品的资金占用量大、周转时间长，加之钢铁产能严重过剩导致整个市场状态低迷，金融对钢铁产业支持力度不足，融资难问题也成为限制钢铁跨境电商发展的关键问题。最后，对钢铁等大宗商品的价格波动幅度较大，风险管控机制相对复杂，需要更加重视信用体系的建设。此外，消费习惯、文化阻隔、宗教信仰、品牌滞后及法律法规差异等诸多因素也会影响跨境交易的意愿及营销效果，这都可能导致钢铁电商在跨境上的“水土不服”。由此可以看出，一般消费品的电商经营无法直接复制应用到钢铁跨境电商领域。目前，欧冶云商在国内已经形成了相对稳定的供应链格局，跨境电商平台的完善也将会是一个循序渐进的过程。因此，研究和借鉴成熟平台经验、不断学习相关知识、思考如何经营好欧冶国际平台是欧冶当前需要解决的难题。

六、构建钢铁电商生态圈

随着数据、云计算等信息技术的快速发展和 B2B 产业服务的不断延伸，仅向客户简单地提供信息发布、撮合交易等服务已远远不够。当前，B2B 电商平台的最大价值在于“赋能制造企业”。一个有生命力的电商平台应积极利用互联网技术构建电商生态圈，为企业提供包括采购、销售、加工、仓储物流、金融信贷等全方位服务。为此，欧冶成立之初便决定借助互联网技术整合全球资源，拓展产业链上下游，打造一个全新、高效、安全的钢铁生态圈。通过生态化战略不仅撮合钢铁及相关大宗商品企业进行交易，更通过汇聚全球优质资源，让国内钢铁企业能够享受一流服务和全方位的转型升级支持。钢铁电商生态圈的建设不仅符合钢铁等大宗商品的特点，为企业提供全方位服务的同时，更能很好地承载钢铁全品类和全产业链的平台定位，推动产业链内各经济体形成统一的利益共同体，提高整个系统的运作效率，节省成本、拓展市场，提升企业的国际竞争力。

在跨境金融方面，2020 年欧冶自主开发的跨境贸易金融服务平台 EFFITRADE 正式上线。作为商品跨境贸易结算的线上化平台，EFFITRADE 平台与境内外银行进行直联打通，为跨境结算各参与方提供信息单据数字化发送、验证和处理等区块链技术服务，可以极大提升跨境贸易效率、加速资金周转。通过区块链数字化技术的应用，实现数据共享无篡改，业务交互可追溯，帮助企业实现降本增效。同时，该平台整合了跨境业务的有效数据，集结算、融资、物流多场景于一体，为参与各方重筑可信体系，加速跨境贸易数字化进程。此外，为提高服务质量，2021 年 11 月，欧冶与渣打银行（中国）有限公司达成合作，通过全面加强银企合作，为平台内中小型客户提供定制化的融资服务。通过与国际金融机构合作，欧冶还可以为国内钢铁企业向跨境贸易电子商务化转型过程提供高效、稳定、透明的金融服务。未来，欧冶将继续联合跨境贸易上下游企业、国内外有竞争力的银行等金融机构，全面打通海关、港口、船务公司等供应链节点，整合钢铁及相关产品进出口全流程，搭建集跨境贸易结算、融资、航运等多功能于一体的贸易金融体系。在国际贸易和结算融资参与方之间实现高效快捷的数字化交互，并紧跟人民币国际化趋势，积极发掘跨境贸易中新的业务场景，助力跨境贸易的电子化、数字化，不断提升跨境贸易便利化水平。

在跨境物流方面，欧冶利用“跨境电商＋海外仓”模式，为海外买家提供一站式采购方案，为中国钢铁企业提供综合的出口解决方案。在重点市场布局海外仓，解决钢铁电商物流环节“最后一公里”问题，可以提高物流响应速度的同时，还能降低钢铁运输的成本，进而提高企业的国际竞争力。为保证服务质量，欧冶还与普洛斯等国际指明物流企业达成战略合作伙伴关系。普洛斯作为物流设施解决方案提供商，不仅可以为欧冶提供国内外丰富的仓储物流设施资源，提高欧冶的物流仓储的管理效率，还能为国内传统钢铁企业存量资产转型升级提供支撑。此外，欧冶还构建了欧冶智慧仓库，立足钢铁生态圈，通过云仓线上预约、库内物联感知技术的应用，使得仓库业务流程化、标准化、可追溯，线上线下高度融合，为生态圈合作伙伴提供高质量的仓储服务。智慧仓库形成的智慧服务可以充分实现贸易商、终端用户、物流商和金融机构等生态圈参与者的价值共创、和谐共生、利益共享，优化生态圈资源配置。

此外，欧冶还通过在东南亚重点国家设立海外分公司和属地平台型公司的方式，实现落地的“属地化”经营。这种经营方式不仅可以通过雇佣当地劳动力降低企业成本，还可以提高企业在东道国的影响力，赢得当地民众和相关方的认同及好感，还能随着属地化的持续推进减少企业对外沟通障碍，降低因文化消费、宗教信仰、法律法规等方面的差异对跨境贸易发展的影响。

七、结束语

在“互联网＋”“一带一路”及“中国制造 2025”的政策支持与钢铁行业亟待转型的背景下，欧冶云商紧密结合钢铁等大宗商品的自身特点，推出聚焦钢铁全品类和全产业链的 B2B 跨境电商平台，致力于以互联网技术整合全球资源，打造一个全新、高效、安全的国际钢铁电商生态圈。未来，欧冶云商作为钢铁等大宗商品交易的服务者、基础设施的提供者和信用体系的构建者，将持续提升全品类、全流程、全业务、全场景服务能力，建设平台化、智慧化、生态化基础设施，构建多维度、数据化、可视化信用体系，打造产业互联网科技公司，构筑更具活力的大宗商品共享服务生态圈。

参考文献

[1] 郭海玲，张雄涛."一带一路"战略背景下我国钢铁跨境电商发展研究[J].云南开放大学学报，2017(1):45-49.

[2] 胡岗岚.平台型电子商务生态系统及其自组织机理研究[D].上海:复旦大学，2010.

[3] 王子越.全产业链跨境电商生态系统构建研究:基于浙江聚贸的案例分析[D].杭州:浙江大学，2017.

案例 14　使用说明

一、教学目的与用途

本案例主要是为国际商务课程撰写，也可供电子商务、国际贸易等课程使用。本案例为学生介绍了一个具有传统钢铁企业背景的钢铁电商企业的创立与发展过程及其遇到的机遇与挑战。通过对这一案例的学习，可以增强学生对特定行业类电商平台的理论分析能力，引导学生自主思考并激发相应的创新思维。

（一）适用课程

本案例适用于国际商务课程、电子商务课程，也可作为国际贸易课程的辅助案例。

（二）适用对象

本案例难度适中，使用对象包括国际商务专业硕士研究生、高年级国际贸易专业本科生和电子商务专业本科生。

（三）教学目标

1. 知识传授

通过本案例的教学，学生应掌握以下知识，并能够将相关理论运用到实践中。第一，通过欧冶云商进入“钢铁跨境电商”领域，让学生了解跨境电商的交易模式；第二，通过欧冶云商的平台定位，学生可以学习跨境电商平台的类型；第三，了解欧冶跨境电商平台定位的优势，掌握互联网平台中的经济学效应；第四，通过全文学习把握欧冶云商的整体情况，学习商业模式六要素的知识点，了解欧冶的商业模式的创新；第五，通过阐述欧冶平台的经营理念和经营过程中面临的困难挑战及其应对方法，引导学生对电商生态系统知识点的理解与掌握，了解生态系统的基本架构。

2. 能力训练

通过本案例的学习，学生能够掌握跨境电商及平台经济学相关基础知识；培养学生运用相关理论知识分析实际问题的能力；培养学生针对本案例中企业的经营问题进行思考，增强学生提出针对性解决方案的能力。

3. 观念更新

通过本案例的学习，学生能够对跨境电商的平台类型和交易模式有基本了解；对商业模式六要素及商业模式创新有更深入的认识；对钢铁全品类和全产业链跨境电商的独特之处有所了解；对电商生态系统的概念有所了解。

二、启发性思考题

1. 欧冶云商选择了哪种跨境电商交易模式？

2. 欧冶国际属于哪种类型的跨境电商平台？

3. 欧冶国际平台定位有哪些好处？

4. 试说明欧冶云商商业模式的创新体现在哪些方面。

5. 试从生态系统构成现状的角度分析未来欧冶可能面临的困难与挑战，并尝试提出可能有哪些解决方案。

三、案例分析背景

(一) 制度背景

2014 年 11 月，中国政府在首届世界互联网络大会上提出，互联网是大众创业、万众创新的新工具。其中“大众创业、万众创新”也是该年政府工作报告中的重要主题，被称作中国经济体质增效升级的“新引擎”。

2015 年 3 月 5 日，十二届全国人大三次会议上的政府工作报告中首次提出“互联网＋”行动计划，指出制定“互联网＋”行动计划，推动移动互联网、云计算、大数据、物联网等与现代制造业结合，促进电子商务、工业互联网和互联网金融健康发展，引导互联网企业拓展国际市场。

随后，“互联网＋”的概念引发社会各行各业的热烈讨论和广泛关注，并逐渐推动了社会的变革。“互联网”思维与传统对外贸易的结合，诞生了“互联网＋外贸”的概念，并推动了我国跨境电子商务的快速发展。

2015 年 3 月 7 日，为适应新型商业模式发展的要求，通过制度创新、管理创新、服务创新和协同发展，破解跨境电子商务发展中的深层次矛盾和体制性难题，实现跨境电子商务自由化、便利化、规范化发展，国务院在杭州设立了我国首个跨境电子商务综合实验区。

2015 年 6 月 10 日，国务院常务会议指出，促进跨境电子商务健康快速发展，用“互联网十外贸”实现优进优出，有利于扩大消费、推动开放型经济发展升级、打造新的经济增长点。随后，6 月 20 日国务院办公厅印发《关于促进跨境电子商务健康快速发展的指导意见》，旨在支持和帮助传统外贸企业借助互联网的渠道实现转型升级。

2015 年 12 月，商务部明确表示将总结并尽快向全国复制推广中国(杭州)综合实验区的成功经验，并指出要把做大做强 B2B 作为主攻方向，把促进产业发展作为工作重点。随后，国务院于 2016 年 1 月、2018 年 7 月、2019 年 12 月和 2020 年 5 月相继批复设立了 5 批跨境电商综试区，旨在鼓励跨境电子商务交易、支付、物流、通关、退税、结汇等环节的技术标准、业务流程、监管模式和信息化建设等方面探索创新、先行先试。

网经社发布的数据显示，2019 年跨境电商市场规模达 10.5 万亿元，较 2018 年增长 11.6%，渗透率为 33.3%。即便在全球外贸严重受挫的情况下，2021 年我国跨境电商市场规模仍达 14.2 万亿元，同比增长 13.6%。受益于互联网基础设施的完善、全球性物流网络的构建、强有力的政策支持推动和改革创新，我国跨境电商市场规模日益扩大，逐渐成为推动中国外贸增长的新动能。与 B2C 模式相比，B2B 模式仍是跨境电商综试区的主要发展方向，有关数据显示，出口和 B2B 的模式占到了综试区跨境电商交易额的 70%。此外，2020 年我国跨境出口 B2B 电商市场规模占总体的 68.8%，仍是未来我国跨境电商出口市场的主体。但由于 B2B 相较于 B2C 来说交易有效成交所需决策链更为复杂，决策周期更长，相关基础设施和配套服务建设难度更大，在跨境电商领域体现更甚。所以，目前跨境 B2B 的整体发展相对缓慢。

(二) 行业背景

钢铁行业是国民经济的中流砥柱，但低端产品过剩、高端产品不足，去产能、去库存、优结构是中国钢铁业的重要任务。2008 年后，中国钢铁行业“黄金期”结束。尽管之后在 4 万亿投资拉动下曾一度好转，但 2011 年后钢铁行业彻底进入微利时代。随着我国经济增速减缓和钢铁企业持续建设，钢铁行业出现明显的产能过剩并且愈发严重，2020 年全年粗钢产量甚至突破 10 亿吨，钢铁企业效益也大幅度下滑。

钢铁行业是重要的中游行业，上游承载有色金属、电力和煤炭行业，下游衔接机械、房地产、家电及轻工、汽车、船舶等行业。传统供应链“环节多”是造成钢铁业低端产能过剩的一个重要原因。但与笨重外表不符的是，在国内大宗商品电商交易中，钢铁电商一直走在行业探索的前列。

由于钢铁行业的产业链的复杂程度超乎想象，在钢铁交易中，电商平台上的线上渗透率还不到 20%。为了这不超过 20%的线上渗透率，钢铁产业互联网已经经历了很多波折。比如，在商业模式的探索上，早期钢铁企业习惯按照消费互联网的思路来看关键指标，而忽略了现金流的问题。此外，在产业互联网的探索中，困难多、压力大、见效慢。尽管如此，钢铁电商还是在产业逻辑的基础之上，走出了一条钢铁供应链的创新之路，越来越多钢铁 B2B 平台出现，大大丰富了国内大宗商品 B2B 的实践经验。

但受到国内钢铁产能管控、环保压力及沿线国家贸易保护政策的影响，中国钢铁企业充分利用自身资金和技术优势，开始将生产转移到沿线国家来获取新的市场。2013 年，"一带一路"倡议提出，其中依托于互联网技术的跨境电子商务成为国家重点关注的领域。在"一带一路"倡议的推动下，跨境电商的发展为解决我国国内钢铁生产过剩等问题找到了出口。

目前，国内涉足跨境业务的钢铁 B2B 平台仅有欧冶云商、找钢网、钢银、中钢网等少数几家。从全球范围看，针对钢铁等大宗商品跨境交易的电商平台相对较少，目前还不存在知名度较高的钢铁跨境电商平台。总体而言，目前钢铁跨境电商平台市场还是蓝海市场，发展不成熟，进入者较少，具有广阔的市场前景。

四、理论研判依据

（一）知识点一：跨境电商的交易模式

跨境电商的交易模式主要包括 B2B、B2C、C2C、M2C 以及 O2O 等模式。其中，B2B（Business-to-Business）即企业对企业模式，是企业与企业之间通过专用网络或互联网进行数据信息的传递与交换，进而开展交易活动的一种交易模式，该模式单笔交易额大，涉及的环节多，是目前我国跨境电商的主要交易形式。

B2C（Business-to-Customer）即企业对个人模式，也就是通常说的直接面对消费者销售产品和服务的商业零售模式，故又称零售跨境电商，是分属于不同关境的主体，通过互联网达成交易并支付结算，然后采用快件、小包等行邮方式将商品跨境送到消费者手中的一种交易模式，该模式因直接与顾客对接，故其交易环节相对较少。

O2O（Online-to-Offline）即线上线下相结合的模式，是将线下的商业机会与互联网相结合，利用互联网作为线下交易的前台，实现实体经济和虚拟资源的互通互用，包括"线上下单、机场提货""前店后仓""线下体验、线上购买"等模式。跨境电商 O2O 主要包括涵盖进出口的 B2C 跨境电商 O2O 和以出口为主的 B2B 电商 O2O 两种。

C2C（Customer-to-Customer）即个人对个人模式，是个人与个人之间通过互联网相互买卖商品，该模式主要通过一种境外买手入驻平台开店的方式来实现。

M2C（Manufacture-to-Customer）即厂商对个人模式，是生产厂家直接对消费者提供产品或服务的一种模式。

（二）知识点二：跨境电商平台的运营模式

1. 按照所经营产品范围及行业分类

（1）垂直型平台模式。该类平台专注于某一行业进行深度运营的商务模式，表现出“专”和“深”两个特点。其中，“专”是指集中全部力量打造专业性服务平台，主要以行业为特色，针对某一行业做全面研究；“深”是指在体现独特专业特色的同时，深入研究某一行业在服务、盈利及未来发展方向等方面的特点。简单来讲，垂直型电商平台就是针对特定领域、特定需求进行服务。

（2）综合型平台模式。该类平台不同于垂直型跨境电商针对某一行业进行服务，其所经营的产品种类多、覆盖行业广，平台资源丰富。

2. 按照平台的功能和性质分类

（1）第三方开放平台模式。该类模式的平台由买卖双方之外、独立的第三方统一构建和运营（如敦煌网、速卖通等）。作为卖家的国内外贸企业入驻平台搭建自己的店铺并发布信息，作为买家的境外消费者从平台在线查看商品的信息，选购产品等。平台作为第三方，不参与物流、支付等中间交易环节，主要通过为外贸企业的自主交易提供信息流、资金流和物流服务，并收取交易价格一定比例的佣金作为其收益。该类平台的优点是入门简单、节约成本、自带流量，缺点是同质化竞争激烈、营销方式受限、无法获取第一手数据。

（2）自建跨境电商平台模式。该类模式是企业自建外贸平台，自己联系国内供应商并买断货物，然后将产品通过自建平台销往境外，类似于在一个独立的店铺开店（如大龙网、兰亭集序等）。企业销售产品获取的利润即是其收益。该类平台的优点是不受任何平台的政策约束、可“独享客源”有效避免恶性低价竞争、可专注进行品牌建设和市场推广、可获取较高的客户忠诚度、可获取第一手数据等，缺点是有一定的入门门槛，需要自己引流提高用户留存转化等。

（3）外贸电商代运营服务商模式。该类模式是企业以电子商务服务商的身份为跨境电商中小企业提供不同服务模块，而不直接或间接参与任何电子商务的买卖过程（如四海商舟、锐意企创等）。该类企业可以为外贸企业提供一站式、全方位的电子商务解决方案，帮助其个性化定制建设独立的电子商务网站平台，主要通过赚取外贸企业的服务费获利。

（三）知识点三：互联网平台中的反馈机制

反馈是控制学中的一个基本概念，是指受控对象对施控主体的反作用。根据反馈对输出产生影响的性质，可将其分为正反馈和负反馈两种。

在传统经济学中，负反馈起决定性作用。其中，比较有代表性的理论如马歇尔提出的规模经济理论。该理论认为，随着经营规模的扩大，企业的平均成本会降低，利润水平也会上升。通过对规模报酬的进一步研究显示，企业长期平均成本曲线成倒U型，即随着企业规模的扩大，企业先呈现规模报酬递增，随后将经历规模报酬不变，再进入规模报酬递减阶段。在传统经济学理论中，经济世界遵循均衡规律，且均衡是唯一、最优的，所以任何偏离均衡的状态均会自动回归均衡状态。例如，市场均衡价格的形成便是典型的负反馈过程。

虽然在互联网平台中也存在类似规模经济效应的负反馈。但在网络经济中，正反馈起决定性作用，呈现出与传统经济不同的运营规律。1979年，复杂经济学创始人布莱恩·阿瑟开始研究正反馈效应。与传统或经典经济学以物理学的思维方式看待经济现象相比，复杂经济学更接近于生物学，把经济现象看作是生态圈，一个新物种的产生必然会对其他物种产生连环的影响，A影响了B，B又影响了C，环环相扣。阿瑟认为，规模报酬递增在新兴产业中占据支配地位。究其原因，一是先期的高投入成本将随着产品销量的增加而逐渐下降（规模报酬递增）；二是销量越高越流行的产品越容易成为行业标准，不仅对既有客户的价值更高，还能吸引越来越多的新顾客（网络效应）；三是用户习惯及产品更换带来的转换成本会让顾客形成“路径依赖”，强化企业的领先优势（市场锁定效应）。简单来说，高技术企业越是在市场占据领先地位，其品牌就越受欢迎，该公司也将在下一产品中投入更多资金，进而呈现出“强者愈强，弱者愈弱”的趋势。

正反馈机制同样适用于国际贸易领域。对要素禀赋和技术相同的国家或地区，由于历史事件正反馈作用产生的市场的锁定效应使得各国在不同的产业以及产业内不同产品或同一产品的不同生产环节进行分工，并最终形成国际贸易。由此可知，人为干预初始状态便可以通过正反馈机制提高一国产业在国际上的竞争力。尤其对高技术产业来说，一个国家的高技术产业发展水平越高，其产品成本越低、质量越高，在国际上越具有竞争力。

（四）知识点四：商业模式及其创新

1. 商业模式的概念

商业模式的概念最早起源于20世纪50年代。虽然诸多学者围绕商业模式展开了研究，但关于商业模式的概念尚没有一个统一的界定。简单来讲，商业模式是为实现客户利益最大化，对推动企业运行的内外要素进行整合，形成一个完整、高效且具有独特核心竞争力的运行系统，并通过产品和服务持续达成盈利目的的一套整体解决方案。作为一种战略和变革，商业模式把握着企业的整体方向。

商业模式真正兴起则是在20世纪90年代的互联网时代。传统企业的商业模式相对比较简单，主要通过直接向客户提供产品或服务来赚取差价。20世纪末，随着互联网与电子商务的盛行，商业模式常被用来描述电子商务的经营方法、盈利模式等。互联网改变了企业的销售形式、盈利模式及客户来源，对传统行业产生了颠覆性挑战。为了在互联网时代获得一线生机，越来越多的企业借助“互联网＋”思维对其商业模式进行转变与重塑。

2. 商业模式的六要素

(1)战略定位。战略定位是企业战略的核心，也是商业模式的起点。一个企业要想在市场中赢得胜利，首先必须明确自身的战略定位。简单来讲，定位是企业应该做什么，应该为哪些客户提供什么样的产品和服务来实现客户的价值。也就是说，明确企业定位需要弄清楚企业的业务范围、目标客户和特征产品及服务。在此基础上，弄清楚企业的竞争对手、合作伙伴、关键资源及优势等。明确定位后结合实际情况和市场需求确定合适的战略及实施方案。

(2)业务系统。业务系统是商业模式的核心，是企业与内外利益相关者之间业务活动的集合。其中，业务活动由工作流、信息流、实物流与资金流组成；确定利益相关者则需要在考虑周边整体环境、现有及可从事的业务活动、在整个价值链中的作用及如何实现共赢的基础上来确定。

(3)关键资源能力。关键资源能力是企业价值传递的桥梁，是让业务系统运转所需要的重要的资源和能力。良好的资源能力是企业顺利实施战略、提高企业效率的保障。这些资源要有价值(value)、稀缺性(rarity)、难以模仿(inimitability)且有组织性(organization)(即符合 VRIO 标准)。

(4)盈利模式。盈利模式是在给定业务系统中各价值链所有权和价值链结构已确定的前提下，企业利益相关者之间利益分配格局中企业利益的表现。即企业如何获得收入、分摊成本、赚取利润。简单来讲，就是企业的利润来源及所采用的方式方法。目前，互联网平台的类型有很多种，通过不断创新在这其中找到企业自己的赢利点及适合的方式至关重要。

(5)自由现金流结构。自由现金流结构是企业经营过程中产生的现金收入扣除现金投资后的状况，其贴现值反映了企业采用该商业模式的投资价值。不同的现金流结构反映了企业在战略定位、业务系统、关键资源能力及盈利模式等方面的差异，体现了企业商业模式的不同特征，并影响企业成长速度，决定企业投资价值的高低及其增长速度，以及企业受资本市场青睐程度。

(6)企业价值。企业价值是企业预期未来可以产生的自由现金流的贴现值，是商业模式的最终体现。企业的价值只有在整个环境中得以体现，才能形成良好的现金流和利益流，企业才能健康地运转下去。也就是说，企业价值是评判企业商业模式优劣的标准。

3. 商业模式创新

商业模式的创新是通过改变企业价值创造的基本逻辑，并将新的商业模式引入社会生产体系，进而提升顾客价值和企业竞争力的活动。既可能包括多个商业模式构成要素的变化，也可能包括要素间关系或者动力机制的变化。

（五）知识点五：电商生态系统

生态系统一词，最早是由英国生物学家罗伊·克拉伯母（Roy Clapham）提出，意指由物理因子与生物所构成的整个环境。1935 年，英国生物学家阿瑟·坦斯利（Arthur Tansley）首次提出“生态系统”的概念，指在一定的空间和时间范围内，在各种生物之间以及生物群落与其无机环境之间，通过能量流动和物质循环而相互作用的一个统一整体。他认为生态系统不仅包括有机复合体，还包括整个物理因子复合体的形成环境，生物不能脱离其环境，而是与环境形成一个自然系统。

随着对生态系统及社会组织结构认识的不断深入，人们发现人类社会的组织、运转和生物学意义上的生态系统极为类似，并将“生态系统”这一概念大量引入社会科学领域。之后，生态系统理论在越来越多的领域得到应用。1993 年，美国经济学家摩尔（Moore）首次提出了“商业生态系统”的概念，指以商业中的组织和个人的相互作用为基础的经济联合体（包括供应商、生产商、销售商、市场中介、投资商、政府、消费者等以生产商品和提供服务为中心组成的群体）。这些群体在一个商业生态系统中担当着不同的功能，各司其职，但又形成互赖、互依、共生的生态系统。在这一商业生态系统中，虽有不同的利益驱动，但身在其中的组织和个人互利共存，资源共享，注重社会、经济、环境综合效益，共同维持系统的延续和发展。

随着互联网的普及，电子商务蓬勃发展。商业生态系统理论也逐渐运用到了电子商务领域，并产生了电商生态系统（或电商生态圈等）的概念。电子商务的运营管理模式众多，其中平台型运营模式是目前发展较快也较为复杂的一种。“平台型电子商务生态系统”是指一系列关系密切的企业和组织机构，超越地理位置的界限，将互联网作为竞争和沟通环境，围绕核心的平台型电子商务企业，通过各种形式进行优势互补和资源共享，形成的一个有机的生态系统。按照定位的不同，可以将该系统中的群体分为领导种群、关键种群和支持种群三类。其中，领导种群即核心的平台型电商企业，是整个系统资源的领导者，通过提供平台及监管服务，整合和协调电商生态系统中的资源；关键种群即电子商务交易主体，包括供应商、生产商、零售商、网络交易增值服务提供商、消费者等，是生态系统中其他种群共同服务的“客户”；支持种群即网络交易必须依附的组织，如物流公司、金融机构、电信服务商及相关政府机构等。这些种群虽然不依赖于电商生态系统而生存，但可从优化的系统中获取远超依靠自身竞争力可获得的利益。

电子商务从单一网站向多物种的平台型电商生态系统进化是诸多因素共同推动的。首先，核心平台型电商企业的创建与壮大培育了新的市场环境，进而可以容纳更多种群的参与；其次，促进电子商务发展的内生力量（如各种群的繁殖与进化的需要），促使更多种群进入生态系统；再者，电子商务发展所依附的支持性因素（如利好政策、电子支付、物流等）的加入，加快了生态系统的进化繁殖，并扩大了生态系统的范围；最后，生态系统的发展促使大量增值服务商的产生，进一步改善了电子商务的生存环境。随着这些因内外生原因而产生的电子商务种群的不断丰富，生态循环也更加完善，最终实现各生态种群的共建、共生，以及在此基础上的价值创造、价值共享和共同进化。

五、案例分析思路及要点

（一）案例分析思路

欧冶云商是宝武集团整合原有大宗商品电子商务优质资源成立的第三方产业互联网平台。在现行钢铁行业及经济和政策的大背景下，欧冶云商推出“欧冶国际”平台，展开了对“钢铁 B2B 跨境电商”的探索。在了解跨境电商相关情况及钢铁等大宗商品行业性质的基础上，通过欧冶所选择的模式，引出跨境电商交易模式的知识点；通过欧冶国际平台的定位，引出跨境电商平台运营模式的知识点；通过对欧冶国际平台定位好处的了解，掌握互联网平台中的反馈机制；通过对全文的把握，思考欧冶的商业模式及创新，引出商业模式相关知识点；结合欧冶的现状，思考未来欧冶发展跨境电商业务中可能遇到的困难和挑战，并提出可能的解决方案（如图 2 所示）。

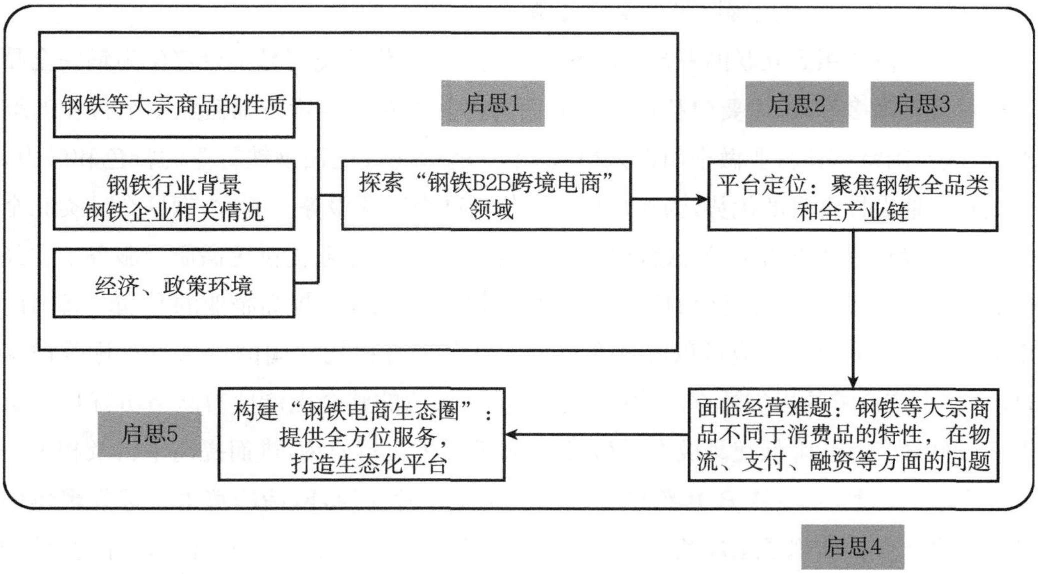

图 2　案例分析思路

（二）启发性思考题解答要点

启发性思考题1：欧冶云商选择了哪种跨境电商交易模式？

此题需要用到跨境电商交易模式的知识点。本案例中，欧冶云商在跨境电商发展火热及现行政策支持B2B跨境电商的大背景下，结合钢铁等大宗商品标准化特征以及国内钢铁行业供大于求亟需转型的情况，推出了大宗商品B2B跨境交易服务平台“欧冶国际”，开启了探索大宗商品跨境电商的新旅程。钢铁等大宗商品的性质及工业用途决定了其通常发生在企业与企业之间，所以欧冶的跨境电商交易模式为B2B。此外，钢铁等大宗商品的交易一般是在线下进行，这种线上线下相结合的方式，体现了实体经济与虚拟资源的联通，结合欧冶在国际重点市场上的海外仓布局，可以看出欧冶的交易模式还包括O2O。

启发性思考题2：欧冶国际属于哪种类型的跨境电商平台？

此题需要用到跨境电商平台运营模式的知识点。按照所经营产品范围及行业分类，跨境电商平台可以分为垂直型和综合型两类；按照平台的功能和性质分类，跨境电商平台可以分为第三方开放型、自建型和外贸电商代运营服务型等三类。

就本案例来讲，一方面，欧冶国际的经营范围为钢铁及相关多元产品，行业主要涉及钢铁行业，故从经营产品范围和行业跨度来看，欧冶国际偏向于垂直类平台模式；另一方面，欧冶国际平台是面向社会的，主要为企业自主交易提供信息流、资金流和物流服务，故从平台功能和性质来看，欧冶国际属于第三方开放平台。

启发性思考题3：欧冶国际平台定位有哪些好处？

此题主要需要用到互联网平台中的反馈机制。欧冶将跨境贸易平台定位为钢铁全品类和全产业链有诸多好处，主要包括以下三方面：首先，相对于经营范围覆盖多个行业的综合类平台，欧冶围绕钢铁行业做全面深入研究，不仅能够充分挖掘钢铁行业的特色和潜力，还能最大限度地发挥自身的优势，为客户提供更加精准合适的服务。其次，钢铁全品类和全产业链平台可以汇聚各方力量，形成优势互补，为钢铁及相关企业提供更高质量服务。①经营规模的扩大所带来的规模经济效应可以降低企业的平均成本，提高企业的利润。②国内外优质资源所带来的集群效应可以降低企业之间和各服务机构之间的信息不对称及搜寻成本，提高整个产业链的运作效率。③产业链上各个环节的整合也能使得欧冶更好地去协调供需、管理中间流程、降低交易成本，提升整个产业链的运行效率，进而提高平台及相关企业的国际竞争力。最后，钢铁B2B跨境电商领域仍是一片蓝海，欧冶跨境平台选择聚焦钢铁全品类和全产业链体现了正反馈机制中“抢占先机”的重要性。通过整合国内外优质资源，不断招商和发展合作关系来壮大平台，持续提升平台实力和竞争力，进一步降低成本、提高效率，吸引更多优质企业和机构加入，不断扩大经营规模，增强平台及企业的竞争力，形成正反馈，带来扩大的“网络效应”，继而积累起越来越多的优势和越来越高的转换成本从而产生“锁定效应”，提高企业在国际上的议价能力的同时，提升钢铁产业在全球价值链中的地位。

启发性思考题 4：试说明欧冶云商商业模式的创新体现在哪些方面。

此题需要结合全文进行分析，具有较强的综合性，需要结合商业模式的概念、六要素及创新的相关知识点。商业模式可以理解为企业的一种战略及运作方法，主要包括战略定位、业务系统、关键资源能力、盈利模式、自由现金流结构和企业价值等六个要素。商业模式的创新主要是通过改变企业价值创造的基本逻辑，并将新的商业模式引入社会生产体系，进而提升顾客价值和企业竞争力的活动。既可能包括多个商业模式构成要素的变化，也可能包括要素间关系或者动力机制的变化。

本案例中，欧冶的商业模式创新主要体现在以下四个要素上：①在战略定位方面，欧冶云商在跨境电商发展火热及现行政策支持 B2B 跨境电商的大背景下，结合钢铁等大宗商品标准化特征以及国内钢铁行业供大于求亟需转型的情况，推出了大宗商品 B2B 跨境交易服务平台“欧冶国际”，力图打造钢铁全品类和全产业链跨境电商平台。②在业务系统方面，欧冶致力于构建钢铁电商生态圈，对接整合国内外优质资源，与多方合作，优势互补，互利共赢。③在关键资源能力方面，欧冶云商是宝武集团整合原有大宗商品电子商务优质资源成立的，在此之前，宝武集团发展产业供应链已经有 17 年历史，是国内最早涉足 B2B 领域的钢铁企业。在 2000 年投资成立东方钢铁，2006 年成立第二方电子交易平台宝时达，2013 年成立了上海钢铁交易中心。由此可以看出，欧冶团队不仅具有多年的钢铁电子交易的相关资源和经验，还有来自宝武集团在钢铁技术、人才、资金以及战略上的支持。④在盈利模式方面，欧冶突破电商平台发布信息、撮合交易的功能，为企业提供信用保险、海运物流、仓储加工、单证制作等增值服务，这些都是欧冶的利润点，能够为客户和平台自身创造更多的价值。

启发性思考题 5：试从生态系统构成现状的角度分析未来欧冶可能面临的困难与挑战，并尝试提出可能有哪些解决方案。

此题为开放型思考题，需要用到电商生态系统的知识点来分析欧冶的平台架构，并结合全文进行思考。“平台型电子商务生态系统”是指一系列关系密切的企业和组织机构，超越地理位置的界限，将互联网作为竞争和沟通环境，围绕核心的平台型电子商务企业，通过各种形式进行优势互补和资源共享，形成的一个有机的生态系统。按照定位的不同，可以将该系统中的群体分为领导种群、关键种群和支持种群三类。各种群成员各司其职，相互作用形成完成整的价值网络。

在本案例中，欧冶国际平台是整个生态系统资源的领导者，通过提供平台及监管服务，整合和协调电商生态系统中的资源，属于“领导种群”；钢铁产业链上的供应商、生产商或零售商、消费者等是交易主体，属于“关键种群”；与欧冶合作的政府部门、金融机构、认证机构、第三方物流、仓储等公司，以及欧冶自建的金融和物流平台等，可以为“关键种群”提供服务，保证交易及产品质量安全，属于“支持种群”。此外，相关的经济、政策、法律、技术、社会环境等属于生态系统的外部环境。

具体到未来可能面临的困难和挑战：第一，欧冶云商的特殊背景虽然使得企业具有很多民营钢铁电商所不具备的优势，但作为国有企业，在体制机制上的灵活性相对不足，使得企业在跨境平台的业务拓展方面进展相对缓慢。第二，在构建生态化平台过程中的瓶颈较多。比如，企业资源整合能力的提升、与合作伙伴关系的构建与维护，如何有效发挥“领导种群”的作用，如何针对自身经营状况和周边环境完善“支持种群”，以提升“关键种群”的服务质量。第三，发展 B2B 跨境电商经验不足。

可能的解决方案如：通过体制机制创新，提升企业的活力。如推进国有企业董事会建设，推动国有企业经营管理层市场化选聘，健全经营管理层的激励约束机制，丰富激励方式来满足不同员工的需求等；提升战略预见能力，在保持清晰战略定位的同时，能够根据实际情况对企业定位进行适当调整与更新；充分利用会议会展、媒体等各种途径发现并发展外部优质合作伙伴；推进欧冶不同平台之间的互联互通，利用内部优质资源，提升跨境平台实力；构建适应系统不同演化阶段的关系协调机制和合理的利益分配机制，与合作伙伴建立并维持长期稳定的合作关系；持续学习电商及跨境电商相关知识，积极引进相关人才，借鉴国内外经验，弥补 B2B 跨境电商发展经验不足的问题。

六、教学组织方式

案例授课的形式面向的学生人数不宜过多，应尽量控制在 20 至 30 人，可以分 5 个小组，每组 4 至 6 人。为保证小组成员之间能够相互看到和听到，教室桌椅可布置为封闭环形。教室内应具有电脑、投影仪、黑板、粉笔等教具设备。此外，教师可在课前提醒学生做好课前准备工作，如熟悉案例，通过登录欧冶云商旗下的相关平台，对欧冶云商有一个大致的了解，以便学生能在课堂上更好地参与到案例讨论之中。

（一）课时分配

案例回归与概述(5 分钟)：课程最开始主要通过介绍案例背景和回顾案例内容，帮助学生厘清案例思路，明确案例主题。

提出问题并分组讨论(20 分钟)：本环节教师需要结合板书与讲解，向学生提出启发性思考题，然后分小组讨论并形成组内答案。

小组汇报结合教师引导(50 分钟)：针对每一道启发性思考题，教师随机选择一个小组进行回答，其他小组进行补充回答。同时，教师需要结合多媒体和板书，对学生的回答加以引导，形成最终的答案。

案例评价与总结(10 分钟)：教师对启发性思考题的知识点进行梳理，对整个案例教学过程进行评价，让学生总结心得体会。

灵活时间(5 分钟)：教师回答学生提出的一些其他问题。

(二) 板书设计

启发性思考题 1：欧冶云商选择了哪种跨境电商交易模式?

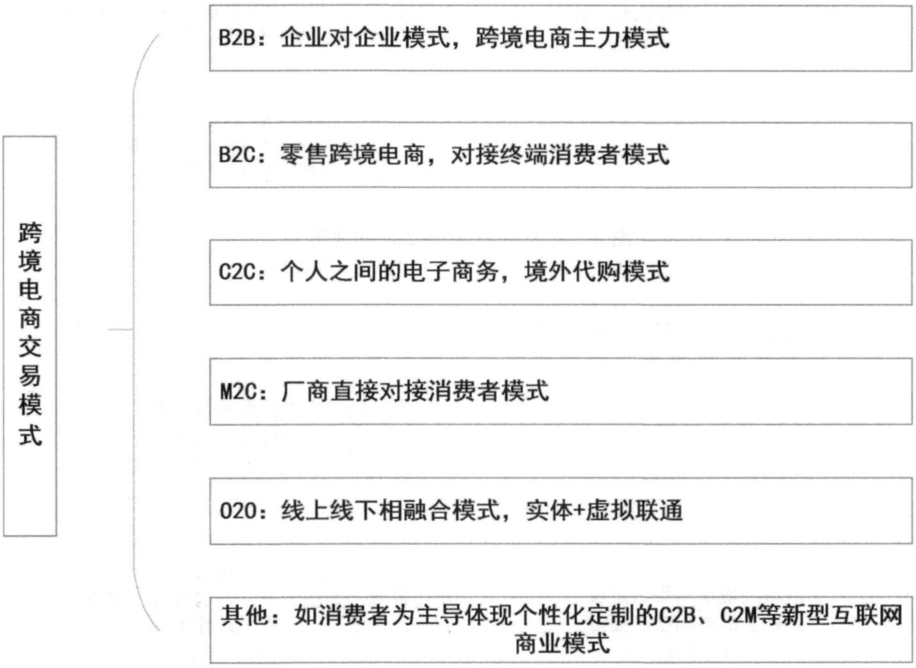

图 3　启发性思考题 1 及解答要点

启发性思考题2:欧冶国际属于哪种类型的跨境电商平台?

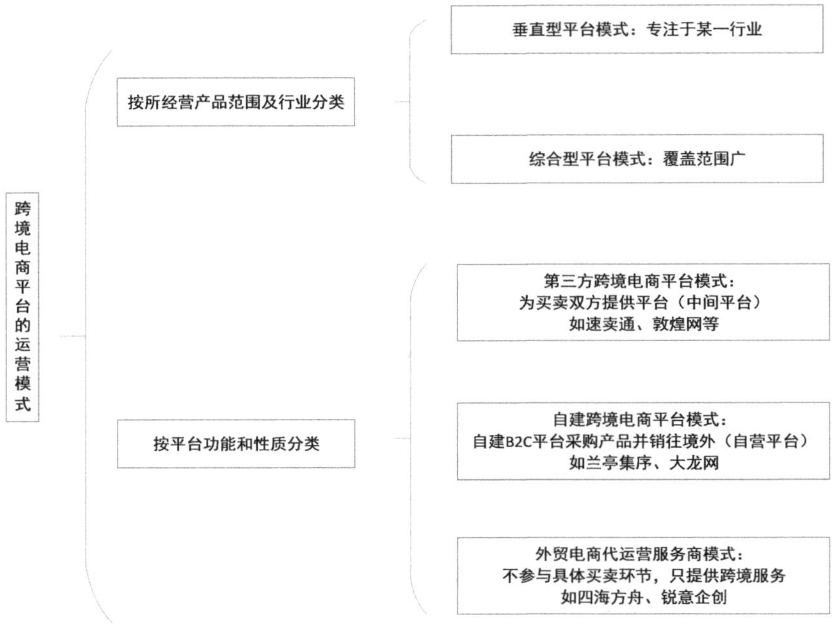

图4　启发性思考题2及解答要点

启发性思考题3:欧冶国际平台定位有哪些好处?

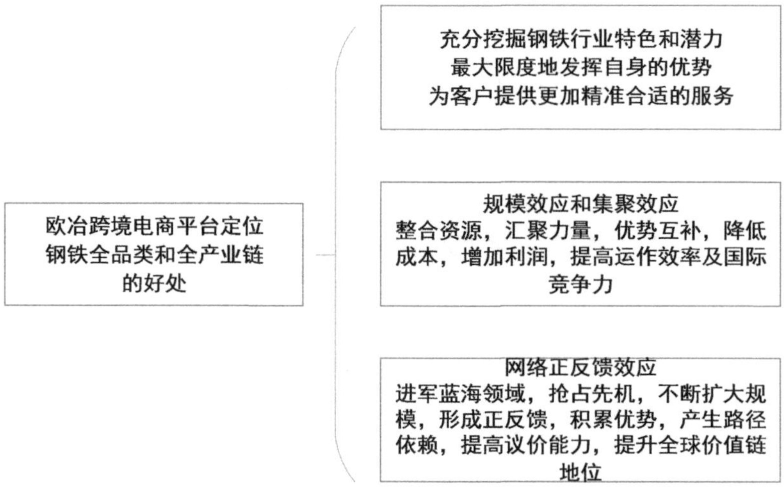

图5　启发性思考题3及解答要点

启发性思考题 4：试说明欧冶云商商业模式的创新体现在哪些方面。

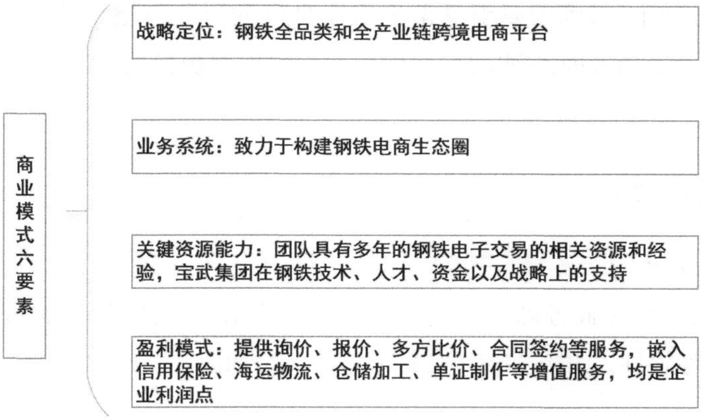

图 6　启发性思考题 4 及解答要点

启发性思考题 5：试从生态系统构成现状的角度分析未来欧冶可能面临的困难与挑战，并尝试提出可能有哪些解决方案。

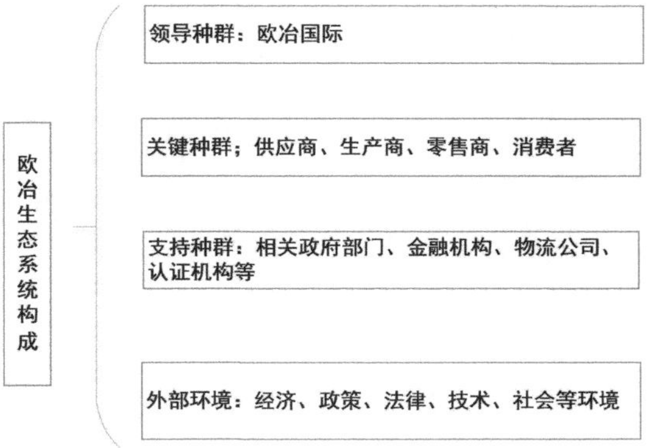

图 7　启发性思考题 5 及解答要点

（三）讨论方式

案例讨论方式可大致根据典型的决策模型的思路展开，即“识别问题—分析案例—形成备选方案—选择决策标准—评估备选方案—选择最佳方案—制订行动方案与实施计划”。根据课时分配，案例讨论可以这样进行：在提出问题和小组讨论环节，小组围绕启发性思考题进行讨论并形成组内答案；在小组汇报环节，对每一道问题，教师随机选择一个小组进行回答，其他小组进行补充回答，形成多种备选方案；在教师引导环节，教师根据决策标准引导学生分析备选方案，并从中选择首选方案，而后制订行动计划。

在案例讨论过程中，教师需要引导学生形成良好的讨论习惯。比如，讨论前做好准备、讨论时积极发言、讨论后及时总结，敢于提出不同意见，避免盲从。

七、其他教学支持材料

（一）计算机支持

由于本案例将在国际商务课程中当作讨论资料使用，需要向学生展示。所以，需要在计算机中安装 PPT 等软件。

（二）网络支持

本案例中提到的跨境电子商务案例，需要学生使用互联网，通过登录企业平台和相关论坛、社交网站了解实务现状。

案例 15

跨境电子商务：兰亭集势的逆风翻盘之路

摘　要：作为在跨境电商生命周期的行业导入期便成功占领市场的第一批跨境电商企业，“兰亭集势”公司历经数年发展，从风光无限到面临“摘牌”警告。近两年则是逆风翻盘，这得益于其战略调整、供应链管理、主营业务的不断尝试与优化。

关键词：出口跨境电商；兰亭集势；营销策略；供应链管理

Abstract: As the first batch of cross-border e-commerce enterprises successfully occupied the market at the entrance period of cross-border e-commerce life cycle, “LightInTheBox” has experienced several years of development, from success to face the “delisting” warning. In the past two years, it has turned over against the wind, because of its strategic adjustment, supply chain management, and continuous attempt and optimization of its main business.

Keywords: Export cross-border e-commerce; LightInTheBox; Marketing strategy; supply chain management

一、引　言

2007 年 6 月，郭去疾在北京创立兰亭集势，成立后就获得了来自美国硅谷和中国知名风险投资公司的注资。以“One World One Market(一个世界，一个市场)”为使命，致力于为全球的中小零售商提供一个基于互联网的全球整合供应商。2013 年 6 月，兰亭集势在美国纽交所挂牌上市，然而自 2013 年第三季度起兰亭集势开始亏损且自此的五年间一直处于亏损颓势，最终在 2018 年 10 月 30 日晚，兰亭集势收到了纽交所的“摘牌”警告，兰亭集势是否就此一蹶不振，最终日暮穷途？转机出现在 2018 年 12 月，兰亭集势完成对新加坡电商 ezbuy 的收购，ezbuy 创始人兼首席执行官何建为兰亭集势公司新任 CEO，此后开始了兰亭集势的逆风翻盘之路。

二、相关背景

兰亭集势作为国内排名前列的外贸销售网站，是一家典型的自营型 B2C 跨境出口电商平台，展示与销售的商品种类繁多，涉及多种行业，供应链管理能力较强，在婚纱和礼服类产品为消费者提供个性化定制；拥有两个海外采购中心，快递服务商包括 Fedex、UPS、DHL、TNT 以及中国邮政、美国邮政，消费者可以针对个人需求选择；客户服务和市场营销方面均由本地员工执行，物流、售后体验较好。兰亭集势的基本商业模型是：通过在自有电商平台、易贝或亚马逊等海外电商平台上开店的方式，进而将中国商品卖到海外市场。

三、深陷营销困境

兰亭集势是典型的靠营销推动业务增长的模式，成立以来，兰亭集势的迅猛发展离不开其在营销上的投入。外贸传统的营销方式主要是依靠大量的门店，然后销售人员和顾客直接接触，通过大规模的广告增加销量或知名度。

与传统营销不同，兰亭集势主要是在网上开拓了丰富的营销渠道，并能依托互联网实现精准营销，直销到个体消费者，同时在生产环节展现出更多的灵活性，实现小批量多批次生产。其中，搜索引擎是兰亭集势的第一大流量入口，据 Hitwisc 数据统计，兰亭集势北美地区的访问当中，绝大部分的流量来自谷歌，其次是社交网站 Facebook、Twitter、YouTube，Pinterest 等。以 Facebook 为例，兰亭集势目前发帖数量最多的类型是潮流时尚帖，即通过发布一些时尚漂亮的图片来激发粉丝的购买欲，节庆活动贴也在兰亭集势发帖中占了不小的比例。最后还通过公开招聘加盟代理商的策略吸扩大用户群体，提升品牌知名度，在网站上销售兰亭集势的产品，根据销售情况给代理商一定的佣金。

上市 3 年后，兰亭集势这一营销拉动销售的效率开始降低。

随着互联网的飞速发展，诸如搜索引擎、社交平台等依附于互联网的营销手段比比皆是，同时随着物流运输、网络支付的不断优化，海外 C 端消费者对中国低附加值的本土产品需求量也随之增加，顾客盈门，彼时大量的小额外贸公司顺势崛起，用着兰亭集势现成的营销模式，在谷歌购买关键字、搜索引擎优化、社会化营销、邮件营销等手段，将中国的“山寨货”卖到海外客户手中。

然而，这些极具价格优势的 3C、服饰、配件等产品，多半是“仿品”“山寨货”，它们价格低廉，缺乏真正意义上的品牌，产品质量和服务也很难保证。

但兰亭集势凭借高额的营销成本以及低廉的价格优势进入市场，定位的目标客户群体大多并非为主流商用户群体，而是相对对价格敏感度极高的客户，只重视“价廉”，同时随着 B2C 参与者越来越多，竞争对手繁多，价格优势不再显著，而兰亭集势主营的婚纱、3C、配件等本身的消费频次就不高，因此用户群体极易流失。

四、边缘创新后，难以“守成”

兰亭集势是在巨头空窗期内进入赛道的玩家，通过边缘创新进入细分市场，也就是从当初阿里、亚马逊电商地图的边缘垂直进入赛道，做全球整合的供应链服务，类似的还有做特卖的唯品会、做美妆的聚美优品等。

而兰亭集势短短几年开始连续亏损，虽然在巨头空窗期找到了边缘化创新的机会，却没能在进入市场后，在电商巨头的空窗期阶段稳稳占据市场。

为此，兰亭集势一直想要在对手乒锋力有不建的地图夹缝中，试图再次边缘化创新争夺市场，如“将以婚纱为主打的偏单品类产品模式”等其，本质是希望从跨境 B2C 进军到跨境 B2B，再比如，兰亭集势在 2015 年 5 月跟风市场发布了一款基于全球社交网络的 C2C 移动电商平台 WeStore，再度创新难度很大，但若成功，就能解决颓境，可惜没有打响任何水花，与其一味追求再次进行边缘化创新或是追求营销最大化，也许专攻于主营业务的优化是更好的思路。

五、出口跨境电商行业面临窘境

兰亭集势定位大而全平台，实际竞争力和淘宝一样的流量低买高卖的路线，当遇到后来谷歌调整算法和市场进入者增多，同质化竞争下必然是亏损。然而，自 2014 年开始，所有出口电商都遇到了这样的问题。

2014 年，跨境电商出口企业大量出现裁员现象，情况较好的裁减了 30%，情况差的裁掉了 100%，而各电商创始人都通过战略调整对这场风波进行适应，而背后的数据对这场困境进行了佐证，2015 年二季度财报显示，第四季净亏 880 万美元，而上年同期净亏损 560 万美元，已连续六个季度亏损。彼时，陷入困境的原因又有哪些呢？

第一,行业内竞争加剧,速卖通的崛起就是典型例子,速卖通用低价策略,捆绑无数小卖家,鼓励打价格战,促销活动折价 50%以上,竞争最为激烈的 3C 产品毛利甚至降至不足 10%。同时,随着速卖通进入新兴市场,交易量剧增,疯狂的增长速度带来的是其他国家对于中国出口商品的抵制。

全球速卖通是阿里巴巴于 2010 年成立的,是基于全球市场的一个在线交易平台。全球速卖通背后的阿里巴巴和淘宝,代表着其背后数十万甚至更多的金牌实家和产品。相比较兰亭集势的 B2C 模式,在 SKU 深度和广度上,全球速卖通更胜一筹。易贝则是已经发展多年,拥有兰亭集势无法匹敌的用户量。对于兰亭集势来说,海外市场进一步开拓十分困难。全球速卖通在自己的平台佣金只要 3 个点,而兰亭集势在易贝和亚马逊要 10 个点,成本增加很多,而自己的平台又未能积累大量用户。

第二,中国出口产品往往以低廉产品为主,极易落入比较优势陷阱,产品不具优势,中国制造业应设法进行产业结构的优化和升级。

第三,还有一个重要原因是汇率问题,美元兑换人民币的汇率持续下跌,人民币在国内越来越不值钱,在国外反而越来越值钱,不利于出口。

第四,主要出口市场饱和,兰亭集势大部分用户来自欧洲和北美地区,平台也把大部分的目光都投向了西方市场。但实际上,欧美电商市场已经被其他电商平台占据主要位置。

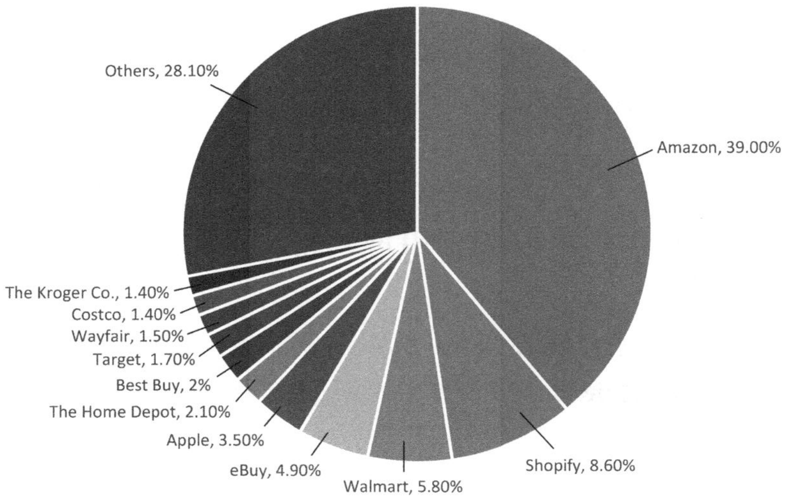

图 1　2020 年美国各电商市场份额

数据来源:网络各类公开数据整理。

根据图 1 可以看出，目前美国电商市场下 71.9%都被电商平台占据，特别是美国本土电商品牌实力巩固，前三名分别为亚马逊、Shopify 以及沃尔玛，亚马逊作为占据份额最多的线上大卖场式电商平台，兰亭集势很难与其争夺市场。同时面对像 Target 这样的折扣卖场，兰亭集势丧失了价格优势，而在家电市场，面对 The Home Depot 这样专业的家居建材卖场或者是 Best Buy 这样的全球最大家用电器、电子产品零售集团，兰亭集势除了价格优势和线上优势，再无其他竞争力。

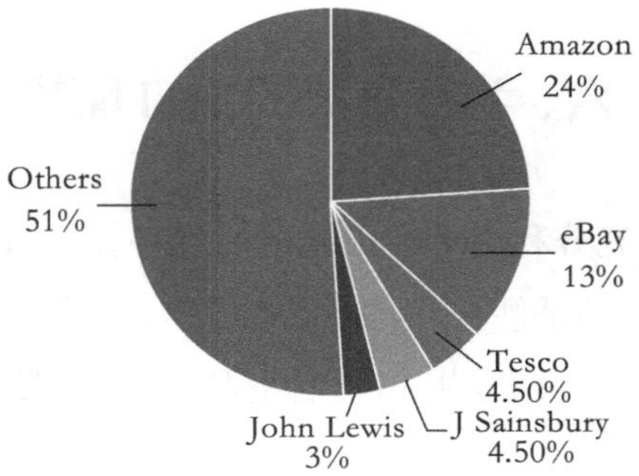

图 2　英国各电商市场份额

数据来源：网络各类公开数据整理。

从图 2 可以看出，在英国，其他电商市场已经占据了一半以上的市场份额，而这六家公司基本都是大卖场形式，销售产品种类繁多，价格高低不一，兰亭集势在这样的形式下几乎不具备优势，特别是在英国，服饰产品有 ASOS、Next，个护类有 Superdrug 这样的垂直电商，这意味着在特定的产品种类下，兰亭集势很难竞争过专业的平台。而实际上除了在英国，欧洲作为一个组成国家众多的地区，很多发达国家都有自己的区域性电商和垂直电商。

表 1　欧洲主要发达国家电商格局

	英国	法国	德国
区域性电商	Argos、 John Lewis	Cdiscount、 Priceminister	Otto、 Zalando
垂直电商	ASOS、Next Superdrug	Fnac	Idealo

数据来源：网络各类公开数据整理。

根据表1可以看出，每一个发达国家几乎都有自身的区域性电商，这些电商平台在这些国家乃至欧洲都占据了十分多的市场份额，兰亭集势想要超过这些电商平台在欧洲用户心中占据一定的地位是很困难的。而这些国家的垂直电商各有特色，Idealo可以进行比价购物，Fnac拥有近60年的发展与独特的经营理念，在这些特色面前，兰亭集势就显得稍显平庸、毫无特色。

因此，在这两个兰亭集势主要出口市场已经呈现出较为稳定、饱和的情况下，兰亭集势很难和强者竞争，在市场中扩大自己的份额。

六、兰亭集势的出口现状

自2007年起，兰亭集势充分利用了中国制造的优势。针对国外婚纱制作的高成本、婚纱的特殊性，选择用相对廉价的婚纱打开海外市场。至今，兰亭集势经营的商品品类涵盖了服装、电子产品、家居园艺等14大类，共40万种商品，但仍以服装类产品为主要销售产品。

（一）顾客类型占比分析

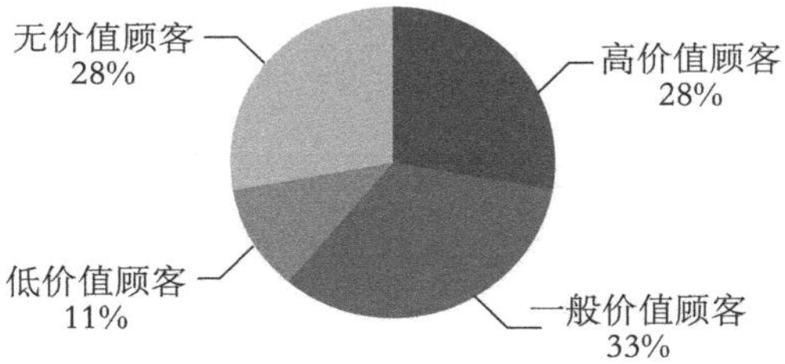

图3　sitejabber网站兰亭集势具体评论中不同类型顾客占比

数据来源：网络各类公开数据整理。

首先，高价值顾客占比28%，他们认为商品符合预期且愿意进行回购。

其次，占比最多的一般价值顾客达33%，他们大多打了三星到四星的分数，并且表示在购买中存在商品质量问题、物流问题等，但是也存在其他优点，同时他们也没有明确表现出对网站的喜好或厌恶。

最后，低价值顾客占比不多，在11%左右，他们打出了两星或三星的分数，他们在购买过程中存在的问题主要是因为他们的问题无法在网站得到解决，比如无法追踪来自中国的订单信息。

无价值顾客占比和高价值顾客一样高，他们大部分都打出了一星的评价，认为在购买过程中遇到的配送、质量、清关等问题,是影响他们做出下一次购买决策的重要因素,甚至也有顾客直接表示了对兰亭集势网站的厌恶,并且他们都明确表示了不会再在兰亭集势购物。

(二) 产品营收及其细分结构分析

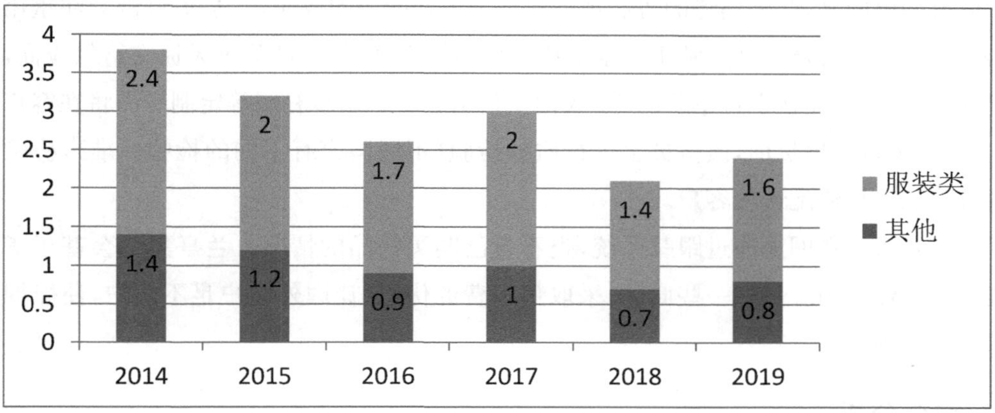

图 4 2014 至 2019 年兰亭集势产品品类营业收入(亿元)

数据来源:网络各类公开数据整理。

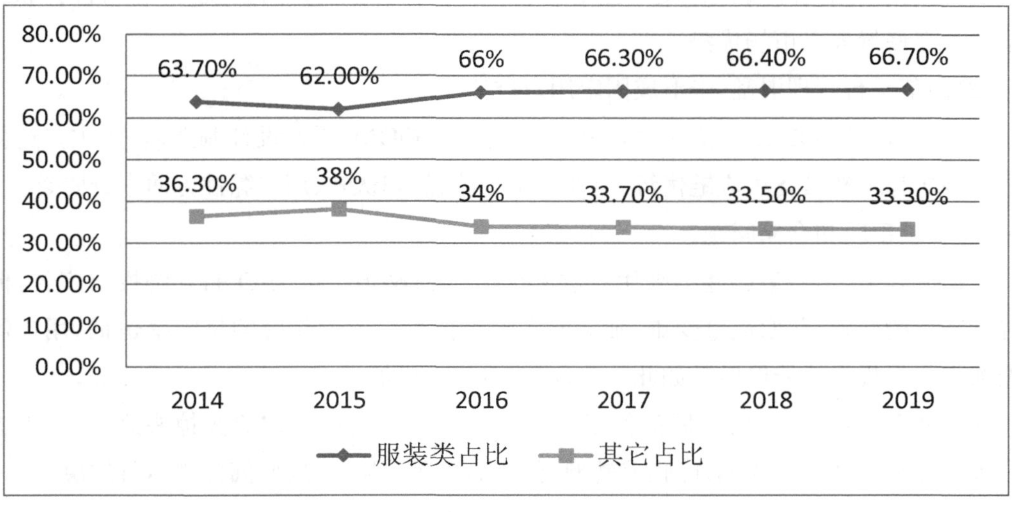

图 5 2014 至 2019 年兰亭集势产品品类占比

数据来源:网络各类公开数据整理。

兰亭集势在产品结构上,服装类产品占比始终在 60%以上,在其他品类占比的两倍左右，并且有逐年上涨的态势。在营收上，总体营收虽然有所下降，但是服装类产品不负众望，近年来保持在其他品类的两倍。

（三）兰亭集势的售后规则分析

值得一提的是，兰亭集势的售后规则起到了很好的协同效应，兰亭集势极为注重用户体验，客户下单后便传给仓库，基于兰亭集势独特的供应链网络，订单每天提交给供应商，一般情况下，非定制产品在下订单后的 14 天内交付给客户。婚纱礼服等定制产品将在客户下单后 21 天内发货。出货前，质检员会进行质量检验（不同国家有不同的检验标准），检验合格后通过第三方物流配送给客户。

消费者可以在网上通过跟踪系统，查看自己购买物品的情况。兰亭集势会基于货重和距离计算运输费用。另外一些商品，采取免运费的优惠，让国外客户足不出户，便能拥有极好的用户体验。

（四）综合分析

根据前文内容，导致兰亭集势出口现状的原因可能如下。

（1）速卖通、易贝等的制约。

随着阿里巴巴国际站、亚马逊、速卖通、易贝、Wish 等独立站等跨境电商平台的崛起，兰亭集势正在慢慢失去市场优势。

（2）内部平台管理混乱，未形成固定用户群体。

中国制造多以 OEM（定点生产，俗称代工生产）、ODM（原始设计制造商）为主。这就造成了兰亭集势虽然具备供应链优势，但在自主品牌、品牌认知、用户黏性方面十分匮乏。

（3）营销手段和仓储问题。

营销方式上，兰亭集势基本采用谷歌 Google AdWords 和 SEO 的方法投放广告，但随着谷歌算法的变化，获取流量变难，独立站主要靠流量。此外品牌的复购率也低，用户需要不断加大广告投入才能取胜。如此一来，成本自然会增加。

在仓储上，兰亭集势的发展类似于传统独立站的迭代过程，“船大掉头难”——不进则退。现阶段独立站趋于成熟，面临着转型、创新的机遇和挑战，这些问题都亟待解决。

七、三次战略并购

（一）奥康国际并购兰亭集势完成渠道优势互补

2015 年 6 月奥康国际并购兰亭集势，收购了其 25.66%的股权。奥康公司是一家鞋类企业，旗下拥有奥康、康龙、美丽佳人和红火鸟四个自主品牌，享誉中国。在国内市场稳定的情况下，奥康也把视线投向了国际市场，产品远销 60 多个国家和地区，希望能尽快达到全球知名品牌的影响力。对于兰亭集势来说，从 2013 年第三季度开始，一直到 2015 年初，由于大量的流量成本、技术研发费用以及"兰亭智通"项目，长期处于严重资金匮乏环境，导致其负债总额连年居高不下。其 2011 年至 2014 年资产负债表部分指标如表 2 所示。

表 2　兰亭集势 2011 年至 2014 年资产负债表部分指标

单位：百万元人民币

项目	2011/12/31	2012/12/31	2013/12/31	2014/12/31
流动资产总额	17.67	37.75	121.29	99.16
资产总额	19.64	39.84	125.89	104.47
应付账款	5.13	9.15	18.68	25.24
应付费用	8.62	12.81	15.01	24.29
短期债务	0	7.79	0	0
其他流动债务	3.46	7.1	10.82	11.76
流动债务总额	17.21	36.85	44.51	61.29
债务总额	17.21	36.85	44.51	61.29

数据来源：根据网络公开数据整理。

因此，兰亭集势为解决财政资金不足的问题，接受了奥康国际的投资。此外，2013 年兰亭集势于纽约证券交易所上市后，由于美国资本市场整体"低估值"和融资受阻等诸多因素，出于以较低成本实现股权融资的目的，兰亭集势接受了来自奥康国际的投资。

（二）卓尔集团并购兰亭集势发挥协同效应

2016 年 3 月卓尔集团成为兰亭集势第一大股东。前者是主营国内批发市场的交易平台，后者则是主营国外批发零售电商市场，两者内外结合，一方面，卓尔集团借助跨境电商平台接触海外市场，另一方面，兰亭集势通过卓尔集团在国内的知名度，扩大产业链源头的国内供应商，同时借助卓尔的“驰名商标”品牌优势，弥补自身产品品牌影响力不足的缺点。

（三）兰亭集势收购 Ezbuy 扩大出口结构

2018 年 11 月兰亭集势以 8 555 万美元收购新加坡跨境电商平台 Ezbuy。根据兰亭集势 2019 年强劲增长的业绩表现，自收购 Ezbuy 以来，双方在团队整合、产品结构优化、物流仓储整合、供应链管理方面取得了一系列战略性成果，盈利能力持续增强，市场规模持续扩张，实现了营业收入和净利润的持续双增长。

三次并购后，兰亭集势改善了资金、渠道和供应链的部分问题，对面临后续市场冲击做了良好的铺垫。

八、兰亭集势的逆风翻盘

2018 年 11 月兰亭集势并购 Ezbuy，由何建正式领军兰亭集势，他将业务重心转移到有较高毛利率的品类上，削减低毛利和亏损品类，并利用技术推荐符合平台用户偏好的产品，推动平台架构和算法升级，赋能平台交叉销售的效率，提高平台用户的认知度，降低交易成本。此外，他迅速整合了 Ezbuy 的优质供应商，加速了供应链的升级。依托“效率”和“专注”打造的商业模式带来了显着的业绩成果，市场重新评估了兰亭集势的价值。

2019 年第三季度公司财报显示，兰亭集势净营收为 5 990 万美元，与上年同期的 4 450 万美元相比增长 34.6%；毛利率从 2018 年同期的 15.1%提高至 42.3%。2020 年线下零售遭遇空前冲击，而兰亭集势利润、营收却逆势上涨，2020 年度总营收 3.98 亿美元，实现“破亿”美元，净利润获利 820 万美元，2021 前三季度营收达 3.33 亿美元，同比增长 25.5%，总营收增速创新高，兰亭集势的发展新里程正式开启。

回顾兰亭集势从“起高楼”到“大厦将倾”，再到何建“逆风翻盘”，兰亭集势的发展历程又为我们带来了哪些启示？

（一）供应链持续投入

创新的供应链模式在于真正的跨国零售管理的供应链管理，而兰亭集势建立了更高效的供应链管理机制，既保证了订单的及时处理，又实现了生产流程的定制化。

(1)供应链环节，厂家直购和消费者直销缩短供应链环节，从工厂到网站，让消费者感受到最短的销售链，实现更高的毛利率。

(2)供应链管理，一方面，在广度上需要越来越多的供应商支持兰亭集势，不断增加商品品类，增强了网站商品的丰富度；另一方面，在供应链深度支持方面，将供应商纳入产业链，让供应商主动更新产品，提高全站产品更新速度。

兰亭集势按照电商的销售特点重新整合供应链，选择从工厂直接进货，但也面临着实际困难。主要是现有的工厂擅长的是规模经济下的大批量生产，灵活性差，不能适应兰亭集势的定制需求；一些小工厂灵活性强，能力却有限。为此，兰亭集势挑选出学习能力强的工厂，派驻工程师帮助再造生产，包括成本核算、改进管理和生产流程，将这些在线下为国外厂商服务的传统工厂，变成适应电子商务需求的工厂。按照过去传统的外贸方式，从设计到消费者购买，大约需要 18 个月的时间，而在兰亭集势的模式下，只需 3 个月。为了保持低库存，兰亭集势采用小批量下单以及快速补货，改造后的工厂完全能满足这种需求。传统的外贸可能一次下订单要 10 万件起，而兰亭集势下一次订单只需 3 000 件，极大降低了库存风险，速度也得到了保证。现在，顾客在网站上下单后，供应商能在 48 小时内将商品送到兰亭集势的仓库，10—14 天内商品就能送达。目前，兰亭集势拥有 2 000 多家供应商，建立了成熟的供应商管理体系，考量的标准包括质量、成本、价格、可靠性、财务能力、声誉、配送和生产能力、快速反应能力以及能否和兰亭集势一起成长等，并用招标的形式引入供应商的竞争。

（二）坚持客户体验优化

近年来，跨境电商行业获客成本增加，整个市场竞争加剧。在这种环境下，兰亭集势能够持续生存下来，并保持业绩的向上趋势，最为关键的一点就是兰亭集势能够服务好客户并创造价值。

获取客户的能力决定了生产的速度，但企业的规模最终取决于它为客户创造了多少价值，并且为客户创造的价值贴近客户体验，因此兰亭集势应专注于优化客户体验。

（三）网络营销技术

兰亭集势依托互联网而生，它在互联网上开拓了丰富的营销渠道，并能依托互联网实现精准营销，网络销售必然会用到海量的数据，好的数据分析更是有利于科学决策。在利用搜索引擎营销方面，兰亭集势目前积累了包含 17 种语言的几百万个关键词以及这些关键词的绩效数据，开发了一套算法用以排列关键词的组合以实现广告投入回报率的最大化。

在数据分析方面，兰亭集势开发的网络“爬虫”能够抓取大量网站信息，并找出社会化媒介上的信号，确定什么样的产品会在特定时间和特定地区对人们产生吸引力。例如，借助网络爬虫，兰亭集势发现消费者对 LED 水龙头的需求增长，借此成立了独立水龙头品牌 Sprinkle，这种会随着水温的变化而改变颜色的 LED 水龙头成了畅销商品。

兰亭集势利用数据实现了更优化算法，可以动态地将每件货物发往全球，解决使用哪个快递公司，在哪种情况下如何更好更快地结合的问题。在兰亭集势平台中，外国消费者可以买到性价比高的中国产品，也可以买到当地无法买到的东西。兰亭集势还通过监测和分析，快速了解到南美用户更喜欢用手机看电视的细微需求，然后迅速将需求反馈给中国商家。

（四）坚持独立站路线

兰亭集势首席市场官时斌说道："兰亭集势拥有大量的小而美商家，他们想要获取更多的流量做好生意；同时，兰亭集势也拥有大量的国内工厂，他们都有一个品牌梦，想要建立自己的品牌获取自己的客户。从这个角度来说，兰亭集势从创立开始就专注独立站领域，这也会是我们始终坚持的方向。"

独立站当前的热度和趋势，本质上是成千上万的中小企业、工厂希望获得线上流量及品牌出海的愿望推动起来的。对于这些企业来说，通过独立站获取什么样的客户，展示什么样的品牌形象，都更容易把控。

目前独立站的流行和趋势的背后是由千万家中小企业和工厂的流量需求和出海远景驱动的。对于它们来说通过独立网站更易把控获到什么样的客户，展示什么样的品牌形象等。

（五）坚持增量市场和存量市场双轮驱动

"由于线上消费趋势引流过来的新客，在体验了我们的精准高效的平台服务后更认可了兰亭集势，增加了平台的留存率，并推荐给身边其他潜在用户，形成这样的闭环。"时斌这样表示。

兰亭集势强调增量市场与存量市场双轮驱动、共同稳步向前。核心用户是兰亭集势最为核心的资产，同时增量市场带来的用户更是平台持续做大做强的动力，兰亭集势致力于为核心用户带去更好的平台服务、独一无二的平台使用体验。

九、结束语

在经济全球化和以互联网为代表的新技术发展的推动下，跨境电商作为一种营运而生的新型贸易方式正在逐步占领传统贸易的市场。今天，兰亭集势已稳定呈现出欣欣向荣的态势，未来的战略重点包括：

(1)增强顾客体验，增加顾客基数。

(2)扩充和增强产品品类，将重点放在具有较高复购率的商品上，同时持续打造自己的产品品牌。

(3)加强供应链管理，持续提高供应链效率。

(4)优化物流网络和物流基础设施，考虑在一些国家与第三方物流仓储公司合作以减少配送成本和加速配送效率。

(5)持续改进营销，进一步增强品牌形象，重点在增加本地化营销、提供更多的语言版本。

(6)投资 IT 技术，增强新技术应用，提升自动化水平，进一步扩展数据的挖掘和分析能力，挖掘顾客偏好，并改善移动端网站建设。

电商市场风起云涌，机遇与挑战并存，兰亭集势的逆风翻盘之路将开始新的篇章。

参考文献

[1] 褚少军. 奔向前路的四个要点[J]. 商界(评论)，2016(1):108.
[2] 崔靓. 跨境电商两重天[J]. 商业文化，2015(33):46-49.
[3] 逯宇铎，陈璇，孙速超. 跨境电子商务案例[M]. 北京:机械工业出版社，2020.
[4] 李妍. 营销模式陷入深坑[J]. 商界(评论)，2016(1):109.
[5] 王宇航. 兰亭集势前路微光[J].商界(评论)，2016(1):106-108.
[6] 张书乐.活在空窗期之后[J].商界(评论)，2016(1):109.

案例 15　使用说明

一、教学目的与用途

本案例是为跨境电子商务课程撰写的，也可供战略管理课程使用。本案例介绍了兰亭集势作为第一批跨境电商市场玩家，凭借价格优势优先进入市场却迅速衰败，十年后又再次翻盘，两代创始人的策略措施值得探究。通过本案例的学习，学生可以了解 B2C 出口跨境电商玩家的基本情况、运营模式、战略模式以及深陷困境原因和对策等。

（一）适用课程

本案例适用于跨境电子商务课程

（二）适用对象

本案例难度适中，适用对象包括研究生和高年级本科生

（三）教学目标

1. 知识传授

通过本案例的教学，学生应掌握以下知识，并学会将相关理论运用到实践中。

第一，根据行业周期理论，从兴起到 2010 年期间属于跨境电商发展的导入期，2011 至 2013 年为发展期，2014 年至今为创新期，基于各类政策红利以及内外部利好因素的刺激，我国跨境电商完美进入了创新期，而兰亭集势诞生于跨境电商行业的兴起，衰败于这个行业全面发展的阶段，却又最终于创新期涅槃重生，对其背后的种种因素的分析将帮助学生进一步理解影响跨境电商发展的因素。

第二，通过分析兰亭集势的自救措施，掌握出口跨境电商的战略重点，如网络营销和大数据应用等。

第三，学生通过学习应当了解精准定位客户群体的意义和方法，并对顾客集体进行精准营销。

第四，通过兰亭集势利用大数据进行营销和销售了解跨境电商如何有效利用大数据。

第五，学生要结合时代背景：各国政策、全球经济一体化、“一带一路”，学生要了解到跨境电商未来是国家贸易的创新更是大势所趋。

2. 能力训练

通过对本案例的学习,可以提高学生对跨境电商平台发展趋势的判断能力,掌握品牌创建与管理、大数据分析与利用等水平,提升网络营销能力等,以及增强国家政策分析能力和提出前瞻性解决方案的能力。

二、启发性思考题

1. 兰亭集势独特的商业模式为企业带来了哪些效益?

2. 比较分析 B2C 和 B2B 企业,哪方需要更重视营销投入?

3. 兰亭集势使用的网络营销策略有何劣势?

4. 从 2013 年第三季度后,兰亭集势一直在亏损主要的原因有哪些?

5. 兰亭集势的发展历程为我们带来了哪些启示? 跨境电商企业应如何发展?

三、案例分析背景

(一) 制度背景

当前新兴消费市场网络消费正在迅猛发展,网购消费规模不断扩大,智能产品和信息消费持续快速扩大,线上线下交互驱动、融合进程快速、系统化推进,消费新业态、新模式也在不断涌现。

作为第一代采用自走式 B2C 模式的跨境电商企业,2008 年至 2012 年,兰亭集市的总营业额从 630 万美元增长到 2 亿美元,作为 B2C 跨境电商行业的先行者,兰亭集实取得了成功,并于 2013 年在纽交所成功上市。不过,自 2013 年第三季度以来,陷入持续亏损,到 2020 年才有所好转。

(二) 行业背景

中国有 5 000 多家不同的平台公司,超过 20 万家外贸公司通过该平台做跨境电子商务。B2B、B2C、C2C 交易模式并存、相得益彰,市场活跃度的稳步提升是全球跨境电子商务 B2C 市场持续扩张的重要背景因素。埃森哲预测,到 2020 年,全球跨境电商 B2C 规模将达到约 1 万亿,年均增长 27%;全球跨境 B2C 电子商务用户总数也将超过 9 亿,年均增长率超过 21%。我国跨境电商产品主要集中在母婴用品、纺织品及配饰、3C 电子产品、家居园艺和汽车配件等行业,其中 3C 电子产品占比高达 41.2%。这些产品具有标准化程度高、退货率低、便于运输和储存等优良特性,适合通过电子商务渠道销售。

四、理论研判依据

（一）知识点一：先行者优势理论

这是在实际上先于竞争对手做一些战略行动所获得的优势。如树立企业形象和品牌知名度，获取关键资源、技术和知识产权，提高客户品牌忠诚度和转换成本，占领后期难以模仿的有利地理位置等。有助于但不保证企业在竞争中取得成功。后来者有能力以低成本和风险来模仿和消除先行者的好处。

（二）知识点二：行业生命周期理论

根据行业生命周期理论，行业生命周期是指一个产业从出现到社会经济活动完全退出的时间。行业生命周期主要包括四个发展阶段：引进期、发展期、成熟期和衰退期。其中，行业在进入衰退期之前，还可能进入创新期，进而进入另一个生命周期。跨境电商的生命周期是指跨境电商从成长到衰落的过程。我国跨境电子商务的发展经历了行业引进期、发展期和成熟期，目前处于创新期。每一阶段都表现出不同的特点。

（三）知识点三：跨境电商企业品牌营销策略

中小跨境电商的快速发展，使得传统外商进入跨境电商业务更加容易。价格竞争会导致利润率稳步下降和销售不足。造成这些问题的根本原因在于，出口企业在销售方式上进行技术发明，却不改变营销方式，无异于参与一种新型的公平竞争。发展自主品牌作为差异化营销手段，可以有效提升跨境电商竞争优势，提高利润率和生存率，解决增长难题，实现可持续发展。跨境电商主要采用以下三种方式进行品牌营销：

1. 打造跨境电商服务团队，提高品牌营销能力

跨境电商首先要提高品牌知名度，建立良好的服务团队，通过营销影响品牌。一个功能齐全的电子商务团队应该具备平台运营、产品开发、营销手段、物流选择、客服处理等广泛的能力。目前，很多跨境电商团队在平台运营、产品销售等方面具备较强的处理能力，但在品牌营销、海外销售渠道、售后服务等方面相对薄弱。因此，电商团队可以通过学习品牌营销培训、电商交流会、国外电商实战等方式来提升自己的实力。此外，业务团队需要学习分阶段拓展市场。一旦在主要消费和采购国家和地区注册，并且网络营销已经积累了一定的基础知名度，就可以在海外主要市场进行市场细分，并为国外当地合作的电子商务公司提供支持。在主要国家和地区实施品牌产品分销战略和全球分销战略，逐步从 B2C 向后来的 B2B2C 模式演进。做好产品和服务，选择最好的电商平台或开发自己的电商平台。

与传统外贸相比，国外采购商具有采购多、数量少、交货期短的特点。与产品质量和服务相关的每一个细节都可以被买家快速体验和理解，并在电子商务平台上完成。这些积累

的反馈和口碑，关系到跨境电商未来的销售。许多传统外贸公司习惯于下单，交货时间为15天到几个月，交易量大，金额从几千到几万美元不等。跨境电商转型做生意时，由于惯性思维，很难改变原有的运营模式，无法满足国外买家的真实需求。因此，跨境电商企业在与品牌产品打交道时，需要灵活开放的经营理念，为更多的国外中小买家提供真实的采购需求和服务。

在选择电商平台或开发自己的电商平台时，跨境电商应注意以下几点：首先，在选择其他电商平台开店或自建平台时，应遵循买方偏好原则，通过平台快速销售。为了建立品牌声誉，他们可以学习亚马逊坚持以客户为中心的定价，将购买体验留在产品销售页面上，以建立产品声誉。二是注重平台品牌产品的专业化管理，避免不同品类产品的大杂烩。无论是在亚马逊和易贝开跨境店，还是开B2C网站做生意，在与品牌产品打交道时，都需要比大卖场式的促销更专业。三是根据自己品牌产品在不同国家和地区对自己品牌产品的不同需求，在不同平台上细分不同的海外市场。

2. 与境外媒体合作，实现品牌产品营销的本土化

跨境电商应重点与国外社交媒体合作。一是借用不同渠道，收集买家对同类产品的性能、设计、弱点等方面的反馈，帮助跨境电商及时改进产品，满足用户需求获得收益。二是通过品牌产品的发布、评价和视频，在目标客户群体中推广其品牌产品。三是通过社交媒体互动，在当地社区传播品牌，实现品牌本土化。

（四）知识点四：跨境电商B2B与B2C

B2B（Business to Business）是指企业之间通过私有网络或互联网交换和传输数据和信息，并进行交易的商业模式。它通过B2B网站或移动客户端将企业内网和企业产品服务更紧密地与客户整合，通过更快的网络响应为客户提供更好的服务，促进企业业务发展。B2C（Business to Customer）是一种商业零售模式，通常被称为直接面向消费者的产品和服务销售。这种形式的电子商务通常由在线零售商主导，他们主要依靠互联网进行在线销售活动。B2C是指企业通过互联网在线商店为消费者提供全新的购物环境。消费者在线购物和在线支付。

（五）知识点五：网络营销的相关知识

网络营销（Internet Marketing）可以定义为：运用以互联网技术为基础的信息技术，整合传统媒介，实现企业营销目标和观念的过程。

1. 消费者网购行为分析

消费者网购过程类似于传统的购买过程，包括动机产生、信息收集、分析比较、实际购买和购买评价反馈。但在网络环境下，消费者的消费动机发生了变化：一是消费者影响范围扩

大，不再局限于本地；二是消费者和厂商可以互动；三是因为方便。在网上，任何人都可以成为新需求的倡导者。在线搜索、收集和分析信息，使消费者难以快速了解大量信息，也难以为制造商提供准确的信息。线上双向互动沟通，让卖家随时收到购买评价和建议，让买家随时获得技术支持和服务。消费者网络购物行为分析的主要项目是消费者购买类别、购买频率、产品评论、浏览习惯和支付方式。

2. 网络营销市场研究

网络市场调查即通过网络有组织、有计划地收集、研究、记录、整理和分析电子市场的特点。产品、劳动力等市场数据信息，客观的衡量、评价和实况调查，供经营者对市场细分、竞争对手信息、目标市场和营销环境等进行比较准确的判断。确定受众需求和营销目标，以提高企业网络营销的有效性和效率。在实践中，网络市场调查包括网络营销竞争调查和网络市场信息人员跟踪方法。竞争研究方法可分为专利情报分析法、互联网搜索法、网站跟踪法和营销法。

3. 网络营销目标市场定位

网络目标市场或网络目标消费者群体是指公司对其商品和服务的在线销售目标。在网络营销策划过程中，市场分析和精准营销尤为重要。有趣的在线细分市场应该是可以通过互联网实现的，具有固定规模，处于领先地位，并具有潜在的高产品细分市场。企业只有选择了自己的网络服务产品，才能在网络市场上充分发挥自己的力量，进而构建有针对性的网络运营。

4. 网络营销策略

(1)网络营销产品策略。在传统营销中，产品主要分为三个层次；主要利益或服务、有形产品和扩展产品，以满足不同层次消费者的需求。在网络营销中，产品设计和开发变得更加复杂。为了满足消费者的个性化需求，产品可以分为五个层次：主要利益或服务、有形产品、期望产品、扩展产品和潜在产品。在互联网上销售的产品应在产品性质、产品质量、产品风格、产品品牌、产品包装、产品价格等方面慎重考虑，以适应目标市场。

(2)互联网营销定价策略。由于互联网业务成本低、互动性强，消费者有不同的选择。除了考虑公司的战略目标、市场地位和产品特点外，还应考虑制造商的在线定价，消费需求的强度和价格，替代产品的接受度和竞争压力。网络定价策略主要包括免费定价策略、低价进入定价策略、定制产品定价策略、利用定价策略和拍卖定价策略。

(3)网络营销渠道战略。所谓网络渠道，是指利用互联网销售平台提供商品信息和服务，传递商品价格，促进双向信息交流。企业营销目标实现了一整套中间环节。一方面向消费者提供产品信息供消费者选择，另一方面消费者一旦选择了产品，就可以完成一次支付和二次发货的交易流程。当然，付款和交货准时，可以分开。网络营销渠道可以分为三种类型：网络直销、网络间接销售和混合销售渠道。

（六）知识点六：网络营销的常用方式

网络营销的职能是通过使用各种网络营销方法来实现的，同一职能可能需要使用多种网络营销方法，而同一种网络营销方法也可能适用于多个网络营销职能。网络营销的意义就在于利用各种网络营销方法充分发挥各种职能，让网络经营的整体效益最大化。除了下面要介绍的搜索引擎营销、许可式邮件营销和社交媒体营销等常用网络营销方法外，还有境外媒体发布、博客口碑营销、比较购物搜索引擎营销等方法。

1. 搜索引擎营销

搜索引擎营销 SEM(Search Engine Marketing)是一种新的网络营销形式。它所做的是充分有效地利用搜索引擎进行在线营销和推广。主要有三种方法：搜索引擎广告、广告以及排名。

2. 许可邮件

基于消费者的电子邮件营销相对于传统的促销方式或未经授权的电子邮件营销方式具有明显的优势，例如减少了向用户投放广告的麻烦，增加了潜在用户的准确性，提高了客户粘性，提高了品牌忠诚度。具体过程分为建立数据库、检索用户的电子邮件地址和姓名、创建细分、跟踪客户的生活方式和建立电子邮件营销数据库。

3. 社交网络营销社交网络

社交网络服务 SNS(Social Networking Services)是一个方便网民发布信息并与大家分享的网络平台，强调人群互动。海外 SNS 网站发展迅速，脸书、推特等网站深刻影响了一代人的生活。基于 SNS 平台的营销推广也正在成为一种趋势。社交网站具有以下特点：频繁的用户交互可以达到信息聚合和推广的效果。除了为介绍、促销和粉丝参与设置商业账户外，还可以与点击率高的影响者或在线计划合作来推广产品。

五、案例分析思路及要点

（一）案例分析思路

兰亭集势作为在跨境电商生命周期的行业导入期便成功占领市场的第一批跨境电商企业，经历从繁华到“摘牌”警告的发展期，最终实现了逆风翻盘，兰亭集势诞生于跨境电商行业的兴起，衰败于该行业全面发展的阶段，却又最终因创新而涅槃重生，对其背后的种种因素的分析将帮助学生进一步理解影响跨境电商发展的因素。通过分析兰亭集势的自救措施，掌握出口跨境电商的战略重点，如网络营销和大数据应用等。学生通过学习应当了解精准定位客户群体的意义和方法，并对顾客集体进行精准营销。通过兰亭集势利用大数据进行营销和销售了解跨境电商如何有效利用大数据。学生要结合时代背景：各国政策、全球经济一体化、“一带一路”等，了解到跨境电商未来是国家贸易的创新更是大势所趋。

（二）启发性思考题解答要点

启发性思考题1：兰亭集势独特的商业模式为企业带来了哪些效益？

兰亭集势属于整合了供应链服务的在线B2C模式，是典型的“百货商店式”运营模式，拥有一系列的供应商，并拥有自己的数据仓库和长期的物流合作伙伴，自己采购以及拥有自己的品牌来满足客户的日常需求。

第一，可以实现更快的物流配送和更好的客户服务。

第二，它可以通过购买标准吸引、管理和销售符合自有品牌和消费者需求的不同品牌的产品，并以可靠品牌为支撑点突出自有品牌的可信度，例如展示、交易、物流配送、售后支持等部署在兰亭集势各主要环节的管理中，通过互联网IT系统管理和建设，实现对整个交易过程的实时管理的大型仓储物流系统。

启发性思考题2：比较分析B2C和B2B企业，哪方需要更重视营销投入？

B2B和B2C营销的差异在于其受众与沟通方式的区别，B2C营销侧重于准确的传达消息，以便让客户建立忠诚度，确立可信度，与客户建立情感联系，并激励客户购买。而B2B营销则更关注建立关系和表达证明产品可以给企业带来的投资回报是多少。

在B2B营销中，要展现产品特色和市场定位，这都有助于提高品牌知名度和潜在客户的产生。同时对于B2B的营销还要求能够洞察市场中的个性化、差异化的需求，这都有助于增加潜在客户和提高知名度。

通常B2B营销人员最大的问题是缺乏素材和时间来创造优质内容。这与B2C营销人员不同，B2C希望拥有更大的广告预算和渠道来传播他们的产品。

B2C营销由于针对个体，所以营销的侧重点在于在客户心中创建长久的记忆点和体验感，这样才能使消费者愿意回购，所以从这一点来看，重点在于传递产品信息并创建与消费者有共鸣的营销内容。

但总的来说，其营销的本质都是P2P。B2B客户虽然是组织进行购买，B2C客户是个体进行购买，但最终对象都是人，所以也可以说B2C企业更应注重营销，但是究其本质营销都值得重视。

启发性思考题3：兰亭集势使用的网络营销策略有何劣势？

首先，兰亭集势是典型的营销拉动销量，大量的营销费用投入确实带来了利润的增长。

但是长此以往,如果所有的消费都需要依靠大量的流量来带入,很容易陷入恶性循环,造成不断用营销投入消耗营业收入的局面。

其次,兰亭集势的高昂营销投入虽说带来了大量的活跃用户,创造了巨大的收入,但这些用户并没有很好地积累并沉淀于兰亭集势平台上。也就是说用户重复购买率很低。就兰亭集势而言,其复购贡献占比和营销费用是存在一定正向关系的,只是说这样的关系相比于其他电商平台而言,效果不明显并且低于整个电商行业复购率的平均水平。

兰亭集势即使通过高昂的营销费用带来了大量的新用户,也许只能抵消一部分老用户的贡献价值。如果兰亭集势能够实现70%以上的用户复购率,在消费者心中建立起良好的口碑,那么兰亭集势就可以放缓为了获取大量流量的营销费用投入,打造出良性循环。

启发性思考题4:从2013年第三季度后,兰亭集势一直在亏损,主要的原因有哪些?

除了启发性思考题3中营销方面的问题,还有以下问题:

1. 主要出口市场饱和

兰亭集势用户主要分布在欧美地区的西方市场中,但欧美电商市场已经被其他电商平台占据主要位置,例如,据统计,在美国电商市场中,前三名分别为亚马逊、Shopify以及沃尔玛,亚马逊作为占据份额最多的线上大卖场式电商平台,兰亭集势很难在它面前打出优势。而在欧洲这样一个组成国家众多的地区,很多发达国家都有自己的区域性电商和垂直电商。

2. 顾客结构失衡

兰亭集势并没有根据顾客未来可能为公司创造的价值而针对顾客改善自身的出口结构。兰亭集势并没有做出能够让顾客稳定化的行动,而是完全依靠顾客自身目前对兰亭集势的喜爱度和暂时性购买行动。也就是说,在针对消费者客户的售后服务如部分质量问题、物流问题、退换货问题的服务,不能及时做出真正有效的回应,就会出现客户结构失衡的情况。

3. 产品同质化竞争

兰亭集势的商品大多是从中国批发采购,产品货源地雷同,收购价格公开透明,同样从中国采购类似产品的电商平台数不胜数,在这种情况下,就会不可避免地陷入同质化竞争。

兰亭集势选择了以价格战的方式应对同质化竞争,价格战固然帮助兰亭集势从一开始打开了海外市场,使自身迅速发展了起来,但是价格不能一味降低,而且价格战本身在未来是很难回弹的。倘若消费者已经习惯低价的购物,或者说习惯平台之间的价格战,那么在未来,兰亭集势很难再重新把价格拉回到正常水平,或者说即使价格拉回到正常水平,顾客也会因为价格上升而不再在兰亭集势购物。

4. 缺少品牌形象

兰亭集势的产品大多来自普通的工厂生产，而非具有一定品牌知名度的公司。对于部分顾客来说，在满足价格低廉的同时，产品至少应是有品牌的，而不仅仅是"兰亭集势"这一个标签。因此，兰亭集势的商品缺乏品牌标签，导致流失掉部分顾客。

5. 物流体系遭遇困境

兰亭集势所采取的两种物流服务方式分别是与第三方知名国际物流合作和邮政小包，两者反馈都不佳，前者运费过高，后者时间太长。

6. 供应商仓储系统出现矛盾

兰亭集势针对供应商提出的要求是标准化商品提前备货和超过 90 天的滞销品随时撤回，这对于兰亭集势确实有好处，帮助兰亭集势降低了库存风险，提高了利润空间。但是供应商也同样希望自身利益最大化，这两项要求对供应商来说过于苛刻，而且增加了生产成本，反而提高了供应商的库存风险。

另外，兰亭集势在与供应商讨论商品定价时，往往要求按照自己的定价达成协议，一旦供应商不接受，就会立刻更换供应商。从长远来看，这将导致兰亭集势没有相对固定的供应商伙伴，很容易使兰亭集势业内风评变差。同时也会导致兰亭集势更加难以建立品牌优势。

7. 主要支付方式存在不便

兰亭集势的主要支付方式为 PayPal，PayPal 电汇费用高，需要手续费和额外的交易处理费，其次就是国际信用卡，其普及率虽然高，同时也存在拒付、盗刷的风险。

启发性思考题 5：兰亭集势的发展历程为我们带来了哪些启示？

(1) 拓展出口市场如东南亚市场、东欧市场以及"一带一路"沿线国家。

(2) 突破"品牌化"瓶颈：打造自主品牌、提高品牌质量。

(3) 优化营销策略：可以针对顾客结构进行精准营销，拓展营销手段如围绕"绿色消费""大众化消费"的主题进行优化。

(4) 完善物流体系：可以借助外界平台或相关文件进行监督等。

(5) 加强支付服务：如联合各大银行第三方服务纳入人民币结算。

六、教学组织方式

班上学生人数不宜过多，4—6 人为一组。布置教室桌椅的基本原则是让所有班级参与者围坐在一起，以便他们可以轻松地听到和看到他们的小组成员。教室应配备电脑、投影仪、黑板、粉笔等设备。同时，为方便学生更好地参与案例课堂讨论，教师可在课前提醒学生做好课前准备。

（一）课时分配

案例回顾与概述（5 分钟）：关于案例介绍其背景内容，明确案例的分析思路，明确案例的主要内容与核心。

提出问题并分组讨论（20 分钟）：以板书的形式提出启发性的思考问题并分组讨论，以小组为单位给出答案。

小组报告和教师指导（50 分钟）：对于每个启发性思考问题，选择小组回答，其他小组补充。教师应引导学生通过板书和多媒体获得最终答案。

案例评估与总结（10 分钟）：对知识点进行排序，评估案例学习过程，总结学习经验。

其他问题（5 分钟）：教师回答学生的一些其他问题。

（二）板书设计

启发性思考题 1：兰亭集势独特的商业模式为企业带来了哪些效益？

表 3　兰亭集势 2011—2014 年资产负债表部分指标

单位：百万元人民币

项目	2011/12/31	2012/12/31	2013/12/31	2014/12/31
流动资产总额	17.67	37.75	121.29	99.16
资产总额	19.64	39.84	125.89	104.47
应付账款	5.13	9.15	18.68	25.24
应付费用	8.62	12.81	15.01	24.29
短期债务	0	7.79	0	0
其他流动债务	3.46	7.1	10.82	11.76
流动债务总额	17.21	36.85	44.51	61.29
债务总额	17.21	36.85	44.51	61.29

启发性思考题 2：比较分析 B2C 和 B2B 企业，哪方需要更重视营销投入？

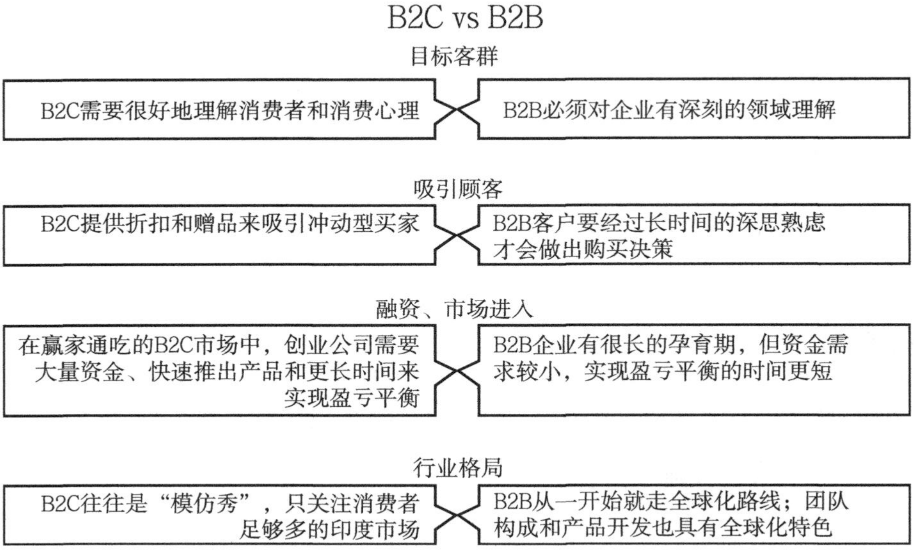

图 6　启发性思考题 2 板书设计

启发性思考题 3：兰亭集势使用的网络营销策略有何劣势？

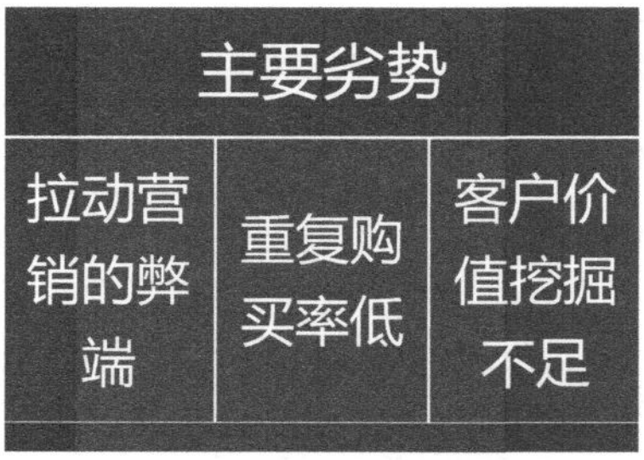

图 7　启发性思考题 3 板书设计

启发性思考题 4：从 2013 年第三季度后，兰亭集势一直在亏损，主要的原因有哪些？

兰亭集势亏损的主要原因

1. 主要出口市场饱和
2. 顾客结构失衡
3. 产品同质化竞争
4. 缺少品牌形象
5. 物流体系遭遇困境
6. 供应商仓储系统出现矛盾
7. 主要支付方式存在不便

图 8　启发性思考题 3 板书设计

启发性思考题5:兰亭集势的发展历程为我们带来了哪些启示?

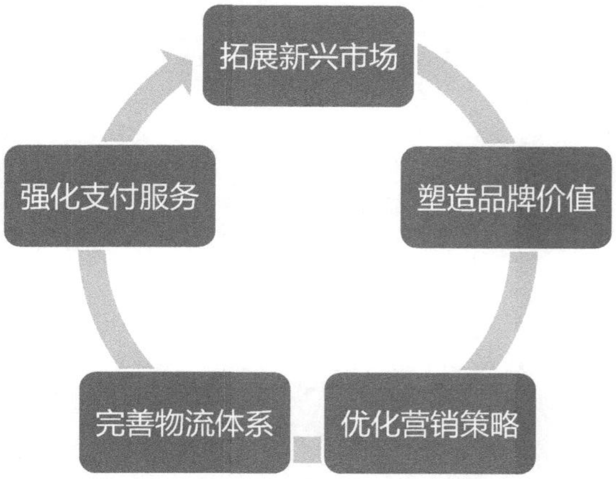

图9 启发性思考题5板书设计

(三)讨论方式

案例讨论应该大致按照典型的决策模型进行。模型包括:①定义问题;②分析案例具体情况;③形成备选方案;④选择决策标准;⑤分析并评估备选方案;⑥选择首选方案;⑦制订行动方案和实施计划。

在大多数情况下,讨论背后的主要驱动力是解决组织中的特定决定或问题。因此,根据上课时间的分类,案例讨论可以如下进行:在小组报告和教师指导环节,对每个问题,教师从5组学生中选出一组回答,其他组做补充,做出不同的选择,分析和评估选项,选择首选选项,并制订行动计划。

在讨论案例时,教师要鼓励学生养成良好的讨论习惯,比如勇于提出不同的想法,在讨论前做好准备,在讨论中积极发言,在讨论后及时简要总结,避免盲目跟风。

七、其他教学支持材料

(一)计算机支持

在教学过程中需要向学生展示和提供一些电子文档,所以在计算机中需要安装PowerPoint和PDF等软件。

(二)网络支持

本案例中提到跨境电子商务案例,需要学生连接互联网,通过登录电商网站、跨境电商平台和相关社交网站体会和了解实务现状。

【实务操作篇】

案例16

出口信用保险在外贸业务中的重要性及规范应用

摘　要：中国出口信用保险公司是我国唯一的政策性保险公司，在助力我国外贸企业开拓市场、防范风险、补偿损失方面起到了很大的支持保障作用。本文从两个典型出口信用保险案例出发，探讨出口信用保险在外贸出口业务中的重要性，及外贸企业应如何在实际业务中规范应用，以更好地发挥出口信用保险的政策性价值，旨在为外贸企业借助信保力量做好风险管控，缓解外部压力，优化市场布局，实现稳健发展提供相应的对策建议。

关键词：出口信用保险；外贸业务；规范应用

Abstract: China Export Credit Insurance Company is the only policy insurance company in our country, it plays a great support role in helping Chinese foreign trade enterprises to develop markets, prevent risks, and compensate for losses. Starting from two typical cases of export credit insurance, this paper discusses the importance of export credit insurance in foreign trade and export business, and how foreign trade enterprises should standardize its application in actual business, so as to better play the policy value of export credit insurance, with the aim of helping foreign trade enterprises to do a good job in risk control, relieve external pressure and optimize market layout with the help of credit insurance. To achieve steady development to provide corresponding countermeasures and suggestions.

Keywords: Export credit insurance; Foreign trade business; Application of specification; appropriate application

一、引　言

出口信用保险是各国政府为提高本国产品的国际竞争力，推动本国的出口贸易，促进经济发展，以国家财政为后盾，向企业在出口贸易、对外投资和对外工程承包等经济活动中提供风险保障的一项特殊的政策性支持措施，是政府对市场经济的一种间接调控手段和补充。通过国家设立的出口信用保险机构承保企业的收汇风险、补偿企业的收汇损失，可以保障企业经营的稳定性，使企业可以运用更加灵活的贸易手段参与国际竞争，不断开拓新客户、占领新市场。因此，它也是出口企业应予充分运用的规避收汇风险的一种有效手段。出口信用保险是世界贸易组织补贴和反补贴协议原则上允许的支持出口的政策手段。

本文以两个典型信用保险案例出发，探讨出口信用保险在外贸出口业务中的重要性，以及外贸企业在实际业务中应如何充分发挥出口信用保险的作用并规范应用，借助出口信用保险的力量帮助企业规避海外风险，开拓国际市场。

二、相关背景

2020年，我国外贸企业遭遇了履约难、接单难、融资难、风控难等诸多难题和国际贸易堡垒增多等经营风险。根据商务部对7 000家外贸企业的调查显示，超过90%的企业面临出运和收汇被迫推迟的情况，不少订单被延迟交期，国外客户取消订单、拒收拒付的风险明显上升，亟需帮助以化解风险，减少损失。为此，国家出台多项稳外贸政策，并且密集指导部署了充分利用出口信用保险这一外贸政策工具。2月12日召开的中央政治局常务委员会会议专门强调“要充分发挥出口信用保险作用”；2月18日，商务部提出了20条具体措施，其中包括“加强出口信用保险支持稳外贸”；2月19日的中央政治局常务委员会会议上，“发挥好出口信用保险作用”被再次强调；在2月27日举行的商务部网上新闻发布会上，进一步扩大短期险覆盖面、开辟理赔绿色通道、对中小微外贸企业进一步降低保费费率、扩大保单融资规模四种出口信保的方式被专门提出用来为外贸企业提供帮助。3月13日商务部在介绍稳外贸的措施时，又多次提到出口信用保险的重要作用。2020年的政府工作报告再次提出，扩大出口信用保险覆盖面的要求，使其紧贴并融入国家一系列推进外贸发展的重大政策和举措，有助于充分发挥事前风险防控、事后及时经济补偿的保障作用，为实体经济和对外贸易保驾护航。2022年，为进一步发挥出口信用保险作用，支持外贸稳定发展，商务部、中国出口信用保险公司发布“关于加大出口信用保险支持、做好跨周期调节进一步稳外贸的工作通知”

(商财函〔2022〕54号),要求将出口信用保险作为稳外贸工作有力抓手,做好跨周期调节,加大对外贸企业支持力度。因此,出口信用保险对于我国促进外贸外资稳中提质意义重大。

中国出口信用保险公司(简称中国信保)是我国唯一承办出口信用保险业务的政策性保险公司,也是我国四家政策性金融机构之一,于2001年12月18日正式挂牌运营,资本来源为出信用保险风险基金,由国家财政预算安排,目前已形成覆盖全国的服务网络。中国信保通过为对外贸易和对外投资合作提供保险等服务,促进对外经济贸易发展,重点支持货物、技术和服务等出口,特别是高科技、附加值大的机电产品等资本性货物出口,促进经济增长、就业与国际收支平衡。中国信保在信用风险管理领域深耕细作,成立了专门的国别风险研究中心和资信评估中心,资信数据库覆盖全球3.2亿家企业银行数据,拥有海内外资信信息渠道超过400家,资信调查业务覆盖全球所有国别、地区及主要行业。截至2021年年末,中国信保累计支持的国内外贸易和投资规模超过6.16万亿美元,为超过24万家企业提供了信用保险及相关服务,累计向企业支付赔款178.48亿美元,累计带动近300家银行为出口企业提供保单融资支持超过4万亿元人民币。根据伯尔尼协会统计,2015年以来,中国信保业务总规模连续在全球官方出口信用保险机构中排名第一。目前,中国信保主要产品及服务包括:短期出口信用保险、中长期出口信用保险、海外投资保险、国内信用保险、与出口信用保险相关的信用担保和再保险、应收账款管理、商账追收、信息咨询等出口信用保险服务。

三、案例介绍

(一) 案例1. 投保"小微企业信保易"获索赔

厦门B公司是一家刚成立两年的外贸企业,虽然初出茅庐,但公司老总在风险防控上的意识丝毫不弱于老牌外贸企业,在得知中国信保的"小微企业信保易"能保障出口企业海外业务的商业风险和政治风险后,就当机立断主动投保。B公司于2019年底分别向美国客户出口两批货物,美国客户在收到第一笔货物后拖欠货款未付,还要求第2笔货物放货检验,B公司敏锐地意识到可能的风险,立即按照已投保的"小微企业信保易"保单约定,向中国信保厦门分公司报案,同时准备好所有完整的相关资料,中国信保厦门分公司在接到案件后,立即启动理赔勘查程序,委托其海外追偿渠道展开调查,海外渠道介入后,马上帮助B公司厘清合同条款和纠纷问题,并结合中国信保的专业意见和客户进行谈判,谈判进入最后阶段时,中国信保厦门分公司迅速成立线上案件处理小组,通过无时差工作方式与海外渠道及时对接案件进展,为B公司赢得最后的谈判优势做出了贡献。恰逢春季假期,B公司因上游供应商无法正常复工而业务停滞，陷入经营困境。中国信保厦门分公司第一时间对本案启动定损核赔程序，向B公司支付赔款7.4万元，极大地缓解了该外贸企业当时的复工复产资金压力。

“小微企业信保易”的推出加大了对小微企业的政策倾斜力度，支持了一大批像厦门B公司这样的小微企业开拓海外市场，提升国际竞争力。2020年，中国信保共服务小微企业突破了10万家，小微出口企业的覆盖率达到了1/3，全年支持小微企业出口近1 000亿美元，增长了41%，支付赔款了1.2亿美元，增长了28%。另外，小微企业平均费率下降了35%，让小微企业得到了更多的实惠。

（二）案例2. 利用短期出口信用保险获订单

江苏甬金金属科技有限公司是一家专业加工精密不锈钢板带的高新技术企业，年出口额达上亿美元。自国家“一带一路”倡议提出后，江苏甬金公司积极开拓“一带一路”市场，加大与“一带一路”沿线客户的贸易往来。该企业在三年前与俄罗斯的一家客户开始经贸合作，双方一直采用的是款到发货的模式，交易规模也有限。2020年，俄罗斯客户提出放账需求，希望以此扩大双方之间的贸易合作规模。是继续采取保守方式防风险，还是转变贸易方式拿订单，江苏甬金公司陷入了两难境地，在不想失去订单的时候想到了利用出口信用保险规避贸易风险。在得知江苏甬金公司面临的难题后，中国信保江苏分公司及时响应外贸企业客户需求，本着支持有市场、有订单的企业有效履约的负责任态度，主动靠前服务，与企业加强沟通联系，最终江苏甬金公司利用短期出口信用保险转变贸易方式，成功获得订单，且全年公司出口规模还再上一个新台阶。

值得一提的是，本案例中江苏甬金金属科技有限公司是向“一带一路”沿线的俄罗斯客户开展出口业务。截至2021年底，中国信保累计支持中国企业面向“一带一路”沿线国家出口投资超过1.1万亿美元，业务范围覆盖沿线所有国家，为“一带一路”项目出具保单超过3 300张，支付赔款超过38亿美元。其中，2020年中信保积极推动“一带一路”国际合作高峰论坛的成果落地，加强第三方市场的合作，全年支持“一带一路”沿线国家出口和投资，超过了1 500亿美元。

参考文献

[1] 程欣.从两则案例看出口信用保险在外贸业务中的重要性及规范应用[J].对外经贸实务，2020(10)：64－68.
[2] 李然，仇艺臻.国际贸易中利用出口信用险影响力实施诈骗的实例分析[J].对外经贸实务，2021(2)：77－80.
[3] 中国出口信用保险公司 https：//www.sinosure.com.cn/.

案例 16　使用说明

一、教学目的与用途

本案例教学目的是通过出口信用保险业务的回顾，再现出口信用保险对当前外贸的促进作用，并探讨出口信用保险在使用时应注意的问题。通过本案例的阅读与知识讲解，让学生了解出口信用保险业务的类型、特点，熟悉我国出口信用保险的保障范围，掌握中国信保出口信用保险业务，并引导学生正确运用出口信用保险来规避外贸业务的风险，促进外贸稳定发展。

（一）适用课程

本案例适用于进出口贸易实务、国际贸易理论与实务课程。

（二）适用对象

本案例难度适中，使用对象包括国际商务专业和国际贸易专业硕士研究生和高年级本科生。

（三）教学目标

1. 知识传授

通过本案例的教学，学生应掌握以下知识，并学会将相关理论应用到实践中。第一，出口信用保险的含义以及特性。第二，出口信用保险保障的种类以及保障范围。第三，承保出口信用保险的基本要求。

2. 能力训练

通过本案例的学习，学生能够掌握规范操作出口信用保险、达到规避外贸风险的能力。

3. 观念更新

在学习本案例后，学生能够对出口信用保险的基本业务程有所了解；对出口信用保险如何运用到我国出口业务中有一定的认识。

二、启发性思考题

结合案例 1 和案例 2 说明在使用出口信用保险时应注意的问题。

三、案例分析背景

(一)理论背景

1. 出口信用保险的特性

(1)政策性。出口信用保险本身是各国政府以国家财政为后盾支持出口的政策措施,其经营就必须符合国家的外交、外贸和产业发展等政策。再者,出口信用保险不同于一般的保险,它所承保的在很大程度上是国外进口商的道德风险,因而风险是复杂的,而且,这种风险的大小经常随国际政治和经济情况的变化而波动。这些风险通常不是一般保险公司所能够承受的。同时,为便于落实国家的产业政策和国别贸易政策,出口信用保险也只能由政府来承办。目前,在世界上,出口信用保险一般都由政府直接办理或由政府投资设立一个专门机构负责办理;出口信用保险在一些国家由政府委托私营保险公司代理或部分委托代理,部分由政府投资的专门机构办理。我国则由政府出资设立专门机构,即中国出口信用保险公司,作为我国唯一从事政策性出口信用保险业务的国有独资保险公司统一专业承办出口信用保险业务。

(2)保证性。出口信用保险属于信用险范畴,具有保证性质。在国际货物买卖中的出口信用保险,其保障的标的是被保险人在出口合同中权利的实现。出口信用保险公司在签发保险单时,就作出一种保证,当买方由于保险单中规定的原因不付款时,保险公司即承担付款责任。

(3)专门性。出口信用保险费率的计算不同于一般财产保险所用的"大数法则",而是根据进出口人的资信、规模和经营进出口贸易的历史状况以及进口国的政治、经济、外汇收支等情况,并结合国际市场的经济发展趋势,进行综合分析后作出判断。因此,保险费率的确定带有很强的人为因素,往往要受社会政治环境和进出口人经营情况和经营作风的影响,具有相当的不稳定性。再者,出口信用保险的目的是将出口人的收汇风险转嫁到保险人身上,从而为出口人开拓海外市场提供坚强后盾,促进出口贸易的发展。由此可见,出口信用保险与一国的出口贸易紧密相联,有其专门的目的性。

2. 出口信用保险的种类

出口信用保险通常分短期和中长期保险两种。短期保险适用于持续性出口的消费性货物，信用期限在180天以内。短期保险需求量大，适用范广，一般均占信用保险机构承保的极大比重，并有固定的保险单及条款。中长期保险适用于资本性货物，如成套设备、船舶、飞机等的出口以及工程承包、技术服务项目的合同，信用期限超过180天，至2年、5年、8年等。中长期保险金额大，信用期限长，收汇风险也较大，保险机构通常要介入合同谈判和可行性研究分析工作，逐笔审查，并按每个合同的具体情况设计保险单和费率，不采用固定格式的保险单。

3. 出口信用保险的保障范围

(1)在国际上，凡由官方机构承办的出口信用保险，都是以鼓励本国产品出口为宗旨的，保险办法中一般都规定，只承保全部或大部分是本国制造或生产的出口产品。

(2)在国际货物买卖中，出口信用保险主要承保以商业信用方式出口的产品。例如，以付款交单(D/P)、承兑交单(D/A)以及赊账方式(O/A)作为支付条件的出口合同。

(3)出口信用保险承保的风险，一般包括商业信用风险和政治风险两部分。在国际货物买卖中，前者指买方不守商业信用而造成出口人的损失，也称买方风险。例如，买方破产或拒收货物并拒付货款或长期拖欠货款等。政治风险是指非买卖双方所能控制的买方所在国或第三国的一些政治性、行政性原因引起的卖方损失，也称为国家风险。例如买方国家颁布新法令或采取行政手段禁止货款汇出、撤销原来签发的进口许可证，买方所在国或货款须经过的第三国颁布延期付款令，或买方国家发生战争、动乱等非常事件使合同无法履行等。

(二)实务背景

承保出口信用保险一般要具备以下基本要求：

(1)承保出口信用保险前，通常出口企业应提供一份真实反映其出口及收汇情况和投保要求的申请书。保险机构根据其申请书，结合通过调查掌握的出口企业经营情况，保险机构制定保险条款和费率。中长期保险则应对每一份合同进行严格的审查。

(2)短期信用保险一般实行全部投保的原则，即出口企业必须将所有以商业信用方式的出口按销售额全部投保，不允许只选择风险大的国家和买方投保。这项原则对保险公司分散风险保持业务经营的稳定性至关重要。

(3)严格控制买方信用限额，是保险公司承保短期信用保险的一项重要手段。出口企业通常要事先向保险公司申请每一买方的信用限额，经批准后作为保险公司对该买方风险所致损失的最高赔偿限额。为核定买方信用限额，保险公司要通过各种渠道掌握买方的资信情况，并用电脑储存和管理。因特殊情况未申请或来不及申请限额时，保险公司一般均规定一个较低金额由出口企业自行掌握。

(4)对不同原因造成的损失，保险单均规定一个不同的核定损失的期限，以便保险公司有时间调查损失情况，并在必要时采取挽救损失的措施。保险公司只有在规定的核定损失期限届满时，方予赔付。

(5)出口企业自己应承担一定比例的损失。在出口信用保险业务中，一般规定保险机构仅赔付实际损失的90%，其余的10%归出口企业自己承担，以敦促其谨慎从事，并在发生损失后努力挽救损失。

四、理论研判依据

(一) 知识点一：我国短期出口信用保险承保的范围和赔偿比例

我国短期出口信用保险为以信用证、非信用证方式从中国出口的货物或服务提供应收账款收汇风险保障。承保业务的信用期限一般为一年以内，最长不超过两年。其损失赔偿比例为：政治风险所造成损失的最高赔偿比例为90%；买方破产、无力偿付债务、拖欠、拒收，开证行破产、停业或被接管、单证相符、单单相符时开证行拖欠或在远期信用项下拒绝承兑等其他商业风险所造成损失的最高赔偿比例为90%；出口信用保险(福费廷)保险单下的最高参与比例可以达到100%；中小企业综合保险下的最高赔偿比例为90%。短期出口信用保险是当前中国信保的主要险种中承保金额最多的一种。

出口企业可以选择以下保险产品：①综合保险。该产品以中华人民共和国境内注册的企业为被保险人，补偿企业按贸易合同约定出口货物或提供服务后因发生政治风险或商业风险导致应收账款的直接损失。②中小企业综合保险。该产品更好地适应中小企业特点，以中华人民共和国境内注册的企业为被保险人，补偿企业按销售合同约定出口货物后因发生政治风险或商业风险导致应收账款的直接损失。③小微企业信保易。该产品是中国信保为小微企业量身订制的专属出口收汇风险保障方案，以中华人民共和国境内注册的企业为被保险人，补偿企业按销售合同约定出口货物后因发生政治风险或商业风险导致应收账款的直接损失。④出口前附加险。该产品是短期出口信用保险主险产品项下的附加型产品，主要承保货物出口前发生的信用风险。为金融机构、出口企业或融资租赁公司收回融资协议、商务合同或租赁协议项下应收款项提供风险保障，承保业务的保险期限一般为2—15年。中长期出口信用保险为金融机构、出口企业或融资租赁公司收回融资协议、商务合同或租赁协议项下应收款项提供风险保障，承保业务的保险期限一般为2—15年。

(二) 知识点二：我国“小微企业信保易”承保的范围

“小微企业信保易”是中国出口信用保险公司针对小微企业推出的一款保险产品，只要是符合《关于印发中小企业划型标准规定的通知》中认定标准的，且上一年度出口额在300

万美元以下的出口企业都可以投保。其保障范围覆盖外贸企业出口收汇面临的商业风险和政治风险，其中商业风险是指买方或开证行的信用风险，信用证支付方式下包括：开证行破产、停业或被接管，开证行拖欠，开证行拒绝承兑；非信用证支付方式下包括：买方破产或无力偿付债务，买方拖欠款项，买方拒绝接受货物等；政治险是指买方或开证行所在国家（地区）相关的国家风险，包括：买方或开证行所在国家或地区禁止或限制汇兑，禁止货物进口，撤销已颁发给买方的进口许可证或不批准进口许可证有效期的展延，发生战争、内战，导致买方无法履行合同或开证行无法履行信用证项下的付款义务，买方或开证行所在国或付款须经过的第三国颁布延期付款令等。

五、案例分析思路及要点

（一）案例分析思路

近年来，出口信用保险在帮助外贸企业开拓市场、防范风险、补偿损失方起到了很大的支持保障作用。国家领导和各部委在各种重大会议和场合中反复强调的“充分发挥出口信用保险作用”，对于外贸企业来说也是利好的政策信号。真正能用足用好出口信用保险，对于企业的发展无疑是很好的助力，可以保障企业的利益，降低企业在海外市场的风险。外贸企业在出口业务中的规范应用，会更好地发挥出口信用保险的政策性价值。本文案例一中的厦门 B 公司、案例二中的江苏甬金公司正是利用了出口信用保险才成功获得订单，稳住客户，提升市场竞争力。

（二）启发性思考题解答要点

启发性思考题（一）：结合案例 1 和案例 2 说明在使用出口信用保险时应注意的问题。

1. 充分利用政策，激发企业活力

中国信保近年来在促进实体经济发展、支持外贸稳中向好方面起到了很大的作用，业务覆盖面在进一步扩大，承保金额也在逐年递增。当然，我们在看到承保金额不断递增的同时，还要考虑到出口信用保险渗透率，即承保额与当年的出口额比值，虽然中国信保的渗透率从 2012 年的 0.85%上升到 2019 年的 24.4%，但与日本 50%、英国 45%的水平还是有一定差距的，这说明中国信保的业务还有较大开放空间。再看实际的国际贸易业务，外贸企业开拓国际市场的目标明确，就是争取新订单，但往往订单来了却不敢接。新开发的客户靠谱吗？出口金额虽然大但会不会是有圈套，手中的订单到底是馅饼还是陷阱，往往看不透，但犹豫之际又可能会与优质客户和高额订单擦肩而过，毕竟市场竞争激烈，机会稍纵即逝。而有了出口信用保险的保障，外贸企业可以借助外部力量做好风险管控，缓解外部压力，更好地激发企业的发展活力。

2. 主动及时投保，不存侥幸心理

需要注意的是，出口信用保险虽然是政策工具，但出口信用保险中的短期险实行的是商业化运营模式，是由外贸企业自主决定是否投保，并且短期险保单的有效期1年。所以只有主动投保了短期险并在保单到期日之前及时续保，交纳了保险费，履行了保险合同规定的义务，方能享受短期险的保障。保险费作为企业的风险管理成本，是业务增长的基石，理应是公司正常运营成本的一部分，但有些外贸企业的总裁心存侥幸，不愿承担保费；还有些外贸企业挑客户投保，比如挑选自认为风险大的买家投保而不是全额投保，但这也存在一定的风险，一些企业自认"牢靠"的买家并不一定"牢靠"，同时挑选买家投保所付的保费是要高于统保报价的。当然，国家也在不断出台支持外贸企业的政策，以强化对中小微外贸企业的支持。有些外贸企业在风险发生以后才想到找中国信保要求补办保险，即知险后申报，这显然是不合理的，保险人是不会承担保险责任的。保险就是对未来不确定的风险进行保障，一定要提前规划，才能规避未来的不确定风险。任何在收汇风险发生以后的补投保都是会 被中国信保拒绝的。另外，在中国信保投保时还要特别注意信用限额。当外贸企业投保短期险时，在《投保单》里要把投保范围、出口情况、适保范围内的买方清单及其他需要说明的情况一一填写清楚，中国信保拿到后首先会审核保单，核定费率，签发保单，提供《保单明细表》《费率表》《国家(地区)分类表》《买方信用限额申请表》《信用限额审批单》《出口申报单》等给到外贸企业，当外贸企业在接到中国信保签发的《短期出口信用保险综合保险单》后，要就保单适用范围内的每一买家申请信用限额，填写《买方信用限额申请表》，并把买家的情况、双方贸易条件以及所需的限额填写清楚。在此基础上，中国信保评估买方资信，核定限额。而买家的偿付能力是有限的，对于全国的出口企业而言是稀缺资源，在很多企业投保的情况下额度就会更紧张，比如有些外贸企业犹豫再三才想投保时，会发现信用限额不够了或者没有了，也就是出现了限额无法全额满足的情况。而限额是一个动态变化的资源，可以随着出口企业交易记录的累积而不断扩大，所以尽早投保，才能尽早开始这个累积的过程。

3. 常存风险意识，借助信保数据

当前外部因素复杂多变，外贸企业在国际贸易中选择交易对象时，一定要常存风险意识。一些外贸公司业务员会认为有些客户是自己多年合作伙伴，或者有些客户规模大实力强，签单收汇应该问题不大。然而市场行情风云变幻，根据数据显示，2019年美国就有1万家的实体商店关门。2020年，美国零售巨头梅西百货(Macy's)和科尔士百货(Kohl's)都宣布临时裁减大部分门店员工，而运营已超过百年的老牌百货公司JCPenney已于2020年5月15日正式提出破产申请。近段时间以来，境外一些不法商人利用外贸企业急于抢单的心理进行贸易诈骗的案例不在少数，如果外贸企业能将风险防控常记在心，在与新客户开展合作前先去咨询中国信保，就可能会发现这些不法商人都非中国信保批复限额的买家。所以，外贸企业在签单前务必要仔细核实确认国外客户的身份信息及资信情况，主动索要营业执照、代理证明等信息，并利用资信报告、网站信息等进行交叉核对，尽可能多渠道、全方位地核查，以确保交易客户的真实身份和贸易合同的合法有效。在中国信保处理的赔付案件中，损因包括了多方面，如买方拖欠、买方拒收、买方破产、开证行拖欠、开证行拒绝承兑以及海外政治风险。而这些风险有些早在签单前已有端倪，借助信保数据是可以规避的，外贸企业须知，中国信保除了提供损因调查、欠款追讨、物流追偿等理赔追偿服务外，还提供资信调查服务，帮助企业识别风险。截至 2020 年，中国信保资信数据库覆盖超过 2 亿家海外企业数据、7 000 万家中国企业数据、4.5 万家银行数据，拥有海内外资信信息渠道超过 400 家，资信调查业务覆盖全球所有国别、地区及主要行业。同时中国信保每年还会发布《国家风险分析报告》，为外贸企业加强风险统筹管控保驾护航。如 2019 年的《国家风险分析报告》中包括了 192 个国家的国家风险、主权信用风险评级结果和 55 个重点国家的政治、经济、商业及法律风险分析，这些都能让外贸企业在开拓海外市场、选择客户时对风险形势有较为客观清晰的辨识和研判。

4. 签约思量周全，履约谨慎合规

外贸企业在确定国外客户准备签约时，除了质量、规格、包装、运输、支付等条款外，还要对“第三方检验条款”“不可抗力条款”“适用法律条款”“争议解决与仲裁条款”等有明确的界定。在当前海外买家破产风险持续升高的情况下，外贸公司业务员在贸易合同中还要规定好“物权保留条款”，即买卖双方约定在货物交付后，卖方保留货物的所有权直至买方付款，在买方破产时，设置物权保留的货物就不属于破产财产，出口企业可依法行使取回权或享有优先受偿权。签约后合同的履行更要谨慎合规。如果出现修改合同的变更事宜，如客户提出临时更改目的港、货物发往第三方、电放提单提货等修改要求，或者在 FOB 贸易术语情况下，国外买家指定货代，又或者是因为交期紧张，客户要求海运改空运（空运单与代表货物所有权凭证的海运提单不同，空运单是不能控制货权的），外贸企业都应马上与中国信保取得联系，通报进展。业务员在履约过程中要注意时时跟踪产品生产进度，进行产品质量监控，不要因为质量原因让买家找到理由拒收货物，同时要控制好出口节奏，并在出货后主动跟踪物流信息，以积极合理的方式加强货款催收，如若对方以市场行情不好、资金周转困难为由提出要将支付方式改为提货后付款或延迟付款等要求，或无理由地付款变慢甚至拖欠货款，且催讨无果时，外贸企业都应提高警惕，第一时间告知中国信保。因为有些国外客户可能会从拖欠货款的状态进入破产程序的状态，所以外贸企业的及时通报会便于中国信保及时采取有效的应对措施。另外，中国信保承担赔偿责任的基本条件包括损失是由保单承保的损因所导致，且中国信保在赔付后原则上可就该损失进行追偿，所以外贸企业在合同履约中要注意保护企业自身和中国信保的潜在利益，一旦产生有损利益的行为，中国信保有权降低赔偿比例或拒绝承担赔偿责任。例如若外贸企业在货物出运前已经明知风险，但因投保了短期险而一意孤行继续出运，实际上是故意扩大了风险，属于保险人除外责任，而除外责任造成的经济损失，保险人不负赔偿责任。

5. 跟单精细管理，遇险及时报损

企业在订单履行过程中跟单要精细管理，尤其是要有单据留底意识，做好证据留存工作，如合同、商业发票、运输契约，如海运提单或其他货运（或交付）单据、有海关验讫章的出口报关单、检验报告、来往函电等，并注意与交易有关的重要信息要以书面形式记录，并将这些文件妥善保存。一旦需要索赔，除了这些单证文件外，还要准备关于其他损失证明的文件，这主要是指在不同损失原因或支付方式情况下有针对性提供的损失证明材料。如在信用证案件中，需要银行承兑电文、拒付通知电文等；买方破产情况下，需要买方破产证明文件等；政治风险情况下，需要已发生政治风险的证明文件等；D/A 支付方式下，需要买方承兑证明文件等。外贸企业能成功索赔的一个重要因素就是提交的单据齐全完整合规。总的来说，外贸企业索赔必需准备的单证文件大致包括索赔申请书、案情说明、索赔单证明细表、保险单明细表、限额审批单、合同、发票、提单、报关单、往来函电；而可能需要的单证包括买家的承兑证明、银行的未收汇证明、外管的未核销证明、质检报告、其他证明文件、委托追讨书、保证函等。同时企业还要注意短期险的索赔时效，通常在买方或者开证行拖欠风险发生之日起 60 天后，最晚不超过应付款日后 120 天内或者其他风险，如政治风险、买方/开证行破产、开证行拒绝承兑等发生之日起 10 个工作日内，就要向中国信保申请索赔，及时报损能让中国信保尽早开展案件勘查，核实企业保单义务履行情况、贸易真实性和债权债务关系，介入海外追讨，并在较短时间内做出赔付决定。为了更好地将短期险作为稳外贸的有力抓手，商务部在 2020 年 2 月 21 日与中国出口信用保险公司联合发布的通知里还专门提出要开辟理赔绿色通道，适当放宽理赔条件，在贸易真实和债权金额确定的前提下，应赔尽赔，能赔快赔。这对于众多外贸企业而言无疑是非常利好的。外贸企业用足用好出口信用保险这项外贸政策工具，必将能更好地开拓国际市场，规避收汇风险，优化市场布局，实现企业稳健发展。

六、教学组织方式

案例授课班级人数不宜过多，应该控制在 20 至 30 人，可以 4 至 6 人为一组，分成 5 个小组。教室的桌椅布局要让所有的课堂参与者围坐四周,以使其容易听到和看到同组成员为基本原则。教室中应具备电脑、投影仪、黑板、粉笔等设备。同时,为方便学生更好地参与课堂案例讨论,教师可以在课前提醒学生做课前准备工作,例如先去搜索相关资料去了解我国出口信用保险发展的现状。

(一) 课时分配

(1)案例回顾与概述(5 分钟):介绍案例背景,回顾案例中涉及的基本知识点,理清案例思路,明确案例主题。

(2)提出问题与小组讨论(10 分钟):案例总体介绍并提出启发性思考题,分小组讨论并形成组内答案。

(3)小组汇报(20 分钟):针对两道案例,每组派代表展示讨论结果,其他小组补充。

(4)案例评价与总结(10 分钟):对知识点进行梳理,对案例教学过程进行评价,总结学习心得体会。

(二) 板书设计

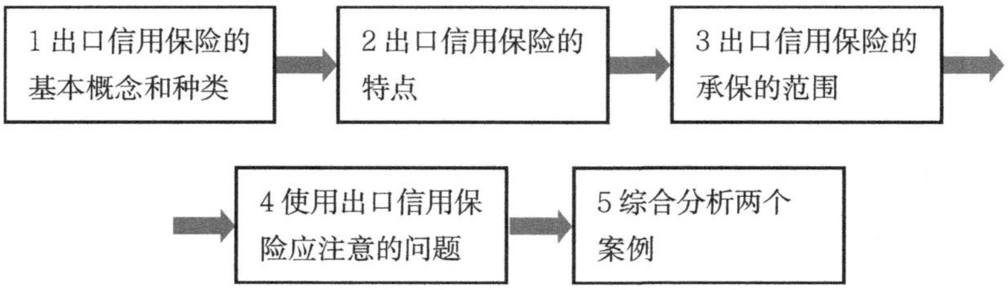

图 1　启发性思考题(一)板书设计

(三) 讨论方式

大多数案例讨论的核心推动力是组织中某个具体决策或问题的解决方案,因此,根据课时分配,案例讨论可以这样进行:在提出问题和小组讨论环节中,小组内根据 3 道启发性思考题进行讨论,并形成组内答案;在小组汇报与教师引导环节中,对每一道问题,教师从 5 组学生中选 2 组回答,其他小组补充,形成多种备选方案,教师根据决策标准引导学生分析评估备选方案,选出首选方案,并制订行动计划。

在案例讨论时,教师需鼓励学生形成良好的讨论习惯,如勇于提出不同意见、讨论前做好准备、讨论时及早发言、讨论后及时总结,避免盲目从众、提前背稿。

七、其他教学支持材料

（一）计算机支持

由于本案例在有关课程中被当作讨论材料使用，需要展示给学生。所以在计算机中需要安装 PowerPoint 软件。

（二）网络支持

本案例可以让学生连接互联网，通过登录相关网站体会和了解实务现状。

案例 17

进出口贸易中如何防范托收业务风险

摘　要：随着国际贸易的发展，托收被广泛运用于国际结算，成为较为成熟的结算方式。特别是近年受买方市场、进口国政策变化等影响，托收业务量在国际结算中呈上升趋势，但随之产生的风险纠纷也不断增多，需要企业在国际贸易中提高风险意识，加强风险防范。本文通过对三则托收业务案例的分析，就如何防范托收业务的潜在风险提出相关建议，将有助于进出口商采取相应的防范措施来规避风险。

关键词：付款交单；承兑交单；信托收据

Abstract: With the development of international trade, collection is widely used in international settlement and has become a more mature settlement method. Especially in recent years, under the influence of buyer's market and policy changes of importing countries, the volume of collection business is on the rise in international settlement, but the resulting risk disputes are also increasing, which requires enterprises to improve their risk awareness and strengthen risk prevention in international trade. Based on the analysis of three cases of collection business, this paper puts forward relevant suggestions on how to prevent potential risks of collection business, which will help importers and exporters to take corresponding preventive measures to avoid risks.

Keywords: Documents against payment; Documents against Acceptance; Trust Receipt

一、引　言

当前，国际经济形势更趋复杂严峻，外贸企业结算面临的风险也随之加大。托收是国际贸易中常见的一种结算方式。目前，在我国的外贸实践中，仍有部分交易的货款采用托收方式进行收取。相比信用证有银行信用保障，托收属于商业信用，出口商是否能收回货款取决于进口商的信用。另外，在托收业务中，若托收行和代收行操作不当，相关从业人员未能给予足够重视，容易引发纠纷、诉讼，甚至造成损失。因此，出口商有必要了解托收的风险防范之道。

二、相关背景

作为传统的三大结算方式之一，托收在外贸实务中很常见。托收遵循的统一国际惯例是《托收统一规则》(简称 URC522)。托收本质上和电汇方式一样仍属于商业信用，对出口商收汇客观上仍存在较大风险，主要体现在以下几个方面：一是进口商的信用风险。出口商与银行之间属于委托代理关系，银行在出口托收业务中是根据出口商的指示行事，并不承担任何付款担保/义务。所以出口商能否收到货款完全取决于进口商的信用，比如有些信誉不佳的进口商在货物行情下跌的情况下拒付或者要求折扣，甚至有些进口商破产或丧失清偿债务的能力，出口商可能收不回付款。另一种更为恶劣，付款人承兑接受单据后提走货物，但到期不付款。出口商此时是货、款两空。即使出现该情形，银行也只能提示付款人付款，协助出口商催收而已。银行既无对收款人付款的义务，也没有对付款人强制扣款的权利。因此，出口商需要了解客户，进而选择有诚信、有实力的客户。特别是针对一些政局不稳、经济欠发达的收汇高风险国家，更应如此。这也是规避出口托收业务付款人信用风险的基础。二是代收行选择的风险。作为与付款人往来的银行，代收行在出口托收业务中扮演着重要角色。其对托收统一规则的理解及其信誉，都对出口商能否顺利收款起到至关重要的作用。其中一些较小的代收行、或者没有开办过国际结算业务的银行，对托收行的指示、对 URC522 的规定并不清楚，甚至于直接把收到整套代收单据转给付款人了事；更有些信誉差的代收行，不按国际惯例、托收行指示办理，在未收到款的情况下就把 D/P 托收单据放给付款人。因此，出口商在选择代收行时，最好选择一些在付款人本国排名靠前的、国际结算业务比较精通的银行来办理。此外，还要避免不通过银行直接把单据寄往代收行的行为，以避免风险。

三、案例介绍

（一）案例 1

中国出口企业 E 向意大利 M 公司出口一批纺织品，于 2019 年 12 月在托收行 O 银行办理出口托收交单业务，付款条件为 D/P 即期，提交的单据包括商业发票、1/3 正本提单。托收行按照企业 E 的托收指示，于收单当日，通过 DHL 国际快递寄送全套单据至代收行 I。2020 年 3 月 2 日，企业 E 通过查询船公司网站，发现国外买家已提货，但其并未收到货款。企业 E 向托收行提交书面申请，要求托收行立即向代收行发报查询单据状态，并催收货款。3 月 3 日，托收行 O 向代收行 I 发送电报的同时，收到代收行报文。报文声称，国外买家拒绝付款，如未接到托收行进一步指示将退单。

3 月 4 日，企业 A 要求托收行回报代收行：据船公司称所有货物已凭正本提单提货，除三分之一的正本提单寄送代收行外，另外两份正本提单仍在出口企业手中。请代收行确认唯一的正本提单是否还在代收行档案中。随后代收行回复报文，确认其档案中是正本提单，全套单据将通过国际快递退回托收行。

3 月 16 日，托收行收到退单。由公证处、托收行及企业 A 共同拆单、验单，并录像完成证据保全公证过程。通过将退单中的所谓"正本提单"与企业 A 手中留存的两份正本提单进行比对发现，代收行退回的提单是彩色复印件，而非提单正本。托收行为维护出口商的利益，与代收行进行了多次措辞严厉的函电交涉，至今未果。

（二）案例 2

2021 年，卖方意大利 A 公司与中国 B 公司谈妥一笔业务。中国 B 公司以 CIF 术语，即期 L/C 付款方式，向意大利 A 公司进口耐高温高压阀门一批，价值 28 万美元，装运期为 7 月。在货物装运前，经买卖双方协商，将支付方式改为见票后 150 天付清货款。卖方于 7 月 28 日将货物装船，目的港上海。

8 月 1 日，卖方意大利 A 公司将全套货运单据（包括正、副本海运提单、检验证书、商业发票、保险单等）连同汇票，并附托收申请书，送交托收行意大利都灵 C 银行。卖方意大利 A 公司委托该行收款，但在托收申请书内并未明确交单方式，即并未明确是 D/P 还是 D/A，只说明请托收行 C 银行将单据转交中国买方 B 公司，并规定：请当地代收行在中国买方 B 公司付款以前，通过托收行 C 银行与卖方 A 公司先行联系，听候卖方 A 公司的进一步指示。托收行 C 银行在寄单时，也没有将卖方的汇票附在寄出的单据内。托收行在给代收行 D 银行的托收指示书上，关于付款方式一栏。明确注明见票后 150 天承诺付款（Promissory payment at 150 days sight）。

代收行D银行收到寄来的单据后，通知买方B公司，经审核单据无误。后来经买方B公司要求，凭B公司出具给代收行D银行的保函，代收行D银行将全套单据交给买方B公司。保函的抬头是代收行D银行，内容是B公司先将单据取走，保证到期准时将全部贷款付给D银行。B公司凭从D银行借到的单据，将货物从上海港仓库提出。买方B公司保函的最迟付款时间是次年1月15日。但买方B公司在到期后并未支付货款。D银行几次催促B公司付款，都被B公司以货物质量与合同条款不符为由拒绝了。D银行无奈，只能不了了之。

事隔两年之后，卖方A公司忍无可忍，委托一家律师事务所为代理人，将代收行D银行告上法庭，要求D银行支付全部货款，并赔付几年的利息。卖方A公司的理由是：托收委托书及托收指示书上明确规定，支付方式是见票后150天承诺付款，但代收行D银行擅自将单据交给买方和B公司，违反指示，导致贷款无法收回，对此D银行应负全部责任，并赔偿A公司所有损失。

代收行D银行则反驳：作为代收行，D银行没有任何责任。因为它是根据托收指示书办理业务，托收指示书上明确。“promissory payment”，即“承诺”付款，只要付款人承诺，银行即可将单据交出。D银行先将单据交给B公司，并未违反托收指示书。因此，D银行没有任何过错，更不应负任何赔偿责任。

最后，案件提交某省高等法院。根据有关的国际惯例，该省高等法院判决D银行赔偿A公司所有损失。

参考文献

[1] 陈广.各类信用证结算合同中支付条款的要求及要注意的问题[J].对外经贸实务，2014(2)：63－65.

[2] 韩淞，朱赛芳.我国出口托收商D/P项下的风险和防范浅析[J].世界经济情况，2006(2).

[3] 鞠萍，李宜伟.从一则案例看中小出口企业结算方式的选择[J].对外经贸实务，2020(9)：67－69＋77.

[4] 王丽.从一则案例看国际贸易结算方式选择和风险防范[J].对外经贸实务，2021(9)：85－88.

[5] 杨育灵.出口跟单托收的风险防范[J].中国外汇，2017(14)：60－61.DOI：10.13539/j.cnki.11－5475/f.2017.14.016.

[6] 朱燕芳.从一则案例看出口商采用D/P远期托收的风险及启示[J].对外经贸实务，2017(4)：70－73.

案例 17　使用说明

一、教学目的与用途

本案例教学目的是通过对国际贸易结算中托收业务的回顾，再现托收业务中存在的潜在风险，并探讨在出口贸易中采用托收方式时应注意的问题。通过本案例的阅读与知识讲解，让学生了解托收业务的类型、特点，熟悉《URC522》的相关规则，掌握在进出口业务中托收方式下的资金融通，并引导学生运用相关规则分析进出口企业如何防范风险等问题，从而学会正确灵活地使用国际贸易结算方式。

（一）适用课程

本案例适用于进出口贸易实务、国际贸易理论与实务课程。

（二）适用对象

本案例难度适中，使用对象包括国际商务专业和国际贸易专业硕士研究生和高年级本科生。

（三）教学目标

1. 知识传授

通过本案例的教学，学生应掌握以下知识，并学会将相关理论应用到实践中。第一，托收的含义以及种类。第二，凭信托收据（T/R）借单的含义。第三，进出口贸易中采用托收方式时应注意那些问题。

2. 能力训练

通过本案例的学习，学生能够掌握正确地使用托收业务知识、达到规避外贸风险的能力。

3. 观念更新

在学习本案例后，学生能够对托收的基本业务程有所了解；对托收如何运用到我国进出口业务中有一定的认识。

二、启发性思考题

1. 根据案例 1,银行在出口托收业务中应如何防范风险?

2. 根据案例 2,在使用托收方式时应如何防范风险?

三、案例分析背景

1. 托收的基本含义

按照国际商会《托收统一规则》(国际商会第 522 号出版物、简称 URC522)第 2 条的规定,托收是指由接到托收指示的银行处理金融单据和/或商业单据以便取得付款及/或承兑,或凭承兑或付款交出单据,或凭其他条件交出单据。

托收分为光票托收和跟单托收两种。光票托收是指金融单据不附带商业单据的托收,即仅把金融单据委托银行代为收款。光票托收主要用于货款的尾数、样品费用、佣金、贸易从属费用、索赔以及非贸易的款项。跟单托收是指金融单据附带商业单据或不用金融单据的商业单据的托收。在国际贸易中,货款结算使用托收方式时,通常使用跟单托收。跟单托收的基本做法是,出口商或债权人根据买卖合同先行发货,然后开立汇票(或不开汇票),连同有关货运单据(即商业单据)委托出口地银行(托收行)通过其在进口地的代理行(代收行)向进口商收款。

2. 托收方式的当事人

托收方式的基本当事人有四个,即委托人、托收行、代收行和付款人。

委托人(principal):又称出票人(drawer),是开立汇票委托银行向国外付款人收款的债权人,也就是贸易合同中的卖方。

托收行(remitting bank):是委托人的代理人,即接受委托人的委托转托国外银行向国外付款人代为收取货款的银行,通常为卖方所在地银行。

代收行(collecting bank):是托收行的代理人,即接受托收行的委托,代理托收行向付款人收款的银行,通常为买方所在地银行。

付款人(payer):通常是贸易合同中的买方,是汇票的受票人(drawee)。

在托收业务中,有时还可能有以下当事人:

提示行(presenting bank):提示行是指向付款人作出提示汇票和/或单据的并收取货款银行。在一般情况下,提示行就是与托收行有代理关系的代收行。但有时如果付款人与该代收行不在同一城市或者因无往来关系处理不便时,需转托与付款人在同一城市或者有业务往来关系的银行代向付款人提示收款。此时，提示行就是付款人所在地的另一银行。在跟单托收情况下，付款人为了便于向银行融通资金，有时会主动要求指示代收行转托与其有业务往来并对其有融资关系的银行担任提示行。

需要时的代理—委托人的代表(principal's representative in case of need)：是委托人指定的在付款地代为照料货物存仓、转售。运回或改变交单条件等事宜的代理人。按《托收统一规则》规定，委托人如需指定需要时的代理，应对授予该代理人的具体权限在托收指示书中做作出明确和充分的指示。否则，银行对需要时代理的指示可以不予受理。

四、理论研判依据

(一) 知识点一：跟单托收的种类和含义

跟单托收按交付货运单据条件的不同，分为付款交单和承兑交单两种：

付款交单(documents against payment，简称 D/P)是指交单须以进口商的付款为条件，即出口商将汇票连同货运单据交给银行托收时，提示行只有在进口商付清货款后，才可将货运单据交给进口商的一种结算方式。付款交单按付款时间的不同，又可分为即期付款交单和远期付款交单两种。

(1)即期付款交单(D/P at sight)，系由出口商通过银行向进口商提示汇票和货运单据，进口商于见票(或见单)后立即付款，银行在其付清货款后交出货运单据。

(2)远期付款交单(D/P after sight)，系由出口商通过银行向进口商提示远期汇票和货运单据，进口商审单无误后在汇票上承兑，并于汇票到期日由代收行再次向其提示时付清货款，然后从银行处取得货运单据。在汇票到期付款前，汇票和货运单据由代收行掌握。

承兑交单(documents against acceptance，简称 D/A)是指交单须以进口商的承兑为条件，即进口商承兑汇票后，即可向银行取得货运单据，待汇票到期日才付款。承兑交单只适用于远期汇票的托收。

(二) 知识点二：跟单托收下的资金融通

在跟单托收方式下，出口商和进口商可采用出口押汇和凭信托收据借单方式向银行获得资金融通。

1. 托收出口押汇

托收出口押汇(collection bill purchased)是指由托收行以买入出口商的跟单汇票的办法向出口商融通资金的一种方式。其实质是出口商以代表货物所有权的单据作抵押品，而向银行申请叙做的一种抵押贷款。其具体做法是出口商按照出口合同规定发运货物后，开出以进口商为付款人的汇票，并将汇票及所附全套货运单据交托收银行委托收取货款时，由托收银行买入跟单汇票及其所附单据，按照汇票金额扣除从付款日（即买入汇票日）起至预计收到票款日的利息及手续费，将款项先行付给出口商。这先付的款项，实际上是托收行对出口商的一种垫款，也是以汇票和单据作为抵押品的一种贷款。此时，托收行作为汇票的善意持票人，将汇票和单据寄至代收行并通过代收行向进口商提示。票款收到后，即归还托收行的垫款。

托收行叙做托收出口押汇可以使出口商在货物装运取得货运单据后，立即得到银行的资金融通，有利于出口商加速资金周转和扩大业务量。但是，银行仅凭一张出口商开立的汇票和提交的货运单据，缺乏第三者，特别是没有其他银行对于进口商的付款作出的信用保证，因此托收行叙做托收出口押汇有较大风险。在实际业务中，除非托收行认为这笔业务的进出口双方的资信可靠，有关出口商品的种类、价值合适，该商品的市场行情和进口地区的政治经济情况良好，否则银行不愿叙做或很少叙做。在承做时，大都也只根据托收的交单条件（通常仅限于付款交单）酌情发放一部分汇票金额的贷款，例如按汇票金额贷放一半或70%、80%不等，很少仿照信用证项下出口押汇那样发放全额贷款。目前，我国银行在国外进口商信用可靠的前提下，也酌情叙做跟单托收项下的出口押汇业务。

2. 凭信托收据借单

凭信托收据借单又称进口押汇，在托收业务中，是代收行凭进口商信托收据（trust receipt，T/R）而向其提供提货便利的一种融通资金的方式。在付款交单条件下，进口商为了不占用资金或减少占用资金的时间，或者为了抓住有利行市，不失时机地转售货物，而提前付款赎单又有困难，希望能在汇票到期前、或在付款以前先行提货，就可以要求代收行允许其借出单据。其具体做法是由进口商在承兑汇票后出具信托收据，凭以向代收行借取货运单据，并提取货物。信托收据是进口商借单时提供的一种书面信用担保文件，用以表示出据人愿意以代收行的受托人身份代为提货、报关、存仓、保险、出售，同时承认货物的所有权仍属银行。货物售出后所得的货款在汇票到期日偿还代收行，收回信托收据。这种做法纯粹是代收行自己向进口商提供的信用便利，与出口商和托收行无关。如果在借出货运单据后，发生汇票到期不能收到货款，代收行应对出口商和托收行负全部责任。所以对代收行来说，有一定风险，为此，代收行在接到叙做这种借单要求时，首先必须审查进口商的资信。只有资信较好的进口商，或者在多数情况下还要求进口商提供足够的担保或抵押品，才予叙做。但是，如果凭信托收据借单提货的做法，是由出口商主动通过托收行授权办理的，即“见票后若干天付款交单，以信托收据换取单据”（D/P at ... days after sight to issue trust receipt in exchange for documents，简称 D/P·T/R）方式，则是另一种情形。这种做法是指出口商在办理托收申请时指示银行允许进口商在承兑汇票后可以凭信托收据先行借单提货，日后如进口商在汇票到期时不能付款，则与银行无关，一切风险概由出口商自己承担。所以，这种做法的性质与承兑交单差不多。所不同的只是，由于D/P·T/R项下代收银行握有进口商出具给代收行的信托收据，在事先得到代收行同意的条件下，出口商可以委托代收行作为当事人的一方，径向进口商追偿，或向法院起诉。而在承兑交单情况下，如进口商不付款，则只能由出口商自己向进口商追偿。

五、案例分析思路及要点

(一) 案例分析思路

案例1分析：在分析本案例时应弄清以下问题：

出口企业发运货物并委托银行寄送单据后，均遭到货物被提走而未收回货款的严重损失。这表明，在国际贸易中使用出口托收作为结算方式，出口企业和托收行都可能因交易欺诈、无单放货等极端情况而陷入商业纠纷。与信用证不同，银行在出口托收业务中并无第一性付款责任，出口客户能否顺利收款，依赖于买方的商业信用。但依照《URC522》的相关规定，银行即便不承担付款责任，也必须以善意和合理的谨慎办理业务。因此，作为托收行，如何准确恰当地行事尤为重要。一方面，要避免因业务操作不当而陷入商业纠纷；另一方面，本着对客户负责任的态度，还要切实维护好出口客户利益。

案例2分析：在分析本案例时应弄清以下问题：

(1)交单条件与付款方式。根据《URC522》第4条b7款和b10款可知，这二者是托收指示书中两个不同的栏目。交单条件栏目是明确代收行应该在什么条件下才能将单据交给付款人，付款方式栏目是明确付款人何时凭什么付款。本案例中只明确了付款方式是："Promissory payment at 150 days sight"，而未明确交单方式是D/A还是D/P。因此，无法根据托收指示书一目了然地判断出该托收的交单条件。所以，本案例争议的焦点应该是代收行D银行的交单方式，即它在什么条件下才可以向付款人B公司交出单据。

(2)承兑交单(D/A)、远期付款交单(D/P远期)和凭其他条件交单的构成要件。根据《URC522》第4条b7款可知，代收行交出单据有两种方式：一种是承兑交单(D/A)，及或付款交单(D/P)；另一种是凭其他条件交出单据。委托人的责任是作出托收指示，以保证交单条件清楚地、明确地陈述，否则银行对于由此而发生的任何后果不负责任。本案例中，委托人意大利A公司未明确是D/P远期还是D/A交单方式，只有口头交代要托收行C银行将单据转交中国买方B公司。同时还规定：中国买方B公司在付款前，请当地代收行D公司通过托收行 C 银行与卖方 A 公司先行联系，听候卖方 A 公司的进一步指示。那么，未明确交单方式的托收到底是 D/A、D/P 远期，还是凭其他条件交出单据呢？

承兑交单(D/A)的构成要件。根据《托收统一规则》第 7 条 b 款："如果托收包含有远期付款的汇票，托收指示书中应陈注明商业单据是凭承兑(D/A)还是凭付款(D/P)交付。若无此项注明，商业单据仅能凭着付款交付，且代收行对因延迟交单的任何后果不负责任。"由此可知，承兑交单(D/A)的构成要件：一是托收单据要包含远期汇票和商业单据；二是托收指示书中必须有承兑交单(D/A)的明确指示。如无此明确指示，则只能视为付款交单(D/P)，而不是承兑交单(D/A)。

远期付款交单(D/P after sight)的构成要件。同样根据《URC522》第 7 条第 2 款可知：D/P 远期的构成要件：一是托收单据要包含远期汇票和商业单据；二是没有明确的承兑交单(D/A)指示。无论交单方式一栏有无明确 D/P 远期指示，均可视为 D/P 远期。

凭其他条件交单。根据《URC522》第 4 条 b7 款可知，这是除了 D/A 和 D/P 之外的第三种交单方式。虽然《URC522》中对其构成要件并没有明确说明，但我们可以用排除法推理该交单方式的构成要件：一是托收单据中只有商业单据，二是交单方式一栏没有 D/A 和 D/P 的明确表示；三是托收委托书中有明确的凭其他条件交单指示。

(3)对交单方式的具体分析。根据本案例可知，该托收既无远期汇票，又无承兑交单的明确指示，所以该托收不能构成承兑交单(D/A)；同时，虽然交单条件一栏是空白，但由于缺乏远期汇票，也无法构成远期付款交单(D/P 远期)。由于付款方式一栏是 Promissory payment at 150 days sight，因此，可以判定该托收更不是即期付款交单。所以，我们可以推断出该托收既不是付款交单(D/P)，也不是承兑交单(D/A)。另外，根据托收指示书中的规定，请当地代收行 D 银行在中国买方 B 公司付款前，通过托收行 C 银行与卖方 A 公司先行联系，听候卖方 A 公司的进一步指示。所以，我们可以判定该托收只能是第三种交单方式——凭其他条件交单。

(4)对代收行借单行为的性质分析。本案例中代收行 D 银行收到托收行 C 银行寄来的单据后，通知 B 公司查看，后来经 B 公司要求。凭 B 公司出具给 D 银行的保函，将全套单据交给 B 公司。根据代收行 D 银行的上述行为可知，因缺乏远期汇票，无法提示付款人 B 公司承兑，D 银行根本无法按 D/A 业务处理，更不是如其抗辩中所言：承诺付款"Promissory payment"，即可交单。当然，同样因为缺乏远期汇票，D 银行也无法按一般的 D/P 远期业务处理。

那么，D 银行在处理该笔业务时，到底是按哪种交单方式操作的呢？只要看看 D 银行的具体操作就明白了。D 银行先根据 B 公司的请求，先让 B 公司凭以 D 银行为抬头的保函借走单据，等到付款日期后，再要B公司付款给它。并且B公司出具的保函并不是规范的信托收据，只是在这里其作用与信托收据相似。规范的信托收据应该明确出据人愿以代收行的受托人的身份代为提货、报关、存仓、保险、出售，同时承认货物的所有权仍然属于银行：而该保函并未明确这些内容，只承诺到期付款。所以，根据以上情况我们可以认定：D银行的实际业务是按不规范的“付款交单凭信托收据借单”（D/P · T/R）来操作的。

根据托收指示书的指示，作为代收行的D银行正确的做法应该是：单据到达后，先联系托收行C银行，与卖方A公司取得联系。再做进一步处理。但是，很遗憾代收行D银行并未这样做，而是凭B公司的保函擅自将单据先借给了B公司，最后导致货款的无法收回。代收行D银行未经卖方A公司的授权，便擅自凭保函借单给B公司的行为实际上已构成越权代理行为，并因该越权行为导致了A公司货款无法收回，所以，D银行负直接责任。因此，代收行D银行要向委托人A公司赔偿全部损失。

代收行D银行之所以轻易答应B公司凭保函换取单据的要求，并且借出单据是凭保函这种不规范的保证方式，而不是凭信托收据，这些都跟代收行D银行是一家县级银行，操作人员业务素质有很大关系。

（二）启发性思考题解答要点

启发性思考题(一)：根据案例1，银行在出口托收业务中应如何防范风险？

根据案例1，现就银行在出口托收业务中如何防范风险，提出以下建议：

第一，加强对客户的风险提示。银行作为处理单据的专业机构，应给予客户专业指导，加强对客户的风险提示。对于新客户、新订单，应建议客户慎重选择托收结算方式。如遇客户坚持使用托收方式对新订单进行结算，应建议客户提高预付款比例，以增加买方的违约成本。这在一定程度上可降低卖方遭遇欺诈、违约的风险。对于当前疫情严重地区的买家订单，应提示客户密切关注买家的运营情况及当地交通管制情况，防范违约风险。为避免因国别风险、买方拖欠、无理拒收货物、欺诈等情况导致出口企业无法收汇，还可建议出口企业提前购买出口信用保险，以增加收汇保障。托收行还应提示客户注意区分承兑交单D/A和远期付款交单D/P。托收项下，D/A交单后，出口企业面临的凭单收汇风险相对较高；而远期D/P交单后，出口企业面临的则是延误交付单据所可能产生的风险。对于提交海运提单的出口企业，应提示其关注提单收货人栏位的填写。记名提单情况下，由被记名人持正本提单和自身身份证明在目的港向承运人主张提货权利，依法不能向第三方转让。如遇国外买方不接受货物，卖方将在寻求其他买方并转让提单时面临困难。因而，建议出口企业选择指示提单，在提单收货人栏位填写为：TO ORDER(凭SHIPPER指示)或TO ORDER OF(凭记名指示人指示)，可通过有效背书行使主张或转让提单的权利。

第二，优先选择代理行。《URC522》中规定，银行只准许根据该托收指示中的命令行事。实务中，出口企业提交的托收指示中通常包含托收委托人关于代收行详情的指示。为维护客户利益，建议银行受理出口托收业务时，一方面要对委托人提供的代收行信息（包括详细地址及联络信息）进行查询核实；另一方面，可为委托人优先推荐与自身有代理行关系的国外银行。如此可以为单据寄出后的函电沟通以及后续协商交涉，提供通信便利和保障。

第三，完善单据交接手续。尽管《URC522》对银行关于单据有效性和传递过程中的延误及损坏有相关的免责规定，但银行必须以善意和合理的谨慎办理业务。因而，无论是收单环节，还是寄单环节，托收行都应完善相关单据交接手续。在收单环节，托收行应完善与出口企业的单据交接手续，认真核对单据种类与份数，并与企业逐条确认交单委托书所涉及的信息。尽管 URC522 中涵盖了对单据有效性的免责条款，规定银行对任何单据的形式、完整性、准确性、真实性、虚假性等不承担责任，但托收行业务处理人员仍应在自身认知的范围内，严谨、审慎地对出口企业提交的单据进行核对，尤其要关注单据正本提交情况。在寄单环节，托收单据委托快递公司寄送前，托收行应设专人负责装袋前单据的再次核对工作，并完善与快递公司的单据交接手续，落实逐笔签收。

第四，跟踪快递信息，及时告知客户进度。托收行寄单后，应密切关注单据投递状态。经官方网站或电话查询得知的单据派送情况，应及时、准确地告知客户，并尽量留存书面或邮件记录。近年来，在我国的法院判例中，曾出现托收行因未及时向客户反馈单据的确切投递状态，被法院认定为银行未尽到合理、审慎的义务。对此，银行应引以为鉴，完善业务流程，切实做到以善意和合理的谨慎办理业务。

第五，审慎处理退回单据。如果基础交易出现纠纷，并导致代收行未付款/承兑，则托收行可能面临代收行退单的情况。《URC522》第 26 款规定，代收行应尽力查明不付款或不承兑的原因，并据以向其发出托收指示的银行无延误地寄送通知。收到此类通知后，托收行应按照出口企业的要求，向代收行发送指示，明确是否退单。如本文中的案例 1 所示，出口托收单据寄至代收行后，出口企业在得知货物已凭正本提单提货而又未收到款项的情况下，会据此推测代收行已放单，并会选择要求代收行退回全套单据的方式，来迫使代收行付款。若出口企业决定要求退单，在涉及欺诈、纠纷等特殊情况下，为理清并证实各当事方是否正当行事，建议托收行在收到退单时，由第三方公证机构进行现场公证，留存拆单全过程影像记录，以备后续涉诉时引为证据。

第六，完善函电交涉，维护客户利益。虽然出口托收依赖的是商业信用，但出于维护客户利益的角度，托收行应尽其所能为出口企业提供技术支持。如遇代收行未按国际惯例行事时，托收行除第一时间通知出口企业相关进展外，还应及时与代收行进行函电沟通、交涉。

交涉函电内容应简明扼要，阐明事实，有理有据，最大限度地维护出口企业的应有权益。

启发性思考题(二)：根据案例 2，在使用托收方式时应如何防范风险？

根据案例 2，在使用托收方式时如何防范风险，提出以下建议：

(1)采用远期付款交单方式要慎重。在本案例中意大利卖方为什么不在其托收指示书中明确其交单方式是 D/P 远期还是 D/A，却反而选择一个不大常用的凭其他条件交单是因为在意大利及北欧诸银行有一个共同惯例：即将 D/P 远期视作 D/A。如果卖方 A 公司明确是 D/P 远期，只要买方在远期汇票上承兑，代收行便可将单据交给买方，这将给卖方带来极大的收款风险。为了避免这种风险，卖方 A 公司根据该国的银行惯例，只有选择不太常用的凭其他条件交单方式。托收行 C 银行也尽力避免给代收行 D 银行按 D/P 远期或 D/A(这二者在其眼中是一样的)操作的机会，如它将远期汇票拿掉，这样买方便无法通过承兑汇票而取走单据。所以，卖方及其托收行都在尽力避免承兑交单(D/A)所导致的收款风险。

(2)在碰到托收指示书指示不明确时，代收银行应小心谨慎处理。代收行操作人员务必要小心谨慎，最好联系托收行，获得必要的指示后再进行操作，以免给自身带来不必要的风险，因为托收当事人之间实质上是一种委托代理关系。托收行在接受出口商(委托人)的托收委托书后，双方之间就构成了委托代理关系。同样，代收行接受了托收行的托收指示书后，双方也构成了委托代理关系，代理人有义务按各自委托指示办理，若有越权行为致使委托人受到损失，由代理人负全部责任。

(3)代收行何时应谨慎使用凭信托收据(T/R)借单给进口商。在获得委托人的明确授权情况下，代收行凭信托收据借单给进口商是没有任何风险的；在未获得委托人明确授权情况下，代收行应该慎重使用凭信托收据借单给进口商。未获得委托人明确授权的凭信托收据借单又称进口押汇，是代收行给进口商凭信托收据提货的一种资金融通方式，与出口商和托收银行无关。如果代收行借单后，到付款日期进口商不付款，代收行应该对出口商和托收行负全部责任。所以，对代收行来说，有一定风险，为此，代收行在接到这种借单要求时，务必首先审查进口商的资信。只有对资信较好的进口商，或在进口商提供足够的担保或抵押的情况下，才能办理该项业务。

六、教学组织方式

案例授课班级人数不宜过多，应该控制在 20 至 30 人，可以 4 至 6 人为一组，分成 5 个小组。教室的桌椅布局要让所有的课堂参与者围坐四周，以使其容易听到和看到同组成员为基本原则。教室中应具备电脑、投影仪、黑板、粉笔等设备。同时，为方便学生更好地参与课堂案例讨论，教师可以在课前提醒学生做课前准备工作，例如先去搜索相关资料去了解我国托收业务发展的现状。

（一）课时分配

(1)案例回顾与概述(5 分钟)：介绍案例背景，回顾案例中涉及的基本知识点，理清案例思路，明确案例主题。

(2)提出问题与小组讨论(10 分钟)：案例总体介绍并提出启发性思考题，分小组讨论并形成组内答案。

(3)小组汇报(20 分钟)：针对两道案例，每组派代表展示讨论结果，其他小组补充。

(4)案例评价与总结(10 分钟)：对知识点进行梳理，对案例教学过程进行评价，总结学习心得体会。

（二）板书设计

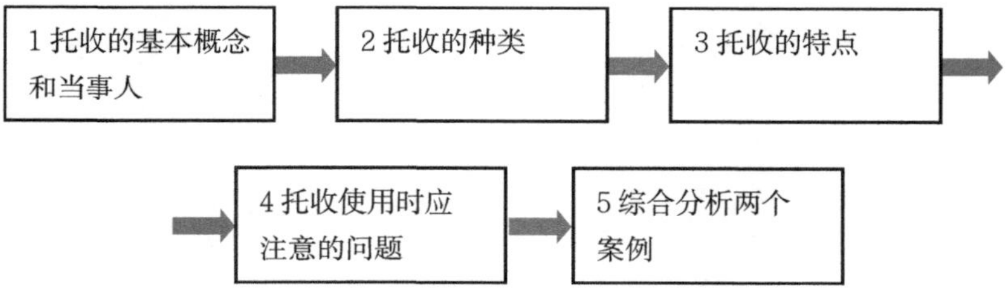

图 1　本案例的板书设计

（三）讨论方式

大多数案例讨论的核心推动力是组织中某个具体决策或问题的解决方案，因此，根据课时分配，案例讨论可以这样进行：在提出问题和小组讨论环节中，小组内根据 3 道启发性思考题进行讨论，并形成组内答案；在小组汇报与教师引导环节中，对每一道问题，教师从 5 组学生中选 2 组回答，其他小组补充，形成多种备选方案，教师根据决策标准引导学生分析评估备选方案，选出首选方案，并制订行动计划。

在案例讨论时，教师需鼓励学生形成良好的讨论习惯，如勇于提出不同意见、讨论前做好准备、讨论时及早发言、讨论后及时总结，避免盲目从众、提前背稿。

七、其他教学支持材料

（一）计算机支持

由于本案例在有关课程中被当作讨论材料使用，需要展示给学生。所以在计算机中需要安装 PowerPoint 软件。

（二）网络支持

本案例可以让学生连接互联网，通过登录相关网站体会和了解实务现状。

案例18

信息不对称与大学生求职成本

摘　要：本案例描述了随着高校毕业生人数逐年增加，经济下行等多重因素的影响下，大学生就业难题日趋严重。为了找到自己满意的工作，加大求职投入成为大学毕业生的无奈选择。现有调查显示，大学生求职成本居高不下，并且构成十分复杂，主要包括简历包装、交通费、形象打造、租房、求职培训等，但日益增长的求职成本并没有提高求职效率，可见求职成本与求职成功率并不是简单的线性关系。其原因是劳动力市场是个典型的信息不对称市场，毕业生与用人单位在交易过程中，信息经常处于不对等状态，任何一方对信息的隐瞒、虚构都会造成另一方的损失，因此在就业市场上经常出现“逆向选择”和道德风险的问题。

关键词：信息不对称；大学生就业；求职成本；劳动力市场

Abstract: This case depicts that with the nwmber of college graduates increasing year by year, and the impact of economic downturn and other factors, college students' employment problems are becoming increasingly serious. In order to find a satisfactory job, they have no choice but to increase employment investment. Existing surveys have shown this cost remains high and complex, including resume packaging, transportation fees, tenement, job hunting training, etc. However, the efficiency of job hunting is not improved by the increasing cost of job hunting, so it can be seen that relationship between cost and success rate of job hunting is not simple linear. The reason is that the labor market is a typical information asymmetry market, in the process of transaction between graduates and employers, the information is often in an unequal status. Any concealment or fabrication of in formation by either party will cause losses to the other party. Therefore, "adverse selection" and moral hazard frequently appear in the job market.

Keywords: Information asymmetry; Graduate employment; Searching cost; Labor market

一、引　言

每当毕业临近，大学生便为谋求一份满意的工作而奔波于各地的人才市场、招聘会、就业指导中心。学生求职本应该是学生与用人单位之间以最低的成本利用某种方式传递信息而同时实现雇工和就业的目的。但是，在用人单位与求职者之间的信息是不对称的，这种信息的不对称造成了劳动力市场供需关系的价格扭曲。为了顺利就业，找到自己满意的工作，加大求职投入成为大学毕业生的无奈选择。不过，毕业大学生的求职支出合理吗？它主要由哪些方面构成、受哪些因素影响，这些都值得我们深入研究。日益增加的求职成本正在成为大学生就业的拦路虎，那么如何解决双方之间的信息不对称问题呢？

二、相关背景

虽然每年毕业季都会出现"最难就业季"的感叹，但年，在多重因素叠加的影响下，形势似乎格外严峻。据教育部统计，2022 年全国有 1 076 万高校毕业生进入就业市场，比上一年增加了 166.6 万人，毕业人数创历史新高的同时，就业压力也急剧增加，大学生即将迎来最难就业季，"招工难""求职难"等一些就业领域长期存在的结构性矛盾尚未得到根本缓解。

2022 年，考研人数达到了创纪录的 457 万人，减去 110 万左右的计划招生人数，意味着有 300 多万考生或是"二战""三战"，或是流入春招市场。就业市场用人需求还存在不确定性，部分企业扩大吸纳就业的能力也有所下降。而对许多毕业生来说，疫情防控、线下招聘取消、跨区域实习面试受阻、公务员和事业单位考试延期等问题，也彻底打乱了他们的求职节奏。而与此同时，大学应届毕业生在求职过程也呈现了一些"独特现象"：

一是自我包装。除添置相应的服装之外，大学生还要精心制作毕业推荐表，彩色简历，光盘简历，邮件简历，还有学生还花大价钱拍摄写真集或在简历中贴上自己的"玉照"。

二是饥不择食。由于毕业生数量增加了很多，大家总担心期望值太高错失了良机，于是有些学生四处打听用人单位，见到一个用人单位，不管地方好不好，福利待遇高不高，只要人家愿意，就匆忙和用人单位签了协议。

三是性别歧视。对于女大学毕业生来说，不但面临着就业的压力，而且还面临着性别的歧视，就连重点大学的毕业生也不能幸免。女生要获得同样的工作，要比男生付出更多的努力。对于许多女大学毕业生来说，就业压力的大小，往往还取决于自己的长相和身材。

四是“人情求职”日益严重。面对严峻的就业形势，托人情、走后门等“人情求职”现象日益严重，还有许多家长不得不放下手中的工作，陪着孩子一起应聘。

五是高校间互设信息“壁垒”。在扩招就业“第一年”的巨大心理压力下，2003 年许多高等院校相互设置信息“壁垒”，妄图以此保护本校毕业生获取更多的就业信息和机会。无论是在互联网还是在招聘会上，经常出现“外校学生不得进入”，或其他“不平等”待遇。

六是“造假风”“投机风”盛行。从记者采访和许多高校毕业生反映得知，就业压力使学生求职中的“造假风”日益严重。在制作求职材料时，他们会改学习成绩、编造实习经历、虚报获奖证书等。

为了应对严峻的就业形势，找到自己满意的工作，加大求职投入成为大学毕业生的无奈选择。即将走出大学校园的毕业生面临着一个困惑：找到一份工作究竟需要花多少钱？因此，求职过程中的金钱成本也逐渐成为毕业生不得不面对的一个问题，关于大学生“求职成本”的问题也逐渐成为学术界和媒体关心的热点问题。

三、案例正文

最近，华东地区某高校对应届毕业生就“求职成本”这个问题进行了随机抽样调查。大学生求职成本应该是政府、企业、学校、家庭和学生在求职过程中支付的所有费用的总和。但由于受调查对象的限制，求职成本仅涉及大学生本人在求职过程中的所有货币支出，未考虑心理成本和时间成本。调查进一步把大学生求职成本分为直接成本：简历制作的费用，形象包装的费用，住宿、交通的费用、通讯以及信息费、招聘会门票的费用、公关费、其他费用，以及为了提高求职成功概率的间接成本，如考证培训费用等。

（一）大学生求职成本持续增加

调查显示，为了找到一份满意的工作，毕业生们的花费少则几百，多则几千。某大学人均求职成本 3 013.74 元，其中直接成本人均 1 562.26 元，间接成本人均 1 451.48 元。考虑到间接成本支出的人力资本投资的性质，可以认为直接求职成本尚处能接受范围，总求职成本尚属合理，但跟以往年份调查数据相比，大学生直接总求职成本在持续增加。

大学生找工作主要的花费项目不外乎简历、交通费，以及招聘会门票等，而形象包装(穿着、发型等)上的花费也在所难免。就像一些学生所说“穿得体面一点是形势所逼”。这样的一大笔开销，对于一个经济富裕的家庭来说，算不了什么，但是对于一些条件不是很宽裕的家庭来说，这笔开销是个不小的压力。家在江苏泰州的姚同学，找工作的开销基本来自家庭，父母都是工人，所赚的钱差不多都投资在了他身上。为了一个工作，姚同学花下的钱实在难以算清，根据他粗略估计，不下三四千。虽说积累了经验，但用的是父母的钱，他说“真是心存愧疚”。工薪家庭如此艰难，那么贫困家庭的孩子该如何熬过这一关？那些上顿饱下顿饥的贫困生，从哪去弄这么一大笔钱？

求职成本不断“发烧”，让人不禁在问，当前大学生求职要花哪些钱？花费大不大？钱从哪里来？有没有效果？求职高成本，正成为大学生就业的“拦路虎”。

(二) 求职成本构成十分复杂

从几百到几千，甚至到几万，就业形势严峻下的大额就业成本让我们感叹：大学生找工作究竟把钱花到哪儿了？将近97%的求职学生认为，随着物价上涨，高昂的求职成本是他们面临的首要问题。的确，被裹挟在海浪般就业大军中的毕业生们，为了能抓住稍纵即逝的就业机会，除了好好准备笔试面试外，也不得不全方位地包装和推销自己：职业正装、化妆品、制作简历甚至请客吃饭。但是在学生看来，这些事情“哪个也不能去掉，都是求职必须的”。

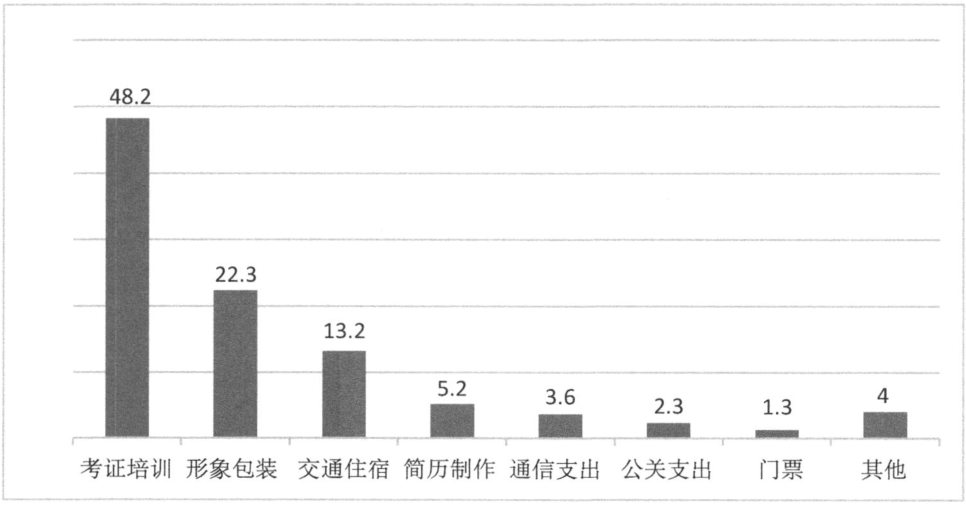

图1　大学毕业生求职成本构成占比(%)

调查数据显示，考证培训费用占总费用的 48.2%，几乎达到一半，如果把这部分减掉，直接求职费用并不像相关媒体报道的那样数额巨大，加之通货膨胀因素的考量，大学生的直接求职成本应属基本合理，总求职成本也尚属理性。具体来看，大学生就业成本主要由以下几部分组成：

1. 简历

制作一份精美的简历是求职必备品。从拍照、修图、精美设计，再到成册打印，整个简历大概需要花费 200 元左右。在互联网上大量投递简历是现代大学生的首选求职途径。简历投得越多，获得面试的机会越多，简历消耗就越大。

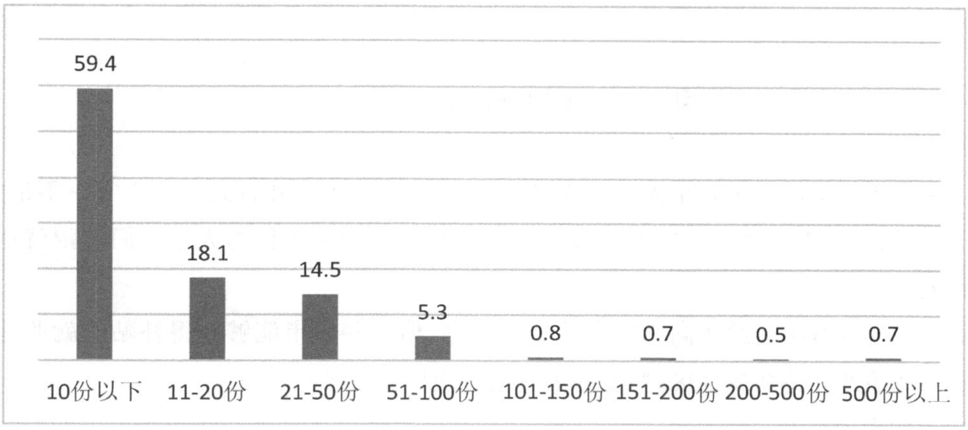

图 2　毕业生投递求职简历次数占比(%)

2. 交通费

参加校园宣讲会或者双选会并应聘成功是最佳情况。能在校招就一次成功的同学只占三成左右，绝大部分学生还是要走上社会招聘之路。交通费用是拉开大学生求职成本差距的主要支出原因之一。

本地求职的交通费用主要是省市内的公共交通，也有 22.69%的同学愿意打车。打车可以保持整体形象完好，且可以高效到达目的地，部分同学将打车作为本地求职面试通勤首选。也正是此项支出，让本地求职的交通费达到 500 元以上。部分企业会有报销面试路费的政策，但这也仅针对面试成功者。大部分路费，还是需要求职者自主承担。

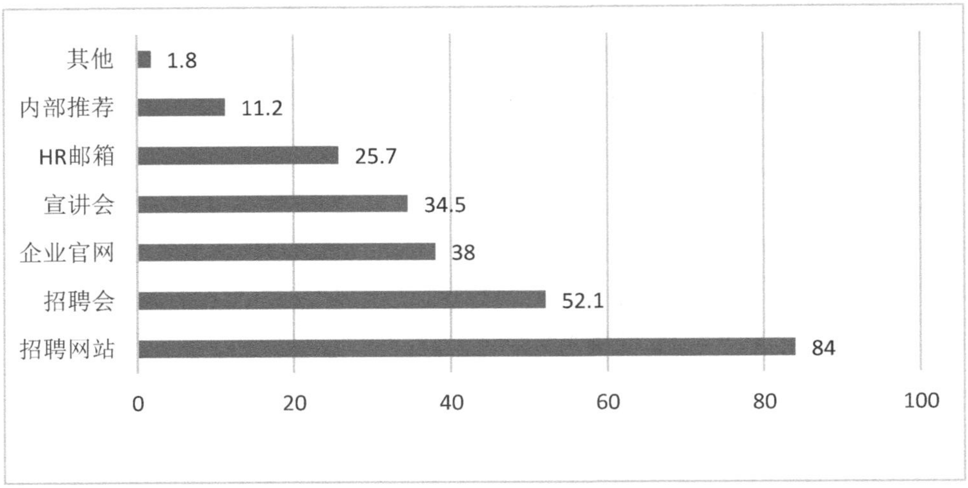

图 3　大学生求职投递简历渠道占比(%)

异地求职的交通费主要是火车票或飞机票,这个差距则是几百到几千不等。不论"北上广深"的眼泪有多少,竞争有多激烈,谁也无法撼动这四个城市作为大学生们期望就业城市的核心地位。

部分大学或城市会给予高学历人才交通补贴,但这些城市能够获得补贴的就业地点几乎都是偏远地区和待扶持地区,愿意前去就业的应届生较少。

3. 求职形象打造

大学毕业生在求职形象包装上的花费早在 10 年,甚至更早之前,就成为求职成本的一项大型支出。相当部分的大学生认为好的形象可以提高好感度,从而增加面试成功率。西装或职业装、鞋、包、发型到化妆,精心准备,量身打造。有的学生还会准备两套以上的求职服装。这一系列的形象平均支出在 3 500 元以上。

4. 房租

离校之后,不论有没有找到工作,只要不是家在本地或需要异地求职,就一定会面临租房的问题。房租是一个长期支出,因城市不同而差异较大。北上广深的房租水平一直都在全国领先。大学生求职房租平均支出在 2 100 元左右。由于房租的长期性,就业初期该费用还是由父母支持的比较多。

5. 求职培训

面试培训是这几年兴起的求职消费项目,有高达 32.2%的同学认为提高面试技巧,清楚面试流程更能获得工作机会。有焦虑就会有市场。于是面试培训,尤其是一些企事业单位的面试强化班吸引了相当人数的学生报名。而这些培训班的报名费低则几千元,高则数万元。更有趣的是，越是一流学校的毕业生越是愿意参加面试培训。这部分学生其实更清楚应该做什么，行事方式更直接。他们需求的不一定是面试技巧的指点，而是想要面试流程的掌控感。

6. 其他开销

这个部分的开销主要是一些因容貌焦虑或部分对外貌要求较高的专业的大学生，如影视表演，为获取工作机会而产生的医美费用。这些费用难以预估。据统计，为工作进行了医美调整的学生也仅在5%以下。

上面提到的都是我们可见的显性成本，但在就业成本中还有一些我们肉眼无法看见的隐性成本——托人情、疏通关系，这些隐性成本更是另人咋舌。在调查中，一些毕业生还告诉我们，如果时间和精力也可以折现的话，那么这个"就业成本"真是大之又大，无法计算。

（三）高投入并没有提高求职成功率

通过调查可以发现，毕业生在找工作时投入了大量的金钱，事实上，他们的收获和投入并不成正比。这主要表现在大量的成本投放出去却没收到预期的效果。许多大学生在找工作时，"冤枉钱"花掉了不少，好工作却是杳无踪影，这就要求毕业生们合理安排手头资金。

"如何降低求职成本？如何让实习成果最大化?"这个问题并不新鲜，却在每年的求职咨询会上出现频率最高。然而，答案一直无解。据了解，大部分用人单位要求学生来当地笔试、面试，并不负担往返路费。一个大型企业招聘人数为20人左右，往往会通知上千人笔试，近百人面试，这意味着大部分学生是无功而返。部分人力资源专家表示，许多大学生在求职时存在盲目消费现象，在简历、形象包装等方面投入过大，这说明目前对大学生的职业指导还不到位。"精美的简历对提高求职成功率的帮助并不大，一封求职简历超过400个字，效用度只有25%。""学生应聘时只要穿着大方得体就可以。招聘者更注重求职者的专业知识，以及沟通、交流、应变能力，耗费大量的财力用于自我包装属于过度消费。"

人力资源专家的这些话学生们并不认可：

"穿得很便宜很差在面试排队时就在心理上败下阵来……"

"人家要求穿职业装你不穿，人家觉得你不尊重他们……"

"要想在那么多简历中脱颖而出，彩色简历是没有办法的办法……"

"竞争这么激烈，不去异地面试就意味着你失去一个机会……"

人力资源专家表示，在当前严峻的就业形势下，大学生希望通过"自我包装"来赢得招聘单位青睐的心情可以理解，但也暴露出学生们就业盲从心理严重，没有树立理性的求职观。

针对"发烧"的求职成本，人力资源专家认为，降温主要依靠政府、社会和学校，而不是仅仅给学生提要求。应该给学生有效地传递就业市场的信息，并教授学生一些面试技巧和求职过程中合法权益保护等可操作的知识，帮助学生树立自信，以消除这种过度消费现象。

（四）求职市场的道德风险和“逆向选择”

劳动力市场是劳动力供求之间自愿进行的劳动力使用权转让与购买活动的总和，劳动力市场基本功能就是通过劳动力使用权的转让与购买来实现劳动力在各种社会用途之间的分配。但是，由于劳动力市场交易双方的特殊性，作为劳动力市场构成要素的需求方、供给方在市场上的表现为：雇主拥有确定的、充足的工作信息，但并不能获得相关求职者的全部信息；而求职者往往不能得到相关职业的可靠充分的信息，也不可能将个人全部情况告诉雇主。因此，劳动力市场的典型特征就是就业机会与劳动力资源之间的信息分布不对称，不对称信息在交易中占有主导地位。

劳动力市场是一个典型的不对称信息市场，一般说来，求职人员比企业掌握有更多的劳动质量信息（比如工作能力、态度和责任心等），而招聘单位所了解和掌握的与就业相关的信息量要远远大于应聘大学生所掌握的信息量，求职市场上的这种信息不对称就会导致劳动力市场上的“逆向选择和道德风险问题”。大学生就业市场上的不对称信息的产生是必然的，而不对称信息的产生必然导致大学生就业市场上逆向选择问题的产生，也必然将导致大学生就业市场的低效率，这就是为什么很多大学生拼命付出巨大成本来“包装自己”，但收益不高的原因了。最后造成的极端情况是，所有求职者“表面看起来都一样”，如果允许求职者自荐，求职者都会声称自己的素质和生产能力是很高的，符合企业的要求。企业为了区分求职者，势必会花更多的成本去掌握求职者的信息，但在得到有用信息的同时又产生了更多的无效和失真信息，进一步加剧了企业和求职者之间信息的不对称，最终的结果只能是按照平均水平付给同样的工资。素质和能力高于平均水平的，就要退出劳动市场，剩下的求职者的素质和能力自然就比较低了。

四、结束语

伴随着复杂多变的外部环境的冲击，以致于在就业市场中，出现竞争过于激烈的情况。毕业生与用人单位在交易过程中，信息经常处于不对等状态，任何一方对信息的隐瞒、虚构都会造成另一方的损失。这样一来，有些大学生势必会多次应聘，大量投放简历、大量参加职场应聘、大量参加招聘考试，这样造成了过多的资金花费。就业市场如此火热，按照经济学原理计算，大学毕业生的就业成本的投入过高，就业初期工资水平过低，很多学生所花费的时间、精力等隐性成本往往比显性成本高出很多。甚至，有些大学生虽然找到了满意的工作，但是所花费的就业成本价格不菲。还有一些学生花费了各种费用，仍然没有找到合适的工作，造成就业成本与收益之差为负数。

参考文献

[1] 光明网. 2022 届高校毕业生就业观察：千万关头迎“难”上[EB/OL].（2022－05－20）. https://m.gmw.cn/2022-05/20/content_1302955772.htm.

[2] 蒲攀. 信息不对称环境下大学生就业过程的博弈分析[J]. 现代情报，2015(4)：150－153.

[3] 武康平，田欣. 信息不对称与供求失衡下的“用工荒”[J].经济学报，2020(6)：194－230.

[4] 应届毕业生网. 揭秘毕业生求职成本[EB/OL].（2021－03－18）. https://www.yjbys.com/qiuzhizhinan/show-156256.html.

[5] 中国社会科学网.“多措并举促进大学生就业”研讨会在线举行[EB/OL].（2022－05－19）. http://ex.cssn.cn/whjs/whjs_bwyc/202205/t20220519_5408863.shtml.

[6] 中华人民共和国中央人民政府.国务院办公厅关于进一步做好高校毕业生等青年就业创业工作的通知[EB/OL].（2022－05－13）. http://www.gov.cn/zhengce/zhengceku/2022－05/13/content_5690111.htm.

案例 18 使用说明

一、教学目的与用途

本案例是为经济学分析与应用课程撰写的，也可供国际商务环境分析课程使用，本案例描述了每年高校毕业生人数逐年增加，外部环境对经济的冲击等多重因素的影响下，大学生求职过程中所花费的成本逐年升高的过程、原因及结果。通过本案例的学习，学生可以了解劳动力市场中不对称信息相关问题，能够用不对称信息理论解释现实中的经济现象，同时可启发性地让学生了解中国大学生结构性就业困难问题以及深化大学生就业体制机制改革创新的着力点等相关问题。

（一）适用课程

本案例主要适用于经济学分析与应用课程。

（二）适用对象

本案例难度适中，适用对象包括低年级经管类专业硕士研究生和经管类专业本科生。

（三）教学目标

1. 知识传授

通过本案例的教学，学生应掌握以下知识，并学会将相关理论运用到实践中。第一，掌握劳动力市场中信息不对称导致的道德风险和“逆向选择”问题；第二，掌握不对称信息理论的“代理人”问题；第三，了解中国大学生结构性失业问题的成因问题；第四，了解中国实现统一就业市场的体制机制改革创新的着力点问题。

2. 能力训练

通过对近年来大学生求职成本的构成及不断提高的原因进行分析，提升学生将经济学中不对称信息理论对现实问题的分析能力，以及使用博弈论初级分析方法解决现实问题的能力，培养学生对整理劳动力市场发展趋势和个人发展方向进行把握和决策的能力。

3. 观念更新

通过本案例对毕业大学生求职成本的构成及逐年上升的原因进行整体的介绍与深入分析，提升学生对不对称信息市场的认知，结合自身现实情况，进一步提升学生对当前中国宏观经济中劳动力统一市场的理解。

二、启发性思考题

1. 大学生求职成本不断上升的根本原因是什么?

2. 为什么有些企业招聘要求有时候会远远高于实际岗位的需求?比如,本科生就能做的事情要招聘研究生。

3. 如何解决学生与用人单位之间的信息不对称问题?

4. 招聘单位试用是解决信息不全的好办法吗?

三、案例分析背景

(一) 理论背景

尽管大多数经济学家都认为,市场是高效率配置资源的最有效的手段;他们也同样认为,市场不是万能的,现实生活中存在着市场失灵(market failure)的可能。在引起市场失灵的诸多因素中,信息不全(incomplete information)现在很可能上升为最主要的一个。

信息不全指的是,如果消费者对其需要的东西(物品和服务)的质量和功能不能获得全面而准确的信息,市场体系就不会有效运行。信息不全,主要表现在信息不对称(asymmetry of information)上。所谓不对称,就是交换的双方中,一方比另一方有更多的信息。尽管经典经济学总是假定买方和卖方对他们交换的物品或服务拥有完全一样的信息,其实,信息不对称是普遍存在的现象。在一个信息全面、对称的市场里,买卖双方都确切知道,哪一种商品是高质量的,哪一种商品是低质量的。这时,消费者可以做出合理选择,有人选择低质量商品,因为它的价格低;另一些人愿意为高质量商品付出高价钱,他们认为值得,这样市场就可以保证资源得到合理配置。但是,在信息不全、信息不对称的市场里,由于消费者事先无法获得商品质量的准确信息,这些缺乏信息的人很有可能买到低质品。在这种情况下,人们就会做出负面的、逆向选择(adverse selection)。按照经济学原理,对于一般商品,价格降低必然导致需求上涨。但是,对于质量差的商品,价格降低导致了质量好的商品供给减少,质量差的商品的供给增加,人们就更不愿意到这种市场上来购买商品,因此,价格降低反而导致了需求下降,所以叫作“逆向”。这种负面的、逆向的选择引发“低价低质”的恶性循环,最终,低质品会把高质品全部驱逐出去,导致了市场失灵,最终出现“劣币驱逐良币”的现象。比如,在社会保障中就会出现这种情况。如果保险公司为居民建立健康保险,购买保险的人对自己的身体状况总比保险公司更清楚。因此,不健康的人总比健康的人更愿意购买健康保险。这样的情况下,在被保险人中,不健康人的比例上升,迫使保险公司提高保险价格。这就使那些健康的人,由于自己的身体好、风险低,更不愿意购买健康保险。不健康者的比例不断上升,保险价格不断上升,最终,低质品把高质品全部驱逐出去,最终导致了市场失灵。

类似的情况同样可以出现在劳动力市场上。由于招聘单位对应聘者的情况不清楚,招聘单位因此只愿意付比较低的工资。如果招聘企业面对的是一个劳动力供大于求的市场,工资水平就可能定得更低。显然,能够接受这种工资水平的应聘者,其工作能力通常也不会高。若招聘企业因此向应聘者付更低的工资时,低工作能力的应聘者就会进一步驱逐高工作能力的应聘者。劳动力市场还有一个特殊的情况,那就是由于种种原因,(比如劳动力市场供大于求等。)你也许能够雇用到能力比较高的应聘者,但是,你付出的那个低工资却使得应聘者不愿意付出更多的劳动,在你监督不到的情况下(你总有监督不到的时候),他们会偷懒,会不负责任,这就出现了所谓道德风险(moral hazard)的问题。高质劳动力付出的还是低质的劳动,总之,结论也还是一样,低质品把高质品全部驱逐出去,导致了市场失灵。

(二) 制度背景

高校毕业生就业,从来没有像今天这样受关注。人社部数据显示,2022 年我国高校毕业生规模达到 1 076 万,首次突破千万,规模创新高。要达成中央政府提出的就业工作目标,稳定高校毕业生就业无疑至关重要。

5 月 14 日,国务院办公厅印发《关于进一步做好高校毕业生等青年就业创业工作的通知》,明确要做好当前和今后一段时期高校毕业生等青年就业创业工作。要点梳理:

对招用毕业年度高校毕业生并签订 1 年以上劳动合同的中小微企业,给予一次性吸纳就业补贴,政策实施期限截至 2022 年 12 月 31 日。

对毕业年度和离校 2 年内未就业高校毕业生实现灵活就业的,按规定给予社会保险补贴。

在部分地区,2022 年 12 月 31 日前可实施中小学、幼儿园、中等职业学校教师资格“先上岗、再考证”阶段性措施。

要把有劳动能力和就业意愿的脱贫家庭、低保家庭、零就业家庭高校毕业生以及残疾高校毕业生和长期失业高校毕业生作为就业援助的重点对象,提供“一人一档”“一人一策”精准服务,为每人至少提供 3—5 个针对性岗位信息。

对通过市场渠道确实难以就业的困难高校毕业生,可通过公益性岗位兜底安置。

实施国家助学贷款延期还款、减免利息等支持举措,延期期间不计复利、不收罚息、不作为逾期记录报送。

运用线上失业登记、求职登记小程序、基层摸排等各类渠道，与有就业意愿的离校未就业高校毕业生普遍联系，为每人免费提供1次职业指导、3次岗位推荐、1次职业培训或就业见习机会。

从2023年起，不再发放《全国普通高等学校本专科毕业生就业报到证》和《全国毕业研究生就业报到证》(以下统称就业报到证)，取消就业报到证补办、改派手续，不再将就业报到证作为办理高校毕业生招聘录用、落户、档案接收转递等手续的必需材料。

健全高校毕业生网上签约系统，鼓励部分地区用人单位与高校毕业生实行网上签约。对延迟离校的应届高校毕业生，相应延长报到入职、档案转递、落户办理时限。

从2023年起，教育部门建立高校毕业生毕业去向登记制度，作为高校为毕业生办理离校手续的必要环节。

指导用人单位根据工作岗位实际，合理确定入职体检项目，不得违法违规开展乙肝、孕检等检测。对外科、内科、胸透X线片等基本健康体检项目，高校毕业生近6个月内已在合规医疗机构进行体检的，用人单位应当认可其结果，原则上不得要求其重复体检，法律法规另有规定的从其规定。

实施百万就业见习岗位募集计划，支持企事业单位、社会组织、政府投资项目、科研项目等设立见习岗位，按规定给予就业见习补贴。

四、理论研判依据

契约后委托人(招聘单位)的关键工作则是设计一种激励合同，以诱使人(应聘人员)从自身利益出发选择对委托人最有利的行动，这就出现了“信号显示”和“激励机制”问题。

(一) 知识点一：信号显示

不掌握信息的一方有时也有积极性将信息暴露出来。优秀特性因为低劣特性的假冒而无法得到承认，为了不被埋没，优秀特性会设法向交易对方标榜自己的优越性，从而得到较高的报酬。例如，能力强的人可以通过教育获得较高的学位来向招聘单位表明其能力，优质产品可以提供保修保退等服务而与劣质产品拉开距离，这些行为叫作发信号。比如，招聘单位通过应聘人员不同的教育程度支付工资，这应该是一种均衡，也没有效率的损失。但问题是，毕业文凭基本上是作为一种有缺陷的衡量工作能力的尺度和信号而不是作为获得技能的证据，与其他所有市场信号一样，以大学文凭作为衡量尺度也会带来“统计歧视”的负作用，实际上“重文凭”是在信息不充分条件下雇主所做的一种不得已的次佳选择。

(二) 知识点二:激励机制

有效的激励机制除了需要满足参与约束外,还应将产量波动的风险按照招聘单位和应聘人员对风险的相对偏好或规避程度做适当分配。为此,经济学家深入研究了以合作和分担风险(如分成制)为中心的激励机制理论,使不对称信息条件下的市场能够产生次优经济效率。在分成制下,虽然应聘人员报酬只部分地依赖可观察的产量,但应聘人员与企业却共同承担了产量波动带来的风险,因而,既对应聘人员产生激励作用,同时又使应聘人员不必承担所有的产量波动风险。也就是说,不对称信息条件下的分成制对雇员产生两种作用:一是激励,二是分担风险。激励机制中一部分随着劳动的"信号"——产量的波动而波动,对应聘来说,要取得高收入就必须创造高产量,虽然产量的高低不完全由人力控制(另有其他个人努力之外的因素),但至少努力工作取得高产量的可能性要比偷懒取得高产量的可能性大得多,因此,在分成制下,员工仍会努力工作。有效的激励机制能阻止道德风险的发生,信号显示只是在一定程度上减少了信息不对称带来的盲目性。因此,要在劳动力供求之间达到最优配置,必须采取多种途径,直接或间接增加供求双方的信息,以真正实现劳动力自主择业和合理流动。

五、案例分析思路及要点

(一) 案例分析思路

文凭是一个最常用的信号之一。诺贝尔奖获得者斯宾塞 1973 年就提出了一个简单的模型,说明文凭是一种信息传递工具,并分析了企业如何利用文凭区分不同工作能力的员工并分别给予不同薪水。

斯宾塞模型的主要思想是,教育是劳动力市场上的强信号之一,它有助于向招聘单位表明个人的能力。教育可以反映应聘人员劳动力质量等多方面的信息。应聘人员接受教育可以提高劳动生产力,应聘大学生的受教育年数、学分的多少、知识水平的高低、学校的声誉等可以直接或间接地提供劳动力质量的信息。无论应聘大学生所掌握的知识对以后的工作有益与否,其接受的教育水平可以作为该学生劳动生产力高低的信号,因为与弱工作能力的应聘学生相比,高质量的大学生更容易获得比较高的教育水平,后者一般接受能力更强,更具创造性或工作更努力。所以,高质量的员工愿意通过自己接受的教育水平显示自己的生产力水平,并在企业里获得比较高的报酬。所以,受教育水平是劳动力质量的一个信号,表明了劳动者的生产技能,企业也愿意将教育水平作为员工生产力水平的参考指标,因而工资率取决于受雇者的受教育水平(事实上,员工的受教育程度往往也取决于企业或雇主开出的工资水平)。

首先,信号发送和信号筛选是典型的两种解决方式。但是,由于就业过程中竞争比较激烈,所以学生主动发送信号(投递简历)比较常见。另外,现在的高校毕业生相对来说比较多,并且多数同学都不太愿意到老少边穷地区就业,而由于目前的教育体制等方面存在一定的缺陷,各高校的教学质量也存在比较大的差别,所以一张简单的文凭是最常用的信号之一,但是它在解决信息不对称方面的作用的有限的,所以导致了学生就业求职过程中上述各种现象和行为的出现。

其次,从上述描述中可以看出解决信息不对称的成本是非常高的。我国高校学生在毕业求职过程中除了承担以上直接支出成本之外,还须承担诸多其他成本:隐性成本、机会成本、心理成本等。有许多学生放弃在校学习的时间和机会而忙于各种招聘会影响了正常的教学和学习;各种不公平、不公正现象滋生和助长求职中的腐败,严重考验学生的诚信等社会公德,并在学生心理方面造成了巨大的负面影响。现在,大学生的求职过程以及相应的问题不仅考验中国就业市场,也考验着学生的经济实力和心理承受力,学生过高的求职成本将给社会带来不良影响,其负面效应是巨大的。

最后,虽然不同的单位于不同的岗位对员工的要求不一定完全一致,但是不容否认信号发送过程中弱信号与强信号的存在,对应地存在混同均衡和分离均衡。在混同均衡下,不同能力的学生发送了相同的信号,用人单位无法区分学生素质与能力的高低。而在分离均衡下,高素质或高能力的学生发出了低能力学生不能发送的信息,所以就将自己与后者区别开来,而用人单位也就相应地挑选到了合意的员工,并给予相应的报酬。

(二)启发性思考题解答要点

启发性思考题 1:大学生求职成本不断上升的根本原因是什么?

招聘企业关注应聘人员有关工作能力或生产力等劳动力质量方面的信息,那么一个很自然的问题是求职人员是否会传递以上信息。那么求职人员在面试时穿上一套整洁得体的服装自然会向企业传递一些信息,或者通过培训、考证来试图更多地传递一些劳动力质量的信息,这就势必要增加大学生的求职成本。随着大学毕业生数量的逐年增多,“内卷”的求职市场进一步激化了求职成本的上升。但是该信息是一种弱信号,它不足以区别雇员劳动力质量的高低,因为低生产力的求职人员也可以以近乎同样的方式和成本“装扮”成高质量的劳动力。由于这种信息不对称存在,招聘单位就有可能出现错误决策,对次优的毕业生录用必定将很多非常优秀的毕业生排除在外,即造成人才招聘中的“以次充好”“劣币驱逐良币”现象,招聘单位最终也就只好通过降低工资或者提高招聘要求来规避这种风险。

另外,企业了解自己的用人实际需求,比应聘者更了解企业的文化等,由于就业市场中信息不对称，大学生往往应聘成功后，到了单位工作时才能够真正发现企业的实际情况与之前在就业市场当中掌握和了解到的有很大差距，而企业为了自己的利益，往往不将最真实的信息发布到就业市场，使得大学生盲目投放简历，盲目应聘，花费大量的资金进行自我包装。其主要的目的是为了在应聘和就业初期，能够带给招聘单位良好的印象，从而可以提高自己的整体分数，也就造成了大学生在包装自己的时候花费与自己实际专业能力无关的费用。如果应聘者想了解更多的就业市场信息，就需要花费更多的精力、物力、财力，这样不但花费会计成本，还花费了经济成本，隐性成本的付出更加难以估计。

启发性思考题2:为什么有些企业招聘要求有时候会远远高于实际岗位的需求？比如，本科生就能做的事情要招聘研究生。

招聘工作中存在"逆向选择"问题。招聘过程中，由于信息不对称，企业只能根据所有求职者的平均素质支付工资。此举对高素质人才产生了消极影响，导致他们放弃应聘，寻求其他单位。对于低素质的求职者来说，用人单位提供了高于其本身期望的工资，导致企业付出较高的成本招聘了低能力的应聘者。用人单位在经过试用期后，对名不副实者会继续降低工资，结果造成更多高素质人才退出应聘，造成应聘过程中的逆向选择。导致的结果是:低素质的求职者获得了较高的工资，用人单位付出了较高成本却招聘不来高素质的人才。

劳动力市场上存在着有关雇佣能力的不对称，应聘人员知道自己的能力，而招聘企业不知道，如果雇主没有办法区别高生产率与低生产率的人，在竞争均衡时，不论是高能力的人还是低能力的人得到的是平均工资。于是高生产能力的工人得到报酬少于他们的边际产品，低生产能力的人得到的报酬高于他们的边际产品。这时，高能力的人希望找到一种办法，主动向雇佣方发出信号，使他们同低能力的人分离开来，使自己的工资与劳动效率相称。教育程度向招聘单位传递有关应聘人员能力的信息，原因是接受教育的成本与能力成反比例，不同能力的人是因受教育程度不同，或者说教育传递信号具有把应聘人员能力分离开的功能。因此，很多企业系统通过提高招聘要求来区别应聘人员的能力，这里面文凭仅仅是应聘人员需要向招聘企业传递的信号而已。

启发性思考题3:如何解决学生与用人单位之间的信息不对称问题?

劳动力市场信息来源于三个方面:国家与社会的就业政策信息以及统计分析信息，用人单位的岗位空缺信息以及劳动者个人素质信息。可从三方面采取对策，增加信息的供给:

一是政府的对策。主要包括:①改革传统的人事制度，使得用人单位和求职者成为劳动力市场主体，并加快户籍、档案、住房、保障制度改革，建立全国统一的社会保障制度，形成劳动力自由流动和合理配置的机制与环境。②加强劳动力市场统筹规划和法制建设。要完善国家政策指导下的市场就业制度，加强就业管理，杜绝用行政干预和劳动力市场信息不对称进行垄断、欺诈活动的可能性，充分发挥政府这只“看得见的手”的协调作用。③建立劳动力信息网，提高劳动力市场信息化程度，加速就业市场信息来源和传递方式的多样化与现代化，为劳动力市场供求双方交流信息提供便利条件。

二是用人单位的对策。用人单位应根据本单位发展规划，结合生产经营实际，制定近期、中期、长期用人计划，并建立预测预报制度，对需要新增劳动力的单位，应提前向有关部门提出增人数量、工种和条件等有关项目预报，为劳动力市场提供丰富的岗位信息。同时，要通过各种方式信息，如举办招聘会、建立自己的人才网站、在各大劳动力信息网上发布信息等。

三是求职者的对策。在信息不充分的情况下，求职者必须要具备一定具有认证资格的信号，如文凭或证书，并尽可能多地将自己的专长、性别、年龄等信号发送给雇主。另外，要多方收集用人单位信息，并向对方传递个人信息，以增加求职机会。

启发性思考题 4：招聘单位试用是解决信息不对称问题的好办法吗？

通过对商品或者劳动力的试用方式，来解决信息不对称问题，一直是有些专家和企业倡导的方法。试想，企业难道不可以多雇用一些人，先定个试用期，在工作中一一考察了解哪些人能力强，哪些人能力弱。然后解雇掉那些效率低下的人吗？从理论上说，这是完全可以的。有的企业实际上也在这么做。但是，这里存在的问题是，到底试用多长时间才能了解一个人？在今天的许多岗位上，工人很可能在六个月内还不能达到最充分的生产能力。厂商至少要经过六个月到一年、甚至更长时间，才能真正了解一个员工的能力。在很多欧美国家，要解雇已经工作了好几个月的人其实是很困难的。厂商很难提出非常正当的理由，有可能引起劳动争议或者诉讼，搞不好企业还要支付解雇费或者赔偿费。一个员工刚来的时候，情况不熟悉，企业要花不少时间和金钱等待他熟悉情况，融和到团队中。甚至还要给他提供企业背景文化教育、岗位训练和专业培训，这又要投入不少资源。

总之，试用尽管是一个办法，但总不是好办法。厂商还是希望事先能够尽可能确切地了解到应聘者的质量信息，避免以后的麻烦。

六、教学组织方式

案例授课班级人数不宜过多，应控制在 20 至 30 人，可以 4 至 6 人为一组，分成 5 个小组。教室的桌椅布局要让所有的课堂参与者围坐四周，以使其容易听到和看到同组成员为基本原则。教室中应具备电脑、投影仪、黑板、粉笔等设备。同时，为方便学生更好地参与案例课堂讨论，教师可以在课前提醒学生做好课前准备工作，例如，熟悉案例，了解中国大学生求职成本情况，理解相关博弈论分析方法，掌握经济学中信息不对称理论等相关知识。

（一）课时分配

案例回顾与概述（5分钟）：介绍案例背景，回顾案例内容，理清案例思路，明确案例主题。

提出问题与小组讨论（20分钟）：结合板书提出启发性思考题，分小组讨论并形成组内答案。

小组汇报与教师引导（50分钟）：针对每一道启发性思考题，选一个小组进行回答，其他小组补充。教师需结合板书和多媒体对学生引导，得出最终答案。

案例评价与总结（10分钟）：对知识点进行梳理，对案例教学过程进行评价，总结学习心得体会。

其他问题（5分钟）：教师回答学生的一些其他问题。

（二）板书设计

启发性思考题1：大学生求职成本不断上升的根本原因是什么？

		招聘方：相信	招聘方：不相信
应聘方	不作假	5，5	-2，-2
应聘方	作假	8，-2	0，0

图4　招聘双方博弈支付矩阵

启发性思考题2：为什么有些企业招聘要求有时候会远远高于实际岗位的需求？比如，本科生就能做的事情要招聘研究生。

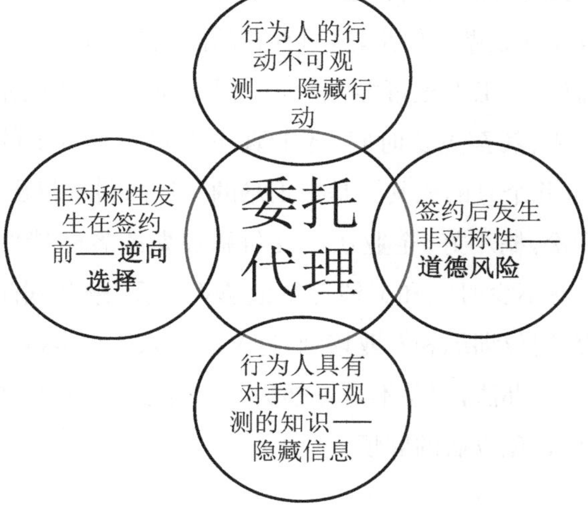

图 5　委托—代理理论具体把不对称信息进一步进行区分

启发性思考题 3：如何解决学生与用人单位之间的信息不对称问题？

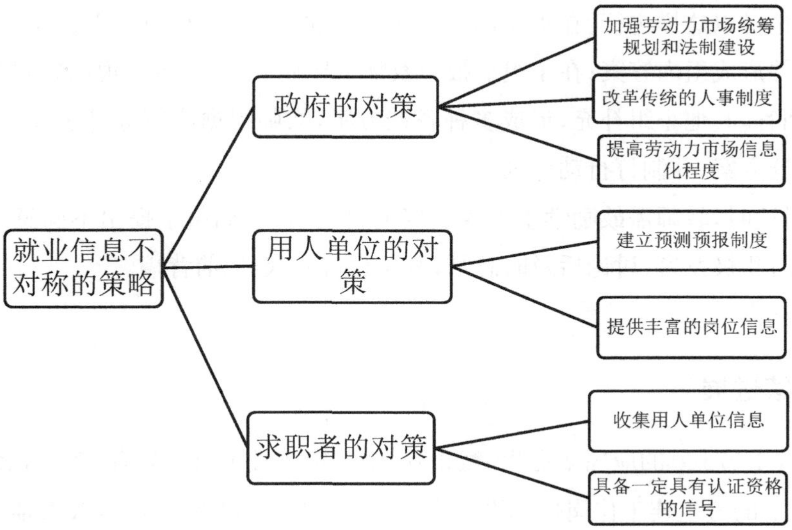

图 6　就业信息不对称的策略

启发性思考题 4：招聘单位试用是解决信息不对称问题的好办法吗？

通过对商品或者劳动力的试用方式，来解决信息不对称问题，一直是有些专家和企业倡导的方法。试想，企业难道不可以多雇用一些人，先定个试用期，在工作中一一考察了解哪些人能力强，哪些人能力弱。然后解雇掉那些效率低下的人吗？从理论上说，这是完全可以的。有的企业实际上也在这么做。但是，这里存在的问题是，到底试用多长时间才能了解一个人？在今天的许多岗位上，工人很可能在六个月内还不能达到最充分的生产能力。厂商至少要经过六个月到一年、甚至更长时间，才能真正了解一个员工的能力。在很多欧美国家，要解雇已经工作了好几个月的人其实是很困难的。厂商很难提出非常正当的理由，有可能引起劳动争议或者诉讼，搞不好，企业还要支付解雇费或者赔偿费。一个员工刚来的时候，情况不熟悉，企业要花不少时间和金钱等待他熟悉情况，融和到团队中。甚至还要给他提供企业背景文化教育、岗位训练和专业培训，这又要投入不少资源。

总之，试用尽管是一个办法，但总不是好办法。厂商还是希望事先能够尽可能确切地了解到应聘者的质量信息，避免以后的麻烦。

（三）讨论方式

案例讨论应该按照典型的决策模型进行。模型包括：①定义问题；②分析案例具体情况；③形成备选方案；④选择决策标准；⑤分析并评估备选方案；⑥选择首选方案；⑦制订行动方案和实施计划。

大多数案例讨论的核心动力是组织中某个具体决策或问题的解决方案，因此，根据课时分配，案例讨论可以这样进行：在提出问题和小组讨论环节中，小组内根据4道启发性思考题进行讨论，并形成组内答案；在小组汇报与教师引导环节中，对每一道问题，教师从4组学生中选一组回答，其他小组补充，形成多种备选方案，教师根据决策标准引导学生分析评估方案，选出首选方案，并制订行动计划。

在案例讨论时，教师需鼓励学生形成良好的讨论习惯，如勇于提出不同意见、讨论前做好准备、讨论时积极发言、讨论后及时总结，避免盲目从众、提前背稿。

七、案例后续进展

2022年有1 076万的应届毕业生，截止到2022年4月17日，只有23.6%落实了工作去向，有70%以上的考生连工作岗位都没有完全落实，可见就业形式是多么困难，在这样的关键时刻，一场全国会议在北京召开，会议的名称是“全国普通高等学校毕业生就业创业工作电视电话会议”。

在会议表示2022年我国经济发展环境的复杂性、严峻性、不确定性上升，稳住大学生就业基本盘比往年挑战更大、任务更重。会议上提到为了解决就业难的问题，要引导大学生到基层解决就业问题，换句话说就是倡导大学生进入基层工作。要鼓励大学生到基层发光发热，要激励毕业生服务于基层。对于中西部地区，艰苦边远地区的高校毕业生就业，要按规定给予学费补偿、贷款补偿、搞定工资等激励政策，对于事业单位员工可以提前转正定级。

可以看出国家再度强调了“基层导向”，针对于基层工作不但在待遇方面给予激励政策，在公务员考试中，对于招录条件也是给予了很大的政策倾斜。有的省份对于学历要求降至大专及以上，并且对于专业没有过多的限制，并且对于考生也没有户籍限制、性别限制等。

八、其他教学支持材料

（一）计算机支持

由于本案例在有关课程中被当作讨论材料使用，需要向学生展示，所以在计算机中需要安装 PowerPoint 软件。

（二）网络支持

本案例中提到的大学生就业信息、求职成本案例，需要学生连接互联网，通过登录教育部官网和各高校就业信息网站了解大学生求职现状。